DE CONDOR EN DE KOLIBRIE

Mark Heirman

De condor en de kolibrie

Oorlog en vrede in 2015

Houtekiet
Antwerpen/Utrecht

Opgedragen aan alle vredeswerkers
van het eerste tot het elfde uur

Houtekiet, Katwilgweg 2, B-2050 Antwerpen
www.houtekiet.be
info@houtekiet.be

www.markheirman.be

Omslag Pascal Van Hoorebeke
Foto omslag © AFP Sameh Rami
Opmaak www.intertext.be

ISBN 978 90 8924 332 4
D 2015 4765 10
NUR 740

INHOUD

PROLOOG | Meer oorlogen, niet minder 9

1 | Wisselende referentiekaders 21

Europa: de inzet van de Koude Oorlog 24
De Amerikaanse oorlogen in Korea en Vietnam 27
Russen en Cubanen op het oorlogspad 30
Het naoorlogse referentiekader gesloten 34
Israëliërs en Palestijnen op het vredespad 38

2 | Nationalisten willen een ander land, fundamentalisten een andere wereld 41

De zoveelste Balkanoorlog 44
Religieus geladen oorlogen en conflicten 47
Zwart-Afrika: het gevoeligst voor etnische conflicten 51
De afscheiding van Eritrea en Zuid-Sudan 56
De Koerdische puzzel 59
Het Europese nationalisme getemd of ontketend? 61

3 | Jacht op grondstoffen terug van nooit weggeweest 65

De vierde Golfoorlog al in 2014 begonnen 68
De geostrategische driehoek van olie en gas 72
De zoetwaterschaarste 77
Land Grabbing, Landje-pik 80
De eindeloze afvalstromen 83

4 | De kracht en kwetsbaarheid van staten 89

Staten vreedzamer dan volkeren 91
De kerntaken van een staat 97
De relativiteit van staatsgrenzen 100
Mislukte staten 101
De Congolese gruwel 106

5 | Het vredespotentieel van de Verenigde Naties 113

De beperkte mogelijkheden van de Veiligheidsraad 117
Responsibility to protect geen toverspreuk 120
Het gif van bevroren conflicten 123
Bolwerk van de mensenrechten 125
Stapstenen van een internationale rechtsorde 129

6 | Verzwegen oorlogen 135

Inheemse volkeren in goede en kwade dagen 138
De meest bedreigde volkeren 140
Georganiseerd crimineel geweld 144
Chinese, Japanse, Russische en andere kartels 146
Geheime oorlogen in 's lands belang 150
Gevangenissen en kampen: opgesloten geweld 154

7 | Nucleaire demonen 159

Het Amerikaans-Russische tweespan 162
De nucleaire tandem dertig jaar later 165
Kernmachten van tweede categorie 168
Israël en Zuid-Afrika 172
De Koreaans-Siamese tweeling 175
De Iraans-Israëlische controverse 179
Kans op een nucleaire ontsporing groter, niet kleiner 182

8 | Oorlogen pro en contra 185

De vreedzame erfenis van de moedergodin 186
De eerste beschavingsoorlog 189
Geopolitieke verschillen 192
Klimaatconflicten en natuurrampen 195
Demografische trekkers en duwers 199
Ondraaglijke verschillen tussen rijk en arm 202

9 | Arabisch en islamitisch geweld 207

De sjiitische lont in het kruitvat 210
Soennitische terreurnetwerken 214
Het IS-kalifaat van al-Baghdadi 218
Het islamitisch en Arabisch verdriet 221
De Israëlisch-Palestijnse zweer 226

10 | Grootmachten tussen oorlog en vrede 231

Het ambivalente karakter van elke wereldmacht 233
De Europese boot gemist 237
De Euro-Amerikaanse verhoudingen 240
Het Russische ressentiment 245
De comeback van China en India 249

EPILOOG | Wat moeten we vrezen? Wat mogen we hopen? 255

LECTUUR 267

REGISTER 273

PROLOOG

Meer oorlogen, niet minder

De enige absolute zekerheid is de toekomst,
want het verleden verandert voortdurend.
IMMANUEL WALLERSTEIN

Vijfentwintig jaar na de euforie rond het einde van de Koude Oorlog, die met uitzondering van Roemenië afgesloten werd zonder dat er ook maar één schot werd gelost, woeden er wereldwijd nauwelijks minder oorlogen dan voor 1989. Vooral in Zwart-Afrika, het Midden-Oosten en West-Azië, met uitlopers naar de bloedige randen van Europees Rusland en Zuid-Azië blijft het branden. Het is de wereld van Jonathan Holslags 'wig van ontberingen' van de Golf van Guinee tot de flanken van de Himalaya, en van zijn 'gordel van onzekerheid' aan de grens van het vrije en veilige Europa. Holslag doelt op Europa's 'instabiele buren', een lijn van 42.000 kilometer van Noord-Afrika via het Midden-Oosten en de Kaukasus tot Rusland, Wit-Rusland en Oekraïne.

Tweeënveertig jaar lang werd Europa aan stukken gescheurd door een IJzeren Gordijn van 7000 km van het Balticum tot de Zwarte Zee, een hermetisch gesloten grens die het communistische Oosten van het vrije Westen moest scheiden. Misschien waren het die veertig jaar die de jonge Hamontse VUB-prof internationale betrekkingen in 2014 inspireerden tot zijn onheilsprofetie dat de eerstvolgende veertig jaar, langs dat nieuwe front van 42.000 km, de gevaarlijkste jaren worden op het Euro-Aziatische continent en dat Europa's lange vrede vrijwel zeker voorbij is.

Het meest opvallende kenmerk van tal van oorlogen en conflicten anno 2015 is dat er nauwelijks nog staten zijn die onder elkaar oorlog voeren. De 193 onafhankelijke staten uit de Verenigde Naties gaan zelden nog met elkaar op de vuist. Veel vaker gaat het om interne conflicten of burgeroorlogen die diverse bevolkingsgroepen om etnische of religieuze, politieke of criminele redenen tegen elkaar opzetten. Die burgeroorlogen lokken wel vaak internationale reacties of buitenlandse interventies uit, vooral van grootmachten die 'hun partij' in een of andere burgeroorlog met wapenleveringen ondersteunen of die willen voorkomen dat een nog gevaarlijker vijand het pleit zou winnen. De SIPRI-Jaarboeken die oorlogen en conflicten al jaren oplijsten, telden in de jaren 1997-2006 34 verschillende *major armed conflicts* of grotere gewapende conflicten in de wereld. Het ging om confrontaties tussen de militaire strijdkrachten van twee of meer regeringen, of van één regering en minstens één georganiseerde gewapende groep, soms ook van georganiseerde gewapende groepen onder elkaar, waarbij in de loop van de strijd minstens duizend doden vielen. Uiteraard variëren die aantallen van jaar tot jaar. Zo telde SIPRI, acroniem voor Stockholm International Peace Research Institute, 36 *major armed conflicts* in 1989, 30 in 1995, 25 in 2000 en 17 in 2006.

In 2010 stond de teller op 15, waarvan slechts enkele internationale conflicten tussen twee of meer staten. Al die jaren leek het aantal oorlogen en conflicten dus af te nemen. Tot de Arabische Lente in 2011 ontaardde in de meest gruwelijke burgeroorlog van het voorbije decennium, in Syrië. Je moet zeventig jaar in de tijd terugkeren om nog een voorbeeld te vinden van een miljoenenstad die zo grondig naar het Stenen Tijdperk werd gebombarbeerd als Aleppo. En in Syrië gebeurde het dan nog op bevel van de eigen president Assad, uitgevoerd door de eigen luchtmacht. Er is in de recente oorlogsgeschiedenis geen precedent te vinden voor een regime dat op die manier zijn eigen steden uitroeit. Eveneens in 2011 kon een NAVO-interventie in Libië de overjaarse kolonel Kadhafi ten val brengen, maar niet ten voordele van een vrij en democratisch Libië. Omdat de NAVO uitsluitend het Libische luchtruim beheerste, werd de strijd op de grond uitgevochten door Libische milities nog erger dan Kadhafi. Dat was ook het geval in Jemen, waar de Arabische Lente in 2012 weliswaar de Jeminitische sterke man Ali Abdullah Saleh kon verdrijven, maar niet ten voordele van de democraten.

Even verrassend voor de dalende SIPRI-cijfers van *major armed conflicts* in de jaren 1989-2010 was de Oekraïense crisis van 2014, aangekondigd door de Georgische tragedie van 2008. Die Georgische tragedie in de Kaukasus was begonnen met een onbezonnen poging van de toenmalige Georgische regering om de opstandige gebiedsdelen Abchazië en Zuid-Ossetië op de Russen te willen heroveren. Tot Rusland zelf in 2008 in Abchazië en Zuid-Ossetië orde op zaken stelde en het onafhankelijke Georgië voor schut zette. Dat Rusland in 2014 tilt sloeg in de Oekraïne was voorspelbaar. Twee eeuwen lang vormden Oekraïne en de Krim een onvervreemdbaar deel van Rusland, *Novo Rossya*. Zolang Oekraïne aan de Russische leiband lag, in het kader van de toenmalige Sovjet-Unie of onder een pro-Russisch regime in Kiev, was er geen probleem. Maar een nationalistisch Oekraïne was voor Moskou onverteerbaar.

Eerst *heroverde* Rusland, zonder dat openlijk toe te geven, in het voorjaar van 2014 de Krim. Naderhand zette Moskou zich schrap om minstens het pro-Russische oosten van Oekraïne, met zwaartepunten in Donetsk en Loegansk, te behouden. Moskous verliezen in die krachtmeting van het jaar 2014 waren groter dan zijn winsten. Tot nader order behield Rusland het pro-Russische oosten maar verloor Moskou het veel grotere deel van Oekraïne. Omdat zelfs de Russische president Poetin zich geen klassieke oorlog met zijn onafhankelijke buurstaat meer kan permitteren, verborg hij zich achter een bloedig schimmenspel – met onherkenbare strijders en anoniem wapentuig – zodat hij het niet-Russische deel van Oekraïne en het vrije Europa nog meer van Rusland vervreemdde.

Het meest oorlogvoerende deel van de wereld, Holslags 'wig van ontberingen' in Zwart-Afrika en Zuidwest-Azië, is tegelijk het armste deel van de wereld. Vrijwel alle nog oorlogvoerende partijen behoren er tot de Minst Ontwikkelde Landen, sinds 1971 de groep van de 48 armste lidstaten van de VN, waarvan 33 in Afrika, 14 in Azië en de Pacific en 1 op het Amerikaanse halfrond (Haïti). Volgens de Britse econoom Paul Collier leeft hier het armste miljard van de mensheid, *the bottom billion*, goed voor de 14 procent van de wereldbevolking die al blij mag zijn met 1,25 dollar per dag. Dat miljard *achterblijvers* heeft ook niet de middelen om zich het moderne wapentuig aan te schaffen, tenzij de rijke wapenproducenten hen – in ruil voor grondstoffen en andere gunsten – die wapens leveren.

Dat de bijzonder ongelijke verdeling van inkomens en vermogens op wereldschaal oorlogen en conflicten aanwakkeren, omdat er contrasten zijn waarmee geen zinnig mens kan leven, illustreerde de Franse economist Thomas Piketty in 2014 met zijn vuistdikke boek *Kapitaal in de 21ste eeuw*. Piketty kon de aloude marxistische slogan, dat de kapitalistische gang van zaken de rijken verrijkt en de armen verarmt, uitvoerig illustreren. Zo steeg het aandeel van de 1 procent rijkste Amerikanen de voorbije dertig jaar van

10 tot 37 procent van het Amerikaanse vermogen. Voor Duitsland was dat 33 procent, voor België en Nederland 17. De rijkste 20 procent van de wereldbevolking beheerst 80 procent van alle rijkdommen, terwijl de laagste 20 procent het met 1 procent van die rijkdommen moet doen. En niets wijst erop dat de rijkdom van de toplaag als vanzelf naar de minder rijke bevolkingsgroepen doorsijpelt. In een kapitalistische logica, aldus Piketty, blijkt zowel economische groei als een economische crisis de ongelijkheid tussen mensen en volkeren nog te verdiepen, in plaats van die te overbruggen.

Geen wonder dat de armste staten vaak ook de meest corrupte staten zijn. Dat blijkt onder meer uit de *Corruption Perceptions Index* van Transparency International, een internationale ngo met afdelingen in meer dan honderd landen die sinds 1995 de jaarlijkse corruptie-index opstelt. Op zoek naar corruptie in de publieke sector bleken in 2013 de meest corrupte staten op een totaal van 177 onder meer Angola, de beide Congo's (Kinshasa en Brazzaville), Burundi, Myanmar, Zimbabwe, Eritrea, Tsjaad, Equatoriaal Guinea, Guinee Bissau, Haïti, Jemen, Syrië, Turkmenistan, Uzbekistan, Irak, Libië, Zuid-Sudan, Afghanistan, Noord-Korea, met Somalië als hekkensluiter. Dat zijn ook de meest oorlogvoerende landen op een rij.

Een goede barometer van de kansen op oorlog en vrede op wereldschaal vormen de wereldmilitaire uitgaven. Die zijn sinds het jaar 2000 weer verdubbeld. Volgens de SIPRI-Jaarboeken gingen de wereldwijde defensie-uitgaven in het jaar 2000 voor de eerste keer sinds het einde van de Koude Oorlog in 1989 weer de hoogte in. Toen ging het om een bedrag van net geen 800 miljard dollar, waarvan 37 procent voor Amerika en 6 procent voor Rusland. Wel was het Rusland dat het eerst zijn defensiebudget weer optrok, met liefst 44 procent in de jaren 1998-2000. Maar Amerika volgde snel, zeker na 11 september 2001. In de jaren 2001-2006 stegen de reële militaire uitgaven wereldwijd met 30 procent, maar voor Amerika was dat 52 procent. Voor de jaren 2000-2009 gingen Amerika's defensie-uitgaven met 75 procent de hoogte in.

Geen wonder dat de wereldmilitaire uitgaven een even snelle lift kregen. De net geen 800 miljard dollar van het jaar 2000 werd 1118 miljard in 2005, 1531 miljard in 2009 en 1747 miljard in 2013. Ook dat was een verdubbeling in goed 13 jaar. In 2003 stond 47 procent van alle militaire uitgaven in deze tijdspanne op rekening van één land, Amerika. In 2013 was dat nog 37 procent. Nooit stond één land militair gesproken sterker tegenover alle andere staten. Het Amerikaanse aandeel in de uitgaven stond in 2013 op hetzelfde niveau als dat van zijn tien grootste volgers samen. Het grootste verschil met de Koude Oorlogsjaren was in 2013 dat niet Rusland maar China qua militaire uitgaven op de tweede plaats kwam. In de jaren 90 is het Russische defensiebudget het felst gedaald, sinds 2004 is het Chinese defensiebudget het snelst gestegen, met een ronde 170 procent. In die jaren klom ook het Russische defensiebudget weer met 108 procent en dat van Saudi-Arabië met 118 procent, terwijl onder meer Japan, Engeland, Frankrijk en Italië hun militair budget zagen dalen. In 2013 tekende China voor 11 procent van 's werelds militaire uitgaven, Rusland was derde met een ronde 5 procent. In de top-tien van defensie-uitgaven stonden Frankrijk, Engeland en Duitsland nog op de vijfde, zesde en zevende plaats. Het enige Arabische of islamitische land was het olierijke Saudi-Arabië, op de 4de plaats. Op de 8ste, 9de en 10de plaats stonden Japan, India en Zuid-Korea.

Dat zijn ook de landen die het gros van de wapenproductie en van de wapenhandel in deze wereld in handen hebben, zeker in de productie en handel in zogenaamd zware wapens (vliegtuigen, oorlogsbodems, onderzeeërs, raketsystemen, gevechtstanks). In 1991 was volgens SIPRI ook de markt van de wereldwapenhandel met een kwart gekrompen tot het equivalent van circa 22 miljard dollar. In de jaren 2004-2011 bleef de verkoop van zware wapens aan geïndustrialiseerde landen van die orde, maar ging de wereldwijde wapenverkoop aan ontwikkelingslanden van 40 naar 70 miljard dollar, waarbij alleen het financieel crisisjaar 2010 een dip veroorzaakte. Volgens de Brits-Zuid-Afrikaanse onderzoeksjournalist Andrew Feinstein (in 2011) is de internationale wapenhandel goed voor een jaarlijkse omzet van circa 75 miljard dollar en voor 40 procent van de wereldwijde corruptie.

De belangrijkste producenten en verkopers van zware wapens wereldwijd zijn al vele jaren Amerika, Rusland, Frankrijk, Engeland en Duitsland, in het jaar 2000 goed voor 85 procent van de internationale wapentransfers. De grootste wapenexporteurs bleven Rusland en Amerika, in 2005 respectievelijk goed voor 31 en 30 procent van de wereldwapenmarkt. Volgens een Amerikaans Congresverslag voor de jaren 2003-2007 bleken de Amerikaanse wapenproducenten dan weer het grootst (31 procent), gevolgd door Rusland met 25 procent. Dat bleven ook de grootste wapenproducenten, in die volgorde en in die verhouding, voor de jaren 2007-2011, gevolgd door Duitsland, Frankrijk, Engeland en China. Vijf van de zes grootste wapenproducenten vormen dus al zestig jaar de vijf permanente leden van de VN-Veiligheidsraad en zijn 's werelds meest prominente kernmachten.

Zes van de tien militaire koplopers in deze wereld – Amerika, China, Rusland, Frankrijk, Engeland, India – beschikken over kernwapens. Een zevende kernmacht is Pakistan, een mogelijke achtste Israël (wat door Israël wordt bevestigd noch ontkend). Gevechtsklare kernwapens zijn er beduidend minder dan op het laatste dieptepunt van de Koude Oorlog, in de eerste helft van de jaren 80. Toen werd het aantal kernkoppen wereldwijd op circa 50.000 geraamd, waarvan 90 procent voor rekening van Amerika en de toenmalige USSR.

Sinds het einde van de Koude Oorlog konden de Amerikaanse en Russische nucleaire koplopers de waanzinnige omvang van hun nucleaire arsenalen – genoeg om de hele wereld tientallen keren vrijwel volledig te vernietigen – al behoorlijk reduceren. SIPRI raamde het aantal operationele kernkoppen in 2010 – voor de acht kernmachten, Israël inbegrepen – nog op 8100, waarvan 2000 in een voortdurende staat van paraatheid. Tegelijk reduceerden Amerika en Rusland hun overtollige kernkoppen zonder 'de nucleaire logica' van afschrikking en vergelding te doorbreken, zodat de mogelijkheid van een nucleaire ontsporing nog even dreigend is als voorheen. Gelet op de verdere verspreiding van kernwapens, die vroeg of laat ook terroristische organisaties kunnen inspireren, is een nucleaire catastrofe anno 2015 zo mogelijk nog dreigender dan in de vroege jaren 80. Een bipolair conflict tussen Amerika en de toenmalige USSR was nog beheersbaar. Een multipolair conflict tussen uiteenlopende kernmachten is dat veel minder, zeker als terroristische regimes of organisaties de trom roeren.

De meest zichtbare stukken op het wereldwijde militaire schaakbord vormen de legers van de belangrijkste militaire mogendheden. De jaarlijkse Military Balance van het Londense Instituut voor Strategische Studies raamde het aantal actieve militairen voor 2012 op circa 20 miljoen, vaak evenveel reservisten of paramilitaire troepen niet inbegrepen. Het meest bevolkte land ter wereld, China, levert ook het grootste leger, goed voor 2,3 miljoen soldaten in actieve dienst. Amerika en India volgen vrijwel op hetzelfde niveau met elk 1,3 miljoen soldaten in 2012, gevolgd door Noord-Korea met 1,2 miljoen manschappen. Noord-Korea was bovendien koploper met het grootste aantal paramilitaire patriotten, bijna 6 miljoen. Het Russische leger telde dat jaar nog 766.000 militairen. 48 staten beschikken elk over minstens 100.000 actieve militairen, waarvan 22 boven de 200.000.

Die cijfers staan in schril contrast met de beperkte omvang van de vredestroepen van de Verenigde Naties, die hen door de lidstaten ter beschikking gesteld worden. Dat waren er hooguit 40.000 in het jaar 2000 (militairen, politiemensen en internationale waarnemers samen), bijna 120.000 in 2014, toch drie keer meer. In het jaar 2000 waren de 40.000 manschappen van de

VN actief in 14 vredesoperaties – *peacekeeping operations* – waarvan ruim 12.000 voor Sierra Leone, 10.000 voor Oost-Timor, 5800 voor Zuid-Libanon en bijna 5000 voor Kosovo. De 120.000 VN-manschappen in 2014 waren actief in 17 vredesoperaties, vooral in Congo-Kinshasa (25.600 manschappen), Darfur (Sudan, bijna 22.000), het onafhankelijke Zuid-Sudan (13.000), Libanon (11.200), Mali (10.200), Ivoorkust (9700), Haïti (9200), Liberia (7600), met kleinere eenheden in Afghanistan, de Westelijke Sahara, de Centraal-Afrikaanse Republiek, op Cyprus, op de Syrische Golanhoogte, in Kosovo en in het grensgebied van India en Pakistan. Het globale VN-budget voor al deze vredesoperaties werd in 2014 geraamd op een jaarlijkse prijs van 7 miljard dollar. Ook dat is een miniem percentage van de wereldmilitaire uitgaven.

Tijdens de veertig jaar van de Koude Oorlog deelden vrijwel alle oorlogen in de klappen van de wereldwijde confrontatie tussen de communistische wereld en de vrije wereld, links en rechts, Amerika en (vooral) de USSR, de NAVO en het Warschaupact. Die tijd is al 25 jaar voorbij. Uiteraard blijven links en rechts een rol spelen in oorlogen en conflicten, maar die begrippen worden nu massaal overvleugeld door het etnische nationalisme en het religieuze fundamentalisme. Voor beide partijen in de heersende oorlogsretoriek spelen de huidige staten geen rol meer. In voorkomend geval wil het etnisch nationalisme een andere staat, het religieus fundamentalisme een andere wereld. In elk geval is een combinatie van beide oorlogsactoren in een wereld met minder staten een bijzonder explosieve mix.

Vandaar de markante comeback van geopolitieke factoren, na een lange winterslaap in de jaren 90 het eerst weer opgemerkt door de schrijvende Amerikaanse globetrotter Robert Kaplan. Het concept geopolitiek is groot en wazig genoeg om de bestaande staatsgrenzen weer uit te wissen, alleen beseffen geopolitieke denkers niet altijd dat ook geopolitieke oorlogen geen grenzen meer kennen, en dan is het hek van de dam voor een zoveelste grote oorlog die we dachten in de 20ste eeuw te hebben achtergelaten.

De voorganger van een wereld met minder staten is de mislukte staat, de *failed state*, een term die in de jaren 2005-2014 van toepassing was op een dertigtal landen, vooral in Afrika en West-Azië, die geen staten meer *zijn* omdat ze de meest essentiële functies ervan ontberen. Tot die essentiële functies behoren veiligheid en rechtszekerheid voor alle burgers, een minimale administratie, een bestuursapparaat en de publieke inkomsten om die functies te financieren. In een mislukte staat worden die functies overgenomen door de georganiseerde misdaad, die uitsluitend particuliere belangen dient. Vaak is een mislukte staat een gevolg van grootschalig en aanhoudend geweld. Tegelijk is de betrokken staat een voortdurende bron van geweld, in een vicieuze cirkel die het land zelden nog op eigen kracht kan doorbreken. Was het statenstelsel de voorbij halve eeuw een belangrijke bron van internationale vrede en veiligheid, zeker op het noordelijke halfrond, dan vormt de cluster van mislukte staten vandaag de grootste uitdaging voor de wereldvrede.

In een wereld die voortdurend nieuwe oorlogen en conflicten genereert zonder dat die bevredigend en in ieders voordeel beëindigd worden, vormen *bevroren conflicten* een blijvende bron van nieuwe oprispingen van geweld. Het gaat om conflicten die nooit opgelost werden maar die in een militaire patstelling zitten, zodat ze altijd weer kunnen oplaaien. Sinds de jaren 90 worden onopgeloste conflicten in de randgebieden van de voormalige USSR met die term omschreven. Dat geldt met name voor de strijd om omstreden enclaves als Nagorno Karabach, Abchazië, Zuid-Ossetië en Tsjetsjenië in de Kaukasus, Transnistrië in Moldavië en de Krim en het pro-Russische oosten van Oekraïne. Het bleven vaak bevroren conflicten tot het geweld er naderhand toch weer ontbrandde, in 2000 in Tsjetsjenië, in 2008 in Abchazië en Zuid-Ossetië (Georgië), in 2014 in Oekraïne.

Het oudste voorbeeld van een bevroren conflict blijft de Koreaans-Koreaanse kwestie die in de jaren 1950-1953 leidde tot een grote Koreaanse oorlog tussen het communistische Noorden en het vrije Zuiden, met massieve Chinese en Amerikaanse interventies. De Koreaanse kwestie, in vele opzichten het laatste bastion van de Koude Oorlog, werd nooit opgelost of met een vredesregeling beklonken. Al meer dan zestig jaar blijft de kwestie nieuwe regionale spanningen oproepen en het is ook in 2015 het meest gemilitariseerde bevroren conflict ter wereld, met 7,6 miljoen soldaten voor Noord-Korea (actieve militairen, reservisten en paramilitaire troepen), 5,2 miljoen voor Zuid-Korea (onder wie 4,5 miljoen reservisten).

Tot de bevroren conflicten behoort ook de kwestie-Cyprus. Dat paradijselijke eiland voor de Turkse en Syrische kusten is sinds 1974 verdeeld tussen een Turks-Cypriotisch en islamitisch noorden en een Grieks-Cypriotisch en christelijk zuiden. Directe confrontaties tussen de twee gemeenschappen zijn er sindsdien niet meer geweest, dankzij een VN-vredesmacht die de gemeenschappen uit elkaar houdt, maar elke poging om de kwestie-Cyprus ten gronde aan te pakken, blijft falen. Daar kon zelfs de toetreding van Cyprus tot de Europese Unie in 2004 – feitelijk het Grieks-Cypriotische deel – niets aan veranderen, noch het feit dat Griekenland en Turkije al 64 jaar lang (sinds 1952) bondgenoten zijn binnen de NAVO.

Een relatief nieuwe categorie conflicten kreeg van de Duitse sociaalpsycholoog Harald Welzer en de Canadese historicus Gwynne Dyer in hetzelfde jaar 2008 de naam klimaatoorlogen. Volgens Dyer gaat het om catastrofale oorlogen die ons als gevolg van een drastische klimaatverandering opwachten in de nabije toekomst, ergens in de jaren 2030-2040. In de ogen van Welzer woeden de eerste klimaatoorlogen vandaag al en gaan ze om de controle over vitale natuurlijke hulpbronnen zoals drinkbaar water en vruchtbaar land, zeker als dit als gevolg van de klimaatverandering of van demografische ontwikkelingen schaarse goederen worden.

Zelf noemde Welzer de oorlog in de West-Sudanese Darfur-regio, uitgebroken in 2003, een eerste klimaatoorlog, die als gevolg van een aanhoudende droogte in eerste instantie werd uitgevochten tussen veehoudende en gearabiseerde nomaden en Zwart-Afrikaanse boeren. En zijn er geen klimaatoorlogen die geen andere oorzaak hebben dan klimaatveranderingen, er zijn in elk geval veel klimaatvluchtelingen onder de 50 miljoen vluchtelingen en ontheemden die het Hoge VN-Commissariaat voor de Vluchtelingen in 2014 telde. Dat was alweer een historisch record. Voor de eerste keer sinds de Tweede Wereldoorlog telde de wereld 50 miljoen vluchtelingen (elders in de wereld) en ontheemden (in eigen land), onder wie 9.180.000 Syriërs, 5.772.000 Colombianen, 4.191.000 Congolezen (Congo-Kinshasa), 3.600.000 Afghanen, 2.588.000 Sudanezen en 2.432.000 Somaliërs.

Mogelijke klimaatoorlogen hechten zich als vanzelf op de aloude jacht op grondstoffen, in eerste instantie olie en gas, maar ook alle andere mineralen die onmisbaar zijn voor industriële mogendheden maar die ze niet altijd in eigen land vinden. Olie en gas spelen een belangrijke rol in vele oorlogen in West-Azië en in delen van Afrika. Tegelijk is Afrika een schatkamer van vrijwel alle grondstoffen die de wereldeconomie draaiend houden, in 19de-eeuwse bewoordingen 'een geologisch schandaal', zonder dat Afrika zelf daar beter van wordt. Voor de meest begeerde Afrikaanse landen – met name in het Congo-bekken – is het zelfs een vloek, omdat grondstoffenjagers en begerige buurstaten liever in 'een mislukte staat' hun slag slaan dan in een heuse staat die hen regels en voorwaarden zou opleggen.

De Duitse socioloog Gunnar Heinsohn wees in 2003 dan weer op demografische verklaringen van oorlogen en geweld. De directeur van het Instituut voor Xenofobie en Genocideonderzoek aan de universiteit van Bremen ontdekte het fenomeen van 'de overtollige zonen'. 'Niet armoede, onrecht of religieus fanatisme veroorzaken opstanden, burgeroorlogen en terrorisme maar een overschot aan goedgevoede jongemannen'. Cruciale drempel is volgens

Heinsohn 'het fenomeen waarbij de leeftijdscategorie van 15- tot 24-jarigen minstens 20 procent van de bevolking uitmaakt', boven op een bevolking die minstens 30 procent kinderen telt, 0- tot 15-jarigen. De socioloog noemt dat de jongerenbubbel. In tal van Afrikaanse en Arabische landen is 50 tot 60 procent van de bevolking nog geen 25: bij gebrek aan jobs of toekomstperspectieven is dat, demografisch gesproken, de meest explosieve situatie die er is.

Tegelijk woeden er steeds meer verdoken of verzwegen oorlogen die op basis van de gehanteerde criteria niet door SIPRI opgemerkt worden en waarvoor geen VN-operaties voorzien worden. Dat laatste vereist trouwens de unanieme steun van de vijf permanente leden van de VN-Veiligheidsraad, de reden waarom er – wegens een Russisch of een Chinees veto – ook in 2014 geen VN-vredestroepen ingezet werden in Syrië, in de Kaukasus of in Oekraïne. Evenmin kunnen de VN zich uitspreken over de Chinese bezetting/annexatie van Tibet, pas in de 18de eeuw door China opgeëist en pas sinds de jaren 50 effectief door China bezet en geannexeerd.

De wereld telde in 2014 twee categorieën van verdoken of verzwegen oorlogen. Enerzijds gaat het om het aanhoudende verzet van zogenaamd inheemse volkeren, verspreid over de hele wereld, die zich – soms al vijfhonderd jaar lang – blijven verzetten tegen de westerse veroveraars en de westerse globalisering van deze wereld. Anderzijds is er het criminele geweld van de georganiseerde misdaad, even globaal of mondiaal opererend als de wereldeconomie, waartegen geen overheid blijkt opgewassen. Dat criminele geweld neemt de meest gewelddadige vormen aan in de drugsoorlogen in Mexico en Colombia. Daar vielen de voorbije tien jaar minstens tienduizenden doden in de 'war on drugs' tussen bendes onderling en tegen de overheid.

De kracht van de inheemse volkeren is het fundamentele contrast tussen hun levenswijze en die van het overheersende westers model, hun zwakheid die van een eindeloze versplintering. Geen forum kan hun veelvuldigheid van talen en culturen overbruggen, hun enige kracht is hun gemeenschappelijke vijand, het financieel-economisch-industrieel-wetenschappelijke complex en de zogenaamde globalisering. Maar die vijand volstaat niet om de vele verliezers van de eenzijdig westerse globalisering effectief met elkaar te verbinden. De onderlinge verschillen tussen enkele duizenden inheemse volkeren – in tijd en ruimte, elk met hun eigen taal en hun eigen cultuur – blijven altijd groter dan het anti-westerse verzet dat hen verenigt.

Het criminele geweld van de georganiseerde misdaad is van een andere orde. Het heeft zelden een hele staat in handen, al komen maffieuze kartels daar soms beangstigend dichtbij. Maar steeds meer staten vertonen hiaten of gebiedsdelen, zelfs grote steden, waarover ze geen controle meer uitoefenen en waar de georganiseerde misdaad hun plaats heeft ingenomen. Hun meest winstgevende activiteiten halen ze uit de drugshandel, de illegale wapenhandel en de mensenhandel, maar ook uit de illegale afvalverwerking, malafide infrastructuurwerken, de illegale bouwsector en gewoon elke economische activiteit die niet bestand is tegen corruptie, afpersing of chantage. Alleen performante rechtsstaten – als ze tot samenwerking in staat zijn – beschikken over de legitieme middelen en structuren om de internationaal georganiseerde misdaadkartels aan te pakken. Vooral de mislukte staat is voor de crimineel een vogel voor de kat, want het zijn communicerende vaten: hoe minder staat, hoe meer georganiseerde misdaad, en vice versa.

Weinig oorlogen hebben maar één oorzaak. Mensen en volkeren zijn bijzonder creatief als ze de strijdbijl opgraven. Vaak doen ze dat dat om sociale, economische, politieke, etnische, religieuze, demografische of klimatologische redenen, of om een mix die hen past. Soms gaan ze in de aanval, dan weer in de verdediging, nu eens met open vizier, dan weer heimelijk of achterbaks. De ene is overmoedig, een andere laf, een derde wraakzuchtig. Tegelijk zijn mensen en volkeren even creatief om in vrijheid en relatieve rechtvaardigheid vreedzaam samen te leven. Dat bewijst het overgrote deel van de mensheid dat vandaag veel vreedzamer samenleeft dan hun verre voorouders. In die zin heeft de Canadees-Amerikaanse evolutiepsycholoog Steven Pinker geen ongelijk als hij wijst op een trend van afnemend geweld. 'In de oertijd hadden jagers en verzamelaars één kans op twee, 50 procent, om gewelddadig aan hun einde te komen. Voor de hele 20ste eeuw was dat hooguit één kans op honderd'.

Alleen hebben Syriërs, Irakezen en Oekraïners, Congolezen, Malinezen en Jemenieten daar vandaag geen boodschap aan en bekijkt Pinker de zaken wel op heel lange termijn. Op korte termijn stelt de Global Peace Index (GPI) van het Australische Institute for Economics and Peace, met steunpunten in Sydney, New York en Oxford, dat de wereld sinds 2008 elk jaar een tikje minder vredig is geworden, na een zestig jaar durende trend van toenemende vreedzaamheid. Sinds 2007 rangschikt de jaarlijkse GPI landen op basis van 22 kwalitatieve en kwantitatieve vredesindicatoren – politieke terreur, moorden per 100.000 inwoners, gevangenen per 100.000 inwoners, externe en interne conflicten, aantallen vluchtelingen en ontheemden, bewapening, terroristische activiteiten enzovoort. De GPI van 2014 maakte zich het meeste zorgen over Zambië, Haïti, Argentinië, Tsjaad, Bosnië-Herzegovina, Nepal, Burundi, Georgië, Liberia en Qatar. Wel heeft Syrië in 2014 Afghanistan vervangen als 's werelds minst vreedzame natie, gevolgd door Irak en Zuid-Sudan. 's Werelds meest vreedzame natie bleef IJsland, gevolgd door Denemarken en Oostenrijk. In een rij van 162 staten, goed voor 99,6 procent van de wereldbevolking, kreeg België een eervolle 9de plaats, Nederland was 20ste.

Dezelfde teneur viel in 2014 te lezen in *Freedom in the World*, het jaarlijkse paradepaard van het Amerikaanse Freedom House, een van 's werelds oudste ngo's, die sinds 1941 de wereldwijde stand van onze politieke rechten en burgerlijke vrijheden bijhoudt. Op basis van het genot of het ontbreken van die rechten en vrijheden land voor land verdeelt Freedom House de wereld nogal houterig in vrije, halfvrije en onvrije staten, maar de jaarverslagen geven wel een duidelijk beeld van vooruitgang, stilstand of terugval. Zo merkte ook Freedom House in 2014 op dat de betrokken rechten en vrijheden het (op wereldschaal) al acht jaar minder goed doen en dat 54 landen er op dit punt op achteruitgaan. Maar de wereld volgens Freedom House telde in 2014 nog altijd 88 vrije, 59 halfvrije en *maar* 48 onvrije staten, respectievelijk goed voor 45, 30 en 25 procent van de wereldbevolking. Dat zijn nauwelijks slechtere cijfers dan in het jubeljaar 2000, met de vredeszon nog hoog aan het zenit, toen Freedom House de staten vrijwel dezelfde punten gaf en 85 vrije, 59 halfvrije en 48 onvrije staten noteerde. Daaruit blijkt geen vooruitgang maar evenmin een terugval. Dat heet een stilstand.

Oorlog en vrede anno 2015 geven de vrede minder kansen dan voorheen. Sinds 1989 ziet het er integendeel naar uit dat ons meer oorlogen te wachten staan, niet minder. Onheilsprofeten sluiten nieuwe grote oorlogen niet uit. Als het geweld op zoveel plaatsen tegelijk oplaait, mogen in vele hoofdsteden de stormklokken luiden. Tegelijk leefden nooit eerder meer mensen en volkeren langer in vrede dan in de voorbije kwarteeuw. Dat is de paradox achter *De condor en de kolibrie*, metaforen voor de machtige oorlogsmachine en een altijd kwetsbare vrede. Met een vleugelspanwijdte tot 3,20 meter en een gewicht van 10 tot 15 kilo is de Andescondor de op één na grootste vogel ter wereld. De kleinste kolibrie, eveneens afkomstig uit Zuid-Amerika, is maar enkele centimeters groot en weegt hooguit 2 gram. Normaliter zal de condor de bovenhand halen. Maar het kan evenzeer de kolibrie zijn, als de wereld beseft dat oorlogen in de 21ste eeuw geen winnaars meer opleveren maar uitsluitend verliezers. Minstens in dat verlies zijn aanvallers en verdedigers aan elkaar gelijk.

1

Wisselende referentiekaders

Hoe verder je kunt terugblikken,
des te verder kun je vooruitkijken.
WINSTON CHURCHILL

Dat mensen en volkeren vele redenen hebben om oorlogen te voeren of vrede te sluiten, neemt niet weg dat oorlogen en vredestijden een interne samenhang vertonen. Blijkbaar vormen oorlog en vrede lussen of clusters, en kun je heel diverse oorlogen of vredespogingen toch met elkaar verbinden. In deze materie van cycli gewagen, is overdreven. Een cyclus is een te rond geheel – alsof oorlog en vrede in een cirkelbeweging elkaar aflossen – voor een veel chaotischer verloop van oorzaken en motieven die mensen en volkeren tot toenadering of verwijdering inspireren. Oorlogslussen of clusters, afgewisseld met vrediger tijden, geven allicht beter de samenhang en het verschil weer van wat mensen en volkeren verenigt of verdeelt. In elk geval zijn er patronen van oorlog en vrede of variabele referentiekaders die op wereldschaal verduidelijken wat lokale en regionale waarnemers ontgaat.

Die referentiekaders zijn variabel en veranderbaar. De wereld anno 2015 is erg verschillend van die in 1914 of 1945. Dat heeft veel te maken met de motieven of argumenten die mensen en volkeren tot oorlog of vrede inspireren, met de doelstellingen die ze nastreven en met de manier waarop ze de wereld en de samenleving maar ook hun directe omgeving ervaren of interpreteren. Vast staat alleen de eeuwigheid, niet de immer veranderende tijdelijkheid die mensen en volkeren kluistert in wat per definitie voorbijgaat. Het is dat voorbijgaan dat het mensen zo moeilijk maakt om zich een vorig tijdperk te herinneren, laat staan zich een volgend tijdperk voor te stellen. Zo is het Europa van voor de Franse Revolutie (1789) voltooid verleden tijd. Maar dat geldt ook voor het Europa in de jaren 1815-1914, van Napoleon tot de Eerste Wereldoorlog, en zelfs voor het ongrijpbare interbellum in de jaren 1918-1940. Toen de Europese uitersten het zich nog konden voorstellen de gevolgen van de Franse Revolutie weer uit te wissen.

Typisch voor een referentiekader is dat het tijdelijk vele oorlogen en conflicten kan omvatten en zelfs verklaren. Voor tijdgenoten gaat het om dezelfde bondgenoten en gelijkaardige tegenstanders. Binnen dat referentiekader koesteren mensen en volkeren dezelfde vrienden die bedreigd worden door dezelfde vijanden. Ze verdedigen dezelfde waarden en deugden tegen de onwaarden of ondeugden van hun tijd, ze bekijken de wereld door dezelfde bril, en daardoor zien ze dezelfde inzet, dezelfde bedreiging, dezelfde bondgenoten, dezelfde tegenstanders, dezelfde strijd. Het is de kracht van een referentiekader dat het tijdelijk alles kan verklaren, door tegelijk toe te dekken wat het referentiekader juist niet laat zien.

Een sterk voorbeeld van een dominant referentiekader leverde de Koude Oorlog, uitgebroken toen de geallieerde doodgravers van nazi-Duitsland – Amerika, Europa en de USSR – met elkaar op de vuist gingen. In de jaren 1945-1989 stonden geheel Europa en de halve wereld in het perspectief van een onwrikbare tegenstelling tussen de communistische wereld en de vrije wereld, Amerika en de USSR, de NAVO en het Warschaupact, Oost en West, het communisme en het kapitalisme, links en rechts, het collectieve en het individuele. Alsof ze in de Tweede Wereldoorlog 'het verkeerde varken' geslacht hadden, nazi-Duitsland en niet het stalinistische Rusland, vormden de westerse mogendheden één front tegen hun voormalige bondgenoot. Het zaad van die tegenstelling werd al in 1917 gezaaid, ten tijde van de Russische Oktoberrevolutie. Maar omdat er in het interbellum maar één communistische vijand was – het verre Mongolië niet meegerekend – leek het gevaar nog beheersbaar. Dat was na de Tweede Wereldoorlog niet meer het geval, toen sovjetleider Stalin een veel groter deel van Europa in zijn macht kreeg (zelfs een deel van Duitsland) en ook China in 1949 de communistische weg opging.

De pionnen van de Koude Oorlog waren de staten, alle lidstaten van de Verenigde Naties. De centrale inzet van de Koude Oorlog vormden de politieke economie en het politieke partijmodel. Aan het ene front stond een centraal geleide economie in het Oosten tegenover de vrije onderneming in het Westen. Aan het andere front nam de politieke democratie in het Westen het op tegen een feitelijk eenpartijregime (ten voordele van de dominante communistische partij) in het Oosten. Bij het vrije Westen hoorde als vanzelf ook de verdediging van de rechten en vrijheden van mensen en volkeren, inclusief de godsdienstvrijheid en de gewetensvrijheid. Die verdediging werd door het collectieve Oosten alleen met de lippen beleden. Aangezien enkel een sociale en politieke revolutie de rechten van mensen en volkeren kon garanderen, werd het genot van die rechten en vrijheden in een communistisch regime minstens uitgesteld. De vrije wereld was dan weer allergisch voor de collectivistische verleiding, alsof de collectiviteit – de staat, de eenheidspartij, de overheid – de wereld kon verbeteren.

Dat was ook de drievoudige inzet van de Koude Oorlog op wereldschaal. Op die schaal moesten de partijen in de Koude Oorlog in dezelfde jaren 1945-1989 rekening houden met de ontvoogdings- of bevrijdingsoorlogen in de niet-Europese wereld, die in 1945 nog door de Euro-koloniale mogendheden beheerst werd. Maar ook die bevrijdingsoorlogen kregen het jargon van de Koude Oorlog over zich heen, alsof ze partij moesten kiezen in een conflict dat hen eerder werd opgedrongen dan ze er zelf voor gekozen hadden. Omdat een bevrijdingsoorlog in eerste instantie de westerse kolonisator viseerde, werden de bevrijders als vanzelf van anti-westerse beweegredenen verdacht. In het jargon van de Koude Oorlog werd elke bevrijder voor de westerse kolonisator een communist, elke tegenstander van het communisme een vrijheidsheld.

Eigenlijk waren er in de jaren 1945-1989 twee totaal verschillende referentiekaders: de Koude Oorlog tussen Oost en West en de koloniaal/antikoloniale bevrijdingsoorlogen tussen Noord en Zuid. De centrale inzet van de Koude Oorlog was niet de inzet van de bevrijdingsoorlogen, en vice versa. Het ging wezenlijk om andere tegenstanders, andere partijen, andere doelstellingen, andere argumenten. Nooit spraken beide referentiekaders dezelfde taal, koesterden ze dezelfde uitgangspunten of streefden ze naar dezelfde oplossing. Alleen gaf de Koude Oorlog de doorslag, omdat Oost en West in die betekenis van het woord in die jaren nu eenmaal de machtsverhoudingen bepaalden. Alleen Amerika en de USSR, de NAVO en het Warschaupact, beschikten over de wapens die ook elders in de wereld het verschil maakten.

Het is en blijft een taai misverstand dat er in de Koude-Oorlogsjaren nauwelijks gevochten werd en dat het een Koude Oorlog bleef, grimmig maar niet dodelijk. Dat geldt uitsluitend voor wie de Koude Oorlog tot Europa beperkt en voor wie gewillig de ogen sloot voor de permanente nucleaire patstelling. En zelfs in Europa vielen er in 1956 wel degelijk doden bij een Hongaarse opstand tegen de sovjetvoogdij, in 1968 bij een Tsjechoslowaakse opstand in Praag en bij herhaalde Poolse opstanden tegen 'het paradijs van arbeiders en boeren'. Maar die verliezen vielen in het niets vergeleken met de prijs die de niet-Europese wereld voor de Koude Oorlog betaalde. Daar vielen in tal van warme oorlogen in de jaren 1947-1989 mogelijk evenveel doden als tijdens de Tweede Wereldoorlog, minstens 50 miljoen.

Wie echt de kosten van de Koude Oorlog wil berekenen, komt dus als vanzelf in Azië terecht, in de jaren 50 en 60 en de oorlogen in Korea en Vietnam. In Afrika, in de jaren 70 en Angola, Ethiopië en Mozambique. En in Latijns-Amerika, waar in de jaren 70 en 80 het koudvuur in de pan sloeg. Daar kwam het halve continent, nog altijd in de ban van de Cubaanse Revolutie van 1959, in die jaren in handen van pro-Amerikaanse generaals en waren er revoluties in Centraal-Amerika die vooral El Salvador, Guatemala en Nicaragua voor tientallen jaren in brand schoten. Maar uiteindelijk belandde het zwaartepunt van de Koude Oorlog toch weer in Azië, waar de grootschalige sovjetinvasie van 1979 in Afghanistan de poorten van de hel opende voor het religieuze radicalisme dat tegelijk vanuit Iran en Pakistan de halve islamitische wereld overspoelde.

Europa: de inzet van de Koude Oorlog

De Europese hoofdsteden van de Koude Oorlog in de jaren 1945-1989 waren Berlijn, Boedapest, Praag en Warschau. Dat lag in 1945 niet voor de hand. Weliswaar had het Rode Leger in 1945 deze hoofdsteden op de nazi's bevrijd maar de westerse legers waren nooit ver weg en het is een taai misverstand dat het Westen in 1945 – op de geallieerde topconferenties van Jalta en Potsdam – zelf het licht op groen zette voor een sovjetheerschappij over Oost-Europa. Het is een feit dat Oost-Europa in 1945 door het Rode Leger bevrijd werd, niet door de westerse geallieerden. Dat Oosten betaalde tijdens de Tweede Wereldoorlog ook een veel hogere prijs voor de nazigruwel dan het Westen, minstens in het Balticum, Polen, Oekraïne, Wit-Rusland, Hongarije, Tsjechoslovakije, Roemenië en Bulgarije. Het was ook het Rode Leger, met westerse steun, dat de miljoenenlegers leverde die nazi-Duitsland bedwongen. In een tijd dat Oost en West bondgenoten waren, uitsluitend door de nazi's verenigd, was dat overigens geen probleem.

Nochtans stond het in de sterren geschreven dat beide kampen na de nazinederlaag zouden botsen. Zo was de figuur van sovjet-leider Jozef Stalin, in 1945 al meer dan twintig jaar aan de macht, het Westen genoegzaam bekend.

Je kon de Britse oorlogspremier Churchill van vele onhebbelijkheden verdenken maar niet van enige naïviteit over de ware aard van het sovjetcommunisme. Nochtans was Churchill de architect van de Amerikaans-Brits-Russische alliantie die nazi-Duitsland versloeg en bleef hij die alliantie verdedigen tot de laatste oorlogsdag. Omdat hij als eerste inzag dat Hitler zo mogelijk een nog grotere demoon was dan Stalin steunde hij ook Amerika's keuze om eerst nazi-Duitsland te verslaan – *Germany First* – en dan pas Japan. Die keuze belette hem niet om ook de Russen in de gaten te houden. In 1946 wees Churchill, een jaar eerder door de Britse kiezers naar de oppositie verwezen, als eerste op het IJzeren Gordijn dat Stalin van de Baltische Zee tot de Adriatische Zee over Europa neerliet. Een gordijn van 7000 kilometer dat bevestigde dat de Oost-Europese gebiedsdelen die door Stalin bevrijd werden – het Balticum, Polen, Hongarije, Tsjechoslovakije, het toenmalige Oost-Duitsland, Roemenië en Bulgarije – ook als vazalstaten door de Sovjet-Unie werden ingelijfd.

Naar verluidt was het de fanatiek anticommunistische Britse auteur George Orwell die in oktober 1945 het eerst waarschuwde voor 'een vrede die geen vrede is', wel 'een permanente koude oorlog'. Orwell verklaarde meteen waarom het 'een koude oorlog' moest blijven: vanwege de atoombom natuurlijk, een bom (in 1945 en 1946 uitsluitend in Amerikaanse handen) die nauwelijks in een feitelijke oorlog kon worden gebruikt. In 1946 was het de Amerikaanse bankier Bernard Baruch, op dat moment een belangrijke adviseur van de Amerikaanse president Truman, die het had over 'een koude oorlog'. Baruch was dat jaar Trumans vertegenwoordiger in de Atoomenergiecommissie van de VN, waar de Sovjet-Unie zijn voorstel afwees om het hele atoomenergiedossier onder internationale controle te stellen. Gelet op het Amerikaanse kernwapenmonopolie dat de USSR pas in 1949 kon doorbreken, was Moskou allergisch voor elke poging om dat monopolie onder internationale controle te verankeren.

Naar verluidt was het de Amerikaanse journalist en columnist Walter Lippmann die op 1 januari 1947 het eerste boek lanceerde onder de naam *The Cold War*. 1947 was het jaar van de burgeroorlog in Griekenland, waar de communistische partij het laken naar zich toe dreigde te trekken, en het jaar van de Euro-Amerikaanse Marshall-hulp, die onder Moskouse druk door Oost-Europa werd afgewezen. In 1948 volgden de Praagse Coup (een communistische machtsgreep in Tsjechoslovakije) en de sovjetblokkade van West-Berlijn (een westerse enclave in het communistische Oost-Duitsland), in 1949 de vorming van de Bondsrepubliek Duitsland (in het Westen) en de

Duitse Democratische Republiek (in het Oosten), de eerste Russische kernproef, de oprichting van de NAVO en de communistische overwinning in de Chinese burgeroorlog. Voor het eerst dreigde de communistische wereld de grootste landmassa ter wereld te omvatten, van Warschau tot Shanghai. Zelfs wie in de vrije wereld geen kaas had gegeten van geopolitiek, huiverde voor een communistische boeman die plots het grootste deel van de euraziatische landmassa beheerste en die als gevolg van de Tweede Wereldoorlog nog veel sterker bleek dan voorheen.

Daarmee zaten de Europees-Amerikaans-Russische betrekkingen in 1949 muurvast. Als gevolg van de Koude Oorlog gleed Europa een lange nacht in, waaruit het pas in 1989 ontwaakte. Voor het Europa achter het IJzeren Gordijn waren het veertig loden jaren, onder de dubbele voogdij van de Sovjet-Unie en de lokale communistische partij. Maar ook het Europa aan de westerse kant van het IJzeren Gordijn stond veertig jaar lang nauwelijks op eigen benen. Bevreesd voor de sovjetdivisies en verlamd door de nucleaire arsenalen van de nieuwe supermachten, kon het Westen uitsluitend op Amerika rekenen, alsof Moskou en Washington het Europese continent de facto al onder elkaar verdeeld hadden. Volgens de Duitse filosoof Sloterdijk waren het de jaren van Europa's absentie in de wereld, ten voordele van de nieuwe supermachten die zowel de Europese als de wereldwijde lakens naar zich toetrokken.

Vooral de kernwapens vereisten dat het, minstens in Europa, een Koude Oorlog bleef. Op dit punt was het Amerikaans-Russische overwicht op hun vrienden en vijanden zo groot dat ze zich op de Europese frontlijn geen directe confrontatie konden permitteren. Bovendien werden hun nucleaire arsenalen alsmaar groter. Nauwelijks vier jaar na een eerste sovjetkernproef beschikte zowel Amerika als Rusland – respectievelijk in 1952 en 1953 – over een waterstofbom, nog duizend keer krachtiger dan de uranium- en plutoniumbommen die Amerika in 1945 inzette boven Hiroshima en Nagasaki. Daarmee nam de bewapeningswedloop het roer over. Het werd een race in bommenwerpers, langeafstandsraketten en onderzeeërs, op hun beurt uitgerust met langeafstandsraketten. Het jargon van tactische en strategische kernwapens kon nauwelijks de waanzin verbergen van oorlogstuig dat in geen tijd de hele wereld kon vernietigen. Feit bleef dat geen kernmacht – snel ook Engeland, Frankrijk en China, maar in veel mindere mate dan de Amerikaanse en Russische koplopers – in alle nuchterheid een kernoorlog kon ontketenen. Evenmin kon enige kernmacht dat ooit voorkomen. Het blijft een wonder dat de wereld in de jaren 1947-1989 de wapenwedloop overleefde. Om pas naderhand te beseffen hoe krankzinnig die jaren wel waren en hoe vaak Oost en West op de rand van de nucleaire afgrond balanceerden.

De dieptepunten van de Koude Oorlog vielen dan ook samen met nieuwe stappen in de kernwapenwedloop: de eerste waterstofbom (1952), het eerste Britse kernwapen (1952), de eerste nucleaire onderzeeër (1955), de eerste intercontinentale raket en de eerste satelliet (1957), het eerste Franse kernwapen (1960), de aanwezigheid van Russische kernraketten op Cuba (1962), het eerste Chinese kernwapen (1964), de eerste meerkoppige kernraket (1970), de eerste Indiase kernproef (1974). Maar de meest gevoelige momenten van de Koude Oorlog in Europa bleven de korte Berlijnse opstand tegen de Russische bezettingsmacht in 1953, de veel grotere Hongaarse opstand van 1956, het neerslaan van de Praagse Lente in 1968 en diverse Poolse opstanden die in de Koude-Oorlogslogica nog door Moskou en zijn bondgenoten binnen het Warschaupact konden neergeslagen worden zonder een westerse interventie te moeten vrezen. De grootste begunstigde van de Koude Oorlog was immers het naoorlogse status quo van 1945, dat zeker in Europa – door de immer aanwezige kerndreiging – niet met militair geweld kon doorbroken worden.

De Amerikaanse oorlogen in Korea en Vietnam

Wat veertig jaar lang in Europa niet kon, kon wel elders in de wereld. Daar waren de tegenstellingen nog niet ingevroren of zag het ernaar uit dat het tij nog kon keren. Bovendien konden de nucleaire supermachten elders in de wereld op sub-atomair niveau partij kiezen in een lokaal conflict – vaak een bevrijdingsoorlog – zonder een nucleaire escalatie te moeten vrezen. De supermachten bleven dansen op een slappe koord. Om een directe confrontatie te vermijden (die altijd tot ongewenste hoogten kon escaleren) beproefden ze hun indirecte vaardigheden door in een lokaal of regionaal conflict partijen te steunen die voor hen de kastanjes uit het vuur haalden. Ook was het niet altijd de bedoeling van een supermacht om in een lokaal of regionaal conflict meegezogen te worden. Veel vaker overkwam het hen sluipend of bijna ongemerkt, omdat ze zich gewoon te ver hadden gewaagd en ze op een bepaald moment niet meer terug konden.

De eerste warme oorlog op de achtergrond van de Koude Oorlog was in de jaren 1950-1953 de Koreaanse oorlog. Vijfendertig jaar lang, in de jaren 1910-1945, stond het Koreaanse schiereiland onder Japanse voogdij. Al in 1943 stelde de Amerikaanse president Roosevelt voor er 'een mandaatgebied' van te maken onder toezicht van de geallieerde grote vier (Amerika, Engeland, Rusland, China). Twee jaar later stemde Washington ermee in dat ook Rusland het nog oorlogvoerende Japan de oorlog verklaarde en dat Russen en Amerikanen *samen* Korea zouden bezetten. Op 8 augustus 1945 begon het Rode Leger met de bevrijding van Manzurije en Korea. Een maand later, op 8 september, arriveerden er de eerste Amerikaanse troepen. Gemakkelijkheidshalve verdeelden Russen en Amerikanen het Koreaanse schiereiland ter hoogte van de 38ste breedtegraad in twee bezettingszones. Ten noorden en ten zuiden van die grens werden de Japanse troepen respectievelijk door Russen en Amerikanen ontwapend.

Dat kon alleen goed aflopen zolang Russen en Amerikanen aan hetzelfde zeel trokken. Als gevolg van de Koude Oorlog, die in 1947 in alle hevigheid uitbrak, in 1949 nog verhevigd door de communistische overwinning in China, liep het ook in Korea verkeerd. Onweerstaanbaar werden de twee bezettingszones al in 1948 twee onafhankelijke republieken: een zuidelijke republiek onder president Syngman Rhee in Seoul, en een noordelijke volksrepubliek onder Kim Il-sung in Pyongyang. Het hele Korea telde in 1948 circa 30 miljoen inwoners, van wie 9 miljoen in het noorden, 21 miljoen in het zuiden. De scheidingslijn bleef de 38ste breedtegraad. De laatste sovjetsoldaten werden er in 1948 teruggetrokken, de laatste Amerikaanse soldaten in 1949. Nauwelijks een jaar later, in de zomer van 1950, brak de Koreaanse oorlog uit.

Over het begin van de Koreaanse oorlog werd nooit overeenstemming bereikt. Volgens de westerse versie werd de oorlog ingeluid door Noord-Koreaanse troepen die massaal het zuiden binnenvielen. Andere bronnen wezen op 'een Zuid-Koreaans manoeuvre om de Amerikaanse troepen terug te roepen'. Waren het de Chinezen (Mao) of de Russen (Stalin) die met vuur speelden? Feit is dat het Noord-Koreaanse leger in geen tijd de zuidelijke hoofdstad Seoul veroverde, enkele dagen later ook Inchon en Taejon. Voor de VN-Veiligheidsraad was het een eerste grote crisis waarin alle lidstaten opgeroepen werden om Zuid-Korea bij te staan. Dat deden vooral de Amerikanen en een eerste *coalition of the willing*, door landstrijdkrachten in te zetten en lucht- en vlooteenheden te mobiliseren. In totaal stuurden 16 staten troepen naar Korea, onder wie 700 Belgische vrijwilligers, voor een totaal van 365.000 manschappen. Op het noordelijke front maakten vooral de Chinezen het verschil door al in oktober 1950 massaal de Yalu of de Groene Rivier over te steken en op hun beurt Noord-Korea binnen te vallen.

Ofschoon de Koreaanse krijgskansen herhaaldelijk keerden, stonden beide partijen en hun bondgenoten in de zomer van 1953 weer aan de frontlijn van 1948, de 38ste breedtegraad. Mogelijk speelde de dood van Stalin een rol, op 5 maart 1953, want op 27 juli 1953 ondertekenden beide partijen in Panmunjon, een dorp tussen Noord en Zuid, een wapenstilstand die standhield. De Koreaanse oorlog heeft aan circa 2 miljoen mensen het leven gekost, onder wie 142.000 Amerikanen en 4451 Britten. Wel bleven als gevolg van de Koreaanse oorlog twee Amerikaanse divisies in Zuid-Korea achter, uitgerust met kernwapens. De Chinese troepen werden in 1958 uit Noord-Korea teruggetrokken.

De Koreaanse oorlog liep bijna naadloos over in de veel langere Vietnamese en Indochinese oorlogen. Daar voerde vooral Vietnam, het grootste land in Indochina, een bijna vijfendertigjarige oorlog, eerst tegen de Japanse bezetter, later tegen de Franse kolonisator, uiteindelijk tegen de Amerikaanse overmacht. Gangmakers van de Vietnamese oorlogen waren Ho Chi Minh, in 1941 de oprichter van de Vietminh, en zijn geniaalste generaal, Vo Nguyen Giap. In Vietnam was het de 16de breedtegraad, een idee van de Amerikaanse president Truman, die het land verdeelde in een Chinees-nationalistisch noorden en een Frans-Brits zuiden. Uiteindelijk droegen de Engelsen in oktober 1945 het gezag ten zuiden van de 16de breedtegraad over aan de Franse kolonisator van Indochina, formeel onder de laatste keizer van Annam, Bao Dai. Weerstanders in de noordelijke gebiedsdelen Annam en Tonkin riepen dan weer de Democratische Republiek Vietnam uit. In 1949 installeerden de Fransen Bao Dai als president van het latere Zuid-Vietnam.

Frankrijk was als gevolg van twee wereldoorlogen niet meer in staat om zijn koloniaal imperium te handhaven. Ondanks massale Amerikaanse steun leden de Fransen in mei 1954 bij Dien Bien Phu een verpletterende nederlaag tegen de Vietminh. Nog in 1954 moest Frankrijk op een Geneefse conferentie de onafhankelijkheid van Cambodja en Laos erkennen. Vietnam bleef tijdelijk verdeeld in Noord en Zuid, met de 17de breedtegraad als demarcatielijn, in afwachting dat vrije verkiezingen het land zouden herenigen. In de kilte van de Koude Oorlog zijn die vrije verkiezingen er nooit gekomen. Het Noorden bleef in de greep van de Vietminh. In Zuid-Vietnam werden de Fransen eerst door Amerikaanse adviseurs vervangen, al bleken die geen partij voor het Bevrijdingsfront van Zuid-Vietnam, beter bekend als de Vietcong.

Nog onder president Kennedy werd het aantal Amerikaanse militaire adviseurs in Zuid-Vietnam opgetrokken tot 13.000. Onder Kennedy's opvolger Johnson steeg het aantal Amerikaanse soldaten in Vietnam tot 200.000 in 1965 en circa 580.000 in 1968. Die aantallen maakten er de grootste Amerikaanse oorlog van sinds 1945. Toch kon ook dat militair overwicht, onder president Nixon versterkt door Amerikaanse luchtaanvallen op Noord-Vietnamese doelwitten, geen doorbraak forceren. In 1970 zette zelfs een Amerikaans-Zuid-Vietnamese invasie van het nog neutrale Cambodja geen zoden aan de dijk. Ook Amerikaanse bombardementen in Cambodja maakten de zaak alleen maar erger. Aanslepende vredesbesprekingen in Parijs, al in 1968 ingezet, gingen langs Amerikaanse kant gepaard met een *vietnamisering* van de oorlog om alsnog de Amerikaanse troepen te kunnen terugtrekken. In 1973 parafeerden de Amerikaanse en Vietnamese toponderhandelaars, Kissinger en Le Duc Tho, zelfs de vredesakkoorden van Parijs. Hierbij werden alle Amerikaanse en geallieerde troepen uit Zuid-Vietnam teruggetrokken.

Maar ook dat akkoord kon het tij niet meer keren. Op 30 april 1975 bezegelde de val van Saigon (omgedoopt tot Ho Chi Minh stad) de totale overwinning van de Vietnamese bevrijders. Tien dagen later veroverden Rode Khmer-troepen de Cambodjaanse hoofdstad Phnom Penh.

Aangenomen wordt dat de Vietnamese oorlogen 2 miljoen doden en evenveel gewonden gekost hebben, de prijs van de Koreaanse oorlog maar over een veel langere tijd gespreid, onder wie bijna 50.000 Amerikaanse doden en 150.000 Amerikaanse gewonden. Het was Amerika's eerste nederlaag op het slagveld. Veiligheidshalve trok Amerika zich in Azië en de Pacific terug in zijn vertrouwde bastions, onder de hoede van 'gewillige dictators' als Park Chunghee in Zuid-Korea (1962-1979), Marcos op de Filipijnen (1965-1986), Suharto in Indonesië (1965-1998) en de Thaise generaals op wie Washington altijd kon rekenen. Suharto kon de wereld zelfs het immense bloedbad doen vergeten dat hij in 1965 in Indonesië aanrichtte, nog onder zijn voorganger Sukarno, door wellicht een half miljoen Indonesische communisten genadeloos te laten afslachten.

Russen en Cubanen op het oorlogspad

Het Vietnamese trauma heeft Amerika vele jaren de lust ontnomen om zich nog tot een soortgelijke interventie te laten verleiden. Helaas was dat niet de les die de Sovjet-Unie uit de Indochinese oorlogen trok. Moskou liet integendeel geen kans voorbijgaan om het Amerikaanse vacuüm zelf weer op te vullen. Dat deed Moskou het eerst in het Vietnamjaar 1975, toen het koloniale Portugal ook in Angola de vlag moest strijken ten voordele van de Volksbeweging voor de Bevrijding van Angola MPLA van Agostinho Neto en Jose

Eduardo Dos Santos. Maar die MPLA kreeg het aan de stok met een pro-westerse rivaliserende partij, de Unita-rebellen van Jonas Savimbi. Dat Angola's eerste president, Neto, in november 1975 ook formeel een beroep deed op Cubaanse en Russische steun 'om het onafhankelijke Angola tegen zijn belagers te kunnen verdedigen' viel in Moskou en Havana niet in dovemansoren. Moskou zorgde voor de logistiek – wapens en transport – Havana voor de soldaten, geraamd op 50.000 in de jaren 80. In de Koude Oorlogslogica kon Savimbi op Amerikaanse en vooral Zuid-Afrikaanse steun rekenen, omdat het apartheidsregime nog Zuidwest-Afrika beheerste (het latere Namibië) en van daaruit op elk moment Angola kon binnentrekken.

Substantieel was ook Zuid-Afrika's betrokkenheid bij een aanslepende burgeroorlog in het pas onafhankelijke Mozambique, eveneens een late Portugese kolonie die pas in 1975 haar onafhankelijkheid verwierf. Daar kwam de macht in handen van het marxistische Frelimo van Samora Machel. Met de steun van Cubaanse en Russische adviseurs moest het Frelimo het opnemen tegen de alternatieve verzetsbeweging Renamo, die nog op het blanke Rhodesië kon rekenen (het latere Zimbabwe) en op Zuid-Afrika natuurlijk. Machel zelf werd de vrede ontzegd. Hij is in oktober 1986 bij een verdacht vliegtuigongeluk op weg van Lusaka naar Maputo omgekomen (zijn weduwe trouwde later de Zuid-Afrikaanse vrijheidsheld Mandela). Maar zijn Frelimo-opvolger Chissano hield stand en kon de vrede in zijn land herstellen.

In Ethiopië sprong Moskou in de jaren 1974-1976 op de kar van de revolutie die de oude keizer Haile Selassie fataal werd, het enige Afrikaanse staatshoofd dat het koloniale Europa ooit versloeg. Daar kwam de macht na een bloedig intermezzo in handen van een jonge kolonel, Mengistu Haile Mariam, in 1975 de afschaffer van de monarchie, in 1977 de oprichter van een Ethiopische volksrepubliek. Dat Mengistu op sovjetsteun aasde, legde hem geen windeieren. Nog in december 1977 bracht een enorme luchtbrug 1500 sovjetadviseurs en 17.000 Cubaanse soldaten naar Ethiopië, gevolgd door een open oorlog tussen Ethiopië en Somalië. Dat manoeuvre legde meteen een link met de Volksrepubliek Zuid-Jemen, een voormalig Brits protectoraat in Aden en al tien jaar een volksrepubliek. In het toenmalige Noord-Jemen, sinds 1918 een onafhankelijk koninkrijk, voerde het Egypte van Nasser in de jaren 60 een felle maar vergeefse strijd om het land te kunnen opnemen in Nassers Verenigde Arabische Republiek, die een korte tijd ook Syrië kon bekoren. In Jemen heeft ook Nasser zijn onschuld verloren.

De Zuid-Jeminitische volksrepubliek in Aden versterkte de banden met de Libische sterke man Kadhafi, die meteen droomde van een revolutionaire driehoek die 'de drie vooruitstrevende landen' in de regio omvatte – Zuid-Jemen, Somalië en Ethiopië –en die altijd op Libische steun mocht rekenen. Voor de Sovjet-Unie, die het altijd al moeilijk had om echte bondgenoten te vinden in het Midden-Oosten (en die ook te behouden) vormde het Zuid-Jeminitisch-Ethiopische platform in de late jaren 70 een gedroomde kans om minstens daar een communistische voet aan de grond te krijgen. Niet alleen was het een platform met steunpunten aan beide oevers van de Rode Zee, het sloeg ook een Afro-Aziatische brug met Russische of Cubaanse bondgenoten elders in Afrika en in het Midden-Oosten. Als Russen en Cubanen de immer wispelturige Kadhafi op afstand konden houden.

Dat waren de jaren dat de Congolees-Zaïrese president Mobutu, 32 jaar lang aan de macht in Kinshasa, de kroon van het vrije Westen verdiende door als een rots in de branding de Congolese bodemschatten voor het Westen te behoeden. Mobutu was misschien nog de meest begunstigde Afrikaanse heerser van de Koude Oorlog. Dat hij in 1961 op westers bevel zijn voorganger Lumumba moest liquideren, snel verdacht van pro-Russische sympathieën, was maar een kleine smet op zijn blazoen. Veel erger woog zijn 32-jarige erfenis op het lot van de Congolese republiek, door hem voor eigen gewin uitgeperst als een citroen en weerloos aan de gieren overgeleverd. Gieren van dienst waren de Rwandese en Ugandese krijgsheren achter de schimmige Kabila's – vader en zoon – die het reusachtige Congobekken nog dieper verscheurden. Mobutu bleef een neokoloniale westerse creatie, gedoemd om te mislukken in een tijd dat Rusland en China Afrika ontdekten als een nieuw wingewest en de Amerikanen 'hem niet meer nodig hadden' om het communisme in Afrika de pas af te snijden.

In Angola, Ethiopië en Mozambique schoot Rusland in de late jaren 70 grote kemels. Maar het meest blunderde de Sovjet-Unie door in de schaduw van Amerika's nederlaag in Indochina in 1979 met een forse legermacht ook Afghanistan binnen te vallen en zelfs weer toenadering te zoeken tot zijn objectieve bondgenoten op het Amerikaanse halfrond. Het eerste leidde tot een tienjarige oorlog die Afghanistan maar ook Pakistan totaal ontwrichtte, hoewel 150.000 Russische soldaten die oorlog moesten verliezen, ook al omdat Afghaanse opstandelingen – veelal religieuze zeloten – op vrijwel onbeperkte Saudische en Amerikaanse steun konden rekenen. Maar de Koude Oorlog laaide in de vroege jaren 80 nog het hoogst op in Midden-Amerika, waar Amerika's vrees voor 'een tweede Cuba' burgeroorlogen voor gevolg had die bijna de hele regio fataal werden.

Natuurlijk heeft Amerika de Cubaanse Revolutie van 1959, onder Fidel

Castro, nooit verteerd. Daarvoor lag Cuba te dicht bij Miami en waren zoveel Cubaanse ballingen voor Castro naar Amerika uitgeweken dat ze er zout in de wonde bleven strooien. Zo bleef Amerika het Castro-regime onder druk zetten met een wurgend embargo dat uitsluitend de Russen konden doorbreken. Maar het meest directe gevolg van de Cubaanse Revolutie was een militarisering van het Latijns-Amerikaanse subcontinent, in de hand gewerkt door tal van Latijns-Amerikaanse militairen die aan Amerikaanse militaire scholen opgeleid werden, te beginnen met de *School of the Americas* in de Panamakanaalzone. Volgens Amerikaanse critici werden in geen school ooit meer dictators opgeleid dan in Fort Gulick, de Amerikaanse legerbasis in de kanaalzone waar de *School of the Americas* te gast was.

De directe militarisering van Latijns-Amerika laaide het hoogst op in landen die in de jaren 1964-1985 met een anticommunistische militaire dictatuur opgezadeld werden. Voor het land-ingesloten Paraguay luidde de klok al in 1954, onder de Beierse generaal Alfredo Stroessner, 45 jaar aan de macht in Asunción. Brazilië en Bolivië gingen in 1964 voor de bijl. Peru volgde in 1968, onder generaal Alvarado. Chili en Uruguay volgden in 1973, respectievelijk onder Pinochet en Bordaberry, Argentinië in 1976, onder een eerste militaire junta. Nooit eerder werd Latijns-Amerika zo intens en vrijwel zonder uitzonderingen door militaire dictators bestuurd. Die dictatuur, noodzakelijk geacht om het communistische gevaar te weren, hield nauwelijks twintig jaar stand. Maar de prijs van zoveel terechtstellingen, verdwijningen, martelsessies en detentiecentra zou Latijns-Amerika nog vele jaren achtervolgen.

Het gevreesde 'tweede Cuba' kwam toch nog onverwacht, in 1979 in het Midden-Amerikaanse Nicaragua. Daar verdreef het Sandinistisch Bevrijdingsfront van de latere president Ortega in een bloedige strijd – er vielen 50.000 doden – de 42-jarige Somoza-dictatuur ten voordele van de eerste politieke en sociaal-economische hervormingen sinds mensenheugenis. Een jaar later sloeg de revolutie ook op El Salvador over en op Guatemala natuurlijk, een land waar linkse opstandelingen en extreemrechtse doodskaders op dat moment al tien jaar lang met elkaar op de vuist gingen. Opvallend waren de aantrekkingskracht van historische voorgangers of legendarische boerenleiders – Cesar Augusto Sandino in Nicaragua, Farabundo Marti in El Salvador, die al in de jaren 30 verslagen werden – en het enthousiasme dat door de winnende sandinisten werd opgewekt. Een icoon voor het Guatemalaanse verzet werd een Indiaanse mensenrechtenactiviste, Rigoberta Menchú, in 1992 bekroond met de Nobelprijs voor de Vrede.

Maar ook de Amerikaanse steun voor de Nicaraguaanse contra's en Amerika's nog grotere blindheid voor de wandaden van de militaire machthebbers in El Salvador en Guatemala – onder de Amerikaanse president Reagan – sloegen wonden die de betrokken partijen niet gauw zullen vergeten. Misschien werd in Centraal-Amerika en overigens ook in Honduras de laatste fase van de Koude Oorlog uitgevochten. Mogelijk geldt dat ook voor de Caraïben. Daar waren Haïti – onder de Duvaliers – en de Dominicaanse Republiek – onder dictator Trujillo, vereeuwigd door Vargas Llosa in *Het Feest van de Bok* – ooit tijdgenoten van de sinistere voorganger van Castro op Cuba, Batista. Onder Batista, 25 jaar aan de macht in Havana, was de stad de gok- en drugstent van de Caraïben. Geen Amerikaanse haan die daarnaar kraaide, zolang er geen communisten in de buurt waren.

Het naoorlogse referentiekader gesloten

De samenhang van de Koude Oorlog met zoveel dictatoriale regimes in de wereld bleek nog het best uit de epiloog, in de late jaren 80. Het einde van de Sovjet-Unie lonkte al in 1985, toen de relatief jonge Mikhail Gorbatsjov als partijleider zijn oude voorgangers in Moskou opvolgde. Nadat hij de versteende relieken Brezjnev, Andropov en Tsjernenko afloste – drie partijleiders op een rij – was het Gorbatsjov die de Sovjet-Unie een nieuwe richting uitstuurde. Bekend bleven zijn Russische ijkpunten, *glasnost* (doorzichtigheid) en *perestrojka* (hervormingen). Even bekend bleven de gevolgen van die ijkpunten voor de Russische samenleving. Het was de grootste illusie van Gorbatsjov dat hij dacht de Sovjet-Unie nog te kunnen hervormen. Van meet af aan was zijn hervorming ten dode opgeschreven. De werkelijkheid was erger dan de fictie.

De USSR die Gorbatsjov in 1985 aantrof, was een unie die op economisch vlak nauwelijks nog iets te bieden had en waarvan geen aantrekkingskracht meer uitging. Niet alleen had Moskou de trein van de informatisering en de digitalisering gemist, ook de economische groei, de productiviteit, de industriële renovatie en de distributie van producten en diensten lieten het afweten. Dat bleek ook op militair vlak, onder de Koude Oorlog nog de beste barometer voor technologische vernieuwing of achteruitgang. Terwijl de communistische partijen in de USSR en in haar Oost-Europese vazalstaten evenmin nog enig enthousiasme konden opbrengen en al even zichtbaar verouderden als de vermolmde industrieën van het rijk. Het sierde Gorbatsjov in 1985 dat hij als eerste sovjetleider de structurele zwakheden van het regime zag en die ook wou aanpakken. Alleen was het regime in de USSR en in Oost-Europa er nog veel erger aan toe dan de vernieuwer vermoedde en kreeg Gorbatsjov het rijk en het regime niet meer op de sporen.

Dat de USSR en het sovjetrijk in de jaren 1989-1991, nog onder Gorbatsjov, zo snel en zo rampzalig in de mist van de geschiedenis verdwenen, bevestigde de ernst en de omvang van de kwaal. Eerst verdampte de sovjetvoogdij over Oost-Europa, in 1989. Daar nam het katholieke Polen, sinds 1978 aangemoedigd door een eerste Poolse paus, Johannes-Paulus II, de leiding van de onvoorspelbare bevrijding van Oost-Europa. Nog in 1989 volgden Hongarije, Tsjechoslovakije, de toenmalige DDR en zelfs Roemenië en Bulgarije de Poolse voorloper. Al in 1990 werd Duitsland herenigd. Dat werd veertig jaar lang door geen Duitser voor mogelijk gehouden. Nauwelijks een jaar later werd de USSR ontbonden in zijn 15 onderdelen, deelstaten die nooit nog een eenheid vormden. De drie Baltische staten – Estland, Letland en Litouwen – liepen het eerst naar het Westen over. Het lot van de Kaukasus en de toekomst van Centraal-Azië, in toenemende mate in het vizier van het islamitisch fundamentalisme, bleven onzeker. Die onzekerheid gold ook voor het Russische Verre Oosten, waar de Russische Federatie grenst aan het snel groeiende China en waar Vladivostok uitkijkt over de Japanse Zee en de beide Korea's. Van de zo machtige USSR bleef al in 1989 vrijwel niets over, in 1991 nog veel minder.

Het enige dat reeds in 1989 vaststond, was het einde van de Koude Oorlog. Dat bleek meteen op 29-30 mei 1989 op een NAVO-top in Brussel, waar de Amerikaanse president Bush een vermindering van de conventionele bewapening in Europa voorstelde en een vermindering van de Amerikaanse en Russische troepen in Europa. Een en ander werd naderhand uitgeklaard op de zogenaamde CFE-besprekingen in Wenen met de 23 lidstaten van NAVO en Warschaupact. Die besprekingen werd in november 1990 bekroond met het meest verregaande en meest complexe ontwapeningsakkoord uit de naoorlogse geschiedenis, op een buitengewone top in Parijs beklonken door de staatshoofden en regeringsleiders van de 34 lidstaten van de Conferentie voor Veiligheid en Samenwerking in Europa (CVSE).

De 34 ondertekenden er ook 'het handvest van Parijs' voor een democratisch Europa, een nieuwe ode aan de rechten en vrijheden van de mens die bekrachtigd worden als de grondslag van vrijheid, rechtvaardigheid en vrede.

Inzake kernwapens en andere massavernietigingswapens kwamen de Amerikaanse president Reagan en Sovjet-leider Gorbatsjov al in december 1987 in Washington overeen om hun beider 'middellange-afstandsraketten' in Europa

– de inzet van de rakettenpaniek in de vroege jaren 80, de Russische SS-20, de Amerikaanse Pershing 2 en de Tomahawk-kruisraketten GLCM – volledig af te bouwen ('de nuloptie'). In juni 1990 ondertekenden de Amerikaanse president Bush, opvolger van Reagan, en Gorbatsjov in Washington een akkoord over de stopzetting van hun productie van chemische wapens en de vermindering van hun arsenalen tot 20 procent van de Amerikaanse voorraden en een beginselakkoord over de reductie van hun strategische kernwapens (die ze grofweg met één derde wilden ontmantelen).

Een teken aan de wand dat Amerika en Rusland ook de Koude Oorlog elders in de wereld wilden keren, was de ondertekening op 7 augustus 1987 van een Vredesplan voor Midden-Amerika, door de presidenten van Costa Rica, El Salvador, Guatemala, Honduras en Nicaragua. Het Vredesplan van Esquipulas had zowel betrekking op de oorlog in Nicaragua als op die in El Salvador en Guatemala en op 'de betrokkenheid van Costa Rica en Honduras', en streefde voor de vijf betrokken landen naar de stopzetting van de vijandelijkheden, nationale verzoening, amnestie, democratisering, vrije verkiezingen en internationale controle en verificatie. Het was het eerste Vredesplan voor Midden-Amerika dat ook effectief werd opgevolgd en dat op termijn leidde naar concretere vredesakkoorden voor Nicaragua, El Salvador en Guatemala.

Wat Esquipulas wind in de zeilen gaf, was het versnelde afscheid van tal van autoritaire regimes, het eerst in Latijns-Amerika maar naderhand ook in Afrika en Azië. Zo moesten de Argentijnse generaals al in 1983 opstappen, nadat ze de Argentijns-Britse oorlog om de Falklands/Malvinas verloren. De Braziliaanse generaals die in 1964 de macht grepen, moesten in 1985 opstappen. In 1986 kreeg zelfs Guatemala een burgerpresident, Cerezo Arévalo. Tegelijk moest de jonge Duvalier – *Baby Doc* – het veld ruimen op Haïti en verdreef Corazon Aquino de militaire machthebbers op de Filipijnen. In 1988 moest de Zuid-Koreaanse sterke man Chun Doo-hwan opkrassen, nadat hij in december 1987 de eerste vrije verkiezingen in 16 jaar verloor. In 1989 moest ook de aloude dictator van Paraguay, Alfredo Stroessner, na een 35-jarige ambtstermijn ophoepelen. In Chili hield ex-generaal Pinochet het been stijf tot 1990, toen hij de macht moest overdragen aan de in december 1989 vrij verkozen christendemocratische president Patricio Aylwin.

Een cruciaal keerpunt voor Zuidelijk Afrika kwam er op 22 december 1988, bij ondertekening – op het VN-hoofdkwartier in New York – van een driepartijenakkoord door Angola, Cuba en Zuid-Afrika. Dat akkoord voorzag in een gefaseerde terugtrekking van de circa 50.000 Cubaanse soldaten uit Angola, gekoppeld aan de onafhankelijkheid van Namibië. Op 21 maart 1990 nam de onafhankelijkheid van Namibië, onder SWAPO-leider Nujoma, voor Angola de dreiging weg dat het nog vanuit Namibië door Zuid-Afrikaanse troepen kon aangevallen worden. Even ingrijpend was de vrijlating van de Zuid-Afrikaanse oppositieleider Nelson Mandela op 11 februari 1990. De ANC-leider zat 27 jaar lang in een Zuid-Afrikaanse gevangenis. Nauwelijks een jaar later werd het Zuid-Afrikaanse apartheidsregime in sneltempo afgebouwd. In 1994 was Mandela de eerste verkozen president van alle Zuid-Afrikanen.

Daarmee werd de dekolonisering van Afrika nog op een vreedzame noot afgesloten. Dat begreep zelfs de Ethiopische sterke man Mengistu, vele jaren de poulain van Russen en Cubanen in de Hoorn van Afrika, die in mei 1991 de eer aan zichzelf hield en 'om verder bloedvergieten te vermijden' zijn land ontvluchtte. De Somalische president Siad Barre, een oud-bondgenoot van de USSR en 22 jaar aan de macht in Mogadishu, sloeg al in januari 1991 op de vlucht. Wie nog niet begreep dat zijn tijd gekomen was en dat hij zonder de Koude Oorlog geen been meer had om op te staan, was de Congolese president Mobutu. Derhalve klampte de oudste en de belangrijkste westerse bondgenoot in Centraal-Afrika zich nog zes jaar aan de macht vast, tot de staatskas zo leeg was en het land zo ontredderd dat de doodzieke generalissimo in 1997 door een spookleger van kindsoldaten kon worden verdreven.

Op 15 februari 1989 was generaal Boris Gromov de laatste Russische militair die Afghanistan verliet. Daarmee zette Moskou een punt achter een interventie die ruim negen jaar duurde en die de USSR circa 13.000 doden en 35.000 gewonden kostte. Het aantal gedode Afghanen werd in die jaren op 1,3 miljoen geraamd. Zoals de Amerikanen in 1973 in Vietnam hoopten dat het Zuid-Vietnamese leger nog de strijd voortzette, mikten de Russen in 1989 op een *afghanisering* van de oorlog in Afghanistan onder president en partijleider Najibullah. Maar diens brutale einde – hij werd in 1996 door de taliban aan een verkeerslicht opgeknoopt – was even voorspelbaar als dat van het Zuid-Vietnamese leger in 1975. Aangenomen wordt dat de Russische nederlaag in Afghanistan het einde van de Sovjet-Unie nog heeft verhaast. Dat bleek overduidelijk toen de Iraakse leider Saddam Hoessein, alweer een oude bondgenoot van Moskou, in de zomer van 1990 het olierijke Koeweit annexeerde en de USSR zelfs niet meer meetelde toen de Amerikaanse president Bush later op het jaar de grootste coalitie vormde in vredestijd om Koeweit in het voorjaar van 1991 met grof geweld te heroveren. In december 1991 streek Moskou de vlag en viel de USSR op haar beurt in stukken en brokken uiteen.

Israëliërs en Palestijnen op het vredespad

Zo besmettelijk was het internationale vredesvirus in die jaren dat zelfs Israël en de Palestijnen nooit eerder (en nooit later) zo dicht bij een vredesakkoord kwamen. Op 30 augustus 1993 ging de vredesbal aan het rollen toen de Israëlische premier Rabin de steun kreeg van het Israëlische kabinet voor 'een beginselverklaring' om de Palestijnen een beperkte autonomie te geven, om te beginnen in de Gazastrook en in de stad Jericho. In feite ging het om het ontwerpverklaring die de betrekkingen tussen Israëliërs en Palestijnen kon regelen en die op termijn kon leiden tot een globaal en duurzaam vredesakkoord. Naderhand bleek dat het voorakkoord de voorbije maanden op punt gesteld werd bij geheime onderhandelingen tussen de Israëlische regering en de Palestijnse Bevrijdingsorganisatie PLO, onder Noorse bemiddeling in Oslo. Knelpunten die de ondertekening van de beginselverklaring nog in de weg stonden waren 'de wederzijdse erkenning van Israël en de PLO' en de vraag of PLO-leider Arafat de steun van het PLO-bureau zou krijgen om het akkoord goed te keuren.

In een historische zitting en na een fel debat in de Knesset keurde het Israëlische kernkabinet op 9 september 1993 eenparig 'de wederzijdse erkenning' goed, waarmee Israël en de PLO een jarenoud taboe doorbraken. Dezelfde dag nog werd het akkoord over 'de wederzijdse erkenning' in Tunis ook door het Uitvoerend Comité van de PLO goedgekeurd. Het akkoord waardoor Israël de PLO erkende als 'de vertegenwoordiger van het Palestijnse volk' en de PLO 'het bestaansrecht van Israël' hield ook een afwijzing in van 'terrorisme en geweld' en 'de verwijdering van alle punten in het PLO-handvest' waarin sprake was van 'de vernietiging van Israël'. Ten slotte beloofden Israël en de PLO 'een proces op gang te brengen om alle problemen vreedzaam te regelen'. Hiermee werd ook de laatste hinderpaal weggenomen die de ondertekening van 'het vredesakkoord' of het Gaza-Jericho-plan door Israël en de PLO nog in de weg stond.

Uiteindelijk werden de akkoorden van Oslo op 13 september 1993 op het Witte Huis in Washington (en in aanwezigheid van de Amerikaanse president Clinton) door de Israëlische premier Rabin en PLO-leider Arafat plechtig ondertekend. Hiermee bevestigden de Israëlische regering en 'de Palestijnse delegatie' in de beginselverklaring 'dat het tijd was om een einde te maken aan tientallen jaren van confrontaties en conflicten, om elkaars legitieme en politieke rechten te erkennen en om zich in te zetten voor een leven in vreedzame coëxistentie, in waardigheid en veiligheid, en om te streven naar een rechtvaardig, globaal en duurzaam vredesakkoord en naar een historische verzoening in het kader van het overeengekomen politieke proces'.

Als doelstelling voor de Israëlisch-Palestijnse onderhandelingen in het kader van het vredesproces heeft het voorakkoord het over het vestigen van een voorlopige Palestijnse autonomie over de Palestijnen van *Cisjordanië* (formeel was dat 'de hele Westoever') en de Gazastrook voor een overgangsperiode van hoogstens vijf jaar. Op termijn moest die autonomie leiden tot 'een permanente regeling op basis van de resoluties 242 en 338 van de VN-Veiligheidsraad'. Opdat de Palestijnen van Cisjordanië en de Gazastrook 'zichzelf zouden kunnen besturen op basis van democratische principes' werden 'algemene, vrije en directe verkiezingen' onder wederzijdse supervisie en met internationale waarnemers in het vooruitzicht gesteld voor een Verkozen Raad. Die verkiezingen werden in het vooruitzicht gesteld 'binnen de negen maanden na het van kracht worden van deze beginselverklaring'.

'Zo snel mogelijk' en alleszins 'binnen de drie jaar' van de overgangsperiode zouden onderhandelingen starten tussen de Israëlische regering en vertegenwoordigers van de Palestijnen over de definitieve status van de Palestijnse gebiedsdelen. Bij die onderhandelingen zou gesproken worden over 'de uitstaande kwesties', met name 'Jeruzalem, de vluchtelingen, de inplantingen (bedoeld werden de nederzettingen), de veiligheidsarrangementen, de grenzen, de betrekkingen en de samenwerking met andere buren en andere onderwerpen van gemeenschappelijk belang'. Als eerste stap in de overgangsperiode zou Israël zich terugtrekken uit 'de Gazastrook en de zone Jericho'. Dit gaat gepaard met 'een gezagsoverdracht van het Israëlisch militaire bestuur en zijn civiele administratie naar Palestijnen die daartoe worden aangewezen'. Om de econonomische ontwikkeling van Cisjordanië en de Gazastrook te steunen 'zal ook het gezag over onderwijs en cultuur, de gezondheidszorg, sociale zaken, directe belastingen en toerisme overgedragen worden aan Palestijnen'.

Met 61 stemmen tegen 50 bij 8 onthoudingen bekrachtigde het Israëlische parlement op 23 september 1993 het vredesakkoord met de PLO. De Centrale Raad van de PLO ratificeerde het akkoord in de nacht van 11 op 12 oktober in Tunis met 63 stemmen tegen 8, bij 9 onthoudingen. Werkgroepen van beide partijen trokken op 13 oktober besprekingen op gang in Caïro en Taba, aan de Rode Zee, om de toepassing van het akkoord uit te werken. Na een afwezigheid van 27 jaar keerde PLO-leider Arafat op 1 juli 1994 naar Palestina terug en meer bepaald naar Gaza, waar hem 'een heldenontvangst' werd bereid. Op 5 juli werd Arafat triomfantelijk in Jericho, op de Westoever, onthaald. Daar zwoer Arafat 12 van de 24 leden van de Palestijnse Bestuursraad in, waardoor de Palestijnen in Jericho en Gaza voor het eerst een onafhankelijk wettelijk gezag kregen.

Op 6 juli 1994 ontvingen de Israëlische premier Rabin, minister van Buitenlandse Zaken Shimon Peres en PLO-leider Arafat in Parijs de Unesco-vredesprijs en op 10 december 1994 kregen Rabin, Peres en Arafat in Oslo de Nobelprijs voor de Vrede.

Helaas was dit hoogtepunt van het vredesproces ook een keerpunt. In 1995 zorgden nieuwe Palestijnse zelfmoordaanslagen en de tergende aanwezigheid van Israëlische kolonisten op de Palestijnse Westoever – toen al geraamd op 140.000 Joodse kolonisten gespreid over 124 kolonies – voor zoveel commotie dat het vredesoverleg niet meer opschoot. De moord op de Israëlische premier Rabin op 4 november 1995 in Tel Aviv – het werk van een 27-jarige Joodse zeloot, Yigal Amir – sloeg de vredesdeur weer dicht.

Op 20 januari 1996 wonnen Arafat en diens Fatah-partij nog de eerste Palestijnse verkiezingen, met 1.013.000 stemgerechtigde Palestijnen. Met 88 procent van de stemmen werd Arafat de eerste 'president' van het Palestijnse zelfbestuur, maar ook Arafat kon nieuwe zelfmoordaanslagen in Jeruzalem en Asjkelon niet verhinderen, aanslagen waarvan de Israëlische tegenstanders van het vredesoverleg nog het meest profiteerden. Algemene verkiezingen voor parlement en premier in Israël werden op 29 mei 1996 gewonnen door Likoed-leider Netanyahu, ten nadele van de Arbeiderspartij van Shimon Peres (en wijlen premier Rabin). De grote overwinnaars van de parlementsverkiezingen waren evenwel de religieuze partijen, die samen 23 zetels haalden in de Knesset en wier steun onmisbaar was om een nieuwe regering te vormen. Derhalve vormde Netanyahu op 18 juni 1996 de meest rechts-religieuze regering die Israël ooit leidde. Die klap, nog versterkt door een forse uitbreiding van de Joodse kolonies op de Palestijnse Westoever, kwam het vredesproces niet meer te boven.

2

Nationalisten willen een ander land, fundamentalisten een andere wereld

De spoken van het verleden
zijn geen goede gidsen voor de toekomst.
MARK MAZOWER

De hoop van 1989-1991, dat de val van de Berlijnse Muur, de bevrijding van Oost-Europa, de hereniging van Duitsland en de desintegratie van de toenmalige USSR een wereldwijde vrede zouden bewerken, was van korte duur. De droom van de Japans-Amerikaanse futuroloog Francis Fukuyama dat 1989 'het einde of de ultieme doelstelling van de geschiedenis inluidde', alsof de wereld niets beters kon verzinnen dan de politieke democratie en de vrije onderneming, verdween snel als sneeuw voor de zon. Omdat de wereld en het Europa van 1989 sneller vervielen in aloude stereotypen dan in blauwdrukken voor een nieuwe toekomst. Het eerste slachtoffer van 1989 was de Joegoslavische staat van Josip Broz Tito, overleden in 1980, geboren uit de droom om alle Zuid-Slavische volkeren in één socialistisch geheel te verenigen. Het tweede slachtoffer was Rusland, zelfs na de crash van 1991 nog de grootste meervolkerenstaat op het Euro-Aziatische continent. Op de derde plaats volgden de nog zwakke staten in Afrika en West-Azië, altijd al verscheurd door etnische en religieuze verschillen.

Het waren oude demonen die in 1989 uit het graf van de Koude Oorlog weer opdoken. Altijd al vertoonde de wereld een veel grotere verscheidenheid van culturen, religies en talen dan blijkt uit het relatief beperkte aantal staten. Bovendien is die culturele en levensbeschouwelijke verscheidenheid veel ouder dan de relatief jonge staten. En ze staan van oudsher diametraal tegenover elkaar. Etnische verbanden en religies houden niet van staten. Evenmin houden ze van steden, ooit de gangmakers van de eerste staten. Voor het etnische nationalisme is de staat te groot, voor religies te klein. Zeker monotheïstische religies – van joden, christenen en moslims – viseren als vanzelf de hele wereld, onderpand van de eeuwigheid. Dat perspectief interesseert een nationalist hoegenaamd niet. Die heeft genoeg aan zijn eigen volk, zijn eigen cultuur, zijn eigen taal. Hem stoort vooral dat die eigenheid steeds meer door vreemde volkeren, culturen en talen bedreigd wordt. In een babelse kakofonie kan een nationalist niet leven, ook niet in een wereld zonder beschermende en afschermende compartimenten.

Toch kunnen nationalistische en religieuze verschillen elkaar versterken en kan een buitenstaander ze nauwelijks onderscheiden. Ging het in de Balkanoorlogen om katholieken, orthodoxen en moslims, om Kroaten, Serviërs en Bosniërs, of om katholieke Kroaten, orthodoxe Serviërs en islamitische Bosniërs? Wat met de Macedoniërs, de Montenegrijnen en de Kosovaren? Hebben we het over etnische of religieuze verschillen? De samenhang is vaak groter dan het verschil. Dat geldt ook voor etnische en religieuze verschillen in de Kaukasus, op de flanken van de Himalaya, in de Andes of in Zwart-Afrika. Onder bergvolkeren is de etnische en religieuze verscheidenheid veel groter dan onder volkeren in een kustvlakte of in de vallei van een grote rivier. Het is er ook moeilijker om etnische en religieuze contrasten uit elkaar te houden. Bergen en eilanden vormen een wereld van verschil, vlakke gebiedsdelen aan kusten en rivieren liggen veel dichter bij elkaar.

Feit is dat etnische en religieuze verschillen vaak samenhangen. Zo worden grote delen van Noord-Afrika, aan de zuidrand van de Sahara en de Sahel, getekend door een tegenstelling tussen een geärabiseerd noorden, veelal van Berberse oorsprong, en een verchristelijkt zuiden met Zwart-Afrikaanse kenmerken. In de oudheid werden Berbers – ontleend aan het Griekse woord voor barbaren, *barbaroi* – Libiërs, Numidiërs en Mauretaniërs genoemd. Het zijn de oudste inwoners van Noord-Afrika in Marokko, Algerije (Kabylië), Tunesië en Libië. Bekende Berbers zijn de Touareg in Algerije, Mali, Niger en Burkina Faso en de Toubou in Tsjaad, Niger en Sudan. Touareg en Toubou zijn herders en nomaden en overwegend moslims. Hun Zwart-Afrikaanse landgenoten in Mali en Niger zijn eveneens moslims, in Tsjaad zijn het overwegend christenen.

Latijns-Amerika was altijd al een wereld apart. Daar verdween nooit de pijn van de meest gewelddadige confrontatie ooit, tussen de Spaanse en Portugese conquistadores enerzijds en de Amer-Indiaanse bevolking anderzijds. Mogelijk kostte die confrontatie in de 16de eeuw, als gevolg van Europese ziektekiemen, tot 90 procent van de allochtone Amerikanen het leven. Ook daar viel de Koude Oorlog samen met linkse verzetsgroepen tegen rechtsconservatieve regimes, tot vandaag in Colombia, waar de Gewapende Revolutionaire Strijdkrachten – de FARC – de Colombiaanse overheid nog altijd bestrijden. Naast de patstelling in Korea vormt de Colombiaanse FARC een van de laatste erfgenamen en anachronismen van de Koude Oorlog in de jaren 1947-1989. Tegelijk doken ook in Latijns-Amerika, tegelijk in de Andes en in Mexico, opstandelingen op met inheemse of Indiaanse roots. Zeker in die gebiedsdelen, erfgenamen van de grootste precolombiaanse rijken op het Amerikaanse halfrond, is de ondraaglijke herinnering aan het lot van Inca's en Azteken nooit ver weg.

De religieuze factor in tal van conflicten kreeg een sterke boost met de Iraanse revolutie van 1979, waarin de oude ayatollah Khomeini komaf maakte met het seculiere regime van sjah Mohammed Pahlavi. De Iraanse sjah was in het derde kwartaal van de 20ste eeuw geen uitzondering. In zijn tijd werd de hele Arabische en een groot deel van de islamitische wereld door seculiere machthebbers bestuurd. Turkije koesterde nog de seculiere erfenis van Atatürk, Egypte die van Nasser, Algerije die van het Nationaal Bevrijdingsfront, Libië die van Kadhafi, Syrië die van vader Assad. Zelfs in Saudi-Arabië, het vaderland van de wahabieten, heersten het seculiere koningshuis Saud en 's lands olierijkdom, niet de wahabitische geestelijkheid.

De sjiitische revolutie in Iran, gangmaker van een eerste islamitische republiek, leek zich aanvankelijk tot de sjiitische wereld te beperken. Dat ondervond vooral Libanon, sinds 1975 in een uitzichtloze burgeroorlog verwikkeld. Daar leverde de sjiitische minderheid in 1982 de eerste partij van God – de Hezbollah van Mohammed Fadlallah – buiten Iran, naast de oudere Amal-militie van Nabih Berri. Amal en Hezbollah warmden zich aan hetzelfde sjiitische vuur, met dit verschil dat Amal door Syrië en Hezbollah door Iran gesteund werd. Tot dan werd de Libanese burgeroorlog in eerste instantie uitgevochten tussen autochtone Libanezen en Palestijnen in Libanese vluchtelingenkampen, met Syrische en Israëlische invasies om er het laken naar hun kant te trekken. Met Amal en Hezbollah kregen de religieuze verschillen tussen christenen en moslims, soennieten, sjiieten en druzen de bovenhand, elk met hun eigen milities en hun eigen krijgsheren. Vooral religieuze heethoofden maakten dat de Libanese burgeroorlog 14 jaar aansleepte, al pleit het weer voor het wonderjaar 1989 dat ook de Libanese burgeroorlog dat jaar door de akkoorden van Taïf werd afgesloten.

Samen vormen etnische en religieuze conflicten sinds de jaren 90 de belangrijkste ijkpunten van het nieuwe referentiekader van oorlogen en conflicten dat naadloos de uitgangspunten van de Koude Oorlog kon vervangen. In dat referentiekader is nauwelijks nog plaats voor staten, laat staan voor internationale organisaties. Wel hebben de belangrijkste actoren hetzelfde profiel: vrijwel in alle conflicten van de voorbije vijfentwintig jaar zijn het etnische of religieuze groepen. Ze ontlenen hun identiteit niet meer aan nationale staten of hun nationale identiteitskaart, maar aan hun culturele, taalkundige of religieuze omgeving. Ze sluiten zich af van andere culturen, talen of levensbeschouwingen, om veelal in kleinere entiteiten hun roots, hun identiteit en hun levenskracht terug te vinden.

Volgens de Amerikaanse politicoloog Benjamin Barber was de etnische en religieuze versplintering, door hem al in 1995 omschreven als de voedingsbodem voor elke jihad, de prijs die de wereld betaalt voor de onbezonnen globalisering van McWorld. In dat geval staan de globalisering en de gelijktijdige *tribalisering* voor een wereldwijde worsteling om de kosten en de baten van de financiële en commerciële slagaders van de wereldeconomie, maar ook om de ziel en de levenskansen van zoveel kleine gemeenschappen die door de globale gelijkmaker platgewalst worden. Voor Barber blijft het onduidelijk wie deze wereldwijde worsteling zal winnen, maar hij suggereert dat de antagonisten als een Siamese tweeling wezenlijk samenhoren. In dat geval zijn ze ook tot elkaar veroordeeld, tenzij een externe instantie hen een uitweg uit hun vele impasses kan bieden.

De zoveelste Balkanoorlog

Nauwelijks was Tito in 1980 overleden, de grootmeester van het naoorlogse Joegoslavië en een van de gangmakers van de Niet-Gebonden Landen, of het Albanese nationalisme in Kosovo laaide weer op. Dat kantte zich vooral tegen de Servische minderheid in 'de autonome provincie' Kosovo, in Belgrado ervaren als 'het historische hart van Servië'. Die Servisch-Kosovaarse tweespalt was de opmaat voor de rijzende ster aan het Servische firmament, Slobodan Milosevic, sinds 1986 partijleider, in november 1989 tot president van Servië gekozen. Op 28 juni 1989 herdacht hij met honderdduizenden Serviërs in Kosovo de 600ste verjaardag van de slag op het Merelveld, waar de Turken in 1389 een einde maakten aan het middeleeuwse Servische rijk. Snel droomde Milosevic, die de Joegoslavische constructie het eerst opgaf, van een Groot-Servië dat alle *Servische* gebiedsdelen in het toenmalige Joegoslavië omvatte, uiteraard in Kosovo maar ook in Kroatië en Bosnië-Herzegovina.

De eerste deelstaat die het Servische nationalisme afwees en alle bruggen met Belgrado opblies, was het kleine Slovenië, al in 1990. Maar het waren Kroaten en Serviërs die in 1991 het eerst met elkaar op de vuist gingen, zeker nadat Serviërs in de Kroatische provincie Krajina zich uitspraken voor aansluiting bij Servië en Servische milities met grof geweld de Oost-Kroatische steden Vukovar en Benkovac – in Oost-Slavonië – onder de voet liepen. Meer had de Democratische Unie van de Kroatische president Franjo Tudjman niet nodig om met een overweldigende meerderheid te pleiten voor 'de zelfstandigheid' van Kroatië. Die zelfstandigheid, overigens ook voor Slovenië, werd in januari 1992 meteen door Duitsland, het Vaticaan en de twaalf EU-landen erkend. Nauwelijks een maand later gingen ook in Bosnië-Herzegovina, een Joegoslavische deelstaat van islamitische Bosniërs, katholieke Kroaten en orthodoxe Serviërs, de poppen aan het dansen.

Voor het oudere deel van de bevolking was er weinig nieuws onder de zon. Zo was de Joegoslavische burgeroorlog die in 1992 in alle hevigheid ontbrandde al de derde Balkanoorlog in honderd jaar. Die woedde het eerst in de jaren 1912-1914, toen de Turken zich na een vijfhonderdjarige voogdij over de Balkan onder Oostenrijkse en Russische druk moesten terugtrekken. Deelnemers aan die eerste Balkanoorlog waren Bulgaren, Grieken, Montenegrijnen, Roemenen en Serviërs. In een eerste fase ging het er de oorlogvoerende partijen om de Turken uit Europa te verdrijven. Naderhand gingen ze met elkaar op de vuist. Grootste overwinnaar was Servië, naast het onafhankelijk geworden Albanië en Griekenland, dat het grootste deel van Macedonië en de havenstad Thessaloniki op de Turken en de Bulgaren veroverde. Omdat Oostenrijk al eerder Bosnië-Herzegovina had ingelijfd, kwam Wenen als vanzelf in botsing met het groter geworden Servië. Kroatië en Slavonië waren nog onderdelen van Hongarije.

Een tweede Balkanoorlog, nog wreder dan de eerste, brak uit in het kader van de Tweede Wereldoorlog toen het Kroatische Ustasji-regime van Ante Pavelic partij koos voor de Duitse bezetter. Die erkende zelfs de onafhankelijkheid van Kroatië zolang het fascistische Ustasji-regime voor nazi-Duitsland de kastanjes uit het vuur haalde. Zo lanceerde Pavelic zijn eigen Balkanoorlog tegen de 2 miljoen Serviërs (30 procent van zijn bevolking), 700.000 moslims en 40.000 Joden in Kroatië en het Kroatische deel van Bosnië. Er vielen honderdduizenden Servische doden, vooral in het Ustasji-concentratiekamp Jasenovac, 90 km zuidoost van Zagreb, op de grens met Bosnië-Herzegovina. Pavelic werd nooit om zijn oorlogsmisdaden bestraft. Als katholieke voorman kon hij op Vaticaanse steun rekenen, zodat hij in 1948, vermomd als priester, naar Argentinië kon ontkomen. Zonder ooit berecht te worden, is hij in 1959 in een Madrileens ziekenhuis overleden, met de bijzondere zegen van paus Johannes XXIII.

De derde Balkanoorlog woedde vooral in de jaren 1992-1995 in Kroatië en Bosnië-Herzegovina, een wrange herhaling van de Balkanoorlog in de jaren 1940, met een uitloper naar Servië en Kosovo in de jaren 1998-1999. Zo werd de Bosnische hoofdstad Sarajevo in die jaren 42 maanden of 1425 dagen lang door Servische sluipschutters in de heuvels rond de stad onder vuur genomen. Daar kon geen VN-vredesmacht en geen Europese Unie iets aan verhelpen, al werden de 300.000 inwoners van Sarajevo 3,5 jaar lang bevoorraad met de langste luchtbrug uit de geschiedenis. Uiteindelijk was het de Amerikaanse president Clinton die de politieke leiders van Bosnië, Kroatië en Servië – Izetbegovic, Tudjman en Milosevic – op 21 november 1995 in Dayton, Ohio, tot een politieke regeling van de Bosnische kwestie kon inspireren. Dat deed Clinton met een zwaar bewapende multinationale vredesmacht of *Implementation Force* achter de hand, 60.000 manschappen onder leiding van de NAVO en onder Amerikaans bevel. Aangenomen wordt dat het Bosnische luik van de derde Balkanoorlog 200.000 Bosniërs, Kroaten of Serviërs het leven kostte.

In het nog Servische Kosovo gingen de poppen pas in 1998 aan het dansen, toen het Albanese Bevrijdingsleger van Kosovo (UCK) frontaal in de aanval ging om er de Servische voogbij te breken en ook het Servische geweld tegen 'etnische Albanezen' onaanvaardbare proporties aannam. Ook hier was het de NAVO die het verschil maakte door op 24 maart 1999 luchtaanvallen te lanceren tegen Servische doelwitten in Servië, Kosovo en Montenegro. De NAVO zou haar militaire acties tegen Milosevic volhouden tot 'aan de eisen van de internationale gemeenschap' (inzake Kosovo) voldaan werd. Dat was pas op 10 juni 1999 het geval, na 78 oorlogsdagen, toen de eerste Joegoslavische en Servische troepen zich uit Kosovo terugtrokken. Voor de NAVO waren het (in Bosnië en Kosovo) de eerste militaire operaties in Europa sinds de oprichting van de Noord-Atlantische alliantie in 1949. Zo'n rammeling kon de Servische leider Milosevic niet overleven. Een jaar later, op 5 oktober 2000, werd hij in Belgrado tot aftreden gedwongen. Op 1 april 2001 werd hij gearresteerd en aan het Joegoslavië-tribunaal in Den Haag uitgeleverd.

Religieus geladen oorlogen en conflicten

Vele Afrikaanse landen ten zuiden van de Sahara worden sinds hun onafhankelijkheid verscheurd door een geärabiseerd en islamitisch noorden en een Zwart-Afrikaans zuiden, soms even islamitisch als het noorden, soms overwegend christelijk. Voor twee landen in deze conflictzone, Sudan en Tsjaad, betekende die tegenstelling een bijna permanente oorlog. Onafhankelijk geworden in 1956 leidde een dreigende islamisering van het Sudanese zuiden al in 1963 tot een eerste opstand van schimmige nationalisten – ze noemden zichzelf de Anyanya, naar verluidt een Madi-woord voor slangengif – die meteen ijverden voor de onafhankelijkheid van Zuid-Sudan. In 1972 werd die opstand bedwongen door de verlichte Sudanese kolonel Gaafar al-Numeiry op basis van een verzoening, bemiddeld door de Ethiopische keizer Haile Selassie en de Wereldraad van Kerken. Centrale elementen van een oplossing waren verregaande regionale bevoegdheden en een eigen hoofdstad voor de zuiderlingen, Juba.

Nauwelijks 11 jaar later, in 1983, deden olievondsten in Zuid-Sudan de burgeroorlog herleven. Dat Numeiry meteen de zuidelijke autonomie ophief, goot nog olie op het vuur.

Gangmaker van deze tweede burgeroorlog was de Zuid-Sudanese Volksbevrijdingsbeweging SPLM van John Garang, een Dinka uit de buurt van Bor. Een eerste scalp aan Garangs gordel was die van Numeiry, die in 1985 door een staatsgreep werd afgezet. Maar een van Numeiry's opvolgers, brigadegeneraal Omar al-Bashir, die vier jaar later in Khartoum de macht greep, bleek een nog taaiere klant dan Numeiry, zodat de Sudanese burgeroorlog nog twintig jaar werd voortgezet. Pas op 31 december 2004 kwam het in Kenia tot een vredesakkoord tussen Khartoum en het SPLM, dat tien dagen later door de betrokken leiders in Nairobi ondertekend werd. Garang zelf werd Sudans vicepresident, maar kwam al op 31 juli 2005 in een helikoptercrash om het leven. De SPLM koos Garangs rechterhand, Salva Kiir, tot diens opvolger (en vicepresident). Op dat moment hadden de oorlogsgoden al aan 2 miljoen Sudanezen het leven gekost.

Tot overmaat van ramp, voor de vredeswerkers, brak in die jaren in Sudan een tweede burgeroorlog in etnisch-religieuze kleuren uit, deze keer in de West-Sudanese regio Darfour. Daar vielen zo mogelijk nog meer doden dan in Zuid-Sudan. Misschien was het de patstelling in Darfour, door de hele internationale gemeenschap met de vinger gewezen, die al-Bashir ertoe bewoog om Zuid-Sudan los te laten.

In Tsjaad, onafhankelijk geworden in 1960, kwam de macht aanvankelijk in handen van pro-Franse christelijke zuiderlingen, de Zwart-Afrikaanse presidenten François Tombalbaye en Félix Malloum. Tot Malloum in 1979 werd afgezet door het Frolinat, het Nationaal Bevrijdingsfront van de Toubou-noorderlingen Goukouni Oueddei en Hissène Habré. Tot die noorderlingen behoort ook de huidige president Idriss Déby, sinds 1990 in Ndjamena aan de macht. Maar het was Hissène Habré, vele jaren een protégé van de Fransen, die in de jaren 1982-1990 in Tsjaad nog het gruwelijkste schrikbewind voerde. Slachtoffers van zijn dictatuur worden in het dunbevolkte Tsjaad op 40.000 doden geraamd, veelal in massagraven geborgen. Ook liet hij in bepaalde dorpen, zoals koning Herodes, alle jongetjes afslachten. Toch leidt hij sinds 1990 met zijn zeven vrouwen een luxueus en ongestoord leven in Dakar (Senegal) en is nog geen rechter erin geslaagd hem voor zijn misdaden te vervolgen.

Ook in Ivoorkust gaf de Franse kolonisator in 1960 het roer door aan een Zwart-Afrikaanse zuiderling, Félix Houphouët-Boigny, in Abidjan nog langer aan de macht (33 jaar) dan Mobutu in Congo (32 jaar). De katholieke Houphouët-Boigny bestond het zelfs om in zijn geboortedorp Yamoussoukro een indrukwekkende replica te bouwen – *Notre Dame de la Paix,* drie keer groter – van de Romeinse Sint-Pietersbasiliek, in 1990 door paus Johannes-Paulus II zelf ingewijd. De vader des vaderlands is in 1993 overleden. Zijn zuiderse opvolger, Henri Konan Bédié, was geen blijver. Die werd in 2000 opgevolgd door de socialistische zuiderling Laurent Gbagbo, omdat Gbagbo de noordelijke kandidaat Alassane Ouattara – een Ivoriaanse moslim – als een 'niet-Ivoriaan' had uitgesloten. Die uitsluiting bezegelde het Ivoriaanse verschil tussen het islamitische noorden en het christelijke zuiden. Diverse rebellengroepen bonden de strijd aan met Laurent Gbagbo. Die werd uiteindelijk in april 2011 met Franse militaire steun verslagen door troepen van de noordelijke president Ouattara. Een maand later werd Ouattara als president ingezworen. In december 2011 won de partij van Ouattara de Ivoriaanse parlementsverkiezingen. Voor het eerst staat het islamitisch-Ivoriaanse noorden op gelijke voet met het christelijke zuiden.

Het West-Afrikaanse Mali bleef vele jaren een geval apart. Daar woont het overgrote deel van de bevolking ten zuiden van de Niger maar is 90 procent van de bevolking moslim. Alleen wordt het zuiden beheerst door Zwart-Afrikaanse volkeren, het noorden door Moren (aanleunend bij buurland Mauretanië) en Touaregs. Die Malinese Touaregs, wel eens de Noord-Afrikaanse Koerden genoemd omdat ze over diverse staten verspreid leven, kwamen in 1990 in opstand tegen de Malinese overheid. Het waren de voorgangers van de Nationale Beweging voor de Bevrijding van Azawad, de Touaregnaam voor het woestijnachtige noorden van Mali. Het Touareg-verzet in het noorden van Mali werd in 1996 gebroken. Toen gingen in een groots vredesfeest in de historische stad Timboektoe – *Flamme de la paix* – bijna drieduizend geweren, mitrailleurs en bazooka's in de vlammen op.

Geen mens kon voorzien dat ook de Centraal-Afrikaanse Republiek, hoofdstad Bangui, in 2012 in de islamitisch-christelijke polarisering zou terechtkomen. Sinds de onafhankelijkheid van het land werd de straatarme republiek, 20 keer groter dan België maar met hooguit 5 miljoen inwoners, door christelijke zuiderlingen bestuurd. In een land met 50 procent christenen in het centrum en 20 procent moslims in de randgebieden, leek dat zo te blijven. Tot in december 2012 een islamitische rebellencoalitie – de Seleka-coalitie – er president François Bozizé verdreef ten voordele van hun eigen voorzitter Michel Djotodia. Toen beide partijen milities bewapenden om het laken naar zich toe te trekken, sloeg de bevolking massaal op de vlucht.

In december 2013 zette de VN-Veiligheidsraad het licht op groen om 1600 Franse soldaten in te zetten om in Bangui – een oud-Franse kolonie – de orde te herstellen. Dat deden de Fransen zo vlijtig dat Seleka-president Djotodia al op 10 januari 2014 is afgetreden, om de weg vrij te maken voor een nationale overgangsraad die het land moest voorbereiden op verkiezingen. Maar daarmee waren de islamitische en christelijke milities niet ontwapend, waarbij de christelijke *anti-balaka*-milities vele moslims uit de republiek verdreven. Omdat zeker in Bangui geen moslim meer veilig was en moslims in de republiek altijd al de randgebieden bewoonden van waaruit ze relatief gemakkelijk konden verdreven worden.

Ook Afrika's meest bevolkte land, Nigeria, ligt pal op de grens tussen het islamitische en het christelijke Afrika. Met 175 miljoen inwoners die 478 talen spreken is het land al honderd jaar verdeeld tussen het islamitische noorden en het gechristianiseerde zuiden. Nog onder Brits-koloniaal bestuur waren het twee protectoraten, de islamitische emiraten Kano en Sokoto in het noorden, de Niger-delta in het zuiden, die pas in 1914 verenigd werden. Vandaag telt het land 36 deelstaten, bijna fifty-fifty verdeeld tussen het islamitische noorden en het overwegend christelijke zuiden. Toch is de sharia, de islamitische religieuze wet, maar in 9 noordelijke deelstaten van kracht.

Tot een confrontatie tussen Noord en Zuid, tegelijk langs etnische en religieuze lijnen, kwam het in Nigeria met de bloedige afscheiding en herovering van Biafra. Die catastrofe kostte Nigeria vooral in het christelijke oosten van het land in de jaren 1967-1970 twee miljoen doden. Antagonisten waren nochtans twee christelijke generaals uit het noorden, Yakubu Gowon, die uiteindelijk de oorlog won, en zijn belangrijkste tegenhanger Odumegwu Ojukwu. Alleen was Ojukwu in 1967 gouverneur van het toenmalige Oost-Nigeria toen christelijke Igbo en islamitische Hausa en Fulani vooral in het noorden van het land wel degelijk met elkaar op de vuist gingen. Dat geweld ontaardde in Afrika's bloedigste burgeroorlog van de jaren 1960 en werd effectief met de wapens beslecht. Gowon bleef bijna tien jaar lang Nigeria's derde president. Ojukwu verdween in 1970 in ballingschap naar Ivoorkust maar mocht al in 1980 naar zijn vaderland terugkeren.

Een geweldsexplosie van die omvang is Nigeria naderhand bespaard gebleven. Wel vechten moslimradicalen van Boko Haram, absolute tegenstanders van westers onderwijs, sinds 2009 in de noordoostelijke deelstaat Borno een mediagenieke strijd uit voor de invoering van de sharia in het hele land. Dat deden ze in april 2014 onder meer door de ontvoering van 276 christelijke kostschoolmeisjes in het stadje Chibok (Borno), die zich prompt tot de islam bekeerden en die gewoon 'op de markt' door Boko Haram werden uitgehuwelijkt. 53 van hen konden naderhand ontkomen, maar de anderen bleven spoorloos. Ook het Nigeriaanse leger, nochtans een van de grootste legers van Zwart-Afrika, kon ze niet vinden. Pogingen van Boko Haram om ook elders in Nigeria een voet aan de grond te krijgen, bleven zonder gevolg.

Een Oost-Afrikaans land dat mogelijk met een christelijk-islamitische tegenstelling wordt opgezadeld is Kenia. Kenia is vooralsnog een overwegend christelijk land, goed voor 82 procent christenen (protestanten, katholieken, anderen) en hooguit 11 procent moslims. Maar als buurland van het instabiele Somalië, sinds 2004 onder de plak van de islamitische terreurgroep al-Shabaab, deelt Kenia in de Somalische klappen. Dat bleek vooral nadat Kenia in 2011 vredestroepen naar Somalië stuurde, om er de radicaal-islamitische jongeren van al-Shabaab te bestrijden. Daarmee werd ook Kenia de voorbije jaren een Somalisch doelwit voor tal van terroristische aanslagen. Kenia wordt sinds 2013 geleid door Uhuru Kenyatta, zoon van de vader des vaderlands, Jomo Kenyatta.

Een mix van etnische en religieuze elementen speelde ook een rol in een 33 jaar aanslepende burgeroorlog op Sri Lanka, die pas in 2009 bedwongen werd. Het was een oorlog tussen de boeddhistische Singalese meerderheid en de hindoeïstische Tamil-minderheid, verwant met de Tamils in India. De Srilankaanse Tamils werden in koloniale tijden vanuit India door de Engelsen overgevaren om op Sri Lanka het zware werk te verrichten. In 1976 barstte de bom bij de oprichting van het Verenigd Tamil Bevrijdingsfront, de latere Tamil Tijgers. Of religieuze elementen een rol speelden in de burgeroorlog die daarop ontbrandde, blijft onduidelijk. Alvast speelden religies geen rol om beide bevolkingsgroepen tot een vreedzame uitweg te inspireren. Alle vredespogingen werden door nieuwe gewelddaden doorkruist. Uiteindelijk zette president Rajapaksa in 2009 de grote middelen in – het Srilankaanse leger ging van 10.000 soldaten in 1983 naar 200.000 in 2009 – om de Tamil Tijgers met wortel en tak uit te roeien. De slotfase was nog de bloedigste episode van deze 33-jarige oorlog. Toch telt dit land van 22 miljoen inwoners nog 18 procent Tamils, naast 74 procent Singalezen. Aangenomen wordt dat in de burgeroorlog minstens 100.000 doden vielen.

Een nog boeddhistischer land dan Sri Lanka is Myanmar, het voormalige Birma, goed voor 89 procent boeddhisten. Daar baande een lange reeks militairen de voorbije vijftig jaar (1962-2011) de weg van een nationalistisch Birmaans socialisme, gesteund door tienduizenden boeddhistische monniken. Nochtans telt het land van 56 miljoen inwoners maar 68 procent Birmanen, naast vaak even nationalistische etnische minderheden als de Shan (verwant met de Thai), de islamitische Rohingya in Rakhine (in het grensgebied met Bangladesh), Chinezen in het grensgebied met China, de Kayin of Karen (in het grensgebied met Thailand), de Indiërs en de Mon (verwant met de Cambodjaanse Khmer). Altijd waren de Birmese generaals wel met een minderheid in oorlog, waarbij vooral de Birmese moslims (in Rakhine) het moesten ontgelden en ze vaak naar Bangladesh moesten uitwijken. Alleen de Birmaanse oppositieleidster Aung San Suu Kyi, dochter van de gelijknamige stichter van het land (Aung San), hield stand. Bijna twintig jaar lang stond ze onder een of andere vorm van huisarrest en kon ze het land niet verlaten. Tot Birma's laatste generaal, Thein Sein, in 2011 een einde maakte aan 's lands militaire bestuur, het land openstelde voor de buitenwereld, nieuwe verkiezingen uitschreef en Aung San haar vrijheid teruggaf. Al in 1991 kreeg Aung San de Nobelprijs voor de Vrede 'voor haar geweldloze strijd voor democratie en mensenrechten' maar ze stond nog onder huisarrest en kon het land niet uit.

Zwart-Afrika: het gevoeligst voor etnische conflicten

Zwart-Afrika en West-Azië delen dezelfde aanleg voor etnische en religieuze conflicten. Toch geven in Zwart-Afrika etnische verschillen de doorslag. In West-Azië blijven religieuze verschillen de geesten beroeren. Etnische spanningen zijn er in Afrika overal. Op een continent van 54 staten waar circa 2000 talen gesproken worden, steunt zelfs het kleine Gambia (10.000 km^2) op een mozaïek van acht etnische groepen. In Afrika's grootste landen zijn er dat honderden. Die etnische groepen leven niet altijd in onmin. Op Afrikaanse schaal gezien zijn het zelfs minderheden die de wapens opnemen. Maar het blijft een kruitvat dat altijd kan exploderen. Dat deed het de voorbije kwarteeuw onder meer in Liberia, Sierra Leone, Somalië en ter hoogte van Afrika's Grote Meren.

Dat het in Liberia verkeerd kon lopen, kon in 1980 geen mens voorzien. Tot dan leek Afrika's oudste republiek, in 1847 (!) gesticht door vrijgelaten Amerikaanse slaven met de zegen van de voormalige Amerikaanse president Monroe (vandaar Liberia's hoofdstad: Monrovia), een model voor zoveel Afrikaanse volkeren die nog 120 jaar op hun onafhankelijkheid moesten wachten. Alleen bleef Liberia al die jaren in handen van *Amerikaanse* Liberianen, nazaten van de founding fathers, en verhardde de kloof met de autochtone Liberianen, die tot tweederangsburgers gedegradeerd werden. Onder de Afro-Amerikaanse president William Richard Tolbert, in 1980, barstte de bom en greep een 28-jarige sergeant-majoor de macht, Samuel Kanyon Doe. Doe was een lokale Krahn, goed voor 4 procent van de bevolking. Hij liet de Afro-Amerikaanse elite van het ancien régime – 13 ministers en hoge functionarissen – op het strand van Monrovia terechtstellen.

Het terreurregime van de Krahn hield tien jaar stand. Tot hun Afro-Amerikaanse tegenstanders in 1990 een nieuwe leider vonden in de figuur van de sinistere Charles Taylor, opkomend voor 'het herstel van de democratie in Liberia'. Met 15.000 patriotten (en met Amerikaanse steun) was Taylor in augustus 1990 heer en meester in Monrovia. Doe werd op 11 september door het Patriottisch Front in een hinderlaag gelokt en vermoord. Taylor hield zich aanvankelijk gedeisd, ten voordele van minder controversiële tijdgenoten. Toch sleepte de Liberiaanse burgeroorlog zich zeven jaar voort, tot Taylor in 1997 de presidentsverkiezingen won en ook de meerderheid haalde in het Liberiaanse parlement. In zijn zes jaar als Liberia's president was er geen maand vrede in het land en woedde een nietsontziende burgeroorlog. Uiteindelijk werd de orde in Liberia in 2003 door een West-Afrikaanse vredesmacht en door Amerikaanse mariniers verzekerd. Taylor vertrok in 2003 in ballingschap naar Nigeria. Hij werd in 2012 door het Sierra Leone-tribunaal tot vijftig jaar cel veroordeeld voor oorlogsmisdaden in dit buurland van Liberia.

Sierra Leone, een buurland van Liberia, was al in de 18de eeuw eveneens een kind van de antislavernijbeweging. Daar waren het Engelse activisten die in 1792 een kuststrook kochten ter hoogte van het latere Freetown om er vrijgelaten slaven te vestigen in *The Province of Freedom*. Sierra Leone werd in 1961 een onafhankelijk land met een Brits tweepartijenstelsel, de Volkspartij van Sierra Leone SLPP (vooral beheerst door de zuidelijke Mende) en het Volkscongres APC van Siaka Stevens (aanleunend bij de noordelijke Temne). Mende en Temne waren van oudsher de belangrijkste bevolkingsgroepen van Sierra Leone, een land met twaalf etnische groepen en gegeerde grondstoffen als diamant, bauxiet en titaniumerts. Gangmaker van de burgeroorlog in Sierra Leone was het Revolutionair Verenigd Front van korporaal Foday Sankoh, bevriend met Charles Taylor in het nabije Liberia, beiden schatplichtig aan de Libische leider Kadhafi. Sankoh was een noordelijke Temne. Tot dan werd Sierra Leone vooral door de zuidelijke Mende beheerst.

Sankoh was verantwoordelijk voor een tien jaar durende terreurcampagne in Sierra Leone, in de jaren 1991-2000. Sankoh leerde Taylor in Libië kennen, waar beiden een opleiding volgden in een van de guerrillakampen van Kadhafi. Sankoh was de oprichter van het Revolutionair Verenigd Front RUF, dat in 1991 vanuit Liberia een offensief opende tegen de regering in Freetown. Daar liet de RUF-leider eerst een 25-jarige legerkapitein, Valentine Strasser, zijn gang gaan. In 1996 volgden zelfs presidentsverkiezingen die door een civiele politicus gewonnen werden. Maar de ware machthebber in Freetown bleef Sankoh, wiens RUF minstens 50.000 doden op zijn palmares schreef, naast ontelbare verminkten omdat het een specialiteit van het RUF was tegenstanders nog liever te verminken – bijvoorbeeld door ze de handen af te hakken – dan ze te doden.

Een West-Afrikaanse vredesmacht en VN-blauwhelmen konden in Sierra Leone de gemoederen niet bedaren. Uiteindelijk namen Britse paracommando's in mei 2000 de luchthaven van Freetown over. Het huis van Sankoh in Freetown werd door demonstranten met stenen bekogeld. Op 17 mei 2000 werd de man door troepen van het regeringsleger na een vuurgevecht opgepakt. De geweldenaar is op 30 juli 2003 'in peis en vree' in een ziekenhuis in Freetown overleden, een dood die hij zoveel tegenstanders heeft ontzegd. Toen op 14 mei 2002 presidents- en parlementsverkiezingen volgden, vijf maanden na het officiële einde van de burgeroorlog, gebeurde dat onder het waakzame oog van 17.500 VN-blauwhelmen, een van de grootste VN-missies ooit.

Het meest dodelijke etnische conflict van de voorbije kwarteeuw in Zwart-Afrika was natuurlijk de Rwandese tragedie, met het buurland Burundi als spiegelbeeld. Die tragedie reduceren tot een zaak van Hutu-boeren en Tutsi-veehouders is overdreven, maar dat verschil uitwissen is zo mogelijk nog dwazer. In Rwanda droeg de Belgische mandaathouder in 1962 de macht over aan de Hutu-meerderheid, op de valreep van 's lands onafhankelijkheid en nog onder de Belgische mandaathouder aan de macht gekomen na een bloedige revolutie tegen het traditionele Tutsi-regime. In die jaren vonden vele Rwandese Tutsi een toevlucht bij gelijkgezinde etnische groepen in Zuidwest-Uganda. In Burundi bleven de Tutsi aan de macht en was het de Hutu-meerderheid die herhaaldelijk door de machthebbers gedecimeerd werd. Vandaag is Rwanda weer stevig in handen van de Tutsi, maar wordt Burundi door een Hutu-president bestuurd.

Het Rwandese keerpunt kwam er in 1990, toen de kinderen van de Rwandese ballingen uit de jaren 60 vanuit Uganda gewapenderhand naar Rwanda terugkeerden. Het staat vast dat het Patriottisch Front van de latere Rwandese president Kagame hiervoor op de loyale steun van de Ugandese sterke man Museveni kon rekenen. Zelf was Museveni een Hima, een Ugandese bevolkingsgroep (zoals de Congolese Hema in Ituri) die etnische banden heeft met de Rwandese en Burundese Tutsi. Bovendien was Kagame in de jaren 80 een directe kompaan van Museveni, toen die zelf in Uganda met veel geweld de macht greep. Alleen konden Museveni en Kagame hun alliantie nooit openlijk toegeven. Dat deed Kagame evenmin over het latere Rwandese optreden in Congo-Kinshasa. Zoals de Russische president Poetin, twintig jaar later in Oekraïne, bleef Museveni zijn rol in Rwanda ontkennen en Kagame zijn optreden in Congo. Als meesters van de misleiding bleven ze staalhard ontkennen wat zoveel waarnemers met eigen ogen aanschouwden. Altijd vonden Museveni en Kagame in Congo stromannen genoeg om hun interventie een Congolees gezicht te geven.

Het Rwandese drama was er een in drie bedrijven. In de jaren 1990-1994 vonden Kagame en zijn kompanen een vaste stek in het oosten van Rwanda, waar snel zoveel doden vielen dat een miljoen Rwandezen voor de *invaders* op de vlucht sloegen. Het aantal Rwandese doden in die jaren is niet te tellen. Schimmige krijgsheren dulden geen getuigen. Sporen uitwissen is hun specialiteit, openheid van zaken een luxe voor minder autoritaire regimes. De Rwandese genocide van 1994, op gang gebracht door het neerschieten, boven Kigali, van het presidentiële vliegtuig met de presidenten van Rwanda én Burundi aan boord, was het tweede bedrijf. Op drie maanden tijd sneuvelden wel 800.000 Rwandezen, onder wie bekende Tutsi en gematigde Hutu die in Rwanda een radicale oplossing van de etnische kwestie in de weg stonden.

Dat twee miljoen Rwandese Hutu in 1994 voor hun belagers op de vlucht sloegen, vooral richting Congo, vormde de aanzet voor een derde bedrijf. Twee jaar later kon het Rwandese leger, alweer zonder camera's, vele Rwandese vluchtelingen vanuit Congo naar Rwanda terughalen. Maar circa een half miljoen vluchtte steeds dieper het Congolese binnenland in. Velen van hen werden door Rwandese doodseskaders achterhaald en het liefst zonder getuigen afgeslacht op de lange wegen van Goma of Bukavu naar Kisangani of Mbandaka. Het lot van tal van Burundese vluchtelingen is minder bekend. Omdat de Burundese burgeroorlog uiteindelijk door de Hutu gewonnen werd, niet door de Tutsi, speelde het contrast in Burundi's voordeel. En omdat de Burundese Tutsi ook in Congo minder sporen nalieten dan de Rwandese Hutu bleef hun aanwezigheid aldaar onderbelicht.

Een bizar verlengde van de Congolees-Rwandese tegenstellingen was in de jaren 1999-2003 de Congolese strijd tussen Hema en Lendu in de Ituri-regio. Weer was het een etnische strijd tussen veehouders (de Congolese Hema) en boeren (de Lendu), die mogelijk aan 50.000 Congolezen het leven kostte. Die strijd liep zo hoog op dat de Europese Unie in 2003, met de zegen van de VN-Veiligheidsraad, een allereerste Europese missie met eigen middelen buiten Europa lanceerde – operatie Artemis – om de VN-vredesmacht in Ituri (hoofdstad Bunia) te versterken. De Europese operatie was een keerpunt. De Rwandese polarisering in de regio werd door de EU-operatie effectief afgeblokt.

Een vierde Afrikaans dieptepunt van de voorbije decennia bleef Somalië. Vreemd genoeg laat Somalië geen etnisch en zelfs geen religieus conflict zien. Vrijwel alle Somaliërs zijn etnische Somaliërs en soennitische moslims. In Somalië loopt de machtsdeling over tientallen clans, niet over etnische of religieuze groepen, al blijft ook de koloniale voorgeschiedenis present. Zo werd het noorden van Somalië door Engeland gekoloniseerd, het zuiden door Italië. Een kleiner deel werd het land van de Afars en de Issas, aanzet voor Frans-Somaliland, het huidige Djibouti. Somaliërs claimen ook de Ethiopische Ogaden-regio – in 1977-1978 de inzet van een kortstondige oorlog tussen Ethiopië en Somalië – en het noordelijke deel van Kenia. Vandaar de vijf sterren in de vlag van het onafhankelijke Somalië, voor de vijf delen van Groot-Somalië. De Somalische Republiek van 1960 steunde op een fusie van Brits- en Italiaans-Somaliland, onder president Aden Abdullah Osman. In 1969 bracht een onbloedige militaire staatsgreep er generaal Mohammed Siad Barre aan de macht. In de jaren 70 oriënteerde Siad Barre het land helemaal op de Sovjet-Unie en op de Arabische Liga. Bij de breuk tussen Somalië en de Sovjet-Unie, toen de USSR in 1977 partij koos voor Ethiopië, waren er naar schatting 3000 sovjetadviseurs in Somalië. Om de USSR te straffen voor de Russische kering in Ethiopië zocht Siad Barre nog toenadering tot Amerika, Frankrijk en zelfs het koloniale moederland Italië. Tegelijk bleef hij goede betrekkingen onderhouden met China. Maar het einde van de Koude Oorlog werd hem fataal.

Siad Barre vluchtte in januari 1991 het land uit. Sindsdien viel Somalië ten prooi aan een woekerende desintegratie waarbij het voormalige Britse noorden zijn eigen weg ging, terwijl het ex-Italiaanse zuiden in stukken en brokken uiteenviel. In het noorden vestigden Somaliërs in Hargeisa de Republiek Somaliland, door geen staat erkend maar stabiel genoeg om zichzelf te besturen. In het zuiden dreigde de totale anarchie, tot de VN-Veiligheidsraad in 1992 het licht op groen zette voor een forse militaire interventie onder Amerikaanse leiding, *Restore Hope*. Die operatie werd in 1995 definitief afgeblazen. Tien jaar later viel Mogadishu in handen van de Unie van Islamitische Rechtbanken UIR, naar verluidt gevormd in 2001, de voorganger van het latere al-Shabaab. Sindsdien neemt een reguliere Somalische overgangsregering met een uitvoerende macht en een interim-parlement, in 2005 geïnstalleerd door de buurlanden Ethiopië en Kenia, het met wisselend succes op tegen radicale moslimmilities die delen van Somalië controleren en ook in 2015 nog lang niet verslagen zijn.

De afscheiding van Eritrea en Zuid-Sudan

Ondanks zoveel etnisch en religieus geweld hielden de grenzen van het onafhankelijke Afrika relatief goed stand. Afscheidingsbewegingen in Biafra (Nigeria) en Katanga (Congo) werden al in de jaren 60 afgeslagen. In Katanga, Congo's rijkste provincie voor de ontginning van grondstoffen, genoten de separatisten in 1960 zelfs de steun van Brussel (tegen de pas onafhankelijke Congostaat) om minstens de Katangese bodemschatten voor het Westen te behouden. Zolang de gehate Lumumba Congo's premier was in Leopoldville, te kritisch voor de Belgen om voor hen aanvaardbaar te zijn, hield Brussel 'een Katangees alternatief' in de hand. Nadat Lumumba in 1961 nota bene in Katanga vermoord werd, door Brussel en Leopoldville aan zijn felste vijanden overgeleverd om zeker te zijn van zijn gewelddadige einde, werd Katanga in 1963 keurig door VN-blauwhelmen bedwongen. De leider van de Katangese secessionisten, Moïse Tshombe, schopte het zelfs nog tot Congolese premier, in Leopoldville. Maar Tshombe was geen partij voor de pro-westerse Mobutu, die hem mocht opvolgen om de westerse belangen 32 jaar lang te mogen verdedigen.

Nochtans was de Katangese secessie in de jaren 1960-1963 geen succesverhaal. Zelfs in Katanga leidde die afscheiding tot een burgeroorlog tussen de pro-Katangese Conakat, etnische groepen (zoals de Lunda en de Yeke) die de afscheiding steunden, en de Balubakat-weerstand van de Katangese Luba-groepen die snel het noorden van Katanga beheersten. Het Katangese verdriet achtervolgde Congo nog vele jaren, bijvoorbeeld in het lot van de Katangese Gendarmes (van Tshombe en diens Belgische kompanen) die naderhand door Mobutu werden uitgeroeid.

Zelfs in 2013 dook in Katanga weer een beweging op, de Bakata Katanga, om Katanga weer van Congo af te scheiden. *Bakata Katanga* is naar verluidt Swahili voor Scheid Katanga Af! Hun mogelijke leider is de Congolese ex-generaal John Numbi, een geboren Katangese Luba (Malemba-Nkulu) die het onder president Joseph Kabila (zelf met Katangese roots) schopte tot brigade-generaal, stafchef van de Congolese luchtmacht en Kabila's nationale politiechef. In 2010 moest Kabila zijn Katangese kompaan preventief schorsen, na de laffe moord op mensenrechtenactivist Floribert Chebeya. In 2013 werd Numbi in een VN-rapport genoemd als de man die Katangese rebellen steunt en bewapent. Naar verluidt werd hij op 23 januari 2014 in Lubumbashi opgepakt en enkele uren ondervraagd, maar hij bleek al snel weer spoorloos verdwenen.

Van alle pogingen om de Afrikaanse politieke kaart sinds de jaren 60 te hertekenen, kenden uitsluitend Eritrea en Zuid-Sudan een bescheiden succes, omdat de verschillen in beide gevallen het grootst waren. In tegenstelling tot Ethiopië werd het Eritrese kustgebied aan de Rode Zee al in de 8ste en 9de eeuw geïslamiseerd. In 1890 werd Eritrea een Italiaanse kolonie, niet Ethiopië, dat pas in 1936 voor korte tijd onder Italiaanse voogdij kwam. In de jaren 1941-1952 was Eritrea een Brits protectoraat. Pas dan werd het een onderdeel van de Ethiopische federatie. Het was duizend jaar geleden dat Eritrea en Ethiopië nog verenigd waren.

In 1961 weerklonk het eerste schot in de bevrijdingsoorlog van het pro-Arabische Eritrees Bevrijdingsfront ELF, snel versterkt door het marxistische Volksbevrijdingsfront EPLF van Isaias Afewerki. Er werd bijna dertig jaar gevochten. Volgens waarnemers vielen er in Eritrea minstens een half miljoen doden. Ironisch genoeg was het de val van het marxistische Mengistu-regime in Ethiopië, in 1991, die de overwinning bezegelde van het Volksbevrijdingsfront in Eritrea. Op 24 mei 1991 trok het EPLF de Eritrese hoofdstad Asmara binnen. Bij een referendum rond zelfbeschikking, twee jaar later onder auspiciën van de VN, spraken de Eritreërs zich met een overweldigende meerderheid uit voor de onafhankelijkheid van Eritrea.

In 1994 werd het EPLF omgedoopt tot het Volksfront voor Democratie en Rechtvaardigheid PFDJ. Alleen bleek Afewerki niet de bevrijder die tijdgenoten in hem zagen. Evenmin ontpopte hij zich tot een democraat of een rechtvaardige die zijn land een nieuwe toekomst kon bieden. In 2014 nog altijd in Asmara aan de macht vestigde hij er een van de meest repressieve, meest gemilitariseerde en meest geïsoleerde staten ter wereld waar alle mensenrechten systematisch geschonden worden, 'een Afrikaans Noord-Korea'. De gevangenissen zitten overvol. Duizenden mensen vluchten maandelijks het land uit, op de vlucht voor een gedwongen legerdienst van onbepaalde tijd voor mannen en vrouwen.

Was de onafhankelijkheid van Zuid-Sudan, er op 9 juli 2011 gekomen na een lange burgeroorlog met het Arabische noorden, een vergiftigd geschenk van de gehate Sudanese president al-Bashir? Wel wetend dat zijn zuiderse tegenstanders elkaar wel zouden afslachten? Het was alvast al-Bashir die in januari 2011 in de zuidelijke hoofdstad Juba vriend en vijand verraste door er de zuiderlingen te melden dat de noorderlingen zich niet meer tegen een afscheiding van Zuid-Sudan zouden verzetten. Dat verklaarde de Sudanese president aan de vooravond van een Zuid-Sudanees referendum, sinds 2009 voorzien om de Zuid-Sudanese knoop door te hakken. Sinds 9 juli 2011 is ook Zuid-Sudan een onafhankelijk land, de 193ste lidstaat van de VN. 's Lands eerste president was Salva Kiir, een katholieke Dinka uit de stal van John Garang. Vicepresident werd Riek Machar, een protestantse Nuer. Dat waren meteen ook 's lands belangrijkste bevolkingsgroepen, al telt het land 62 verschillende etnische groepen.

Nauwelijks twee jaar later gingen ook in Zuid-Sudan de poppen aan het dansen. Dat president Kiir in de zomer van 2013 zijn vicepresident ontsloeg, was al erg genoeg. Dat Dinka en Nuer elkaar later op het jaar zo massaal zouden afslachten, had alweer geen Afrikawatcher voorzien. Berichten over een wapenstilstand werden in 2014 voortdurend door nieuwe gewelddaden achterhaald. Ook 8500 VN-blauwhelmen bleken in 2014 niet in staat om in het straatarme Zuid-Sudan de wederzijdse gruweldaden te voorkomen of die een halt toe te roepen.

De Koerdische puzzel

Schattingen van het CIA *Factbook* voor 2014 raamden het aantal Koerden in West-Azië op circa 30 miljoen. Bijna de helft van hen (14 à 15 miljoen) woont in Turkije, bijna 8 miljoen in Iran, ruim 6 miljoen in Irak, bijna 2 miljoen in Syrië. Er wonen minstens 2 miljoen Koerden in de diaspora, elders in de wereld. Die cijfers worden door vriend en vijand gul betwist. Zelf zijn de Koerden geneigd die cijfers op te trekken, de gastlanden waar ze verblijven hebben er alle belang bij de aantallen te reduceren. Zo heeft Turkije de Koerdische kwestie tientallen jaren genegeerd door al wie in Turkije woont Turken te noemen, niet alleen qua nationaliteit maar ook qua cultuur en taal (zolang de Koerdische taal in Turkije gewoon verboden werd) nauwelijks van andere Turken te onderscheiden. Antropologen zijn dan weer van oordeel dat de Koerden wel degelijk hun eigen taal en tradities koesteren, al bekent de overgrote meerderheid zich tot de soennitische islam.

De Koerdische kwestie was een gevolg van de val en desintegratie van het Turks-Ottomaanse rijk na de Eerste Wereldoorlog. In de vijf eeuwen dat de Turkse sultan vanuit Constantinopel de Balkan, Noord-Afrika, het Midden-Oosten en een groot deel van West-Azië beheerste, deelden ook de Koerden in de opgang en val van het Ottomaanse wereldrijk. Het waren Frankrijk en Engeland, de westerse overwinnaars van het Ottomaanse rijk in de Eerste Wereldoorlog, die er de huidige staten Syrië, Libanon en Irak vestigden, later ook Israël en Jordanië. Van het Ottomaanse wereldrijk bleef alleen Turkije over, een creatie van Kemal Atatürk.

In die geopolitieke constructie was geen plaats voorzien voor een volk – de Koerden – dat vrijwel al deze staten doorkruiste. Overigens heeft een onafhankelijk Koerdistan – dat alle Koerden omvat– ook in het verre verleden nooit bestaan. Misschien heeft Turkije de 'Turkse Koerden' en vooral de Koerdische Arbeiderspartij PKK van Abdullah Öcalan het langst bestreden. Zelf zit Öcalan sinds 1999 in eenzame afzondering op een Turks eilandje in de Zee van Marmara. Hij werd door een Turks gerechtshof ter dood veroordeeld, maar zijn straf werd onder Europese druk omgezet in levenslang. Toch wisten ook de Iraanse sjah noch de ayatollah's een aanvaardbare oplossing te vinden voor de Iraanse Koerden. Die oplossing vonden evenmin vader en zoon Assad in Syrië, waar de Syrische burgeroorlog van 2011 ook de Syrische Koerden weer op de kaart zette.

De meest wrede vervolger van de Iraakse Koerden was ongetwijfeld Saddam Hoessein, die hen in 1988 met chemische wapens te lijf ging. Tegelijk was

Irak het land van twee Koerdische partijen – de Democratische DPK van Massoud Barzani en de Patriottische Unie PUK van Jalal Talabani. PUK en DPK hebben elkaar soms even heftig bestreden als hun Iraakse vijanden, tot het Amerikaanse einde van Saddam Hoessein in 2003 hen tot een intensere samenwerking inspireerde. Talabani werd in 2005 de eerste president van het nieuwe Irak, zijn rivaal Barzani werd er de eerste president van de Koerdische Autonome Regio, gevestigd in Iraks meest noordelijke provincies.

De voorbije jaren kwam er ook beweging in het Turks-Koerdische dossier. Zo riep de gevangen PKK-leider Öcalan zijn aanhangers op 21 maart 2013 op om 'de wapens neer te leggen' en een punt te zetten achter hun oorlog met het Turkse leger. Op 30 september 2013 was het de Turkse premier (en latere president) Erdogan die maatregelen afkondigde die een einde moeten maken aan het dertigjarige conflict met de Koerdische rebellen. Het zijn maatregelen die de Koerden meer rechten geven. Zo mogen de Turkse Koerden onderwijs geven in hun eigen taal en valt de kiesdrempel weg die de Koerdische partijen uit het Turkse parlement hield. De PKK, in 1984 door Öcalan zelf opgericht, heeft bijna 30 jaar strijd geleverd. Die strijd kostte Koerden en Turken meer dan 40.000 doden, vooral Koerdische jongeren die aan de zijde van de PKK vochten. Honderdduizenden Koerden werden uit hun dorpen verjaagd en leven nog in erbarmelijke omstandigheden in de grote steden.

Syrische Koerden noemen het Koerdische deel van Syrië West-Koerdistan of Rojava. Hun bestaan trad vooral voor het voorlicht in 2014, toen de Syrische burgeroorlog helemaal tilt sloeg door het optreden van het IS-kalifaat dat vanuit de Oost-Syrische stad Raqqa grote gebiedsdelen veroverde in Oost-Syrië en West-Irak. Dat het IS-kalifaat van Abu Bakr al-Baghdadi – bargoens voor Islamitische Staat – in juni 2014 ook Iraks tweede grootste stad, Mosul, kon veroveren, werd in heel West-Azië als bijzonder bedreigend ervaren. Omdat het Iraakse leger, getraind en bewapend door de Amerikanen, absoluut niet opgewassen bleek tegen zijn radicaalste opposanten. In die crisis bleken alleen de Koerdische *peshmerga*, van oudsher de naam voor Koerdische strijders 'die oog in oog met de dood staan', het verschil te maken. West-Koerdistan hield stand. De peshmerga konden er in het voorjaar van 2015 zelfs de Turks-Syrische grensstad Kobani, maandenlang door het IS-kalifaat belegerd, op de moslimradicalen heroveren.

Maar het neusje van de zalm, voor de Iraakse Koerden, was hun verovering – in de zomer van 2014 – van de oliestad Kirkuk op het Iraakse leger, dat voor het IS-kalifaat op de vlucht sloeg. Het is het centrum van de noordelijke Iraakse olie-industrie. Iraakse Koerden beschouwen Kirkuk, stad van 1,2 miljoen inwoners met een Arabische, Assyrische en Turkmeense bevolking, als hun historische hoofdstad. Ooit was Kirkuk het slagveld van Assyriërs, Babyloniërs en Meden. Later was het een stad van Seleuciden, Parthen en Sassanieden. Dat de Britse kolonisator er in 1927 olie vond, gaf de stad een ticket voor de 20ste en 21ste eeuw.

Het Europese nationalisme getemd of ontketend?

Alleen in de Europese Unie lijkt het gewelddadige nationalisme getemd. Dat laaide de voorbij halve eeuw het hoogst op in Ierland (het IRA) en Spanje (de Baskische ETA). Het Iers-Republikeinse Leger IRA was vele jaren de grootste nationalistische of republikeinse paramilitaire organisatie en ontstond uit de Ierse Paasopstand in 1916. Het was een leger dat meteen opkwam voor de onafhankelijkheid van geheel Ierland, eeuwenlang onder Britse voogdij. Nochtans had de vorming van de Ierse Vrijstaat in 1922 voor de Ieren een donkere achterkant. Zo moest de katholieke Ierse Vrijstaat gedogen dat zes graafschappen in het noordoosten van Ierland (de provincie Ulster) er vanwege een protestantse meerderheid voor kozen om in het Verenigd Koninkrijk te blijven. Daar stond de wieg van het latere Noord-Ierland, maar ook van Ierse geweldenaars die niet zouden rusten voor ze ook dit deel van Ierland van zijn Britse voogdij konden bevrijden.

In Noord-Ierland kwam het IRA in het nieuws met een eerste campagne van 1956 tot 1962. Sinds 1936 was het IRA ook in de Ierse Republiek een verboden organisatie. Het was de wereldwijde Culturele Revolutie van 1968 die ook het IRA nieuw leven inblies. Dat deden de Noord-Ierse katholieken aanvankelijk met vreedzame marsen voor hun burgerrechten. Tot Londen in 1969 voor de eerste keer in tientallen jaren weer Britse soldaten naar Ulster stuurde om er de orde te handhaven. Het waren die soldaten die het IRA deden herleven, zeker na *Bloody Sunday*, 30 januari 1972, toen Britse troepen in Derry het vuur openden op een verboden mars van 15.000 katholieken. Er vielen 13 doden en 29 gewonden. Tegelijk nam Londen het bestuur over Noord-Ierland weer in Britse handen. De Noord-Ierse burgeroorlog die hierbij ontbrandde, sleepte zich bijna 40 jaar voort en kostte circa 3200 Noord-Ieren het leven (onder wie 2000 doden voor rekening van het IRA).

Tot Britse, Ierse en Noord-Ierse onderhandelaars, voorgezeten door Amerikaanse bemiddelaars, op 10 april 1998 – een Goede Vrijdag – in Belfast de laatste hand legden aan een historisch vredesakkoord voor Noord-Ierland. Het vredesakkoord had vooral betrekking op een nieuw grondwettelijk statuut voor de omstreden provincie, met een Noord-Iers parlement en een Noord-Ierse regering op basis van een evenredige vertegenwoordiging van katholieken en protestanten. Bovendien kwam er een nieuwe Brits-Ierse Raad met leden van de Britse en Ierse regeringen, de Noord-Ierse Assemblee, het Schotse parlement, de Welshe assemblee en vertegenwoordigers van het eiland Man en de Kanaaleilanden, voor alle 'zaken van gemeenschappelijk belang' voor de Britse eilanden. Daarmee was de Noord-Ierse kwestie niet opgelost. Maar de slagpin was eruit, zodat zelfs het IRA kon vervellen tot een Noord-Ierse partij (de Sinn Fein) die het geweld zou afzweren, om al in 1999 toe te treden tot een Noord-Ierse regering, met IRA- en Sinn Fein-leider Martin McGuinness als onderwijsminister. In 2007 werd McGuinness zelfs vicepremier in een Noord-Ierse regering geleid door zijn protestantse aartsvijand, dominee Ian Paisley.

Spanje was altijd al een Europees land met uiteenlopende regio's, talen en culturen, tot de Spaanse burgeroorlog uit de jaren 1936-1939 en de winnende generaal Franco alsnog probeerden om het land op unitair-Spaanse leest te schoeien. Dat verhinderden het eerst de Basken, schrijlings verdeeld over Spaans- en Frans-Baskenland. Al in 1952 verenigden Baskische jongeren zich tot Vaderland en Vrijheid, ATA. Omdat ATA in het dialect van Vizcaya *eend* betekende, veranderden de oprichters de naam ATA zes jaar later in ETA (*Euskadi Ta Askatasuna*, Baskenland en Vrijheid). Tot 1966 hield ETA het bij 'vreedzame acties'. De eerste bomaanslagen volgden in 1967, de eerste doden vielen in 1968. Het ETA-geweld bleef beperkt. In de jaren 1968-1995 was sprake van circa 800 doden. Gaandeweg is het ETA-geweld gewoon uitgedoofd. Een echt vredesakkoord kwam er niet. Wel legden drie gemaskerde ETA-leiders op 22 maart 2006 in een videoboodschap de wapens neer en kondigden ze een permanent staakt-het-vuren af.

Hoewel gewapende nationalisten lidstaten van de Europese Unie niet meer de duvel aandoen, is de impact van het nationalisme op de Europese gang van zaken niet verdwenen. Integendeel, zo piloteerden de Europese verkiezingen van 2014, volgend op Europa's zwaarste financiële crisis sinds de Grote Depressie in de jaren 1930, nooit eerder zoveel nationalisten in het Europees Parlement. Zo haalde het Front National van Marine Le Pen in Frankrijk 25 procent van de stemmen. In Engeland bleek de UK Independence Party van Nigel Farage met 27 procent van de stemmen de grootste partij van het land. In Italië kreeg de wazige Vijfsterrenbeweging van komiek Beppe Grillo, zelf tot geen politiek profiel te reduceren, meteen 21 procent van de stemmen en 17 Europese zetels.

In 2009 behaalden eurosceptici, veelal verstokte nationalisten en verdoken anti-Europeanen, in het Europees Parlement 56 van de 766 zetels, in 214 bijna het dubbel, 109 van de 751 zetels. Onder hen ook 5 zetels voor de Italiaanse Lega Nord van Umberto Bossi, telkens 4 zetels voor het Poolse Nieuwe Rechts van Janusz Korwin-Mikke, voor de Nederlandse PVV van Geert Wilders, voor de Oostenrijkse FPÖ van wijlen Jörg Haider en voor de Deense Volkspartij van Pia Kjaersgaard, 3 zetels voor het Hongaarse Jobbik van Gabor Vona en telkens 2 voor de Zweedse Democraten van Jimmie Akesson, voor de Ware Finnen van Timo Soini en voor het Litouwse Orde en Recht van Rolandas Paksas.

2014 was het Europese jaar van Schotland en Catalonië, de relatief rijkste regio's van het Verenigd Koninkrijk en Spanje die hun rijkdom voor zichzelf opeisen. In een erkend Schots referendum over de vraag of het land het Verenigd Koninkrijk (van Engeland, Schotland, Wales en Noord-Ierland) moest verlaten, stemde op 18 september 2014 maar 55 procent van de opgekomen kiezers voor het behoud van het VK, 45 procent stemde tegen. Op 9 november 2014 stemden 2 miljoen van de 5,4 miljoen stemgerechtigde Catalanen in een (niet-erkend) pseudoreferendum voor een onafhankelijk Catalonië.

3

Jacht op grondstoffen terug van nooit weggeweest

We worden allen door het universele verminkt.
De globalisering is een gevaarlijk universum.
MICHEL CAMDESSUS

Europa's grote sprong voorwaarts, in de late 15de eeuw, was een kwestie van grondstoffen, van geloofsijver en van drie Chinese uitvindingen – het kompas, de boekdrukkunst en het buskruit – die hun weg naar het Westen vonden. De geloofsijver was een gevolg van de middeleeuwse kruistochten en van de Spaanse en Portugese heroveraars van het Iberische schiereiland op hun islamitische en joodse tijdgenoten. Gegeerde grondstoffen waren aanvankelijk kruiden en specerijen, uitsluitend te vinden in verre Afrikaanse en Aziatische oorden, later goud en zilver, nog later suikerriet en zwarte slaven. Van die permanente jacht op grondstoffen, gedragen door ontelbare oorlogen en conflicten, vormde de onstilbare honger van de industriële revolutie maar een stroomversneller. Vandaag gaat het in eerste instantie om olie en gas, de tweetaktmotor van de wereldeconomie. In tal van conflictgebieden gaat het evenzeer om de snel slinkende zoetwatervoorraden. Zolang er geen rem staat op de menselijke hebzucht is er geen grondstof waarvoor principieel niet gevochten wordt.

In 1601 voeren 14 Hollandse vloten – goed voor 65 schepen – voor het eerst naar Oost-Indië, een bizarre naam voor het toenmalige Verre Oosten. De meegebrachte specerijen (peper, kruidnagel, nootmuskaat, foelie, kaneel) leverden de beleggers 100 procent winst op. 'Zolang Holland Holland is geweest,' schreef een kroniekschrijver, 'heeft men zo rijk beladen schepen nimmer aanschouwd'. Een direct gevolg van dat succes was de oprichting, in 1602, van de Verenigde Oost-Indische Compagnie VOC in Amsterdam. De VOC moest een einde maken aan de eindeloze wedijver van elkaar bestrijdende compagnieën en kreeg het alleenrecht op de Nederlandse handel en zeevaart ten oosten van Kaap de Goede Hoop en ten westen van de Straat van Magellaan.

Een twintigtal jaar later, in 1621, kwam er ook een West-Indische Compagnie, de WIC. Die kreeg het alleenrecht op handel en zeevaart met Amerika en West-Afrika. Net als de VOC werd ook de WIC gemachtigd om 'oorlog te voeren en vrede te sluiten met inlandse machten, er zee- en landstrijdkrachten op na te houden en in die streken rechterlijke en bestuursfuncties uit te oefenen'. In 1648 waren de VOC en de WIC de pijlers van de grootste handelsnatie ter wereld, met handelsposten en factorijen van het Russische Archangelsk tot het Braziliaanse Recife, en van Nieuw-Amsterdam (vandaag New York) tot het Japanse Nagasaki. De VOC specialiseerde zich in de handel in specerijen, later ook suiker, koffie en thee. De WIC haalde zijn grootste winsten uit de Afro-Amerikaanse slavenhandel en uit de suikerrietplantages op het Amerikaanse halfrond waarvoor die slaven bestemd waren. Er was in de 17de eeuw geen Europese christen te vinden die daar een probleem of een onverenigbaarheid in zag.

Toch waren die VOC- en WIC-winsten peanuts vergeleken met de Spaanse plundering, in het spoor van de *conquistadores*, van de meest gegeerde Amerikaanse grondstoffen, zilver en goud. Zo werd de Spaanse goudlust legendarisch voor de obsessionele Spaanse zoektocht naar *Eldorado*, om beurten een man, een stad of een land van goud. Hilarisch was de losprijs die de Spaanse veroveraar Pizarro in 1533 eiste voor het leven van de toenmalige Inca-leider Atahualpa die de veroveraar levend in handen kreeg. 'Een kamer van vijf op zeven meter, tot manshoogte te vullen met goud, en twee soortgelijke kamers vol zilver.' Naar verluidt brachten de bewoners van het toenmalige Inca-rijk (in de Zuid-Amerikaanse Andes) dit fortuin bij elkaar, waarna de ongeletterde Pizarro zijn hoge gijzelaar met de zegen van zijn katholieke aalmoezenier op 29 augustus 1533 toch liet wurgen. Op de combinatie van hebzucht en wreedheid stond geen prijs.

In 1545 ontdekten de Spaanse veroveraars rijke zilverertslagen op de *Cerro de Potosi*, in Peru (nu Bolivië). Het werd de rijkste zilverberg die ooit gevonden was, en in de 16de eeuw groeide Potosi uit tot een van de grootste en rijkste steden ter wereld, althans voor de nazaten van de veroveraars. Van 1550 tot 1620 produceerde de stad meer dan de helft van alle zilver in de wereld. Van 1545 tot diep in de 19de eeuw stond Spaans-Amerika in voor een verbluffende 75 procent van de wereldwijde zilverproductie. Tweehonderd jaar lang vormde de Spaanse Zilvervloot de slagader van het Spaans-koloniale rijk en de ruggengraat van het Europese betalingsverkeer. Vanuit de versterkte havens van Cartagena (thans Colombia) en Havana (Cuba) werd het Peruaanse en Mexicaanse zilver twee keer per jaar in konvooien naar Spanje afgevoerd. Om daar de Spaanse oorlogskas te spijzen en voor de kroon weer andere wingewesten te temmen.

Aangenomen wordt dat de rijkste zilverberg in de Andes in een tijdsbestek van tweehonderd jaar genoeg zilver voortbracht om er een brug mee te bouwen 'van Potosi naar Madrid'. Dat de zilvermijnen in Potosi volgens de 19de-eeuwse Britse abolitionist Josiah Conder over een periode van 300 jaar acht miljoen Indianen het leven kostten – 25.000 per jaar – was geen punt. Dat de Hollandse kaper Piet Hein in 1628 één keer in naam van de West-Indische Compagnie in de Caraïben de Spaanse Zilvervloot kon kapen, maakte geen verschil. Het was de enige keer in haar bijna tweehonderdjarige geschiedenis dat de Zilvervloot door kapers onderschept werd. Dat een orkaan op 31 juli 1715 voor de kust van Florida tien Spaanse galjoenen van de Zilvervloot tot zinken bracht, was eveneens een voorbijgaand ongemak. Doorslaggevend was de permanente aderlating van het Latijns-Amerikaanse subcontinent, niet de zeldzame uitzondering.

Opvolgers voor de Latijns-Amerikaanse zilverstroom waren goud (vooral in Brazilië) en tin (met name in Bolivië). In 1698 ontdekten de Portugezen alluviaal goud en diamant in de Braziliaanse provincie Minas Gerais. Het was de grootste schat die de Portugezen ooit in hun kolonies ontdekten. De Uruguayaanse schrijver Eduardo Galeano schat de Braziliaanse goudproductie in de 18de eeuw groter dan de totale hoeveelheid goud die Spanje in de voorgaande eeuwen met zoveel geweld uit Mexico en Peru haalde. De Boliviaanse zilvermijnen maakten in de 19de eeuw plaats voor de rijkste tinbaronnen ter wereld, die het land eens te meer leegroofden. Tin had voor Bolivië een brug naar de 20ste eeuw kunnen slaan, als ondernemers en politici sneller beseft hadden dat bodemrijkdommen en grondstoffen in ieders voordeel mogen ontgonnen worden, niet in ieders nadeel. Blijkbaar rust er op grondstoffen een vloek die wil dat een overvloed ervan de lokale bevolking eerder verarmt dan verrijkt.

Wat was de koloniale wedloop onder enkele Europese staten in de 19de eeuw anders dan een titanenstrijd om in een maagdelijke omgeving nog onontgonnen bodemschatten te vinden? 'De laatste witte vlekken' op de wereldkaart werden deze maagdelijke regio's genoemd, omdat ze nog niet effectief door een erkende staat bezet of geïntegreerd werden. Bij die gewelddadige bezetting namen de immense Franse en Britse koloniale imperia in de late 19de eeuw en vroege 20ste eeuw de vetste brokken voor hun rekening, zowel in Afrika als in Zuid-Azië en in het Midden-Oosten. Zelf op zoek naar bodemschatten deed de Belgische koning Leopold II daar dapper aan mee door in de jaren 1880 in Centraal-Afrika en in het Congo-bekken een eigen staat te stichten om er de grondstoffen – ivoor, rubber, delfstoffen – voor zichzelf te claimen. Dat de koning daar zowel de Belgische staat als de andere Europese mogendheden en zelfs de kerken mee kon chanteren, zodat ze zijn Onafhankelijke Congostaat erkenden of die minstens gedoogden, blijft een 19de-eeuwse anomalie die nog geen historicus kon verklaren. Tenzij we aannemen dat in de jacht op grondstoffen vrijwel alles is toegelaten en dat rijkdom en aanzien ook de kleinste geesten troosten en de grootste geesten benevelen.

De vierde Golfoorlog al in 2014 begonnen

Zolang er voor de industriële samenleving geen belangrijker grondstoffen zijn dan aardolie en gas, de meest gegeerde fossiele brandstoffen, zal er voor olie en gas gevochten worden. Dat doen de staten niet permanent en niet overal tegelijk, nu hier, dan daar, want ook oorlogen verslinden olie en gas. Als het even kan, is het winstgevender om op vreedzame wijze beslag te leggen op de nodige grondstoffen dan ervoor te moeten vechten. Maar als de nood het hoogst is en een bedreiging van de vrijhandel nabij wordt zelden getwijfeld om naar de militaire noodrem te grijpen. Dat er voor elke oorlog om grondstoffen ook andere motieven meespelen, ligt voor de hand, ook in de Golfregio. Mensen en volkeren hebben vele redenen om de strijdbijl op te graven, maar in een regio die bulkt van cruciale grondstoffen is de jacht erop nooit helemaal afwezig.

Dat de productie van olie en gas, alsook hun reserves, sterk geconcentreerd zijn in een beperkt aantal landen, is zowel een zegen als een vloek. Het is makkelijker een beperkt aantal landen te controleren dan de halve wereld, maar die beperking maakt olie- en gasvoorraden tegelijk veel kwetsbaarder als het verkeerd loopt. Bovendien liggen tal van olie- en gasproducenten geopolitiek gesproken dicht bij elkaar. Die dichtheid is nergens groter dan in de Arabische of Perzische Golfregio, gevolgd door het Kaspische Zee-bekken, alweer niet zo ver daar vandaan.

Zo produceerde de oliewereld in 2013 circa 89 miljoen vaten per dag, waarvan 11,5 miljoen voor Saudi-Arabië, 10,8 miljoen voor Rusland, 9 miljoen voor Amerika (dankzij de schalieolie 3 miljoen meer dan drie jaar voordien), 4 miljoen voor Canada (dankzij de teerzanden van Alberta), 3,6 miljoen voor de Arabische Emiraten, 3,6 miljoen voor Iran, 3,1 miljoen voor Irak, 3,1 miljoen voor Koeweit, 2,8 miljoen voor Mexico, 2,6 miljoen voor Venezuela. Daarvan ging 33 procent – een 30 miljoen vaten per dag, het marktaandeel was 43 procent omdat niet de hele olieproductie op de markt verhandeld wordt – naar het OPEC-kartel van twaalf olieproducerende landen dat vooral de Arabische olieproducenten omvat (maar ook Angola, Ecuador, Iran, Nigeria en Venezuela).

Voor de bewezen olie*reserves* – 1700 miljard vaten – lag het aandeel van de Perzische Golfregio in 2008 volgens British Petroleum nog hoger: 21 procent voor Saudi-Arabië, 11 voor Iran, 9 voor Irak, 8 voor Koeweit en 8 voor de Emiraten. Tel daar ook Qatar bij – 2 procent – en je hebt algauw 60 procent van de wereldreserves. Wel hield BP in 2008 nog geen rekening met de Amerikaanse schalieolie – wat deze nieuwe oliewinning betreft de meest omvangrijke reserves ter wereld – noch met de Canadese teerzanden. De totale hoeveelheid schalieolie in Noord-Amerika werd in 2008 op 2100 miljard vaten geraamd (wereldwijd was dat 2826 miljard vaten). Dat is meer dan de bewezen conventionele olievoorraden op wereldschaal (1471 miljard vaten in 2011). Canada hoopt op teerzandolie tot 2 miljoen vaten per dag. Daarvoor werden al miljoenen m^3 land omgewoeld en werden miljoenen hectoliter water verbruikt in de provincie Alberta. Om zijn omstreden teerzandolie te beschermen, een enorme bedreiging voor het Canadese leefmilieu, was Canada eind 2011 de grote dwarsligger op de VN-klimaattop in Durban.

De landen rond de Perzische Golf en het Kaspische Zee-bekken zijn ook de landen met de grootste bewezen aardgasreserves, waarvan in 2008 – volgens het Internationaal Energie Agentschap IEA – 34 procent voor Rusland, 25 voor Qatar (samen goed voor de helft van alle reserves), 16 voor Iran, 14 voor de Emiraten, 4 voor Saudi-Arabië. Voor Rusland ging het in 2011 om 44.800 miljard m^3, 29.600 miljard voor Iran, 25.370 miljard voor Qatar, 7807 miljard voor Saudi-Arabië, 7716 miljard voor Amerika, 7504 miljard voor Turkmenistan, 6453 miljard voor de Emiraten, 5292 miljard voor Nigeria, 5065 miljard voor Venezuela, 4502 miljard voor Algerije.

Geen wonder dat de wereld de voorbije 35 jaar al door drie Golfoorlogen geteisterd werd. Drie, geen twee, omdat waarnemers snel de eerste Golfoorlog vergaten die in de jaren 1980-1988 door Iran en Irak werd uitgevochten. Centraal in die eerste Golfoorlog stonden de sjiitische revolutie van 1979 in Iran en de soennitische en westerse vrees dat die revolutie ook op Irans buurlanden kon overslaan. Maar in deze regio was de controle over 's werelds grootste olievelden nooit ver weg. Vandaar de onverholen soennitische en westerse steun voor het Iraakse regime van de toenmalige dictator Saddam Hoessein, wat de man ook toen al op zijn kerfstok had. Mogelijk vielen er in die eerste Golfoorlog 1 miljoen, vooral Iraakse en Iraanse doden en ontelbare gewonden. De uitkomst was die van zo veel oorlogen: terug naar de grenzen van 1980. Ook bleven de ayatollahs aan de macht in Iran en de gewetenloze Saddam Hoessein in Irak.

De tweede Golfoorlog was die uit de jaren 1990-1991. Die oorlog brak uit nadat dezelfde Saddam Hoessein in de zomer van 1990 vanuit Irak gewoon het nabije Koeweit binnenviel en annexeerde. Omdat het latere Irak nooit het Britse manoeuvre kon slikken dat honderd jaar eerder had geleid tot de creatie van Koeweit, Bahrein, Qatar en de Arabische Emiraten. Een sterker voorbeeld van een verdeel-en-heersaanpak – voor de toenmalige Britse machthebber in de regio – was in die jaren nauwelijks te vinden. Geen wonder dat Bagdad altijd al van oordeel was dat de monding van de Sjatt-al-Arab – bij de samenvloeiing van Tigris en Eufraat de grens tussen Iran en Irak – tot Irak en tot geen andere mogendheid behoorde. De Iraakse annexatie van Koeweit was voor het buurland Saudi-Arabië en voor Amerika zo bedreigend dat Amerika in geen tijd 430.000 soldaten mobiliseerde of vanuit Europa naar de Golfregio overvloog om het land van de al-Sabahsjeiks in het voorjaar van 1991 op Irak te heroveren. Dat deed Amerika niet alleen. De Amerikaanse generaal Norman Schwarzkopf leidde een eerste *coalition of the willing* van 28 geallieerden – onder wie België en Nederland en 150.000 soldaten van de Golfstaten – om Saddam weer, met succes, uit Koeweit te verdrijven.

Doorstoten naar Bagdad deed Schwarzkopf niet. Bevreesd voor een Golfregio zonder Saddam, met alle soennitische, sjiitische en Koerdische valkuilen van dien, dacht Washington in 1991 de slager van Bagdad nog te kunnen bedwingen. Dat was de aanhef van een derde Golfoorlog, door Amerika en Engeland ingezet in 2003 – na de al-Qaeda-terreuraanslagen van 11 september 2011 in New York en Washington – omdat Saddam ervan verdacht werd heimelijk biologische, chemische of nucleaire wapens ontwikkeld te hebben. Daartoe was de man perfect in staat. Details bepalen de wereldgeschiedenis niet, aloude grieven en pertinente vermoedens des te meer. Na 11 september namen Amerika en Engeland geen risico's meer en moest Saddam verdwijnen. De Golfoorlog van 2003 was vooral een Amerikaans-Britse combinatie, onder de Amerikaanse president Bush en de Britse premier Blair. Toch zette ook Australië 2000 manschappen in, Polen 200. Koeweit, Qatar en andere Golfstaten stelden cruciale faciliteiten ter beschikking als uitvalsbasis. Opperbevelhebber was de Amerikaanse generaal Tommy Franks, die vanuit Qatar de operaties leidde.

Deze keer regende het bommen op Bagdad, zoals het hoort bij een *shock-and-awe*-campagne, overdonder en overbluf. Op 9 april 2003, dag 21 van de Amerikaanse invasie, viel Bagdad in handen van het invasieleger. In de zuidelijke stad Basra namen Britse troepen de macht over. Die stad kenden ze nog uit de gloriejaren van het Britse imperium, bijna honderd jaar eerder. Op 14 december 2003 haalden Amerikaanse soldaten 'een verwilderde Saddam', allicht door medestanders verraden, uit een verborgen schuilkelder. Hij werd op 26 december 2006 na een showproces in Bagdad terechtgesteld.

De Amerikaanse invasie van Irak in de jaren 2003-2011 heeft de Amerikaanse belastingbetaler fortuinen gekost. In 2003 had Saddam het grootste en sterkste leger in de regio: 424.000 soldaten, 2200 gevechtstanks, 316 gevechtsvliegtuigen, 100 aanvalshelikopters, 225 grote SAM-raketten. Dat leger werd in 2003 door de Amerikanen ontbonden. Naderhand investeerden de Amerikanen 18 miljard euro in de training en bewapening van een nieuw Iraaks leger, goed voor 192.000 manschappen in 2010, 230.000 in 2014, volgens de Londense *Military Balance* uitgerust met 149 gevechtstanks, 505 lichtere gevechtswagens, M1-Abrams-tanks en Hellfire-raketten. In 2007 liep de factuur voor de Amerikaanse oorlogen in Irak en Afghanistan op tot 1500 miljard dollar. De Amerikaanse Nobelprijswinnaar voor Economie Joseph Stiglitz raamde de gecumuleerde Amerikaanse kosten voor de oorlogen in Irak en Afghanistan in 2008 op 3000 miljard dollar.

Des te groter was de verbazing dat een voorheen volslagen onbekende en relatief kleine groep moslimfanaten – het IS-kalifaat, ook bekend als de Islamitische Staat in Syrië en Irak – in de zomer van 2014 vanuit het ontzielde Syrië, sinds 2011 vergruizeld door een niets ontziende burgeroorlog, in een oogwenk dat nieuwe Iraakse leger voor zich uitdreef en meteen de Iraakse stad Mosul kon veroveren. Zo verrassend was de fureur van dat IS-kalifaat dat noch het reguliere Iraakse leger (de oogappel van de Amerikaanse invallers) noch het sjiitische en het Koerdische deel van Irak effectieve weerstand leek te bieden. Nooit stak het verhoopte resultaat van de derde Golfoorlog uit de jaren 2003-2012 zo schril af tegen de barre werkelijkheid van een onbestuurbaar Irak.

Op 11 september 2014 laaide de kalifaatsdreiging zo hoog op dat ook tien Arabische landen – Saudi-Arabië, Bahrein, de Arabische Emiraten, Koeweit, Qatar, Oman, Egypte, Irak, Jordanië en Libanon – zich in de Saudische stad Jeddah aaneensloten om samen met Amerika het IS-kalifaat te bestrijden. Vier dagen later, op 15 september 2014, ontving de Franse president Hollande op een Parijse top al vertegenwoordigers van een 30-tal landen om samen de IS-fanaten in Irak aan te pakken. Opvallend was de aanwezigheid van de vijf permanente leden van de Veiligheidsraad – Amerika, Rusland, China, Engeland, Frankrijk – naast Canada, Japan, Noorwegen, tal van EU-landen en de VN.

Zoveel Arabische en wereldwijde steun voor een offensief om samen een lokaal fenomeen als het IS-kalifaat te bestrijden, wees meteen op paniekvoetbal, geconfronteerd met een radicalisering die ook de pro-westerse regimes en vitale westerse oliebelangen in de regio bedreigt.

In Afghanistan leerden de Amerikanen in 2001, om geen Amerikaanse levens te riskeren, om uitsluitend hun overdonderend luchtoverwicht in te zetten. Tegelijk rekenden ze op de toenmalige Noordelijke Alliantie, om het Afghaanse talibanregime op de grond te verslaan. In 2003 stond het Iraakse Saddamregime nog te sterk om dat scenario te overwegen, zodat vooral Amerika en Engeland er ook hun grondtroepen moesten inzetten om Saddam te verslaan.

Al in 2011 was het westerse droomscenario er terug om in Libië de gehate Kadhafi te verslaan, gelet op het absolute NAVO-overwicht in de lucht en de anti-Kadhafi-milities op de grond. Dat was ook in de herfst van 2014 het geval, bij de start van de vierde Golfoorlog, toen bleek dat het IS-kalifaat ertoe in staat was om ook zelf Iraakse of Syrische olievoorraden te verkopen. Prompt gingen de Amerikanen en hun geallieerden het IS-kalifaat in Syrië en Irak massaal vanuit de lucht bestrijden, om het werk op de grond in hoofdzaak over te laten aan de Koerdische peshmerga en aan de restanten van het Iraakse leger. Omdat het Westen en de gevestigde machthebbers aldaar geen dreiging dulden die hun oliebelangen in de regio doorkruist.

De geostrategische driehoek van olie en gas

De Amerikaanse grondstoffenexpert Michael Klare, gepokt en gemazzeld in Amerika's buitenlands beleid, heeft het graag over een geostrategische driehoek gevormd door de Perzische Golf, het Kaspische Zee-bekken en de Zuid-Chinese Zee. Die driehoek, aldus Klare in 2001, omvat 49 procent van de wereldwijde olieproductie en 74 procent van de globale oliereserves. Dat gold ook voor 's werelds aardgasreserves, al is dat veertien jaar later minder evident dan het er rond de eeuwwisseling uitzag.

De Zuid-Chinese Zee is een enorme waterplas – 3,5 miljoen km^2, een derde van het Chinese vasteland, tot 5000 meter diep – grenzend aan de meest dynamische economieën ter wereld (China, Taiwan, de Filipijnen, Maleisië, Brunei, Indonesië, Singapore, Thailand, Cambodja en Vietnam). Grenzen vormen de Straat van Taiwan in het noorden, de Straat van Malakka en de Straat van Singapore in het zuiden. Om China en Japan van aardolie uit het Midden-Oosten te voorzien, wordt de Zuid-Chinese Zee doorkruist door een van de drukste zeewegen ter wereld. Bovendien werden ook onder de Zuid-Chinese Zee aardoliereserves gevonden, naar verluidt goed voor 7,7 miljard vaten. Dat blijft een Chinees cijfer, veel hoger dan de 2,5 miljard vaten die westerse olie-experts er (op termijn) denken te vinden. Aardgasreserves worden er door de Chinezen op 7500 km^3 geraamd. Helaas zijn die reserves niet in nationale compartimenten verdeeld en doorkruisen ze omstreden territoriale wateren en Exclusieve Economische Zones.

Centrale twistpunten in de Zuid-Chinese Zee zijn de Paracel-eilanden vóór de Golf van Tonkin (voor China de Xisha's) en de Spratly-eilanden tussen Vietnam en Maleisië (voor China de Nansha's), van groot belang voor de vermoede olie- en gasreserves op grote diepte. Tegelijk beschouwt China de hele Zuid-Chinese Zee als 'een integraal deel van het Chinese vasteland', al worden die aanspraken door alle andere staten in de regio afgewezen.

Toch beschikt de China National Offshore Oil Corporation pas sinds 2013, na overname van een Canadees bedrijf, over een enorm boorplatform dat nabij de omstreden Paracel-eilanden proefboringen op grote diepte kan uitvoeren. Volgens China vormen de eilanden 'onmiskenbaar' delen van China. Dat pikken de Vietnamezen dan weer niet, die zelf al buitenlandse oliebedrijven inschakelden om hun aanspraken kracht bij te zetten. Zo was er in 2012 sprake van 9 olievelden in de Zuid-Chinese Zee die zowel door China als Vietnam aan buitenlandse investeerders aangeboden werden. Geen wonder dat die uiteenlopende verwachtingen ook militaire reacties uitlokken. Al in 1974 gingen Chinese en Zuid-Vietnamese oorlogsbodems elkaar te lijf en werden de Zuid-Vietnamese troepen op de Paracel-eilanden verdreven. Sindsdien is de eilandengroep in Chinese handen, maar blijft Vietnam die Chinese machtsovername bestrijden, en verschoof de krachtmeting naar de zuidelijke Spratly-eilanden.

Ook daar kwamen Chinese schepen al in 1988 in aanvaring met de Vietnamese marine maar tegelijk ook met andere staten in de regio. In 1995 kwam het er tot een aanvaring tussen Chinese en Filipijnse schepen, in 2012 een tweede, in 2014 een derde keer. Het gaat niet altijd om militaire speldenprikken. Vaak worden ook vissers en vissersboten ingezet om er de grenzen te verdedigen of te verleggen. Chinese aanspraken op vrijwel de hele Zuid-Chinese Zee liggen zo mogelijk nog gevoeliger. Zo beschoot de Filipijnse kustwacht in 2013 ook een Taiwanese vissersboot die zich te ver in 'Filipijnse wateren' had gewaagd. En ook Maleisië, Brunei en Indonesië laten in dit dossier wel eens hun tanden zien.

Zo wees Michael Klare al in 2001 op een *Naval Arms Race* – een bewapeningswedloop op zee – in de Zuid-Chinese Zee. Die werd halfweg de jaren 80 op gang getrokken door de Chinese militaire planning om China's aandacht niet meer op de Sovjet-Unie te richten maar op een actieve kustverdediging in 'China's zuidelijke en oostelijke periferie'. Tot dan beschikten weinig kuststaten van de Zuid-Chinese Zee over zeevaardige oorlogsbodems. Maleisië was de eerste Chinese buur die in de jaren 90 zwaarbewapende Italiaanse korvetten en Britse fregatten kocht. Dat deden ook de Filipijnen, Brunei en Singapore. Indonesië kocht gewoon, op de tweedehandsmarkt, de hele DDR-vloot van het voormalige Oost-Duitsland (39 schepen, met onder meer 16 korvetten en 9 mijnenvegers) naast 6 Nederlandse en 3 Britse fregatten.

Niet minder belangrijk voor China is de Oost-Chinese Zee. Die is drie keer kleiner dan de Zuid-Chinese Zee – 1,2 miljoen km^2 – maar al even belangrijk als de zee tussen de toppers China, Zuid-Korea, Japan en Taiwan. In de Oost-Chinese Zee blijft China dromen van een reïntegratie van Taiwan maar vormt Japan de meest te duchten tegenstrever. Derhalve ging ook Japan in de jaren 90 zijn maritiem veiligheidsbeleid herzien, in het Japanse jargon zijn *Maritime Self-Defense Force*. Sindsdien introduceerde Japan tal van nieuwe oorlogsbodems zoals de grote destroyers en de kleinere fregatten, aanvalsschepen en een maritieme luchtmacht, *Naval Patrol Planes*. En er is nog altijd de Amerikaanse Zevende Vloot, thans verankerd in het Japanse Yokosuka, naast de Amerikaanse troepen, uitgerust met kernwapens, in Zuid-Korea.

In de Oost-Chinese Zee zijn het de onbewoonde Senkaku-eilanden, door China de Diaoyu-eilanden genoemd, die wegens onderzeese olievoorraden voor commotie zorgen. Formeel staan de Senkaku-eilanden, halfweg tussen Taiwan en Okinawa (een van de Riukiu-eilanden) nog onder Japans bestuur. Maar om olie- en gasredenen azen ook China en Taiwan, de Volksrepubliek en de Republiek China op deze eilanden en op de vermoede bodemschatten. Toch telt de groep nauwelijks vijf eilanden en enkele rotsen, samen niet groter dan 7 vierkante kilometer. Ze worden door een diepe zeetrog van de Riukiu-eilanden gescheiden.

De Chinees-Japanse bal ging aan het rollen toen de Japanse regering in september 2012 plots 21 miljoen euro op tafel legde voor de aankoop van de omstreden eilandengroep. De eilanden waren tot dan eigendom van de Japanse familie Kurihara. Prompt demonstreerden in meer dan 70 Chinese steden duizenden Chinezen tegen de Japanse 'bezetting' van de Senkaku-eilandjes. Tegelijk voeren duizend Chinese vissersboten als 'een oorlogsvloot' naar de betwiste eilandjes om de Senkaku-Diaoyu's op Japan te heroveren. In november 2013 stak China er nog een tandje bij door ook het luchtruim boven de Senkaku's voor China op te eisen en er geen vreemde vliegtuigen meer te gedogen die hun vlucht boven de eilandjes niet aan Beijing gemeld hadden. Pas in november 2014, op de 26ste APEC-top in Beijing, kwam het tot een allereerste ontmoeting tussen de Chinese president Xi Jinping en de Japanse premier Shinzo Abe. Beiden al twee jaar aan de macht in Beijing en Tokio, deden ze er al die tijd alles aan om elkaar *niet* tegen het lijf te lopen.

De Amerikaanse schalievondsten (olie en gas) en de Canadese teerzanden (olie) hebben de wereldkaart van olie- en gasvoorraden al behoorlijk bijgekleurd. Of dat ook het geval is voor olie- en gasvondsten in de Noordelijke IJszee, die betwist worden door Amerika (Alaska), Canada, Denemarken (Groenland), Noorwegen en Rusland, moet nog blijken. Het meest in de kijker stond de voorbije jaren het Russische oliebedrijf Gazprom, dat in 2014 bij Nova Zembla, in de Barentzzee, de eerste noordpoololie uit de zeebodem haalde. Op 1 mei 2014 bracht een Russische olietanker – de Mikhail Ulyanov – de eerste 550.000 vaten noordpoololie uitgerekend naar Rotterdam. Daar voerde Greenpeace, met hoofdkwartier in Amsterdam, in 2013 nog de felste campagne tegen de ontginning van noordpoololie. In september 2013 werden dertig opvarenden van de Arctic Sunrise, een actieschip van Greenpeace, in de Barentzzee door de Russische autoriteiten gearresteerd. Het actieschip werd geënterd, naar de haven van Moermansk gesleept en aan de ketting gelegd. Op 2 oktober werden vijf bemanningsleden door Rusland aangeklaagd wegens piraterij. Uiteindelijk verleende de Russische president Poetin in december 2013 gratie aan de 30 Greenpeace-activisten die in Rusland onder huisarrest stonden. Bijgevolg legde de Nederlandse premier Rutte de komst van de eerste lading noordpoololie op 1 mei 2014 naar de *spotmarkt* van Rotterdam geen strobreed in de weg.

Pogingen van het Nederlandse Shell, voluit Royal Dutch Shell, om proefboringen te verrichten in de poolgebieden ten noorden van Alaska werden in

2013 afgestraft. Ondanks een miljardeninvestering – Shell is een van de zes *supermajors* onder de oliemaatschappijen en de meest winstgevende onderneming van Nederland – sloeg een boorschip van Shell in januari 2013 in Alaska tegen de rotsen. Dat boorschip was nog 1600 km van de poolcirkel verwijderd. Maar het kelderde meteen het Shell-optimisme om ten noorden van Alaska olie uit de zeebodem te halen. En ook Shell heeft geen antwoord op de vraag wie nu eigenlijk olie mag oppompen uit de Noordelijke IJszee, een bevroren zee die ten gronde geen territoriale staat kan opeisen, tenzij alle regels van territoriale grenzen opgeheven worden.

Buiten Klares geostrategische driehoek blijven Rusland (veel groter dan het Kaspische Zee-bekken) en Amerika belangrijke producenten van olie en gas, naast Canada, Mexico, Venezuela, Brazilië en Noorwegen. In Afrika zorgden in 2011 vooral Nigeria, Algerije, Angola, Libië en Sudan voor 12 procent van de wereldolieproductie. Tegelijk zit Afrika op een immense voorraad van andere grondstoffen. Volgens de Amerikaanse Geological Survey van 2011 is het continent goed voor 51 procent van de wereldproductie van kobalt, 49 procent van de wereldproductie van industrieel diamant en 38 procent van de wereldproductie van chroom. Voor mangaan was dat 28 procent, voor fosfaat 27, voor goud 22, voor uranium 18, voor bauxiet en koper telkens 8 procent, aldus de Vlaamse grondstoffenexpert Raf Custers, die vooral onderzoek verrichtte rond de grondstoffendeals, doorkruist door schimmige roverspraktijken, in Congo-Kinshasa. Daar is de buitenlandse belangstelling voor 's lands bodemschatten al even groot voor strategisch belangrijke ertsen als coltan, casseriet en wolfraam. Coltan is een combinatie van de mineralen columbiet en tantaliet, cruciaal voor de productie van gsm's, laptops en spelconsoles. Casseriet is een soort tinsteen die bij het lassen wordt gebruikt, wolfraam is bijzonder gegeerd voor de versterking van harde metalen, veeleisende werktuigen of wapens en speciale deklagen of coatings.

In vrijwel alle Afrikaanse oorlogen van de voorbije kwarteeuw speelden grondstoffen een rol: olie in Angola, Libië, Nigeria en Sudan, bauxiet in Guinea, diamant in Sierra Leone en de Centraal-Afrikaanse Republiek, goud in Mali, uranium in Niger, koffie en cacao in Ivoorkust en vrijwel alle minerale grondstoffen in Congo-Kinshasa. Toch zijn het veelal etnische en religieuze verschillen, vaak verweven met de materiële belangen van Europese, Amerikaanse of Aziatische grootmachten op het Afrikaanse continent, die grondstoffen omsmeden tot wapens. Terwijl de buiten-Afrikaanse grootmachten zich in Afrika van etnische of religieuze verschillen bedienen om voor hen de kastanjes uit het vuur te halen. Dat deden de voorbije twintig jaar – sans gêne – ook minder bedeelde Afrikaanse buurstaten van een grondstoffenrijke maar zwakke staat, zoals Uganda en Rwanda in Congo-Kinshasa.

De zoetwaterschaarste

Zeventig procent van het aardoppervlak bestaat uit water, 1.386.000.000 km³. Als de aarde volmaakt vlak was, schreef de Brits-Amerikaanse journalist Bill Bryson, zou ze geheel bedekt zijn met vier kilometer water. Van dat water is 96,5 procent terug te vinden in de oceanen, zout en niet drinkbaar. Slechts 3,5 procent is zoetwater, toch 48.510.000 km³, maar het grootste deel van het zoetwater zit dan weer in de ijskappen (waarvan 90 procent op Antarctica). Globaliter bevat de Stille Oceaan de helft van al het oceaanwater (51,6 procent), de Atlantische Oceaan 23,6 procent en de Indische Oceaan 21,2 procent. Van het zoetwater zit 68,7 procent in gletsjers, 30,1 procent in grondwater, 0,8 procent in permafrost. Zo gebruiken mensen maar 10 procent van het zoetwater dat jaarlijks terugvloeit naar rivieren, meren en grondwaterreservoirs. Maar dat zoetwater is wel essentieel voor vrijwel elke vorm van leven en zeker voor het menselijke gebruik ervan als drinkwater, om hygiënische of sanitaire redenen en voor het irrigeren van land- en tuinbouwgronden in waterarme gebiedsdelen. Volgens de Wereldbank vereist één mens om in leven te blijven 100 tot 200 liter water per dag, 36 tot 72 m³ per jaar.

Zoetwaterconflicten zijn van alle tijden en volkeren. Het is geen toeval dat menselijke nederzettingen het eerst verschenen in de nabijheid van drinkbaar water, aan bronnen of waterlopen en uiteraard ook aan zeekusten verbonden met riviermondingen die zoetwater aanvoerden. Het oeroude conflictmodel tussen nomaden en sedentaire volkeren, herders en boeren, Kaïn en Abel, had veel met drinkwater te maken. Altijd op zoek naar drinkwater voor hun schapen of hun runderen botsten nomaden als vanzelf met sedentaire boeren die de watervoorziening beheersten. Omgekeerd was een sedentaire samenleving, snel veel talrijker dan haar nomadische tijdgenoten, nog afhankelijker van drinkwater dan zwervende veetelers. De Europese oerangst voor nomadische zwervers als de Hunnen, de Avaren, de Magyaren (de latere Hongaren) en de Mongolen had meer met drinkwater te maken dan met het agressieve karakter van de invallers. Vaak door natuurrampen en klimaatschommelingen uit hun verre thuislanden verdreven, zochten steppenvolkeren in het Westen wat het Oosten hen niet meer kon bieden.

Ook hadden de oudste beschavingen alles te maken met de beheersing van de vitale waterhuishouding. Egypte was een geschenk van de Nijl, Babylonië het land van de Tigris en de Eufraat. De toon van de oudste Indische beschavingen werd gezet aan de Indus, die van hun Chinese tijdgenoten aan de Gele Rivier, de Huanghe. De Indus is nog altijd een belangrijk element in de Indiaas-Pakistaanse patstelling in het omstreden Kasjmir, van waaruit de Indus zijn weg vindt door het grootste deel van Pakistan. Het Amerikaanse halfrond leverde al vroeg de grootste uitzondering. Daar stond de wieg van de beschaving op de flanken van de Andes, niet in het Amazone-bekken, maar tegelijk ook op het droge Midden-Amerikaanse schiereiland Yucatán waar de Maya's geschiedenis schreven, niet in het stroomgebied van de Mississippi. Misschien werd de afwezigheid van zoetwater voor de Maya's ook hun ondergang. Dat is althans de visie van de Texaanse archeoloog Dick Gill, aanvankelijk een bankier maar zo gefascineerd door het lot van de Maya's dat hij zijn leven een andere richting uitstuurde. Bij gebrek aan eigen bronnen en rivieren, aldus Gill, was de duizendjarige Maya-beschaving uitsluitend afhankelijk van neerslag. Toen die neerslag in de 10de eeuw als gevolg van een klimaatschommeling uitbleef, verviel het schiereiland in een extreme droogte. Zo verdween de aloude Maya-beschaving al vijf eeuwen vóór de komst van de Spaanse *conquistadores* in 1492.

Waterconflicten in de 20ste eeuw doken het eerst op in West-Azië, waar de Jordaan, de Tigris en de Eufraat de belangrijkste waterbronnen vormen voor 500 miljoen mensen. Zo bleek de relatief bescheiden Jordaan, die ontspringt op de besneeuwde Hermonberg – het drielandenpunt tussen Israël, Libanon en Syrië – en die via het Meer van Tiberias naar de Dode Zee stroomt, van vitaal belang voor de watervoorziening van Israël, Jordanië, Palestina, Syrië en Libanon. Ofschoon de Jordaan in vogelvlucht hooguit 170 kilometer telt, op de grond 350 tot 400 km, zorgen de bronrivieren en de omstreden Golanhoogte voor een regionale knoop die Israël, Jordanië en Syrië nog altijd verstrikt. Zoetwater is voor de betrokken staten en volkeren in de regio een zo zeldzaam goed dat zelfs de Jordaan er de geesten blijft verdelen. Omdat vooral Israël vanop de Golanhoogte het debiet van de Jordaan zou beheersen en er door zijn buurstaten en door de Palestijnse autoriteiten minstens van verdacht wordt om het Jordaanwater uitsluitend in eigen voordeel te willen kanaliseren.

Of Israël, Jordanië en Palestina die vrees kunnen wegnemen, valt nog te bezien. Wel ondertekenden deze drie op 10 december 2013 op het kantoor van de Wereldbank in Washington een akkoord over het aanleggen van een pijpleiding die tegelijk voor drinkwater kan zorgen en de Dode Zee kan redden.

Door indamming en irrigatie is het waterpeil van de Jordaan zodanig gedaald dat ook het waterpeil van de Dode Zee met een meter per jaar zakt. Een pijpleiding wil water en pekel van een ontziltingsfabriek bij de Rode Zee naar de Dode Zee pompen en tegelijk drinkwater verschaffen aan Israël, Jordanië en de Palestijnse gebieden. De pekel wordt afgeleid naar de Dode Zee. De Wereldbank betaalt de kosten, in 2013 geraamd op 250 à 400 miljoen dollar. Maar het hangt van Israël, Jordanië en Palestina af of dit project hen effectief tot samenwerking kan inspireren.

Voor de grotere rivieren in de regio, de Tigris en de Eufraat, dreigen nog grotere tekorten. De Tigris en de Eufraat ontspringen beide in het zuidoosten van Turkije, van waaruit ze via Irak (en voor de Eufraat ook via Syrië) uitmonden in de Perzische Golf. Helaas vormt het Anatolische hoogland voor Turkije een ideale site om er ten voordele van Turkije de Tigris en de Eufraat met stuwdammen (voor de opwekking van elektriciteit) te temmen, met alle gevolgen van dien voor de lager gelegen Iraakse en Syrische gebiedsdelen in het zuiden. Op het Turkse deel van de 2800 km lange Eufraat bouwde Turkije al de Karkamis, de Birecik, de Keban, de Atatürk en de Karakaya, bestemd voor irrigatiedoeleinden en het opwekken van waterkracht. Maar het *Southeastern Anatolia Project*, een Turks mammoetproject van 30 miljard dollar dat negen Turkse provincies wil ontwikkelen, overweegt de bouw van wel 22 dammen en 19 waterkrachtcentrales op de Turkse delen van de Tigris en de Eufraat (of hun zijrivieren).

De vraag of er in dat geval water genoeg overblijft voor Syrië en Irak leidde al in de jaren 70 tot oplopende spanningen tussen de betrokken landen. In 1990 vonden Syrië en Irak een bilaterale verdeelsleutel voor de wateren van de Eufraat, nadat Turkije de stroom een hele maand had afgesloten om er het reservoir van de Atatürkdam mee te vullen. Overigens is de Eufraat nauwelijks nog bevaarbaar, wegens op diverse locaties in de wintermaanden zo ondiep – een halve meter – dat een kind de stroom te voet kan oversteken. Later raakte het Turkse waterdossier verweven met de strijd tussen Turkije en de Koerdische PKK, nog later met de oorlogen in Irak (2003) en de Syrische burgeroorlog (2011). Een bevredigende oplossing voor 'de wateren van de Tigris en de Eufraat' zat er in die omstandigheden niet in, zodat waterconflicten er elke dag weer kunnen oplaaien.

Een gelijkaardig scenario teisterde de voorbije jaren het Nijl-bekken in Oost-Afrika. Sinds mensenheugenis controleert Egypte het debiet van de Nijl in eigen voordeel. Een vitale factor in die controle was, in de jaren 70, de bouw van de Aswan-dam op de grens tussen Egypte en Sudan. Alleen moet Egypte de 6650 lange stroom, de langste ter wereld, minstens met Ethiopië, Sudan en Zuid-Sudan delen. Voor het hele stroomgebied van de Nijl en zijn bijrivieren – 3.350.000 km^2 – gaat het zelfs over een tiende deel van de Afrikaanse landmassa. Toch beschouwt Egypte zijn controle over het Nijlbekken van nationaal belang – volgens wijlen president Sadat 'de enige zaak waarvoor wij bereid zijn oorlog te voeren' – en is Caïro er vele jaren in geslaagd om andere Nijlstaten ervan te weerhouden ook zelf het Nijlwater te willen indammen.

Vooral Ethiopië ging op dat punt al met Egypte in de clinch. Daar ontspringt immers de Blauwe Nijl, korter dan de Witte Nijl, die zijn eerste wateren verzamelt ter hoogte van het Victoriameer maar met een groter debiet. Aangenomen wordt dat wel 84 procent van het Nijlwater in de Sudanese hoofdstad Khartoum – bij de samenvloeiing van de Witte en de Blauwe Nijl – van de Ethiopische hoogvlakte komt. Voor Egypte en misschien ook voor Sudan was het dan ook een horrorscenario dat Ethiopië in 2013 nabij de Sudanese grens begon met het bouwen van een megadam op de Blauwe Nijl, de *Great Ethiopian Renaissance Dam.* Tenzij de Nijlstaten er een gezamenlijk project van maken, is de kans bijzonder klein dat Egypte die megadam op de Blauwe Nijl kan verteren.

Land Grabbing, Landje-pik

In de jaren 1880 veroverde Stanley het reusachtige Congobekken door met honderden stamhoofden voor een habbekrats verdragen af te sluiten waarmee die hun grondrechten overdroegen aan de *Association Internationale du Congo,* de voorloper van de Onafhankelijke Congostaat van de Belgische koning Leopold II. Ook elders in Afrika gaven soortgelijke verdragen de koloniale veroveringen een legaal tintje, alsof de betrokken volkeren er zelf om gevraagd hadden. De stamhoofden, die deze verdragen met een kruisje ondertekenden, konden lezen noch schrijven. Toch zijn soortgelijke praktijken zoveel jaren later weer brandend actueel. Terwijl de helft van Afrika kreunt onder de grootste armoede die er in deze wereld te vinden is en zoveel mislukte staten nauwelijks nog hun land besturen, worden er over heel Afrika weer landbouwgronden en mijnsites aan buitenlandse privéfirma's of buitenlandse mogendheden verkocht of verhuurd. Verkocht, zeggen de critici. Verhuurd, verduidelijken de betrokken overheden. Wel gaat het vaak om huurcontracten tot 30 jaar of langer. Het zijn zelfs contracten die vele jaren later nog gewoon verlengd of vernieuwd kunnen worden.

Op die verhuurde of verpachte gronden of mijnsites doet de privéhuurder gewoon zijn ding. Overheidscontroles zijn er nauwelijks, erkende nationale of internationale regels evenmin. Wie opdraait voor de kosten, de initiatiefnemende ondernemer, mag ook de gemaakte winsten op zak steken. De lokale bevolking heeft er niets aan. Die mag gewoon de goedkoopste arbeidskrachten leveren aan de soepelste arbeidsvoorwaarden. Alle knowhow wordt ingevoerd en weer uitgevoerd. Zo vermeldt Custers dat een westers mijnbouwbedrijf sinds 2007 van de Congolese staat ten zuidwesten van Bukavu (in Oost-Congo) vier concessies kocht of huurt over een afstand van 210 kilometer, goed voor een totale oppervlakte van 2612 km^2, met een *landholding* van 30 jaar. Al die jaren mag het buitenlands bedrijf er het goud uit de grond halen, dankzij gedetailleerde prospecties wel wetend waar dat goud zit. De lokale bevolking werd er gewoon verdreven of mag alleen het voetvolk leveren. Alsof het een andere planeet betrof, werden alle materialen, brandstoffen, chemicaliën en zelfs prefabhuizen voor de mijn vanuit het buitenland in containers aangevoerd. Ook alle werfbazen zijn buitenlanders. In 2011 werd het eerste goud er uit de grond gehaald. De Congolezen zullen het nooit te zien krijgen. Alle winsten gaan naar de buitenlandse aandeelhouders van het bedrijf.

Nog erger, voor de hongerende helft van alle Afrikanen, is dat ook landbouwgronden op basis van deze perverse logica aan buitenlandse bedrijven en zelfs aan buitenlandse mogendheden verkocht of verhuurd worden. Voor geheel Zwart-Afrika gaat het om miljoenen hectaren die op deze beschamende manier aan de lokale boeren ontnomen worden, om er voor rekening van buitenlandse bedrijven of staten landbouwproducten voor de wereldmarkt te produceren. In elk geval gaat het om enorme oppervlaktes vruchtbare landbouwgrond, soms verspreid over diverse breedtegraden. *Land grabbing* heet dat in het Engels, vrij vertaalbaar als *landje-pik*. Die gang van zaken kende vooral de voorbije jaren een steile opgang, na een crisis van de voedselprijzen in de jaren 2007-2008. Het gebeurt zowat overal in de derde wereld maar toch voor 70 procent in Zwart-Afrika. Daar stellen promotoren van deze moderne landbouwbedrijven hun zaken voor als een winwinsituatie waar op termijn iedereen beter van wordt. Ook verdedigen ze hun projecten als een tripartite waarin diverse overheden, de private sector en de lokale bevolking aan hetzelfde zeel trekken, noem het een nieuwe vorm van publiek-private samenwerking.

Het is een logica die een kind kan ontmaskeren omdat het uitsluitend een nieuwe vorm is van landroof, maar op een nog grotere schaal dan Stanley in de jaren 1880 kon bevroeden. Toen waren het koningen en krijgsheren die zelfs de grootste ontdekkingsreizigers voor hun karretje spanden. Nu zijn het buitenlandse mogendheden en privébedrijven die voor wat smeergeld en voor eigen gewin weer delen van Afrika *opkopen*. Alsof de 20ste eeuw er niet geweest is, dreigt voor een groot deel van Afrika een nieuwe vorm van kolonisering. Nauwelijks een halve eeuw na de dekolonisering van Zwart-Afrika lijkt het subcontinent weer een grabbelton voor de snelste, de slimste of de meest gewetenloze machthebbers.

Ramingen van vruchtbare gronden die sinds 2006 van eigenaar wisselden, variëren van 15 miljoen hectare (het International Food Policy Research Institute in 2009) tot 57 miljoen hectare (een recentere schatting van de Wereldbank). Alleen al voor Afrika werd in 2012 een cijfer genoemd tussen de 50 en de 60 miljoen hectare. Zo pachten twee Amerikaanse firma's 1 miljoen hectare in het straatarme Zuid-Sudan. Eveneens in Zuid-Sudan *investeerde* de Saudische prins Bandar bin Sultan voor het huren van 105.000 hectare. De Mozambikaanse regering verhuurde liefst 14,5 miljoen hectare land aan de Braziliaanse en Japanse regeringen voor de komende vijftig tot honderd jaar voor een grootschalig landbouwproject in 's lands noordelijke gebiedsdelen. De Amerikaanse AgriSol-groep vond dan weer 325.000 hectare landbouwgrond in Tanzania, India 311.000 hectare in Ethiopië. De gemiddelde *landgrab* zou betrekking hebben op 40.000 hectare.

Het Worldwatch Institute had het in 2012 over meer dan duizend koop- en lease-overeenkomsten, waarvan 80 procent betrekking hebben op Afrika. De grootste investeerders in deze branche komen niet uit het Westen, maar uit de BRIC-landen Brazilië, China en India, aangevuld met Indonesië en Zuid-Korea. China en India zijn 's werelds grootste landen, respectievelijk met een bevolking van 1,3 en 1,2 miljard mensen, samen goed voor een derde deel van de wereldbevolking. Om die massa te voeden, verwachten ze veel van vruchtbare landbouwgronden in Afrika en hopen ze daar – via eigen bedrijven – het voedsel voor hun interne markt te produceren.

Overigens sloot China al in 2007, nog voor de *landgrab*-rage, een akkoord af met Congo-Kinshasa voor een bedrag van 9 miljard dollar voor de ontsluiting van de mijnprovincie Katanga. Voor dat bedrag werden grootse infrastructuurwerken gepland (wegen, spoorwegen, waterwegen; water, elektriciteit, onderwijs, volksgezondheid en transport) die door Congo betaald worden met de gespreide levering – over een periode van 15 jaar – van 10 miljoen ton koper en kobalt.

In feite ging het om een akkoord tussen Congo en drie Chinese staatsbedrijven. Ook de infrastructuurwerken worden uitgevoerd door drie publieke Chinese bedrijven. In feite gaat het om een ruil, een *troc*, tussen 10 miljoen ton koper en kobalt tegen 3000 km wegen, 145 ziekenhuizen, spoorwegen en andere infrastructuurwerken. Honderd jaar later lijkt de *scramble* voor Afrika gewoon herbegonnen. Voor Afrika's vele oorlogen en conflicten betekent de *landgrab*-rage nog meer slachtoffers, niet minder. En weer lijkt die rage even legaal als de verdragen die Stanley in de jaren 1880, als lakei van koning Leopold II, door de Congolese stamhoofden liet ondertekenen.

Sinds 2012 zijn er VN-richtlijnen om *land grabbing* enigszins aan banden te leggen of te reguleren, in overleg met het bedrijfsleven opgesteld door de Voedsel- en Landbouworganisatie van de VN (de FAO), de OESO en de Wereldbank. Maar deze richtlijnen, opgesteld met respect voor de mensenrechten, zijn niet-bindend, zodat overtreders geen sancties te vrezen hebben. Ook op dit punt geven de soevereiniteit van de lidstaten, de kortetermijnbelangen van de machthebbers en de ethische vorming – of het ethisch gemis – van de bedrijfsleiders de doorslag, niet de langetermijnbelangen van de Afrikaanse volkeren. Dat was in de late 19de eeuw niet anders toen Zwart-Afrika voor het eerst minutieus in kaart gebracht werd om de meest gegeerde brokstukken onder de toenmalige Europese grootmachten te verdelen.

De eindeloze afvalstromen

Tot de jacht op grondstoffen behoort ook het beheer van de afvalstromen. Dat beheer is positief in die zin dat ook gecontroleerde afvalproducten recupereerbare grondstoffen bevatten, negatief om de immense dreiging die van de ongecontroleerde afvalstromen op het leefmilieu uitgaat. En ook op dit punt lijkt Afrika de pineut. Het continent dat het meest te lijden heeft van de wereldwijde jacht op grondstoffen, dreigt tegelijk door legale en vooral illegale afvalstromen overrompeld te worden. Soms lijkt het wel alsof de buitenwereld – cynisch genoeg – de afvalstoffen terugstuurt naar het continent waar de originele grondstoffen vandaan kwamen.

Het positieve verhaal, dat er wezenlijk geen afvalstoffen zijn die niet kunnen gerecupereerd worden, vond zijn duidelijkste woordvoerder in het Belgische bedrijf Umicore, sinds 1989 een wereldwijde koploper in materiaalkennis, scheikunde en metallurgie. Het bedrijf is een pionier in schone technologie zoals uitstootkatalysatoren, materialen voor herlaadbare batterijen en zonnecellen, brandstofcellen en recyclage. Alleen is Umicore de verre opvolger van de Union Minière du Haut Katanga UMHK en de Métallurgie Hoboken-Overpelt (non-ferro). De UMHK was de koloniale uitbater van de Congolese mijnprovincie Katanga, de Métallurgie Hoboken-Overpelt zijn Belgische pendant. Toch illustreert Umicore een ingrijpende kentering. Congolese wortels heeft de groep niet meer. Maar met een omzet van 14,5 miljard euro en 14.600 mensen in dienst baant het zijn weg naar een visie op grondstoffen die eerder focust op een weloverwogen recyclage dan op het domme dumpen van afvalstoffen waar ook ter wereld.

Helaas weegt het negatieve verhaal veel zwaarder. Het beeld dat oncontroleerbare afvalstromen de halve wereld overspoelen en dat geen internationaal akkoord in staat lijkt om die afvalstromen in te dijken, dringt zich op. Hallucinant is de plasticsoep, een drijvende vuilnisbelt van plastic in het noorden van de Stille Oceaan, bijeengedreven door de heersende zeestromen. De omvang van de plasticsoep blijft omstreden en varieert van 700.000 tot meer dan 15 miljoen km^2. Mogelijk bevat het gebied meer dan 100 miljoen ton plastic afval. De Public Library of Science (PLOS, San Francisco) hield het in 2014 op 270.000 ton, goed voor circa 5000 miljard stuks. Door het zoute zeewater en het zonlicht afgebroken tot minuscule snippers – een kwestie van millimeters – is die plasticsoep nog bedreigender dan voorheen. Via vissen en schelpdieren worden die snippers opgenomen in de menselijke voedselketen, met alle gevolgen van dien. De enige zekerheid blijkt dat die troep nog aangroeit in plaats van te krimpen. Omdat er gewoon niets ondernomen wordt om die vuilnisbelt aan te pakken, er in een neoliberale logica van uitgaand dat problemen zichzelf oplossen als je er maar afblijft. Wie dat gelooft, kun je alles wijsmaken.

Volgens het Britse weekblad *Nature* – spreekbuis van de natuurwetenschappers – genereerden we in 2013 wereldwijd meer dan 3,5 miljoen ton afval per dag, 12 miljard ton per jaar, waarvan 3 miljard ton voor de Europese Unie. Dat is tien keer meer dan honderd jaar eerder en dat kan deze eeuw stijgen tot 11 miljoen ton per dag. Bijzonder bedreigend zijn chemisch afval (*c-waste*), elektronisch afval (*e-waste*) en radioactief afval. Chemisch afval is afkomstig van het gebruik van chemicaliën. Bekend is het klein gevaarlijk afval zoals batterijen, verfstoffen, lijmsoorten, die evenwel in grote hoeveelheden geproduceerd worden maar die al in belangrijke mate gerecycleerd worden. Gevaarlijker zijn gasvormige, vloeibare of opgeloste afvalstoffen zoals zuren, zouten en basen, zware metalen, cyaniden, chroom- of chloorhoudende verbindingen en vluchtige stoffen.

Die afvalproducten staan in principe onder strenge controles, maar ook op dit punt zijn er vele landen waar die controles niets voorstellen of waar illegale chemische afvalstromen nog altijd kunnen gedumpt of geloosd worden. De grootste milieuramp van chemische oorsprong deed zich voor in de nacht van 2 op 3 december 1984 in een fabriek van Union Carbide in de Indiase stad Bhopal (hoofdstad van de deelstaat Madhya Pradesh). Daar eiste het lekken van het uiterst giftige methylisocyanaat op korte termijn, drie dagen, 8000 doden. Later liep het dodencijfer op tot 20.000. Naar schatting 200.000 mensen liepen als gevolg van het lek blijvende letsels op.

Het grootste milieuprobleem vormt evenwel de elektronische afvalstroom. In een sector waarin elektronische toppers en gadgets sneller afgeschreven dan verbruikt worden, gaat het om tonnen tv's, computers, laptops, keyboards, telefoons, gameconsoles, video's, dvd's, smartphones, iPhones, iPads of mp3-spelers. Volgens een Recupel-rapport uit 2012 produceerden mensen en volkeren wereldwijd 49 miljoen ton elektronisch afval, gemiddeld 7 kilo per inwoner. Voor België was dat 22 kilo per inwoner, voor Nederland 25, voor Amerika bijna 30.

Hoewel elektronisch afval recycleerbare elementen bevat, wordt e-afval nog massaal en veelal illegaal naar de niet-Europese wereld afgevoerd. Vooral China, India, Pakistan, Nigeria en Ghana duiken op als landen waar de Europese schroothopen – vaak door kinderen – verwerkt worden. Kleine hoeveelheden goud, zilver, palladium en koper worden gerecycleerd. Niet-recycleerbare onderdelen (plastic, metalen) worden verbrand of in de natuur gedumpt. In de Zuid-Chinese stad Guiyu, in de provincie Guangdong, leefden in 2010 circa 5000 bedrijfjes van de ambachtelijke verwerking van e-afval. Idem in de Indiase havensteden, waar de armsten der armen elk jaar meer dan 10.000 ton e-afval verwerken.

Radioactieve afvalstoffen beheersten pas het nieuws bij grote kernrampen zoals de ramp van 26 april 1986 in de Oekraïense stad Tsjernobyl en de nog grotere kernramp van 11 maart 2011 in het Japanse Fukushima. In Tsjernobyl, site van vier kernreactoren, werd het aantal doden als gevolg van de ramp door het Oekraïense ministerie van Volksgezondheid op 125.000 geraamd. Een zone van liefst 4300 km² rond de centrale werd ontruimd. Om erger te voorkomen, werd de nucleaire site begraven in een betonnen sarcofaag. In totaal moesten 116.000 mensen hun woning verlaten (eigenlijk 300.000, maar daar was geen geld voor). Terecht noemde de Nederlandse auteur Geert Mak Tsjernobyl 'het Pompeï van de 20ste eeuw'.

Allicht was de kernramp in Tsjernobyl het gevolg van een menselijke fout. Fukushima was het slachtoffer van een zeebeving, gevolgd door een huizenhoge tsunami waartegen drie van de zes reactoren in de centrale niet bestand bleken. Als er in Fukushima al sprake was van een fout was het de constructie van kerncentrales op een site die altijd al gevoelig was voor aard- of zeebevingen. Als gevolg van de zeebeving en de tsunami moest Japan 10.035 doden begraven, bij 17.443 vermisten. Minstens 18.775 bouwwerken werden vernield. Circa 2035 wegen, 56 bruggen en 36 spoorwegen werden ernstig beschadigd. 660.000 mensen, in tien prefecturen, zaten maandenlang zonder water, 200.000 gezinnen zonder stroom. De totale schade werd door de Japanse regering op 300 miljard dollar geraamd. Het aantal radioactieve doden van Fukushima bleef onbekend. Wel maakte de ramp elders in de wereld indruk genoeg om Duitsland er op 30 mei 2011 toe te bewegen als eerste Europese land versneld uit de kernenergie te stappen. Tegen 2022 gaan alle 17 Duitse kerncentrales hermetisch dicht.

Tegelijk staat de verwerking van radioactief afval los van mogelijke kernrampen. Ook zonder kernrampen zadelen kerncentrales en kernwapens de wereld op met hoog-radioactieve stoffen. De nucleaire geneeskunde produceert dan weer licht-radioactieve afvalproducten waarvoor bij de huidige stand van zaken nog geen oplossing werd gevonden. Dertig jaar lang werd radioactief afval, veelal verpakt in vaten beton, door de civiele en militaire westerse kernmachten op de zeebodem achtergelaten. Dat deed ook de toenmalige USSR, door radioactief materiaal probleemloos te dumpen op (het eiland) Nova Zembla, in de Karazee of in de Japanse Zee. Tot er in 1994 een wereldwijd verbod kwam op het dumpen van radioactief materiaal in zee, omdat geen mens kon bevroeden wat er op grote diepte met dat afval gebeurt. Sindsdien wordt radioactief afval bovengronds opgeslagen in tijdelijke depots die ons algauw honderden jaren zullen achtervolgen. Omdat nog altijd geen mens weet hoe we ons op een veilige wijze van radioactief afval kunnen ontdoen.

In Europa introduceerden vele staten een wetgeving om het recycleren van elektronische afvalproducten door erkende bedrijven onder controle te krijgen. Europese verordeningen willen dan weer de illegale uitvoer van e-afval naar ontwikkelingslanden aan banden leggen of ze leggen de uitvoerders van afgedankte elektronische apparaten procedures op die een correcte recyclage garanderen. Toch kunnen die schuchtere pogingen volgens een recent Vlaams Groen-dossier niet eens verhinderen dat de Antwerpse haven een belangrijke draaischijf blijft voor illegale exportstromen. En de landen waar die afvalstromen terechtkomen, bieden nog minder garanties op een verantwoorde verwerking ervan.

Dat laatste is des te moeilijker omdat de illegale afvalstromen een gegeerde prooi vormen van malafide afvalverwerkers – vaak de eco-maffia, ook de afval-maffia, genoemd – die er in overleg met malafide ondernemers grof geld mee verdienen door de gevaarlijkste afvalstromen gewoon te land of ter zee te dumpen, te lozen of te verbranden. Dat is zelfs in Italië het geval, waar de Napolitaanse camorra tussen de steden Napels en Caserta naar verluidt het grootste afvalstort van Italië runt. Dat doet de lokale maffia uiteraard illegaal, maar het gaat om miljoenen tonnen afval uit 's lands industriële noorden. Om plaats te maken voor nog meer afval, wordt ook toxisch materiaal er sinds de jaren 1990 gewoon verbrand en staat er geen rem op de vele giftige stoffen die hierbij vrijkomen. Al in 2004 bestempelde het medische vakblad *The Lancet* dit deel van de provincie Campania wegens het hoge aantal kankergevallen 'de driehoek van de dood'. Het Indiase Hooggerechtshof noemde de afvalstromen in 2014 'een ergere bedreiging voor India dan de atoombom'.

4

De kracht en kwetsbaarheid van staten

De staat is het kostbaarste bezit van de mensheid
en geen inspanning kan te groot zijn om te bevorderen dat hij
zijn bijzondere werk op de best mogelijke manier kan doen.
ALFRED MARSHALL

De voorbije zeventig jaar bleek de moderne staatsvorm, gedragen door de parlementaire democratie, de rechtsorde en de rechten en vrijheden van mensen en volkeren, de meest vreedzame staatsvorm ooit. Dat staten onder elkaar vrijwel geen oorlogen meer voeren, is een recente prestatie. Minstens tot het uitbreken van de Eerste Wereldoorlog in 1914 was ook onder staten de oorlog de meest normale zaak van de wereld. Doordat staten geen hoger gezag erkenden dan het hunne, kenden ze zichzelf het volste recht toe om zich in een chaotische wereld altijd op oorlog voor te bereiden en daartoe zonder verpinken over te gaan. Voor alle koningen en keizers van het ancien régime was oorlog hun ultiemste argument, *ultima ratio regum*. Dat was zelfs een zaak van goddelijk recht die hen door paus noch bisschop ontzegd werd. Oorlog was de regel, vrede de uitzondering. Uiteraard mochten christenen bidden voor vrede, maar die hoopten ze vooral in het hiernamaals te vinden. Op deze wereld heerste het zwaard, minstens om de rechtvaardigen te verdedigen of om manifest onrecht af te wenden. Dat leek een wet van Meden en Perzen.

Die wet werd in de jaren 1914-1945 door twee wereldoorlogen verbroken. Die oorlogen troffen vooral Europa met een zo overweldigende gruwel, al ging de nucleaire kelk – gereserveerd voor Hiroshima en Nagasaki – aan Europa voorbij, dat het Avondland een nieuwe staatsvorm bedacht. Die staatsvorm hing in 1945 al anderhalve eeuw in de lucht, sinds de politieke verlichting in de late 18de eeuw de instrumenten van de politieke democratie bedacht. Daarvan bedienden de Amerikaanse en Franse Revoluties (respectievelijk in 1776 en 1789) zich het eerst door een wereld te scheppen op basis van een scheiding der machten, de scheiding van kerk en staat, de volkssoevereiniteit en de rechtsstaat. Maar het verzet tegen deze politieke vernieuwers was groot, zeker nadat Napoleon het gedachtegoed van de Franse Revolutie gewapenderhand over geheel Europa verspreidde. Aanvankelijk werd dat verzet gedragen door de hogere standen – de geestelijkheid en de adel, de kerken en de monarchieën – die in de Franse Revolutie al hun voorrechten verloren hadden en die nooit helemaal terugkregen.

Dat verzet werd al in de Eerste Wereldoorlog gebroken, toen zoveel monarchen tegelijk hun kroon en hun machtsbasis verloren en ook de kerken niet meer wisten waar hun kop stond. Eigenlijk werd het ancien régime pas in de loopgraven van de Eerste Wereldoorlog begraven, honderd jaar na Napoleons nederlaag in Waterloo. In die loopgraven verdween een wereld die nooit nog de oude werd. Helaas doken tegelijk nog veel gevaarlijker demonen op die de verlichte staatsvorm nog veel feller bestreden dan de hogere standen in de 19de eeuw: het Russische communisme, het Italiaanse fascisme, het Duitse nazisme en het Japanse militarisme.

Dat de verlichte staatsvorm deze vierkoppige draak kon overwinnen – het fascisme, het nazisme en het militarisme al in 1945, het communisme pas in 1989 – blijft het wonder van de 20ste eeuw. Omdat vriend en vijand er in 1945 nog van uitgingen dat de politieke democratie per definitie de zwakste partij leek, ook al hadden de geallieerde democraten – weliswaar met het communistische Rusland – pas de Tweede Wereldoorlog gewonnen. Die paradox kon de Canadese hoogleraar Michael Ignatieff nog het best opvangen met zijn opmerking dat 'een democratie moet vechten met één hand op haar rug gebonden, dat behoort tot haar wezen', eraan toevoegend dat 'het ook tot haar wezen behoort dat ze juist om die reden haar vijanden de baas blijft'.

Toch is ook een niet-democratische staat beter dan helemaal geen staat en teert elke staat op een vredespotentieel dat niet-staten ontberen. In tegenstelling tot andere samenlevingen steunt de staatsvorm immers op een territoriale basis die – voor zover ze op dit territorium wonen – geen verschil erkent tussen mensen, talen, culturen en volkeren. In het beste geval garandeert de staat de gelijkberechtiging van wie er rechtsgeldig woont en werkt. Maar ook als dat niet zo is, is het veiliger in een effectieve staat te leven dan erbuiten. Uitsluitend staten koesteren het vermogen en genereren de middelen om het geweld minstens in eigen land onder controle te houden. Vaak doen ze dat door het geweldsmonopolie, heet dat dan, naar zich toe te trekken. Dat monopolie houdt in dat slechts de staat geweld kan inzetten, hetzij om het territorium te verdedigen hetzij om wetsovertreders tot de orde te roepen of te straffen.

Een staat die deze vitale functie niet meer kan garanderen, heft zichzelf op en is geen staat meer. De voorbije jaren noemen we ze *failed states* of 'mislukte staten'. Daar is niets nieuws aan. Grote delen van de hedendaagse wereld hebben duizenden jaren zonder staten geleefd. In de wereldgeschiedenis vormden ze vaak de uitzondering, niet de regel. Zelfs Europa heeft de voorbije tweeduizend jaar langere periodes zonder staten gekend dan periodes met staten. Zonder uitzondering waren periodes of gebiedsdelen zonder staat veel gewelddadiger dan andere. Aangenomen wordt dat de moderne mens, de *homo sapiens sapiens*, al 100.000 jaar onveranderd aan zet is. Toch verschenen de eerste staten, dun gezaaide stadstaten, pas in de meest recente millennia.

In samenlevingen zonder staat en in 'mislukte staten' heerst het gewoonterecht – de *kanun* van de Albanezen of de *pashtunwali* van de Afghaanse Pathanen, *oog om oog, tand voor tand* – of de georganiseerde misdaad. Als geen wet mensen beschermt en geen rechter wetsovertreders bestraft, nemen de clan en het recht van de sterkste, de snelste, de slimste of de meest boosaardige die functies over. Onveranderbaar doet het recht van de sterkste dat op zijn manier, met gepast geweld als het gewoonterecht nog iets betekent, met grof geweld als de georganiseerde misdaad aan zet is.

Staten vreedzamer dan volkeren

De eerste staten verschenen in het vierde millennium v.C. in het Tweestromenland gevormd door Tigris en Eufraat, iets later ook aan de Nijl, aan de Indus en aan de Gele Rivier. Het waren vrijwel autonome stadstaten – in het Tweestromenland onder meer Uruk, Ur, Kisj, Lagasj, Umma – maar toch al staten met een minimale organisatie en een gedifferentieerde samenstelling. Taalkundig of cultureel homogeen – typisch voor een dorpsomgeving – zijn steden zelden geweest. De eerste Sumerische steden in het zuiden van het Tweestromenland waren centra die handel dreven met andere steden en met de dorpen in hun omgeving. Die handel vereiste regels en wetten, overeengekomen maten en gewichten, een minimale beveiliging van de handelswegen, inkomsten om de gang van zaken te financieren, boeren om in de bevoorrading van voedsel te voorzien, soldaten om de stad te verdedigen, priesters om de geestelijke behoeften te bevredigen en een overeengekomen aanpak van geschillen, een eerste rechtsorde. In vele opzichten had de stadstaat al de essentiële kenmerken van de latere staten.

Een eerste staat in de ruimere betekenis van het woord was Egypte, het 'geschenk van de Nijl' dat naar verluidt in het jaar 3100 v.C. voor het eerst door een koning van Opper- en Neder-Egypte verenigd werd. Die eenheid was nuttig om het beheer van het Nijlwater over de hele Nijlvallei te coördineren. Al in een vroeg stadium, nauwelijks vijfhonderd jaar later, stonden de Egyptische koningen of farao's sterk genoeg om er de grote piramides te bouwen – die van Cheops, Chefren en Mykerinos – die de wereld blijven verbazen. Dat die bouw een georganiseerde staatsvorm vereiste, een tautologie, staat buiten kijf. Het bleek zelfs een staatsvorm die bijna drie millennia kon overleven, en dat perspectief wordt weinig staten gegund.

De eerste koning die de Sumerische stadstaten kon verenigen, was in de 23ste eeuw v.C. Sargon van Akkad. Toch verbleekte zijn faam in de schaduw van de Babylonische koning Hammurabi, vijf eeuwen later heer en meester in de gelijknamige stad Babylon. Duizend jaar lang bleef Babylon de voornaamste stad van het toenmalige West-Azië. Westerlingen kennen Hammurabi als 's werelds oudste wetgever, de man die in de 18de eeuw v.C. zijn wetten in een 2,5 meter hoge stenen stèle liet beitelen – allicht stond die stèle model voor de Stenen Tafelen van Mozes – opdat alle Babyloniërs ze konden lezen en opvolgen. De *codex hammurabi,* de oudste ter wereld, telt precies 282 genummerde wetten, opgetekend in het Oud-Babylonisch en in het centrum van de stad te kijk gesteld. De codex had al betrekking op soldaten, boeren, kooplui, herbergiers, familie, erfrecht, lichamelijk letsel en aansprakelijkheid.

De eerste staat ooit in een tricontinentale context, met gebiedsdelen in Europa, Noord-Afrika en West-Azië, was natuurlijk het Romeinse rijk, dat in de 2de eeuw n.C. zijn grootste omvang bereikte. Het rijk had alle kenmerken van een staat: een uitvoerende macht, een wetgevende macht, een rechterlijke macht. Het was een rijk van boeren en stedelingen, handelaars en soldaten, ambtenaren en rechters. De basis van het rijk vormde een reusachtig slavenleger, maar het Romeinse rijk was het eerste van zijn soort dat alle vrij geboren inwoners van het rijk – in de vroege 3de eeuw – het Romeinse burgerrecht aanbood. Overigens was het Romeinse rijk, alvast voor zijn ingezetenen, een eerste rechtsstaat. Daar heersten geen soldaten, maar juristen. Zelfs de apostel Paulus kon zich, als een Romeinse staatsburger, op de keizer beroepen, zodat hij aan zijn Joodse belagers kon ontkomen. Romes taaiste tegenstanders waren trouwens de Carthagers en de Joden, volkeren die de Romeinse voogdij bleven bestrijden tot ze door de Romeinse legioenen verpulverd werden.

De opkomst van het Romeinse rijk viel samen met de eerste Chinese keizer Qin Shi, met de vestiging van de Chinese Han-dynastie in de 2de eeuw v.C. en met het Maurya-rijk van koning Ashoka in Indië. Andere tijdgenoten waren diverse koninkrijken in de Nijlvallei en aan de kusten van de Rode Zee, de Zapoteekse tempelsteden in het zuiden van Mexico en de eerste stadsculturen in de Andes. Het was een tijd van koningen en krijgers, maar ook van priesters en wetgevers, wijsgeren en wetenschappers, kooplui en bankiers. Zonder uitzonderingen kenden al deze gangmakers van de eerste staten ook staatloze hiaten of soms lange periodes waarin de staat om interne of externe redenen desintegreerde en weer verdween. Dat waren steevast troebele tijden van een diepe verdeeldheid en van oeverloos geweld, een eindeloze strijd van allen tegen allen tot wakkere geesten op de puinhopen van hun tijdgenoten weer een staat opbouwden.

Zo was de val van het West-Romeinse rijk in het jaar 476, een mix van natuurrampen en barbaarse invallers, de grootste ramp die Europa ooit overkwam. Het Oost-Romeinse of Byzantijnse Constantinopel kon het nog duizend jaar volhouden, al verloor het rijk gaandeweg al zijn troeven op de Balkan en in Klein-Azië. Maar het Westen ging in de late 5de eeuw een duizendjarige nacht in zonder staten, waarin alleen de Latijnse pausen, de Germaanse keizers en de herinnering aan Rome de schijn van een rijk in stand hielden in een verbrokkelende feodale wereld waarin aanvankelijk zelfs de steden verdwenen.

Vijf eeuwen lang, van de 5de tot de 10de eeuw, werd het verarmde en ontzielde Europa door barbaarse invallers nog erger toegetakeld. Eerst viel Europa ten prooi aan de Goten, de Vandalen, de Hunnen, de Bourgondiërs, de Franken, de Avaren, te veel om op te noemen. Tegelijk vestigden zich Slavische nieuwkomers – Russen, Wit-Russen, Oekraïners, Polen, Kroaten, Tsjechen, Serviërs, Slovenen, Slowaken – in Europese regio's die door de volkerenstorm *witgewassen* werden. Later volgden de Magyaren (thans Hongaren genoemd) en de Vikingen of Noormannen. Pas in de 11de eeuw, na de millenniumwissel, werden in het hele Westen de barbaarse invallers bedwongen en stond het ontzielde Europa weer op. Zelfs dan duurde het nog minstens drie eeuwen voordat Franse en Engelse voorlopers in de 14de eeuw in het vuur van hun Honderdjarige Oorlog weer een staat opbouwden. Eerst kwamen de kathedralenbouwers, dan pas de staatslieden en een georganiseerde samenleving.

Die Franse en Engelse voorlopers vonden niet meteen bondgenoten in het nog feodale Europa. Portugal en Spanje volgden hun Franse en Engelse tijdgenoten het eerst, nog op schuchtere voeten al in de 15de eeuw. Maar daarbuiten ging het tergend langzaam. Vaak wordt het verdrag van Westfalen van 1648, het verdrag dat voor Europa het einde van de godsdienstoorlogen inluidde, genoemd als het geboortejaar van de Europese staten. Maar zelfs dat jaar klopt niet voor het toenmalige Heilige Roomse Rijk – het grootste rijk dat nooit een rijk geweest is – in het Germaanse deel van Europa en voor het nog verscheurde Italië, die beide tot de late 19de eeuw moesten wachten om zich in staatsverband te verenigen. Elders in Europa en gedeeltelijk ook in Azië schiepen de Habsburgse keizer, de Russische tsaar en de Turks-Ottomaanse sultan een eerste staatsverband dat vele volkeren relatief vreedzaam kon doen samenleven.

Dat deden de Spaanse, Portugese, Franse en Engelse imperia en enkele kleinere Europese tijdgenoten ook elders in de wereld door gaandeweg de hele wereld in kaart te brengen, om die te kunnen veroveren en tal van landen en volkeren onder elkaar te verdelen. Zo stond de Portugese kolonisator in de vroege 19de eeuw aan de wieg van de Braziliaanse staat. Spaans-Amerika was zo mogelijk nog groter en werd in hetzelfde tijdsgewricht al door de Spaanse kolonisator in stukken en brokken opgedeeld. Nieuw-Spanje werd Mexico, met Guatemala als een autonoom kapiteinschap. Nieuw-Granada viel uiteen in de staten Colombia, Ecuador en Venezuela. Het Spaanse vicekoninkrijk Peru, dat ooit de hele Andes omvatte, baande de weg voor de staten Bolivië, Chili en Peru. Ook Venezuela en Chili waren al autonome kapiteinschappen in Spaans-Amerika. Aan de Rio de la Plata stonden de wiegen van Argentinië, Uruguay en Paraguay.

Erfgenamen van het Britse koloniale rijk waren anderhalve eeuw later tientallen Afrikaanse en Aziatische staten die nog altijd deel uitmaken van het Britse Gemenebest. In Afrika strekte het Britse imperium zich uit van Caïro tot Kaapstad, met zwaartepunten in Oost- en Zuidelijk Afrika. Het Franse koloniale imperium was het grootst in de niet-Britse delen van Afrika, vooral in Noord-, West- en Equatoriaal-Afrika, en in Indochina, waar Frankrijk de weg baande voor Cambodja, Laos en Vietnam. In dezelfde 19de eeuw veroverden Russen grote delen van Centraal-Azië en de Kaukasus. Daar vormden de Russen aloude christelijke koninkrijken zoals Armenië en Georgië om tot staten, naast het islamitische Azerbeidzjan. In Centraal-Azië was dat het geval voor islamitische staten zoals Kazachstan, Kirgizië, Tadzjikistan, Turkmenistan en Oezbekistan. In Azië bleven alleen China, Japan en Thailand (nog Siam geheten) grotendeels uit koloniale handen. Dat dankten Chinezen en Japanners nog het meest aan de kracht van hun eigen staatstraditie, hoezeer die in de 19de eeuw ook door westerse mogendheden bedreigd werd.

Zoals de Engelse taal en zakelijke belangen het Britse Gemenebest bijeenhouden – 53 lidstaten, verspreid over de vijf continenten, samen goed voor 1,7 miljard mensen – bekennen een 50-tal staten en deelstaten in de wereld zich tot de Internationale Organisatie van de *Francophonie*. Wel omvat de OIF, erfgenaam van het Frans-koloniale imperium, hooguit 600 miljoen ingezetenen.

Het Congobekken werd door de Belgische koning Leopold II verenigd, de Indonesische archipel als één samenhangend geheel door de Nederlandse koningen. Uit de Portugese gebiedsdelen ontstonden onder meer de Afrikaanse staten Angola en Mozambique, het kleine Guinee-Bissau op de Afrikaanse westkust en het verre Oost-Timor. Alleen Ethiopië stond al die jaren op eigen benen, uitgezonderd een korte maar bijzonder bloedige Italiaanse bezetting in de jaren 1930. Maar ook in de Hoorn van Afrika was het oude Abessinië van de-koning-der-koningen niet meteen een volwaardige staat.

Aanzetten tot staatsvorming waren er ongetwijfeld ook in Afrika. Dat bewees vooral de oud-Egyptische staat, die tot de oudste ter wereld behoorde. Maar ook het oude Mali-rijk aan de bovenloop van de Niger, in de 14de eeuw beschreven door de Marokkaanse ontdekkingsreiziger Ibn Battuta, had al vele kenmerken van een Malinese staat. Daar bezocht de Marokkaan een van de rijkste steden die hij ooit zag, Timboektoe, met meer moskeeën en meer boeken dan hij in Marokko kon tellen. Evenveel indruk maakte het toenmalige Congorijk in het noordoosten van het huidige Angola, dat de Portugese ontdekker Diego Cão in 1483 ontdekte toen hij als eerste Europeaan de monding van de Congostroom verkende. Twee jaar later betrad de zeevaarder ook de hoofdstad van het toenmalige Congo-rijk, dat naar zijn inschatting 3 tot 4 miljoen inwoners telde, twee keer zoveel als Portugal en volgens de eerste Europeanen aldaar op een vergelijkbaar peil van ontwikkeling.

Het was het begin van een duurzame band tussen Portugal en het Congorijk, ingezet met de uitwisseling van ambassadeurs, het uitsturen van missionarissen en de bekering van de koning, gedoopt tot Johan I. Diens zoon en opvolger Alfonso stuurde zelfs notabelen naar Lissabon en Rome om er opgeleid te worden. Een kleinzoon van Johan I werd er 's lands eerste bisschop, in een tijd dat het Vaticaan nog geen missieprefecturen of vicariaten kende. Nog in de 16de eeuw stuurde Congo zelfs een ambassadeur naar het Vaticaan. De toenmalige Afrikaanse oostkust was dan weer bezaaid met een gordel van Afrikaanse stadstaten, Battuta telde er 30 tussen Mogadishu (Somalië) en Kilwa (Tanzania), die handel dreven met de Arabische wereld en zelfs met Indië. Alleen tegen Portugese kanonnen waren ze niet opgewassen.

De grootste rem op de Afrikaanse staatsvorming was allicht van geopolitieke aard. Staatsvorming is een kwestie van verbanden en van een minimale schaalgrootte. Geklemd tussen de reusachtige Sahara in het Afrikaanse noorden en de Kalahari-woestijn in het zuiden, betoogde de Amerikaanse fysioloog Jared Diamond, lagen noordzuidverbindingen niet voor de hand. Oostwestverbindingen werden dan weer door exuberante regenwouden, onoverkomelijke breuklijnen, droge savannes en endemische epidemieën bemoeilijkt. De Nijl was pas van de monding tot Aswan bevaarbaar, thans de grens met Sudan. De monding van de Congostroom vormde een nog veel grotere grendel. Tussen Kinshasa en Matadi, in vogelvlucht 264 km van elkaar verwijderd, is het hoogteverschil zo groot en kent de Congostroom zoveel stroomversnellingen dat hij absoluut onbevaarbaar is. Al in 1483 zaten de Portugezen aan de monding van de Congostroom. Bijna 400 jaar later zaten ze er nog, zonder ooit het Congolese binnenland te kunnen betreden.

Die grendel kon de Belgisch-Congolese koning Leopold II in de late 19de eeuw alleen wegnemen door van Matadi tot Kinshasa dwars door het Kristalgebergte een eerste spoorweg te laten leggen. *La bataille du rail.* Pas vanuit Kinshasa, het toenmalige Leopoldville, lag het hele stroombekken voor hem open. Op voorwaarde dat de blanke kolonist de gevreesde slaapziekte, de gele koorts en malaria kon temmen, ook voor Congolezen veel dodelijker dan het regime van de alom besmeurde Leopold II. De ebolagruwel die in 2014 vooral West-Afrika bedreigde, incarneerde de terugkeer van Afrika's verleden, geen voorbijgaande ontsporing.

Daarbij werd de Afrikaanse staatsvorming al vroeg het slachtoffer van de Arabische en Atlantische slavenhandel, de Arabieren aan de oostkust, de Atlantische mogendheden aan de westkust, die het zwarte subcontinent meer dan vier eeuwen teisterde. Alleen al in de Atlantische slavenhandel werden in die eeuwen minstens 10 miljoen Afrikaanse slaven naar het Amerikaanse halfrond gedeporteerd, twintig keer talrijker dan het aantal Europese kolonisten aldaar in de 16de eeuw. Omdat die slavenhandel gevoed werd door bijna permanente onderlinge oorlogen ging elke Afrikaanse aanzet tot staatsvorming erdoor verloren. Zeker toen de slavendrijvers er in de 19de eeuw gewoon opgevolgd werden door de Europese koloniale imperia die de Afrikaanse ketens nog strakker aantrokken. Die ketens werden pas na de Tweede Wereldoorlog verbroken.

De kerntaken van een staat

Voor politicologen telt de moderne staat drie of vier hoofdkenmerken: veiligheid, rechtszekerheid, bestuurbaarheid en een fiscaal regime dat de staat ook de middelen verschaft om zijn drie kerntaken te kunnen opnemen. Centraal staan veiligheid en rechtszekerheid voor allen. Geen westerse denker heeft er dat dieper ingehamerd dan de Engelse filosoof Hobbes, tijdgenoot van de Engelse godsdienstoorlogen in de jaren 1640 en 1650. Hobbes' pleidooi voor een sterke staat, door hem vergeleken met een Bijbels monster (Leviathan) om een nog ruiger monster te verslaan (een wereld zonder staten), was niet meteen een pleidooi voor de politieke democratie. Wel leer je van Hobbes dat niets erger is, dat begrijpen vandaag alle Afrikanen, dan een oorlog van allen tegen allen en dat alleen een georganiseerde samenleving – een staat – dat monster kan bedwingen.

Een Franse voorganger van Hobbes was staatsdenker Jean Bodin. Die trok uit een gelijkaardige gruwel, hij was een tijdgenoot van de Franse godsdienstoorlogen tussen katholieken en hugenoten, al in 1576 dezelfde conclusie. Die luidde dat anarchie nog erger was dan de ergste tirannie en dat alleen een soevereine staat, door al zijn onderdanen erkend, hun levens en eigendommen kon garanderen. Bodin was ook de bedenker van die soevereiniteit. Soeverein was voor hem die macht die aan geen andere wereldlijke macht ondergeschikt is. Aanvankelijk verdedigde Bodin de republiek, later het koninklijk absolutisme, in beide gevallen verwijzend naar een autonome staat als machtscentrum tegenover de samenleving.

Om ieders veiligheid en rechtszekerheid te vrijwaren, eiste de staat in extreme gevallen alle geweldsmiddelen uitsluitend voor zichzelf op. Dat was nooit het Amerikaanse model, waar het particuliere wapenbezit nimmer in vraag gesteld werd, maar in Europa vond dat geweldsmonopolie vurige verdedigers. Voor verlichte geesten in de 18de eeuw hoorden veiligheid en rechtszekerheid bij elkaar als twee vlammen van hetzelfde vuur. Voor externe veiligheid zorgde het leger, voor interne veiligheid een politiemacht. Rechtszekerheid was een kwestie van wetten, in het ancien régime door koningen uitgevaardigd en door hen uitgevoerd, sinds de 19de eeuw door gekozen volksvertegenwoordigers, en van rechters die wetsovertreders tot de orde riepen en die hen ook een passende straf konden opleggen.

Al heel vroeg kwamen verlichters, beducht voor het koninklijk absolutisme dat zich op Hobbes kon beroepen, op voor een scheiding van de uitvoerende, de wetgevende en de rechterlijke machten. Pas in die scheiding, doorgevoerd door de meest invloedrijke politieke revoluties van de 17de en 18de eeuw, vonden veiligheid en rechtszekerheid een leefbaar evenwicht. Omdat de Leviathan van Hobbes zeker in het ancien régime al even bedreigend werd ervaren als de strijd van allen tegen allen waarvan zoveel burgeroorlogen en krijgsheren blijven getuigen. De autoritaire en totalitaire regimes die in de eerste helft van de 20ste eeuw het aanschijn van Europa zo besmeurden – Mussolini, Stalin, Hitler, Franco, Salazar – gaven de critici van Leviathan geen ongelijk. Machtsevenwicht vormt de sleutel tot veiligheid en rechtszekerheid, geen machtsconcentratie.

Alleen staten steunen op een ambtenarenkorps in dienst van het algemeen belang, *public servants, le service public*. Een statenloze wereld weet niet eens wat daarmee bedoeld wordt. De eerste Europese landen die in de 13de en 14de eeuw een bestuursapparaat ontwikkelden, waren Frankrijk en Engeland. Tot dan beschikten zelfs de pausen niet over vaste medewerkers en bestuursorganen (de latere curie). Een eerste aanzet daartoe gaven de Franse pausen in de 14de eeuw vanuit het Franse Avignon. Ook voor de kerk duurde het dan nog twee eeuwen voordat de pausen hun eerste bestuursorganen uitbouwden. Toen Spanjaarden en Portugezen in de 15de eeuw de eerste missionarissen uitzonden om hun niet-Europese gebiedsdelen te kerstenen, kwam het Vaticaan daar nauwelijks bij kijken. Omdat ook de pausen nog niet over de middelen en de bestuursorganen beschikten om die missionering zelf in handen te nemen.

Een relatief kleine en redelijk homogene volksgemeenschap heeft geen ambtenaren nodig, een heterogene staatsvorm wel. Het zijn ambtenaren die de bestuurbaarheid van een staat organiseren en ook garanderen. Volkeren blijven door andere banden *verbonden* – een kwestie van taal, cultuur, religie, in mengvormen die duizenden jaren kunnen overbruggen. Staten vereisen ambtenaren, bestuurders die ook een heterogeen geheel samenhouden en dit op elk niveau van staatsvorming. Zo telt Europa vandaag Vlaamse, Waalse, Brusselse en Belgische maar ook Europese ambtenaren en zijn er zelfs VN-ambtenaren, bestuurders die het wereldwijde verkeer van staten in betere banen hopen te leiden.

Veiligheid, rechtszekerheid en bestuurbaarheid vormen de driehoekige basis van elke staat. Andere kerntaken van staten kunnen verschillen. Zo investeerden Europese staten – van alle staten wereldwijd – de voorbije eeuw het meest in sociale zekerheidssystemen die al hun staatsburgers onder meer een leefbaar pensioen garanderen, een ziekteverzekering en een uitkering bij werkloosheid, gekoppeld aan publieke instanties die werklozen weer aan een job helpen. Voor die 'verzorgingsstaat' blijft Europa koploper. Een bekende oneliner van de Duitse bondskanselier Merkel wil dat de Europese Unie 7 procent van de wereldbevolking omvat, 25 procent van het bruto wereldproduct en 50 procent van de wereldwijde sociale uitgaven. Een nog grotere groep van staten ervaart ook de organisatie en financiering van het onderwijs (minstens gedeeltelijk) als een overheidsopdracht. Dat geldt ook voor het wetenschappelijk onderzoek en voor de ontwikkeling van wetenschap en technologie.

Al die overheidstaken kosten geld. Derhalve is er ook de fiscaliteit, het vermogen van staten om belastingen te heffen die de staat toelaten haar kerntaken ter harte te nemen. Die fiscaliteit speelt een zo belangrijke rol dat ze voor staten een kerntaak op zich betreft. In alle moderne staten slokt de overheid via diverse belastingregimes circa 50 procent op van het bruto binnenlands product. Volgens Micklethwait en Wooldridge, redacteurs van de Britse *The Economist*, gingen in Amerika de overheidsuitgaven van 7,5 procent van het bbp in 1913 naar 19,7 procent in 1937, 27 procent in 1960, 34 procent in 2000 en 42 procent – ondanks de Reagan en Bush-jaren – in 2011. In Engeland steeg dit aandeel van 13 procent in 1913 naar 49 procent in 2011, ondanks Thatcher.

De Amerikaanse president Reagan – ooit van oordeel dat de overheid het probleem vormde, niet de oplossing – en de Britse premier Thatcher waren in de jaren 80 de belangrijkste herauten van minder staat. Dat bleek nooit uit de cijfers, omdat alleen al de militaire uitgaven van het Amerikaans-Britse bondgenootschap de pan uitvlogen. Onder de Amerikaanse president Bush junior, in de jaren volgend op 11 september 2001, investeerde Amerika nooit eerder zoveel duizenden miljarden dollars ter versterking van het Amerikaanse defensieapparaat. Toch werd door Reagan en Thatcher een mentale ontstaatsing ingezet die zich vertaalde in een langdurige deregulering, liberalisering en privatisering van overheidsdiensten. Bush was in 2003 zelfs de eerste Amerikaanse president die de oorlogsvoering in Irak gedeeltelijk privatiseerde door tal van militaire opdrachten aan privébedrijven uit te besteden.

In 13 rijke landen steeg het overheidsaandeel in de 20ste eeuw van 10 naar 49 procent. Topper was Zweden, waar de overheidsuitgaven in 1993 het astronomische cijfer van 67 procent van 's lands bbp bereikten. Dat optimum kon zelfs Zweden niet dragen. In 2014 stonden de Zweedse overheidsuitgaven na drastische bezuinigingen weer op 49 procent, aldus de liberale redacteurs van de *The Economist*, die de staat nochtans een warm hart toedragen. 'Ons uitgangspunt is liberaal: wij willen een kleinere staat en vrijere individuen' aldus Micklethwait en Wooldridge. 'Maar we zijn geen libertariërs. De staat heeft, zelfs in de scheve verhoudingen van vandaag, veel om trots op te zijn. Te weinig overheid is gevaarlijker dan te veel.'

De relativiteit van staatsgrenzen

Territorialiteit is het principe dat de staatsmacht bindt aan een gegeven territorium, niet aan een koning, een volk of een religieuze overtuiging. Voor een staat is dat territorium absoluut neutraal en redelijk willekeurig. Evenmin vallen staten samen met volkeren. Volksgrenzen zijn zo mogelijk nog waziger dan staatsgrenzen. Nergens leven volkeren in gesloten compartimenten. In vrijwel alle staten leven volkeren van diverse culturen en talen. Maar ook staten hebben geen natuurlijke grenzen en leven in het besef dat alle staatsgrenzen toevallig en veranderbaar zijn. Dat de Europese Unie haar binnengrenzen de voorbije decennia al heeft opgeheven, is de staatslogica zelf. Daarvoor moesten niet eens oorlogen gevoerd worden. Ondanks de schijn van het tegendeel zijn weinig oorlogen erin geslaagd staatsgrenzen te verleggen. Veel vaker staan staten na een oorlog aan dezelfde grenzen als voorheen.

Over de hele wereld zijn staatsgrenzen het product van oorlogen en conflicten, bezetters en invallers, vredesakkoorden en arbitrage. Staten hebben geen natuurlijke grenzen. De Afrikaanse grenzen, in de late 19de eeuw getrokken door de Europese koloniale mogendheden, zijn niet kunstmatiger dan de Belgische grenzen in Zeeland, Limburg of Frans-Vlaanderen. Alleen gewenning doet ons Europese grenzen als natuurlijke grenzen ervaren, Afrikaanse grenzen als willekeurige lijnen die volkeren samenbrengen zonder enige samenhang of die tribale verbanden onder twee of meer staten verdelen. Het historisch alternatief voor de 55 Afrikaanse staten van vandaag zijn de circa 2000 Afrikaanse talen en culturen die alweer kriskras door en naast elkaar leven.

Overigens hebben Afrika's onafhankelijke staten die *koloniale* grenzen bijna probleemloos aanvaard. Los van enkele afscheidingsbewegingen – met name in Ethiopië en Sudan – telde Afrika ook in 2014 vrijwel geen grensconflicten. Alleen de grenzen van de afgescheiden gebiedsdelen – die tussen Ethiopië en Eritrea en die tussen Sudan en Zuid-Sudan – leveren nog spanningen op die wel eens in een lokaal conflict uitmonden. Elders in Afrika blijft de zuidgrens van Marokko de meest omstreden Afrikaanse grens. Sinds Spanje in 1975 de Spaanse Sahara opgaf, een dun bewoonde Spaanse kolonie ten zuiden van Marokko (266.000 km^2) maar rijk aan fosfaten en visgronden, claimt Marokko het grootste deel ervan als 'een historisch onderdeel' van Marokko. In 1975 telde deze zandwoestijn, omgedoopt tot de Westelijke Sahara, circa 75.000 Saharawi's, vandaag een 200.000.

Aanvankelijk dacht Marokko de Westelijke Sahara met Mauritanië, 's lands grootste buurland, te kunnen delen. Dat verhinderde het Polisario of Volksfront voor de Bevrijding van Saguia el-Hamra en Rio de Oro, naar verluidt in 1973 opgericht en aanleunend bij het nog revolutionaire Algerije. De Spaanse kolonisator, onder een stervende Franco, stemde in 1975 in met een deling van zijn voormalige kolonie. Meteen trokken 350.000 Marokkanen, uitsluitend gewapend met Marokkaanse vlaggen, vanuit Marrakech met tienduizend autobussen en vrachtwagens naar het zuiden. Vijf jaar later namen Marokkaanse bulldozers het werk over door het grootste of nuttigste deel van de Westelijke Sahara over een afstand van 2500 km met zandmuren te versterken en gewoon bij Marokko te voegen. Maar ook het Polisario beet zich vast in het woestijnzand en kon zich met Algerijnse steun in het zuiden van de omstreden Sahara handhaven. Daar riep het Polisario in 1976 de Democratische Arabische Republiek Sahara uit, in het Engels de SADR, die later door 70 landen erkend werd, onder wie 30 Afrikaanse staten.

Alle pogingen van de Organisatie van Afrikaanse Eenheid (vandaag de Afrikaanse Unie) en de VN om er het grensconflict te ontmijnen, bleven ook in 2014 zonder resultaat. Formeel stemde de Marokkaanse koning Hassan II al in 1981 in met een 'gecontroleerd referendum' onder de Saharawi's, maar dat is er ook onder aanhoudende VN-druk nooit gekomen. Zonder de Westelijke Sahara is Marokko een land van 446.300 km^2, met de Westelijke Sahara erbij werd dat 710.850 km^2.

Mislukte staten

Naar verluidt was de Amerikaanse buitenlandminister Madeleine Albright in 1993 de eerste politicus die Somalië omschreef als 'een mislukte staat', *a failed state*. Ze bedoelde daarmee dat in het verscheurde land, door rivaliserende milities uiteengereten na de vlucht van de Somalische president Siad Barre in 1991, geen enkele staatsfunctie nog overeind stond. Barre was in Mogadishu 22 jaar aan de macht, eerst een bondgenoot van de Russen, later van de Amerikanen. Wel was het meteen een vraag waard of het onafhankelijke Somalië ooit wel een staat geweest is. Vaak zijn mislukte staten tribale samenlevingen, dat geldt ook voor Afghanistan, waar de staatsvorming nog moet beginnen. In andere gevallen schiep de Europese kolonisator de contouren van een onafhankelijke staat, bijvoorbeeld in Belgisch Congo, maar bleef daar vijftig jaar later weinig van over.

Sinds 2005 publiceren het Amerikaanse *Fund for Peace* en het tweemaandelijkse magazine *Foreign Policy* een jaarlijkse Failed States Index. Rekening houdend met sociale, economische en politieke indicatoren en met de aanwezige of afwezige kerntaken van een staat zet een puntensysteem de meest bedreigde staten op een rij. In 2005 waren dat Ivoorkust, Congo-Kinshasa, Sudan, Irak en Somalië. In 2006 stond Sudan op de eerste plaats, gevolgd door Congo-Kinshasa, Ivoorkust, Irak en Zimbabwe. In 2007 zat Somalië weer in de topvijf, maar ook Tsjaad. In 2008 stond Somalië op de eerste plaats, gevolgd door Sudan, Zimbabwe, Tsjaad en Irak. Sinds 2009 zit Congo-Kinshasa weer in de topvijf. Tot 2013 bleef Somalië de eerste plaats op de index behouden, om die plaats in 2014 af te staan aan het pas onafhankelijke Zuid-Sudan. Nieuwkomer in de topvijf was in 2014 de Centraal-Afrikaanse Republiek.

In de toptien voor 2005 schitterden ook Sierra Leone, Jemen, Liberia en Haïti, voor 2006 Pakistan en Afghanistan, voor 2007 Guinee-Conakry en de Centraal-Afrikaanse Republiek. Dat bleven ook de meest geviseerde mislukte staten in de jaren 2008-2014. De tien indexen bij elkaar – 2005-2014 – vermelden een 50-tal staten als mislukt of op de drempel van een mislukking. Samen tellen ze meer dan 1 miljard mensen. Er zijn opvallend veel Zwart-Afrikaanse staten bij, met Sudan, Zuid-Sudan, de Centraal-Afrikaanse Republiek en Congo-Kinshasa in 2014 als nog het meest bedreigde aaneengesloten blok, met ook Tsjaad en Ethiopië in de alarmfase. In West-Azië worden Irak, Syrië en Jemen het meest door desintegratie bedreigd, naast Afghanistan en Pakistan. Op het Amerikaanse halfrond is de situatie alleen alarmerend voor Haïti. Vrijwel al die landen behoren ook tot de armste en minst ontwikkelde lidstaten van de VN. Verteerd door etnische of religieuze conflicten zijn het ook, vaak al vele jaren, de meest oorlogvoerende hotspots ter wereld.

Opmerkelijk voor de Failed States Index 2014 was de afwezigheid van Libië, dat pas vermeld werd op de 41ste plaats. Nochtans viel het land van wijlen Muammar Kadhafi, in 2011 ten val gebracht door lokale milities op de grond en een NAVO-armada in de lucht, snel uiteen in een wirwar van tientallen rivaliserende milities die het land fataal aan stukken schoten. Libië had in 2014 twee rivaliserende regeringen en parlementen en twee legers die elkaar de duvel aandeden. De hoofdstad Tripoli stond onder de controle van islamisten aanleunend bij de Moslimbroeders. Benghazi, de tweede stad van het land, werd dan weer belaagd door islamisten van de veel radicalere Ansar al-Sharia. Het internationaal erkende bewind dat in de zomer van 2014 de Libische verkiezingen won, is naar het uiterste noordoosten uitgeweken, waar het erkende parlement zitting houdt in Tobroek. De zuidelijke regio Fezzan was in 2014 naar verluidt een supermarkt voor wapens, één grote smokkelmarkt en een broeihaard van jihadisten. Mogelijk gaan in Libië wel 300 milities met elkaar op de vuist. Een smadelijker nederlaag dan in Libië heeft de NAVO nooit geleden.

Mislukte staten hebben diepe wortels. Zo voert Afghanistan al 35 jaar oorlog, sinds het land in de jaren 1979-1989 een Sovjet-invasie over zich heen kreeg om er een pro-Russisch regime te installeren. Of maken we er 150 jaar van, in rekening brengend dat Afghanistan al in de 19de eeuw op de grens lag van het Russisch expansionisme in Centraal-Azië en het Brits-koloniale imperium dat nog India, Pakistan en Bangladesh omvatte. Russen noch Britten kregen ooit greep op het tribale Afghanistan maar evenmin op het ruige bergland dat Pakistani vandaag Waziristan noemen (voor Engeland de North-Western Territories van Brits-Indië). Uiteindelijk moesten Russen en Britten in 1919 een onafhankelijk Afghanistan gedogen, maar dat deden ze niet van harte. Eerst leek de USSR aan het langste eind te trekken, zeker toen Engeland in 1947 Brits-Indië moest loslaten. Tot pro-Russische officieren in 1973 in Kabul de Afghaanse koning ten val brachten en er een republiek vestigden. Toen de Russen om die republiek te redden in 1979 Afghanistan binnenvielen, werden de Engelsen er gewoon door de Amerikanen vervangen.

Het geweld in Jemen is al even endemisch. Daar veroverden opstandige Jemenieten na de ontbinding van het Turks-Ottomaanse rijk in 1918 een onafhankelijk koninkrijk in het noorden, met Sanaa als hoofdstad. Maar het Jeminitische zuiden (met brandpunt in Aden) was sinds 1839 een Brits protectoraat, van cruciaal belang voor de beveiliging van de Britse zeewegen naar Indië. Aan de overkant van de Rode Zee vestigde Frankrijk in 1862 een steunpunt in Djibouti, aanzet van Frans-Somaliland. De Fransen zitten er nog.

De opening van het Suezkanaal in 1869, in Egyptische dienst gebouwd door de Fransen, maakte Aden nog belangrijker voor Engeland. In 1960 was Aden, naast Singapore, de belangrijkste Britse militaire basis in het buitenland. Nasser-gezinde officieren die in 1962 in Sanaa de monarchie ten val brachten, staken voor Jemen het vuur aan de lont. In Noord-Jemen zelf brak een burgeroorlog uit tussen royalisten gesteund door Saudi-Arabië en republikeinen die konden rekenen op een Egyptisch invasieleger van wel 50.000 soldaten. Pas in 1968, na zijn verliezen in zijn Zesdaagse Oorlog met Israël, moest Nasser ook in Sanaa de duimen leggen.

In die jaren stak in Zuid-Jemen een Nationaal Bevrijdingsfront NLF de kop op dat in 1963 de strijd aanbond met de Engelse Hoge Commissaris in Aden. Tegelijk brak een guerrillaoorlog uit in het sultanaat Oman en vooral in de provincie Dhofar, ook een Britse bondgenoot, aan de grens met Zuid-Jemen. Nog voor Nassers nederlaag in Sanaa moest Engeland in 1967 instemmen met de onafhankelijkheid van Aden en de Zuid-Arabische Federatie. Daar vestigde het NLF een Volksrepubliek Zuid-Jemen, later omgedoopt tot een Democratische Volksrepubliek, nog radicaler dan de republikeinen die Sanaa moesten prijsgeven. Noord en Zuid verwisselden van plaats. Terwijl het Noorden toenadering zocht tot het Westen, versterkte de Volksrepubliek haar banden met de USSR, maar ook met China. Onder de Zuid-Jemenitische president Salem Robaya Ali kwam het in 1977 zelfs tot een nauwe samenwerking met Somalië en Ethiopië, in die jaren steunpunten van de USSR en vrienden van de Libische leider Kadhafi.

De Zuid-Jeminitische banden met de USSR werden in de jaren 80 nog strakker aangetrokken, maar de geopolitieke omwentelingen in de Hoorn van Afrika ten voordele van de westerse machthebbers en van de Noord-Jeminitische president Ali Abdullah Saleh werden ook Zuid-Jemen fataal. Het einde van de Koude Oorlog in 1989 gaf de doorslag. Door de USSR in de steek gelaten, vonden Noord- en Zuid-Jemen elkaar in 1990 in een formele fusie. President van het herenigde Jemen werd de Noord-Jeminitische president Saleh. De voormalige president van Zuid-Jemen, Heidar al-Attas, werd zijn premier.

Sanaa werd de hoofdstad van het land dat meteen 11 miljoen inwoners telde, waarvan 9 miljoen voor het Noorden, 2 miljoen voor het Zuiden. President Saleh bleef tot 2011 in Jemen aan de macht, het jaar dat hij door de Arabische Lente werd verdreven. Maar in dat jaar was Jemen al jaren in de ban van ontvoeringen en terreuraanslagen van al-Qaeda op het Arabische Schiereiland en van Amerikaanse drones – onbemande robot-killers, de voorbije jaren het meest geliefde wapen van president Obama – om de nieuwe geweldenaars te vernietigen. In de greep van het geweld is het weinig landen gegeven daar op eigen kracht aan te weerstaan.

De Failed States Index van 2005 gaf 33 staten 'de alarmstatus', de hoogste waarschuwing dat de betrokken staten in groot gevaar verkeren. In 2008 en 2011 waren er dat 35, in 2014 één minder, 34. Een probleem is dat de index uitsluitend soevereine staten opneemt en geen territoria met een nog omstreden politieke status. Dat laatste is onder meer het geval voor Taiwan, Palestina, Noord-Cyprus, Kosovo en de Westelijke Sahara. Nog problematischer is dat in diverse staten alleen bepaalde onderdelen – geografische enclaves of mislukte *streken* – alle kenmerken van een mislukte *staat* vertonen. Dat kan gaan om de hooglanden van Peru, Amazonië in Brazilië en zuidelijk Colombia, delen van Mexico die in belangrijke mate in handen zijn van rivaliserende drugsbendes, de Fergana-vallei in Centraal-Azië (grenzend aan Oezbekistan,

Kirgizië en Tadzjikistan), specifieke streken in Indonesië, Maleisië en de Filipijnen. In andere gevallen gaat het om grote stedelijke agglomeraties of delen daarvan, waar criminele of terroristische organisaties de plak zwaaien en waar geen civiele gezagsdrager zich nog durft te vertonen.

De westerse toverspreuk voor mislukte staten is *state-building*, het vermogen om vanuit het niets een nieuwe staat op te bouwen. Dat vermogen is uiterst beperkt, zeker voor een buitenlandse mogendheid om elders dit wonder te verrichten. Duizenden miljarden dollars hadden de Amerikanen er het voorbije decennium voor over om, na Amerikaanse militaire interventies in die regio's, in Afghanistan en Irak nieuwe staten op te bouwen. Het mocht niet baten. Nog in 2014 bleek Afghanistan een land waar 50 procent van de Afghanen geen familienaam had noch een geboortedatum. Dat zegt veel over een land zonder burgerlijke stand, zonder kadaster en zonder bestuursorganen, revoluties die Europa sinds de Franse Revolutie zo diepgaand vernieuwden. Van het nieuwe Iraakse leger dat Amerika sinds 2003 opbouwde, bleek in 2014 geen enkel regiment in staat om het spontane IS-kalifaat te keren. Al bij een eerste test verdween of verzwond het nieuwe Iraakse leger als sneeuw voor de zon. Dat bleef een hallucinante ervaring voor een supermacht die er minstens van droomde de hele wereld te beheersen en voor bondgenoten die dat al te graag geloofden.

Dat state-building belangrijk is, staat buiten kijf. Alleen is dat een veel moeizamer proces dan door buitenlandse hulpverleners wel eens wordt aangenomen. In weinig gevallen kan het van buitenaf opgelegd worden. Staten groeien tergend langzaam maar kunnen in een vingerknip weer verdwijnen. State-building vereist zoveel etnische, religieuze, sociale, economische en politieke voorwaarden dat resultaten schaars zijn en mislukkingen legio. State-building heeft nog de beste kansen in landen met aloude staatstradities. Wat ooit een staat was, kan onder voorwaarden weer een staat worden. Omgekeerd ligt state-building aartsmoeilijk in landen die nooit eerder een volwaardige staat vormden. Dat laatste geldt vooral voor tribale gebiedsdelen die hooguit met zwakke staatsvormen geflirt hebben, maar daarvan als gevolg van aanslepende etnische, religieuze of criminele oorlogen en conflicten weer hopeloos vervreemd zijn. Ten gronde blijft state-building een lokaal gebeuren. Regionale of internationale factoren spelen daarin slechts een bijrol.

Daar staat tegenover dat de moderne staat twee eeuwen geleden wereldwijd nog moest uitgevonden worden. Zelfs honderd jaar geleden was er geen enkel land in de wereld, ook in Europa niet noch in Amerika, waar alle volwassen burgers via de stembus hun democratische rechten konden doen gelden. Dat is vandaag al voor meer dan 100 landen het geval. In die opgaande lijn van *gelukte* staten fixeren mislukte staten een momentopname. Veelal bevestigt dat moment wat al tientallen jaren verkeerd loopt. Het concentreert ontwikkelingen over een veel breder spectrum op pijnpunten die onmiddellijke acties vereisen. Elke mislukte staat is een vitaal alarm, geen constatering van een tijdelijk gemis. Omdat elke mislukte staat de kansen op oorlog en geweld in de regio verdubbelt.

De Congolese gruwel

Met 77 miljoen Congolezen, verspreid over een oppervlakte van 2.267.600 km² (80 keer groter dan België), is Congo-Kinshasa een van de grootste Afrikaanse staten. Opgebouwd rond het reusachtige Congobekken grenst het ook aan alle Centraal-Afrikaanse staten. Tegelijk wordt Congo naast Somalië het vaakst genoemd als Afrika's meest mislukte staat. Sinds president Mobutu het land in de jaren 1965-1997 ten gronde richtte – 32 jaar lang, de prijs die Zwart-Afrika betaalde voor de Koude Oorlog – is er geen overheidsdienst meer die nog functioneert. De hebzucht van Congo's buurstaten, belust op 's lands adembenemende bodemschatten, maakte het na 1997 nog erger. Het voorbije decennium heeft alleen 's werelds grootste VN-vredesmacht de totale val en desintegratie van het Congobekken voorkomen.

De tien laatste jaren van Belgisch Congo, de jaren 50, toen de kolonie maar 13 miljoen Congolezen telde, waren nochtans Congo's beste jaren. 's Lands mijnbouwproductie is in die jaren verdubbeld. Volgens de Antwerpse econoom Frans Buelens ging het bbp van de kolonie per inwoner dat decennium met 43 procent omhoog. Het reële inkomen van de loontrekkenden – toch 14 procent van de volwassen bevolking – steeg zelfs met 98 procent. Tot 1957 werden de openbare financies van de kolonie elk jaar afgesloten met een bonus, en heeft de kolonie de Belgische staat geen frank gekost. Van 1946 tot 1956 werd integendeel 8 miljard frank vanuit de kolonie naar de Belgische staatskas overgeheveld, om daar mogelijke verliezen te compenseren.

Het privékapitaal deed het in de jaren 50 in Congo nog beter. De Union Minière (du Haut Katanga) maakte een nettowinst van 31 miljard Belgische frank, terwijl haar kapitaal maar 8 miljard frank bedroeg in 1960. In 1920 vertegenwoordigden 'de koloniale waarden' nog geen 10 procent van de totale waarde van aandelen op de Brusselse beurs. In 1955 vertegenwoordigden ze 41 procent van de beurswaarden. Aan de andere kant droeg de Union Minière in 1938 al bij tot 30 procent van de gewone begroting van de kolonie. De waarde van de Congolese mijnproductie werd voor 1956 op 200 miljard frank geraamd (tegen de koersen van 1985). Vooral Congo's productie van koper, kobalt, mangaan, tin, goud en diamant was vele jaren legendarisch. Minder bekend is dat Congo ook olie produceert (voor de kust, offshore). Congo's mijnreus Gécamines, opvolger van de Union Minière, produceerde ooit 450.000 ton koper per jaar (1985) en verschafte werkgelegenheid aan 35.000 toenmalige Zaïrezen.

Helaas kende de onafhankelijke Congostaat in 1960 een tumultueuze start. Verdacht van communistische sympathieën werd 's lands eerste premier, Patrice Lumumba, in januari 1961 gruwelijk vermoord. Vanwege Lumumba werd Congo al in de zomer van 1960 geconfronteerd met een Katangese secessie, met felicitaties van een Belgische jury die ook de hand had in de Katangese liquidatie van Lumumba. Naderhand werd Congo geteisterd door een opstand of rebellie van pro-Lumumbistische elementen, die vooral het Congolese oosten in hun greep kregen. Tot de Katangese secessionist Moïse Tshombe in 1964 de macht in Kinshasa overnam en met zijn *Katangese gendarmes* en zijn westerse huurlingen de Congolese rebellen kon verslaan. Toch ging de westerse voorkeur niet naar Tshombe maar naar een obscure Congolese generaal, Joseph-Désiré Mobutu. Al kortstondig aan de macht gekomen in 1960, om Lumumba te verslaan, was het Mobutu die van 1965 tot 1997 het land bestuurde.

Onder Mobutu kende Congo in de jaren 1968-1974 nog een gemiddelde jaarlijkse groei van het Congolese bbp van 7,3 procent. Van 1965 tot 1985 kende het land evenwel een jaarlijkse negatieve groei van gemiddeld 2,1 procent, een sluipende verarming van het land met meer dan 40 procent. Volgens Fons Verplaetse, oud-gouverneur van de Nationale Bank van België, lag het Congolese jaarinkomen per hoofd in actuele Belgische frank in 1960 op 35.000 frank. In 1975 was dat gestegen tot 40.000 frank. In 2004 was dat nauwelijks... 4000 frank. Dat bevestigde *De Standaard*-journalist Jan Bohets, die het Congolese bbp per inwoner in die jaren met nagenoeg 80 procent zag dalen, van 380 tot 85 dollar per capita. Cijfers van het IMF noemden het grondstoffenrijke Congo al in het jaar 2000 het allerarmste land ter wereld, met een gemiddeld jaarinkomen van nog geen 200 euro per capita, minder dan één euro per dag en per man.

Het Congolese Mobutu-regime kreeg een eerste dreun in 1989. Als geen ander was Mobutu een kind van de Koude Oorlog tussen Oost en West. Als een betrouwbare bondgenoot van het Westen kon de man zich 32 jaar lang, in de jaren 1965-1997, vrijwel alles permitteren. Zo verdween het overgrote deel van 's lands rijkdommen in zijn eigen zak, verspreid over de veiligste Europese kluizen, terwijl zijn land zelf in de grootste miserie wegzonk en gaandeweg elke overheidsinstantie er gereduceerd werd tot een façade. Tot het Westen hem na de val van de Berlijnse Muur en het einde van de Koude Oorlog niet meer nodig had. Pas dan konden de Congolese oppositie en zijn buitenlandse adviseurs Mobutu in het voorjaar van 1990 tot een koerswijziging inspireren. Zo moest de oude krokodil een nieuwe grondwet, een meerpartijenstelsel en een Nationale Conferentie in het vooruitzicht stellen.

Die Nationale Conferentie, goed voor bijna 3000 afgevaardigden van tientallen politieke partijen, de civiele samenleving en andere gegadigden, kwam er uiteindelijk in de zomer van 1991. De Conferentie kreeg enig gezag in de persoon van monseigneur Monsengwo, de toenmalige aartsbisschop van Kisangani en voorzitter van de bisschoppenconferentie (thans kardinaal Monsengwo, aartsbisschop van Kinshasa). In 1992 koos de Nationale Conferentie zelfs een politieke opposant van Mobutu tot premier, Etienne Tshisekedi, en werd de Conferentie omgedoopt tot Hoge Raad van de Republiek. In 1993 stemden de afgevaardigden een grondwettelijke overgangsakte, eigenlijk een nieuwe grondwet. Ook werd de Hoge Raad door toevoeging van een flink aantal mobutisten omgevormd tot een Overgangsparlement, later omgedoopt tot Hoge Raad van de Republiek/Overgangsparlement HCR/PT, goed voor 780 zetels. Die constructie keurde in 1994 de nieuwe grondwet goed die het land onder een zoveelste premier naar de Derde Republiek moest leiden.

Al die jaren bleef Mobutu, door zijn vele opposanten tegen elkaar uit te spelen, achter de schermen heer en meester. Ondanks een nooit geziene economische tegenspoed had hij het allicht nog jaren kunnen uitzingen als een externe factor – de Rwandese tragedie van 1994 – het Mobutu-regime vijf jaar na het einde van de Koude Oorlog geen tweede dreun had gegeven. Het was een dubbele dreun. Enerzijds sloegen in de zomer van 1994 circa 2 miljoen Rwandese Hutu's voor het triomferende Patriottische Front van Tutsi-sterke man Paul Kagame op de vlucht. Ze kwamen vooral rond de Oost-Congolese steden Goma en Bukavu in de Kivu-provincies terecht, van waaruit ze het Kagameregime bleven bestrijden. Maar daar wekten ze ook de strijdlust op van Congolese Tutsi's die sinds mensenheugenis ook in de Kivu's wonen en waarvan het nieuwe Kigali zich naar hartenlust kon bedienen.

Die dubbele dreun kreeg Mobutu's leger niet meer onder controle. Omdat het Mobutu-regime niet in staat bleek om in zijn Kivu-provincies orde op zaken te stellen, namen Tutsi-rebellen in Goma, Bukavu en overigens ook in Uvira (aan het Tanganyikameer) in de herfst van 1996 het heft in eigen handen. Om zichzelf een Congolees gezicht te geven, schaarden de Tutsi-rebellen zich achter een obscure Congolese rebellenleider die de jaren 60 had overleefd, ene Laurent Kabila, om in oktober 1996 weer op te duiken in Uvira. Voor Kigali was Kabila de gedroomde leider van de *Alliance des forces démocratiques pour la libération du Congo-Zaïre*, AFDL. Maar het waren Tutsi-strijders die in november 1996 met grof geweld de Rwandese kampen rond Bukavu en Goma ontruimden, nadat de VN-Veiligheidsraad had ingestemd met de vorming van een multinationale troepenmacht in de regio en Kigali dat initiatief te allen prijze wou voorkomen. Het waren ook Tutsi-strijders die het gros van de Rwandese vluchtelingen in de Kivu's manu militari terug naar Rwanda escorteerden.

Tegen de Rwandese factor had het Mobutu-regime geen verweer, vooral niet toen bleek dat de Congolese Tutsi's door Rwandese en Ugandese troepen gesteund werden. Al in november 1996 bevestigde de Amerikaanse buitenlandminister Warren Christopher ten aanzien van zijn Congolese collega dat Rwandese en Ugandese troepen de Congolese Kivu-provincies waren binnengedrongen. Vanuit de Kivu's stonden Congolese rebellen en hun Ugandese of Rwandese broodheren in geen tijd in de provincie Boven-Congo, met Kisangani als hoofdstad, maar ook in Maniema, delen van Katanga en Oost-Kasaï.

Hilarisch was het legertje van kindsoldaten dat op 17 mei 1997 in ganzenpas – zonder één schot te lossen, geëncadreerd door Rwandese en Katangese officieren – de Congolese hoofdstad Kinshasa veroverde. Een doodzieke Mobutu – hij is nog hetzelfde jaar in Rabat overleden – was één dag eerder vanuit Kinshasa via zijn geboortedorp Gbadolite naar Togo gevlogen. Drie dagen later arriveerde ook rebellenleider Laurent Kabila in Kinshasa. Op 22 mei installeerde Kabila er zijn eerste regering, met opvallend veel Congolese Tutsi's op sleutelposten. De oudste opposant van het Mobutu-regime, een geboren Katangees, wist aan wie hij zijn zegenrijke levensavond te danken had.

De Congolees-Rwandese entente hield geen stand. Blijkbaar voelde Laurent Kabila, de ouwe vos, snel naar wiens pijpen hij moest dansen. Bijgevolg ging hij al in de zomer van 1998 met zijn Tutsi-ministers in de clinch. Aanvankelijk konden die niet snel genoeg Kinshasa verlaten, achternagezeten door Congolezen die de klok terug wilden draaien. Tot muitende Tutsi-militairen in Goma er op 4 augustus 1998 onder James Kabarebe, een ouwe kompaan van de Rwandese president Kagame, de luchthaven veroverden. Prompt kaapten ze er een vliegtuig en vlogen ermee naar de militaire basis van Kitona, tweeduizend kilometer naar het westen aan de monding van de Congostroom, om van daaruit meteen Kinshasa te bedreigen. Tegelijk beheersten Ugandese troepen, via Congolese stromannen, de Boven-Congo en vooral de regionale hoofdstad Kisangani.

Dat was de aanzet van een eerste Afrikaanse wereldoorlog. Om de Rwandese en Ugandese agressors te *counteren* vloog Kabila in augustus 1998 naar Luanda en Harare, om er Angola en Zimbabwe aan zijn kant te krijgen. De nieuwe Congolese president werd er op zijn wenken bediend. Nog dezelfde maand arriveerden Angolese en Zimbabwaanse troepen in Kinshasa, om er *het legitieme* Congolese regime te verdedigen. Later op het jaar stuurden ook Namibië en Tsjaad troepen naar Congo. Nooit eerder vormde Congo het toneel van zoveel strijdende partijen. In het heetst van de strijd, in januari 2001, werd president Laurent Kabila in Kinshasa door een van zijn lijfwachten vermoord. Hij werd meteen opgevolgd door zijn 30-jarige zoon Joseph Kabila. Die werd sindsdien twee keer – in 2006 en 2011 – bij algemene verkiezingen herkozen.

Pas in 2002 kwam het tot een inter-Congolese dialoog in het Zuid-Afrikaanse Sun City. Die dialoog leverde een kaderakkoord op dat in hoofdzaak betrekking had op de Congolese regering en de rebellenbeweging MLC van Jean-Pierre Bemba. Zimbabwe, de belangrijkste steunpilaar van Kabila, begon in augustus 2002 met de terugtrekking van zijn soldaten. Namibië had zijn manschappen al in 2001 weggehaald. In september 2002 ondertekende Kabila in de Angolese hoofdstad Luanda een Ugandees-Congolees vredesakkoord met president Museveni. Volgens humanitaire organisaties ter plekke hebben de oorlogsjaren 1998-2003 Congo 3 miljoen doden gekost. Vijf jaar later werd dit aantal op 5 miljoen geraamd, al stierven velen aan ziekten en ontberingen als gevolg van de oorlogsjaren.

Helaas betekende het einde van de Congolese wereldoorlog niet meteen een einde van het Congolese geweld. In Congo bleven de naweeën van de Rwandese tragedie vooral de Kivu-provincies, grenzend aan Rwanda, ontwrichten. Die ontwrichting was vooral het werk van Congolese Tutsi's, al dan niet vanuit Kigali getraind en bewapend, die in de Kivu-provincies Rwandese Hutu-rebellen bleven bestrijden, maar die er volgens VN-bronnen ook grondstoffen kaapten om er hun eigen activiteiten mee te financieren. Een dubieuze wereldfaam kregen de Congolese Tutsi's Laurent Nkunda en Bosco Ntaganda. Nkunda werd in 2009 dan toch door Rwanda geneutraliseerd en op Rwandese bodem onder huisarrest geplaatst. Ntaganda gaf in 2013 zichzelf aan bij het Internationaal Strafhof in Den Haag.

De VN stuurden in 1999 de eerste VN-waarnemers naar Congo, om er toe te zien op lokale bestandsakkoorden. Nauwelijks een jaar later zochten de VN 5500 soldaten voor een vredesmacht in Congo, in eerste instantie om er de VN-waarnemers te beschermen. Het mandaat van die vredesmacht – eerst

Monuc genoemd, later Monusco – werd herhaaldelijk herzien of aangescherpt. Het werd de grootste VN-vredesmacht van het decennium, goed voor 24.000 soldaten of politiemensen in 2014. Ook die vredesmacht kon Congo of Centraal-Afrika geen vrede opleggen. Maar de VN-macht, vooral ingezet in het Congolese oosten, heeft minstens voorkomen dat Congo-Kinshasa helemaal in elkaar klapte of dat begerige buurstaten delen ervan blijvend konden opslokken.

Formeel is Congo-Kinshasa een normaal land met uitvoerende, wetgevende en rechterlijke machten, nationale, regionale en lokale overheden. Sinds 2006 heeft Congo een nieuwe grondwet voor 's lands derde republiek, bij referendum door de bevolking goedgekeurd, met uitvoerige verwijzingen naar de politieke en burgerlijke rechten en vrijheden, de economische, sociale en culturele rechten, en de rechten en plichten van de staat en van de burger. Maar het blijft de grondwet van een andere wereld die in geen enkel opzicht beantwoordt aan wat er in de Congolese dorpen en steden leeft.

Van vrijwel alle overheidsinstellingen zijn er nauwelijks nog die functioneren. Leraars, soldaten en ambtenaren worden nauwelijks betaald. Een rijdende trein is zelfs een rariteit op de lijn Matadi-Kinshasa, de meest vitale spoorlijn van het land. Postbeambten doen nog alsof er niets aan de hand is. Ze zitten wel aan het loket, maar hebben niets meer te doen, omdat er gewoon geen publieke post meer is. Zo ontdekte de Vlaamse Afrikajournalist Rudi Vranckx in 2010 in de Oost-Congolese stad Kalémie, aan het Tanganyikameer, een groot textielbedrijf waar de Congolese directeur en een honderdtal arbeiders elke dag nog de weefgetouwen onderhouden en bewaken, al lag het bedrijf in het jaar van Vranckx al twintig jaar plat. Ooit stelde de *Société de filatures et tissages africains* Filtisaf, een dochter van de koloniale *Union Cotonnière*, er 1500 Congolezen te werk, tot het bedrijf begin van de jaren 90 door de toenmalige Zaïrese staat werd overgenomen en er geen werknemer nog betaald werd. Vranckx bezocht het land ter gelegenheid van de 50ste verjaardag van zijn onafhankelijkheid voor een tv-reeks onder de titel *Bonjour Congo*. In Kalémie leek het wel alsof het hele bedrijf, de toenmalige werknemers inbegrepen, er net als het kasteel van Doornroosje, twintig jaar eerder versteend in slaap viel, wachtend op de prins die er de tovervloek kon wegblazen. Een mislukte staat is een kafkaiaanse wereld.

5

Het vredespotentieel van de Verenigde Naties

Liberalen zijn goed in het formuleren van de universele principes van de soevereiniteit en de zelfbeschikking van het individu. Maar van volkeren snappen ze niets.
TIMOTHY GARTON ASH

De 19de eeuw was de eeuw van de Europese imperiumbouwers, de 20ste eeuw die van het moderne statenstelsel. Nooit eerder bleek de staat een zo aantrekkelijke idee. Nooit eerder werd vrijwel de hele wereld door een netwerk van staten omvat. Tot dat netwerk behoorden vanzelfsprekend de eerste pogingen om al die staten ook met elkaar te verbinden. Een eerste, in 1920, was de oprichting van de Volkenbond. Die is jammerlijk ontspoord nadat zelfs de Amerikaanse initiatiefnemer – de bevlogen president Wilson – door het Amerikaanse Congres werd teruggefloten en Amerika zelf geen lid werd van de Volkenbond. De latere Sovjet-Unie was evenmin een welkome gast, de toenmalige nieuwkomers – Duitsland en Japan – bedankten ervoor. Al in 1933 sloegen Berlijn en Tokio de deuren van de Volkenbond weer dicht. Toch telde de Volkenbond in 1920 al 48 lidstaten, nauwelijks minder dan de 51 stichtende leden van de VN in 1945.

In 1945 kregen de statenbouwers een nieuwe kans en legde het zegevierende Amerika de basis voor de Verenigde Naties. Ook die creatie verliep niet in optimale omstandigheden. Weliswaar waren Amerika, Engeland en Rusland in de Tweede Wereldoorlog bondgenoten in hun titanenstrijd tegen nazi-Duitsland, het fascistische Italië en het militaristische Japan. Maar geen bondgenootschap ontspoorde ooit sneller zodra de gemeenschappelijke vijanden verslagen waren. Al in 1947 was duidelijk dat Amerika en Rusland, Oost en West, het vrije westen en het communistische oosten, op een onvermijdelijke confrontatie afstevenden. Meteen brak een Koude Oorlog uit, gedragen door de eerste kernwapens, die in Europa veertig jaar lang elke toenadering torpedeerde. Dat deden de kemphanen ook op wereldschaal door elke bevrijdingsbeweging – gericht tegen een Europese kolonisator – een oosters of westers, een vrij of een communistisch profiel aan te meten.

Achteraf gezien is het een wonder dat de Verenigde Naties die lange Koude Oorlog en zoveel warme oorlogen met een Koude Oorlogsdimensie overleefden. Dat wonder dankten de VN, ondanks hun vele tegenstellingen, aan hun gezamenlijke uitgangspunten – opgetekend in het Handvest van 1945 – en aan de noodzaak van de lidstaten om hun nationale en internationale belangen minimaal op elkaar af te stemmen. Bovendien torsten de founding fathers van 1945 niet alleen de nog verse herinnering aan de Tweede Wereldoorlog, maar ook de nog diepere gruwel van een tweede Dertigjarige Oorlog – 1914-1945. Die gruwel veranderde niet alleen het aanschijn van Europa, maar ook dat van Europa's koloniale imperia die het Avondland na 1945 in versneld tempo moest afbouwen. Om die wereldwijde omwenteling in goede banen te leiden, alleen in Latijns-Amerika al een eeuw eerder ingezet, boden uitsluitend de VN en de vele VN-instellingen een institutioneel wereldkader dat ook moeilijke tijden kon overleven.

De kracht van dat wereldkader bleek voor de tweede helft van de 20ste eeuw onweerstaanbaar. Al in 1945 omvatte de VN vrijwel alle onafhankelijke staten, onder wie 19 Europese of Noord-Atlantische staten (inclusief de USSR, Oekraïne en Wit-Rusland, naast Engelands bondgenoten Australië en Nieuw-Zeeland), 20 Latijns-Amerikaanse, vier Afrikaanse en acht Aziatische staten. De Afrikaanse buitenbeentjes waren Egypte, Ethiopië, Liberia en Zuid-Afrika, de Aziatische voorgangers China, de Filipijnen, Libanon, India, Irak, Saudi-Arabië, Syrië en Turkije. Tot de stichtende leden behoorden zelfs Costa Rica, Cuba, de Dominicaanse Republiek, El Salvador, Guatemala, Haïti en Nicaragua.

Scharnierjaren in de geleidelijke schaalvergroting van de VN waren 1955, 1960-1962 en 1991-1993. 1955 was het jaar van een eerste dooi in de Koude Oorlog, volgend op de dood van Jozef Stalin in 1953, het einde van de Koreaanse Oorlog en het afsluiten van een eerste serie van Indochinese oorlogen. Meteen kregen de VN er 16 nieuwe lidstaten bij. 1960-1962 waren de jaren van de onafhankelijkheid van grote delen van Zwart-Afrika, goed voor 27 nieuwe lidstaten.

In de jaren 1991-1993 verteerden de VN de ontmanteling van het sovjet-imperium met 26 nieuwe lidstaten. Belangrijke momenten voor de VN waren ook de erkenning van de Volksrepubliek als 'de wettige vertegenwoordiger van China' in 1971, ten nadele van Taiwan, en de toetreding van 'de twee Duitslanden' – de Bondsrepubliek en de DDR – in 1973. Zo telden de VN in 1995 algauw 184 lidstaten. In 2014 waren het er 193, naast twee waarnemers, *observer non-members*, de Heilige Stoel en Palestina. 's Werelds 193ste en jongste lidstaat van de VN was in 2011 Zuid-Sudan.

Lidstaten van de VN vertegenwoordigen samen 98 procent van de wereldbevolking. Sinds 1945 is er vrijwel geen onafhankelijk land dat van het VN-lidmaatschap afzag. Met als toemaatje dat geen lidstaat de VN ooit weer verlaten heeft of als lid geschorst werd. Alleen Indonesië heeft de VN in 1964, in een geschil met de niet door Indonesië erkende Maleisische Federatie, tijdelijk verlaten, om korte tijd later alweer terug te keren. Een meer representatieve vereniging van het globale statenstelsel is er niet. Er is geen ander forum waarop alle staten, groot en klein, aantreden om samen hun internationale of globale problemen aan te pakken.

Een superstaat vormen de VN niet, een wereldregering nog veel minder. Zo staat de Europese Unie veel dichter bij een Europese integratie onder een Europese hogere instantie dan de VN op wereldschaal. Wel fungeren de VN als de kroon op het statenstelsel. Centraal staan internationale samenwerking en coördinatie, zelfs in de VN-Veiligheidsraad. Principieel zijn in de VN alle staten aan elkaar gelijk, groot of klein, rijk of arm, oud of nieuw. Dat blijkt vooral in de Algemene Vergadering, een jaarlijks ritueel dat alle lidstaten in het najaar met hun sterke en hun zwakke kanten bijeenbrengt. Zelfs in de Veiligheidsraad kunnen de vijf supermachten wel een beslissing blokkeren maar kunnen ze de tien andere leden van de Raad geen beslissing opleggen. Dat heet negatieve macht, om een gevreesde ontwikkeling te voorkomen, geen positieve macht om er wat dan ook door te drukken.

De vraag of de VN ooit oorlogen konden voorkomen, is niet relevant. Preventieve diplomatie is een kwakkel. Geen mens kan voorzien wanneer een sluimerende of zelfs pertinente dreiging waar ook ter wereld in een oorlog omslaat. Wie kon in 1989 de val van de Berlijnse Muur en de bevrijding van Oost-Europa voorzien? Wie kon in 2001 het akelige spektakel voorspellen van de terreuraanslagen op New York en Washington, en hun gevolgen voor de wereldwijde gang van zaken? Hoe had een preventieve diplomatie de Syrische burgeroorlog van 2011 kunnen voorkomen, of het escalerende Oekraïens-Russische geweld van 2014? Ook in de wereldpolitiek komen preventieve maatregelen om conflicten te ontmijnen meestal te laat en laten ze zelden het verhoopte resultaat zien. Omdat conflicten in een uitgesproken vijandige omgeving vaak sneller exploderen dan onze beperkte mogelijkheden om dat alsnog te voorkomen.

Relevanter is wat de VN en andere internationale instellingen in huis hebben om uitgebroken oorlogen weer aan banden te leggen. Ook dat arsenaal aan oorlogsbeperkende of vredesbevorderende maatregelen is relatief beperkt. Omdat de VN geen andere middelen hebben dan die van de lidstaten laveren ze voortdurend tussen hun hooggestemde idealen – *peace now* – en hun bescheiden middelen. Toch maken ze wel degelijk het verschil. De VN kunnen minstens voorkomen dat een conflict in de coulissen verdwijnt en ervoor zorgen dat een uitgebroken oorlog op de internationale agenda verschijnt. Een oorlog die van de VN-radar verdwijnt, is altijd erger dan een oorlog met VN-camera's in de buurt. En de wereldorganisatie kan ingrijpen om nog erger te voorkomen. Dat doen de VN het meest door vredesakkoorden of wapenstilstanden door internationale waarnemers te laten monitoren, door bestandslijnen met VN-troepen te bewaken of door te voorkomen dat een lokaal conflict een hele regio zou aansteken.

Maar de belangrijkste bondgenoot van de internationale samenwerking blijft de staat zelf, of het statenstelsel waarvan de VN de kroon vormen. Omdat die kroon niet boven de staten zweeft maar verankerd blijft op het niveau van de staten, zijn het de staten die de effectieve slagkracht of de sluimerende zwakheid van de VN bepalen. Als het de staten goed gaat – ondanks de Koude Oorlog was dat het geval voor de tweede helft van de 20ste eeuw – zitten ook de VN op rozen. De fenomenale groei en bloei van de VN en hun zeer gedifferentieerde instellingen in het derde kwartaal van de 20ste eeuw – grofweg de jaren 1945-1975 – was zonder voorgaande.

Tegelijk gaan het fenomeen van de mislukte staten – het voorbije decennium één staat op vier – en de verzwakking van tal van *gelukte* staten gepaard met een verzwakking van de VN. Ook deze wereldorganisatie moet het doen met minder manschappen en middelen, bij groeiende twijfels over haar sterktes en zwaktes en bij een vernieuwd wantrouwen tussen 's werelds grootste kernmachten, Amerika en Rusland. Als die in de Veiligheidsraad weer radicaal tegenover elkaar staan, zoals dat in 2014 het geval was, kan ook de Veiligheidsraad geen rol van belang meer spelen om bestaande oorlogen weer stil te leggen en om een verdere escalatie te voorkomen. Dan dreigt niet zozeer een nieuwe Koude Oorlog. Geschiedenissen herhalen zichzelf nooit op dezelfde manier. Dan dreigen weer tal van *gewone* oorlogen, al dan niet in de slagschaduw van 's werelds grootste kernmachten.

De beperkte mogelijkheden van de Veiligheidsraad

De bonte wereld van het VN-systeem kan in drie relatief eenvoudige doelstellingen en activiteiten samengevat worden. Zoals omschreven in het VN-Handvest van 1945 gaat het er om 'de internationale vrede en veiligheid te handhaven', 'internationale samenwerking tot stand te brengen bij het oplossen van internationale vraagstukken van economische, sociale, culturele of humanitaire aard' en 'het bevorderen en stimuleren van eerbied voor de rechten van de mens en voor fundamentele vrijheden voor allen, zonder onderscheid naar ras, geslacht, taal of godsdienst'.

De internationale vrede en veiligheid handhaven – onmiskenbaar de belangrijkste initiële doelstelling van de VN – is vooral het werk van de Veiligheidsraad. Die telt sinds de jaren 60 vijftien leden, waaronder de vijf permanente leden van de Veiligheidsraad (Amerika, China, Engeland, Frankrijk, Rusland – deze laatste als erfgenaam van de Sovjet-Unie) en tien lidstaten die telkens voor een termijn van twee jaar door de Algemene Vergadering gekozen worden. De permanente leden van de Veiligheidsraad waren gewoon de geallieerde overwinnaars van 1945. Het toeval wil dat dit tevens 's werelds eerste nucleaire mogendheden werden. Ook hun nucleaire voorsprong heeft hen toegelaten hun eersterangspositie in de Veiligheidsraad te handhaven. Niet-permanente leden in 2014 waren Argentinië, Australië, Chili, Jordanië, Litouwen, Luxemburg, Nigeria, Rwanda, Tsjaad en Zuid-Korea. De Algemene Vergadering let erop dat alle wereldregio's in de Veiligheidsraad vertegenwoordigd worden.

In zaken van oorlog en vrede onder de lidstaten, in mindere mate ook binnen de lidstaten, is de rol van de Veiligheidsraad onbetwistbaar. Zo kan alleen de Veiligheidsraad beslissingen nemen die ook bindend zijn voor de lidstaten. Dat voorrecht geniet geen ander VN-orgaan. De Veiligheidsraad beschikt krachtens het Handvest ook over de meest uitgebreide bevoegdheden om internationale geschillen vreedzaam te regelen (onder hoofdstuk VI van het Handvest) of bij bedreigingen van de vrede of bij een agressie maatregelen te nemen 'tot handhaving of herstel van de internationale vrede en veiligheid' (onder het fameuze hoofdstuk VII dat voorziet in een militaire interventie voor de handhaving of het herstel van de internationale vrede en veiligheid).

Beslissingen in de Veiligheidsraad vereisen een meerderheid van 9 van de 15 zetels, inclusief het akkoord van de vijf permanente leden (of hun onthouding). Een permanent lid van de Veiligheidsraad beschikt dus over een veto dat elke ongewenste resolutie torpedeert en dat ook veelvuldig wordt aangewend.

Zo verklaren Russische of Chinese veto's de onmacht van de Veiligheidsraad om iets te doen aan de Syrische burgeroorlog die het land sinds 2011 verscheurt of aan het Oekraïens-Russische geweld van 2014. Maar ook Amerika hanteert zijn veto gezwind en vaak om VN-resoluties te blokkeren die Israël voor schut zetten. Volgens VN-secretaris-generaal Boutros-Ghali in 1992 hanteerde een permanent lid van de Veiligheidsraad het vetowapen in de jaren 1945-1990 wel 279 keer.

Tot de maatregelen onder hoofdstuk VI van het Handvest behoort het inzetten van VN-waarnemers om bestandslijnen in conflictgebieden te monitoren. De eerste VN-waarnemers werden in 1947 naar Griekenland gestuurd, het slachtoffer van een burgeroorlog, om er de grenzen van Griekenland met Albanië, Joegoslavië en Bulgarije te bemannen. Iets later werden VN-waarnemers naar Indonesië gestuurd om er de demobilisatie en terugtrekking van de Nederlandse troepen op te volgen onder een onderhandeld akkoord voor de onafhankelijkheid van Indonesië. Andere waarnemersmissies werden in 1948-1949 naar Israël/Palestina gestuurd na een eerste Arabisch-Israëlische oorlog en naar het grensgebied tussen India en Pakistan na een eerste Indiaas-Pakistaanse oorlog om Kasjmir.

Een eerste VN-offensief onder hoofdstuk VII van het Handvest dateert ook al van 1950. Toen kon de Veiligheidsraad gebruikmaken van een tijdelijke boycot door de Sovjet-Unie door de lidstaten ertoe aan te zetten om Zuid-Korea, na aan noordelijke aanval, bij te staan teneinde 'de internationale vrede en veiligheid in het gebied te herstellen'. Ondanks het Amerikaanse overwicht onder president Truman bleef de Koreaanse oorlog ook naderhand een VN-operatie. De VN-oproep van 1950 werd door 16 lidstaten met troepen beantwoord, onder het 'verenigd commando' van een Amerikaanse opperbevelhebber, aangesteld op verzoek van de Veiligheidsraad maar nog altijd in afwezigheid van de Sovjet-Unie en niet helemaal overeenkomstig het VN-Handvest.

De Veiligheidsraad kende dus van in het begin een extreme variëteit van haar optreden, gaande van kleine waarnemersmissies tot grootschalige militaire operaties. Na de Suez-crisis en de tweede Arabisch-Israëlische oorlog van 1956 beslisten de VN in feite tot een derde vorm van interventie met de vorming van een eerste echte vredesmacht, een eerste *UN Emergency Force*, in de Sinaï. Een primeur was dat tot de vorming van UNEF beslist werd door de Algemene Vergadering van de VN, omdat de Veiligheidsraad op dit punt verlamd werd door een Brits-Frans tweevoudig veto. UNEF was meteen veel groter dan een kleine waarnemersmissie, maar gevechtstroepen zoals die naar Korea gestuurd werden, stonden evenmin op het menu.

In feite was UNEF de gangmaker van de lichtbewapende VN-blauwhelmen. Van 1956 tot 1989 gaf het UNEF-model de toon aan in de vredesoperaties van de VN, ook al omdat de Koude Oorlog een herhaling van het Koreaanse model en het inzetten van gevechtstroepen onder VN-vlag uitsloot. De enige keer in de jaren 1956-1989 dat de VN dat toch probeerden, in 1960 en onder VN-secretaris-generaal Hammarskjöld in de Congo-crisis, was volgens vele waarnemers 'een complete mislukking'. Dat was het ook voor Hammarskjöld zelf, wiens vliegtuig op 18 september 1961 op weg van Leopoldstad (Kinshasa) naar Elisabethstad (Lubumbashi) in nooit opgehelderde omstandigheden boven Katanga werd neergeschoten. Toch stuurden de VN al in die jaren 20.000 blauwhelmen naar Congo, evenveel als vijftig jaar later. Ook kregen die blauwhelmen toen al een mandaat om geweld te gebruiken 'om effectief een einde te maken aan de Katangese secessie' en werd die VN-operatie in januari 1963 met succes bekroond.

Toch bleef het aantal VN-vredesmachten voor peacekeepingoperaties vele jaren beperkt. In een tijd dat in de wereld wel een honderdtal oorlogen uitgevochten werden, in de jaren 1945-1987, waren er welgeteld 13 VN-vredesmachten, aldus Boutros-Ghali in 1992. Maar dat is spoedig veranderd. Al in de jaren 1988-1991 kwamen er 13 nieuwe vredesoperaties bij, een verdubbeling. Daar waren meteen heel andere operaties bij, van *peacekeeping* naar *peacemaking* en zelfs *peace enforcement*, veel actievere interventies dan hun lichtbewapende voorgangers, die hooguit zichzelf mochten verdedigen.

Een eerste vredesoperatie nieuwe stijl was de VN-vredesmacht voor Namibië in 1989. Daar moest de UN *Transition Assistance Group* Untag niet alleen een staakt-het-vuren controleren maar ook het hele verkiezingsproces en de terugkeer van vluchtelingen en ontheemden. In feite werd het hele gebied met de instemming van de betrokken partijen tijdelijk onder VN-voogdij geplaatst. Ondanks kleine incidenten werd Untag een succes. Op 21 maart 1990 was Namibië een onafhankelijke staat. Die aanpak werkte inspirerend voor VN-operaties in Cambodja, op Haïti, in Mozambique en op Oost-Timor.

In Cambodja, vele jaren in de ban van de Rode Khmer-terreur in de jaren 1975-1979, gevolgd door een Vietnamese invasie, kwam er in de jaren 1992-1993 een UN *Transitional Authority.* Untac was de grootste VN-operatie sinds het Onuc-optreden in Congo en plaatste het land feitelijk onder VN-voogdij om er de oorlogvoerende partijen te ontwapenen. In Haïti zette de Veiligheidsraad in 1994 het licht op groen voor een multinationale vredesmacht van 28 staten, om er na een militaire staatsgreep de democratisch verkozen president Aristide weer aan de macht te brengen. Wat de VN in 1988 en 1991 niet lukte, een einde te stellen aan een aanslepende burgeroorlog in Angola, lukte vijf jaar later wel in

Mozambique. Daar maakte een vredesakkoord tussen regering en rebellen de weg vrij voor een VN-vredesmacht om het land naar verkiezingen te begeleiden, gevolgd door een relatief vreedzame toekomst.

Wat Oost-Timor betreft, een half-eiland en oud-Portugese kolonie tussen Indonesië en Australië die in 1975 door Indonesië geannexeerd werd, voorzag de Veiligheidsraad in 1999 in een overgangsbestuur, de *Transitional Administration in East Timor.* Ook Untaet kon een behoorlijk resultaat voorleggen. Gedragen door een VN-vredesmacht van 10.000 militairen en politiemensen kon het overgangsbestuur Oost-Timor in 2001 naar de onafhankelijkheid leiden. Oost-Timor was een van de laatste dekolonisatiedossiers en de afsluiter van een tijdperk. Die dossiers waren de VN 'op het lijf geschreven'. Zelfs in de Veiligheidsraad riepen ze weinig veto's op.

Responsibility to protect geen toverspreuk

De Veiligheidsraad had het altijd al moeilijker met interne conflicten, ressorterend onder de nationale soevereiniteit van de lidstaten. Overdonderd door de VN-onmacht in 1994 in Rwanda en in 1995 in het voormalige Joegoslavië ontwikkelde VN-secretaris-generaal Kofi Annan in het jaar 2000 het *Responsibility to protect*-principe, op het internet veelal afgekort als R2P. In 1994 sloeg het hele VN-contingent, de Belgische blauwhelmen het eerst, in Kigali op de vlucht voor de dreigende Rwandese genocide. In 1995 reageerden VN-blauwhelmen in Bosnië-Herzegovina even lamlendig op een Servisch bloedbad in de Oost-Bosnische stad Srebrenica, waar circa 8000 Bosnische moslimmannen en -jongens vrijwel onder de ogen van Nederlandse blauwhelmen door Servische milities afgevoerd en afgeslacht werden.

Assistent-secretaris-generaal voor het toenmalig VN-departement voor vredesoperaties Kofi Annan is Kigali en Srebrenica nooit vergeten. In 1997 secretaris-generaal van de VN geworden, ijverde de Ghanees nog het meest voor het R2P-principe dat wil dat 'de internationale gemeenschap' in een crisissituatie moet tussenbeide komen als een lidstaat niet in staat blijkt om zijn bevolking tegen massale wreedheden te beschermen. Het R2P-principe, in 2005 op een *World Summit* verbaal door de wereldleiders aanvaard, was geen wondermiddel. Zo werd meteen aangenomen dat ook een R2P-interventie het groene licht van de VN-Veiligheidsraad vereist en dus ook het rode licht van een veto riskeert. En het blijft even moeilijk grootschalige wreedheden te voorzien als er adequaat op te reageren. Toch speelde het R2P-principe een rol in resoluties van de VN-Veiligheidsraad met betrekking tot Darfur (Sudan) in 2006, Libië en Ivoorkust in 2011, Mali, Sudan en Zuid-Sudan in 2013, de Centraal-Afrikaanse Republiek in 2014.

Het R2P-concept is geen vrijgeleide voor een zoveelste militaire interventie. Volgens de basisdocumenten van de VN in 2005 steunt R2P op drie pijlers. Zo beklemtoont de eerste pijler de verantwoordelijkheid van de lidstaten zelf om hun bevolking te vrijwaren van genocide, oorlogsmisdrijven, misdaden tegen de menselijkheid en etnische zuiveringen. Een tweede pijler benadrukt de medeverantwoordelijkheid van de internationale gemeenschap om lidstaten aan te moedigen en bij te staan om hun verantwoordelijkheid op dit punt te dragen en te verdiepen. En zelfs de derde pijler van het R2P-concept voorziet dat de internationale gemeenschap eerst alle andere middelen uitput om een bedreigde bevolkingsgroep te beschermen voordat een militaire interventie overwogen wordt. Alleen als een lidstaat manifest faalt om zijn bevolking tegen de zwaarste misdrijven in bescherming te nemen, kan de internationale gemeenschap – overeenkomstig het VN-Handvest – een collectieve actie overwegen.

Het R2P-principe inroepen als een preventieve actie, om een naderend onheil af te wenden, behoort niet meteen tot de mogelijkheden. Zoals andere VN-interventies kan pas ingegrepen worden bij een manifeste dreiging van de misdrijven die op dit punt in het vizier liggen. In de praktijk betekent dit meestal dat er al sprake is van genocide, misdrijven tegen de menselijkheid, oorlogsmisdaden of etnische zuivering. En zelfs dan wijkt een R2P-operatie nauwelijks af van andere VN-interventies en is het groenlicht van de Veiligheidsraad vereist.

Tegelijk maakte 1989, het einde van de Koude Oorlog, ook de weg vrij voor grootschalige VN-interventies aansluitend bij de Koreaanse oorlog veertig jaar eerder, onder hoofdstuk VII van het VN-Handvest. De snelste en meest massale internationale interventie van die jaren kwam er in het olierijke Koeweit, land dat op 2 augustus 1990 door het Irak van Saddam Hoessein overrompeld en geannexeerd werd. Al op 9 augustus werd die annexatie door de VN-Veiligheidsraad veroordeeld. Op 18 augustus eiste de Veiligheidsraad ook dat Irak zich 'onmiddellijk' uit Koeweit zou terugtrekken. Op 25 augustus besloot de Veiligheidsraad tot een volledig handelsembargo tegenover Irak. En op 29 november 1990 legde de Veiligheidsraad Irak een ultimatum voor om zich vóór 15 januari 1991 uit Koeweit terug te trekken. Als dit niet gebeurde, gaf de Veiligheidsraad 'alle lidstaten die met de regering van Koeweit samenwerken de toestemming om alle noodzakelijke middelen te gebruiken' teneinde de VN-resoluties in dit verband te doen naleven en 'de internationale vrede en veiligheid te herstellen'.

Met de zegen van de Veiligheidsraad nam Amerika in de herfst van 1990 de leiding van een internationale coalitie die snel 500.000 manschappen zou mobiliseren, onder wie meer dan 300.000 Amerikaanse soldaten, om Koeweit in het voorjaar van 1991 en nauwelijks zes maanden na de aanval effectief op Irak te heroveren. Voor de internationale gemeenschap en voor de Veiligheidsraad, die er het licht voor op groen zette, was het de grootste machtsontplooiing sinds de Koreaanse oorlog.

Andere VN-interventies onder hoofdstuk VII, in 2001 tegen het Talibanregime in Afghanistan, in 2011 tegen het Libië van de aftandse Kadhafi, kregen eveneens groen licht van de Veiligheidsraad. Het Talibanregime van Mohammed Omar, in 1997 omgedoopt tot een islamitisch emiraat, kon immers medeverantwoordelijk gesteld worden voor de terreuraanslagen van 11 september 2001 op Amerikaanse doelwitten. En Kadhafi maakte het 42 jaar lang zo bont in de Afrikaanse en Arabische werelden dat hij ook in de Veiligheidsraad geen verdedigers meer vond.

De Amerikaanse-Britse aanval om in 2003 in Irak Saddam Hoessein manu militari ten val te brengen, was geen VN-operatie onder hoofdstuk VII van het Handvest want kreeg geen groen licht in de Veiligheidsraad. Dat was de belangrijkste reden waarom België, Duitsland en Frankrijk (naast Rusland) onder premier Verhofstadt, bondskanselier Schröder en president Chirac aanvankelijk op de rem stonden en niet meteen tot deelname bereid waren. De NAVO-aanval op Libië in 2011 verliep dan weer wel volgens het boekje, met een mandaat van de Veiligheidsraad. Maar die aanval is China en Rusland naderhand zo zuur opgebroken dat ze twee jaren later, geconfronteerd met de Syrische burgeroorlog, in de Veiligheidsraad een dubbel veto stemden. Zonder VN-mandaat kon zelfs het R2P-principe de 23 miljoen Syriërs niet redden. Terwijl de actieve Russische steun voor de Syrische president Assad de Amerikanen ervan weerhield om op eigen houtje de Syrische kastanjes uit het vuur te halen.

Globaliter telde de wereld van 1945 tot 1989 13 VN-*peacekeeping operations*. In de jaren 1945-2014 waren er dat 69, waarvan 16 nog in uitvoering. Samengeteld ging het in 2014 om circa 100.000 manschappen, onder wie 84.000 militairen en 12.000 politiemensen. In 2003 waren er dat bijna 35.000. Dat blijven relatief lage cijfers. 100.000 was het niveau van de Belgische strijdkrachten toen er in de jaren 90 de militaire dienstplicht werd afgeschaft. Op wereldschaal blijven blauwhelmen absoluut minoritair. Op de Londense *Military*

Balance, jaar voor jaar opgetekend door het *International Institute of Strategic Studies*, telden ze nooit mee.

Het gif van bevroren conflicten

Bijzonder nefast voor het succes van VN-vredesoperaties zijn zogenaamd bevroren conflicten. De term – *frozen conflicts* – dateert uit de jaren 90, die op het noordelijk halfrond beheerst werden door de desintegratie van de toenmalige Sovjet-Unie. Dat de Unie in 1991 in 15 republieken uiteenviel – in het Balticum, in Oost-Europa, in de Kaukasus en in Centraal-Azië – moest wel ingrijpende gevolgen hebben voor de vele minderheden in de randgebieden van de Russische Federatie en in voormalige sovjetrepublieken die dreigden nog verder uiteen te vallen. Van alle voormalige sovjetrepublieken bleef de Russische Federatie veruit de grootste, zowel in oppervlakte als qua bevolking. Met bijna 17 miljoen km^2 blijft de Russische Federatie het grootste land ter wereld, anderhalve keer het Europa van de Atlantische Oceaan tot de Oeral. Met 142 miljoen inwoners in 2014, onder wie een 80 procent etnische Russen, blijft het ook het grootste Euro-Aziatische land van het jaar.

Maar er leven ook miljoenen etnische Russen buiten de Federatie en een lappendeken van etnische minderheden erbinnen. De grootste concentraties van etnische Russen buiten de Russische Federatie (voor meer dan 5 procent van de bevolking) bevinden zich volgens het CIA *World Fact Book* op de Krim (sinds 2014 door Rusland geannexeerd, goed voor 58 procent Russen), 29 procent in Transnistrië, 26 in Letland, 25 in Estland, 24 in Kazachstan, 17 in Oekraïne, 9 in Moldavië, 9 in Kirgizië, 8 in Wit-Rusland, 6 in Litouwen, 5 in Oezbekistan. Omgekeerd telt de Russische Federatie 89 administratieve eenheden, relatief autonome provincies en republieken, goed voor 140 talen en dialecten.

De desintegratie van de USSR ging dan ook gepaard met conflicten in Transnistrië, Nagorno-Karabach en Georgië. Transnistrië is het meest oostelijke deel van Moldavië, gelegen op de oostoever van de Dnjestr of Nistru. Bij de onafhankelijkheid van Moldavië in 1991 scheurde het pro-Russische Transnistrië zich af van Moldavië en vormde het de Pridnestrovische Moldavische Republiek. Nagorno-Karabach is dan weer een christelijke Armeense enclave in het islamitische buurland Azerbeidzjan die sinds 1994 de facto door Armenië beheerst wordt, maar daar kon Azerbeidzjan zich nooit bij neerleggen. In Georgië laaiden etnisch-religieuze spanningen in de vroege jaren 1990 het hoogst op in de pro-Russische gebiedsdelen Abchazië en Zuid-Ossetië.

Typisch voor bevroren conflicten is dat een nabije grootmacht, in deze gevallen vaak Rusland, er de strijd vele jaren kan bezweren zonder voor het conflict een oplossing te bieden die beide partijen kan bevredigen. Maar conflicten verdwijnen niet door ze te negeren. Derhalve kan een bevroren conflict op elk moment weer oplaaien. Dat bleek in 2008 het duidelijkst in Georgië, waar onhandige pogingen van het Georgische regime om de weerstand in Abchazië en Zuid-Ossetië te breken een heuse Russische invasie voor gevolg hadden. Sindsdien zijn Abchazië (het hinterland van de Olympische badstad Sotsji) en het volstrekt onbekende Zuid-Ossetië onafhankelijke republieken die uitsluitend door Rusland erkend worden. Er is geen schijn van kans dat Georgië zich ooit bij die gang van zaken kan neerleggen.

Misschien is het voor Tsjetsjenië, alweer een Russische republiek in de Kaukasus, nog te vroeg om van een bevroren conflict te spreken. Daar vochten Russen en Tsjetsjenen sinds de jaren 90 al twee oorlogen uit, oorlogen waarin nog altijd doden vallen, al is het Russische overwicht er groot genoeg om de grenzen hermetisch gesloten te houden. Ook het conflict tussen Oekraïne en Rusland, pas uitgebroken in 2014, is nog te vers om van een bevroren conflict te gewagen. Wel is de kans groot dat ook oostelijke delen van Oekraïne de rij van de bevroren conflicten zullen vervoegen.

Elders in Azië hebben de Koreaanse patstelling, de Chinese kwestie-Taiwan en de Indiaas-Pakistaanse tegenstellingen in Kasjmir het meest van bevroren conflicten. Door de militaire machtsverhoudingen wordt er nog nauwelijks gevochten. Dat verhinderen ook andere machthebbers in de regio, vaak wereldmachten die er hun bondgenoot in bescherming nemen. Maar er worden ook geen oplossingen gezocht, hetzij uit onwil, hetzij uit onmacht, en het vuur kan er elke dag weer in de pan slaan. Ook de VN kunnen in dit soort conflicten weinig meer doen dan waarnemers sturen, al 65 jaar present in het grensgebied van India en Pakistan en op de Syrisch-Israëlische Golanhoogte. Al kun je de Israëlisch-Arabische of Israëlisch-Palestijnse conflicten moeilijk bevroren conflicten noemen.

Zelf hebben de VN het meest met een bevroren conflict te maken in de kwestie-Cyprus. Sinds het koperen eiland – afgeleid van de Latijnse en Griekse namen voor koper, *cuprium/kuprios* – in 1974 door de christelijke Grieken en de islamitische Turken in twee stukken gebroken werd, een gevolg van Griekse en Turkse interventies en van een lange prehistorie, bewaakt een VN-vredesmacht de grillige bestandslijn tussen het Turkse noorden en het Griekse zuiden die ook de hoofdstad Nicosia verdeelt. Die vredesmacht arriveerde al in 1964 op Cyprus, ooit een Britse kroonkolonie, om er 'een oplossing te faciliteren overeenkomstig het Handvest van de VN ten bate van het volk van Cyprus als een geheel'.

Sinds 1974 wordt er op Cyprus nauwelijks nog gevochten. Al die jaren werden ontelbare pogingen ondernomen, nog het meest door de VN, om er beide partijen tot een vergelijk te inspireren. Het mocht niet baten. Zelfs de toetreding van Cyprus tot de Europese Unie in 2004, vier jaar later zelfs tot de eurozone, kon er de geesten niet ontdooien. Ook al omdat de Europese Unie – vreemd genoeg – een hereniging van het eiland niet als voorwaarde stelde om toe te treden tot de EU. Maar de grootste troeven in het dossier hebben Griekenland en Turkije, bondgenoten in de NAVO maar niet op Cyprus. Derhalve zit de VN-vredesmacht er nog altijd, zij het met steeds minder manschappen dan voorheen: 2141 in 1992, 1244 in 1998, 857 in 2013. Omdat de VN wereldwijd andere katten te geselen hebben dan het weerbarstige Cyprus.

Ironisch genoeg heeft Europa nog de rijkste ervaring met bevroren conflicten. Wat was de Koude Oorlog in de jaren 1947-1989, alvast in Europa, anders dan het grootste bevroren conflict ooit? Al die jaren werd er in Europa, dankzij of ondanks de nucleaire patstelling tussen Oost en West, nauwelijks gevochten. Uitzonderingen vormden een Oost-Duitse opstand in 1953, de Hongaarse opstand in 1956, het neerslaan van de Praagse lente in 1968 en diverse Poolse opstanden. Maar zelfs die relatief kleinschalige beroeringen konden de Koude Oorlog niet ontvriezen, omdat de tegenstellingen onwrikbaar vastlagen. En van die tegenstellingen werd er geen enkele ten gronde aangepakt, ondanks het Helsinki-proces van 1975, dat leidde tot de Conferentie en latere Organisatie voor Veiligheid en Samenwerking in Europa CVSE/OVSE. Typisch voor een bevroren conflict is immers zijn momentane onoplosbaarheid. Volgens de naoorlogse Amerikaanse buitenlandjournalist Walter Lippmann zijn er conflicten die tijdgenoten niet kunnen oplossen. 'Je kunt ze alleen overleven.' Tot een historische kering de kaarten ten goede of ten kwade herschikt.

Bolwerk van de mensenrechten

Kwesties van oorlog en vrede zijn eng verbonden met het respect of de schending van de mensenrechten. Vaak gaan oorlogen gepaard met extreme schendingen van de mensenrechten, zeker als het om *vuile oorlogen* gaat, oorlogen die zelfs de meest elementaire principes van het humanitair recht miskennen. Vuile oorlogen maken geen krijgsgevangenen. Ze accepteren geen enkele regel die het geweld nog intoomt. En ze gaan ervan uit dat alle middelen goed zijn, de gruwelijkste schendingen van de mensenrechten inbegrepen, om de vijand te verslaan. Omgekeerd vormt het respect voor de mensenrechten de meest solide basis voor een vreedzamere wereld. Het zijn niet de herauten van de mensenrechten die oorlog voeren. De mensenrechten creëren integendeel het breedste draagvlak voor een wereld met minder oorlogen en conflicten.

De principes van het humanitair recht, ontwikkeld in de jaren 1864-1949 op basis van de conventies van Genève, willen onder meer dat ook strijdende partijen kinderen, vrouwen en ouderen ontzien, toelaten dat zieken, gewonden en schipbreukelingen onpartijdig verzorgd worden, ze krijgsgevangenen en vluchtelingen een menselijke behandeling garanderen en ze ook gewijde plaatsen – zoals kerken en moskeeën – en religieuze feestdagen van 'de vijand' respecteren. De term *vuile oorlog* dook op ten tijde van de Argentijnse generaals die in de jaren 1976-1983 een nietsontziende oorlog voerden tegen hun eigen van communisme verdachte jongeren, van wie er volgens Argentijnse schattingen 30.000 spoorloos verdwenen en afgrijselijk gefolterd werden voordat ze clandestien in de nacht ter tijden geworpen werden.

Oorlog voeren en mensenrechten respecteren gaan duidelijk niet samen. Dat bleek in december 2014 nog uit het lijvige rapport van de Amerikaanse senaatscommissie voor de inlichtingendiensten over de extreme ondervragingsmethoden die de Amerikaanse CIA na de terreuraanslagen van 11 september 2001 gebruikte om verdachten op de rooster te leggen. Uit dat rapport blijkt dat door de CIA op grote schaal en schaal gemarteld werd en gelogen over de informatie die de CIA zo verkreeg. Dat gebeurde evenwel niet op Amerikaanse bodem. Om juristen en mensenrechtenactivisten te misleiden, gebeurde dat op een Amerikaanse militaire basis op Cuba (Guantanamo) en in tientallen landen elders in de wereld. Uit het rapport blijkt dat 47 landen deze folterpraktijken door de CIA faciliteerden of toedekten en dat 8 landen (onder wie drie lidstaten van de EU) 'geheime gevangenissen' ter beschikking stelden van de CIA, en dat terreurverdachten, om pottenkijkers te misleiden, voortdurend van het ene naar het andere land overgevlogen werden.

Nochtans stond de wieg van de mensenrechten in de Noord-Atlantische Wereld, waar de Engelse *Bill of Rights* van 1689, de Franse Verklaring van de Rechten van de Mens en van de Burger van 1789 en de Amerikaanse *Bill of Rights* van 1791 de weg baanden voor een nooit geziene catalogus van rechten en plichten die sindsdien de hele wereld beroeren. Koplopers in die wereldwijde stroomversnelling waren de Verenigde Naties, in 1948 de gangmakers van de Universele Verklaring voor de Rechten van de Mens, een universele verbreding van de Engelse, Franse en Amerikaanse uitgangspunten. 10 december 1948, dag van de Universele Verklaring, was een mijlpaal. Maar het omzetten van die Universele Verklaring in afdwingbare VN-verdragen en conventies woog veel zwaarder.

De belangrijkste VN-verdragen rond de mensenrechten zijn het Internationaal Verdrag inzake Burgerrechten en Politieke Rechten (of IVBPR) enerzijds en het Internationaal Verdrag inzake Economische, Sociale en Culturele Rechten (of IVESCR) anderzijds, allebei van 1966. Samen met de Universele Verklaring (van 1948) vormen ze de zogenaamde internationale *Bill of Rights*. Beide verdragen zijn de internationale basis, in zaken van internationaal recht, voor alles wat er momenteel rond mensenrechten te doen is. Vooral sinds deze verdragen ook effectief van kracht zijn (1976), respectievelijk met 168 partijen (staten) voor het IVBPR en 153 voor het IVESCR die deze verdragen dus hebben ondertekend en geratificeerd. Aansluitend bij het IVBPR is er een belangrijk optioneel protocol, eveneens van 1966, dat zelfs een individueel klachtrecht erkent voor burgers van staten (momenteel 85) die partij zijn bij dit protocol en die van oordeel zijn (na uitputting van alle nationale procedures) dat hun rechten (op basis van het IVBPR) geschonden werden.

Naast deze basisteksten onderhandelden en ondertekenden de lidstaten nog een twintigtal andere VN-verdragen en conventies waarin mensenrechten centraal staan. Die verdragen hebben onder meer betrekking op de bestrijding en bestraffing van genocide (1951), de status van vluchtelingen (1954), de politieke rechten van de vrouw (1954), de bestrijding van rassendiscriminatie (1969), de bestrijding van vrouwendiscriminatie (1982), martelingen en andere wrede, onmenselijke of onterende straffen (1987), de rechten van het kind (1990), gastarbeiders (*migrant workers*, 2003), de rechten van personen met een beperking (2008) en gedwongen verdwijningen (*enforced disappearances*, 2010).

Om de status van de mensenrechten op te volgen, onderscheiden de VN organen gebonden door het Handvest van de VN (*charter-based bodies*) en comités aansluitend bij de gespecialiseerde mensenrechtenconventies (*treaty-based bodies*).

Het belangrijkste orgaan op het niveau van het Handvest is de intergouvernementele Mensenrechtenraad (de *Human Rights Council*), sinds 2006 de opvolger van de Mensenrechtencommissie. De Raad telt 47 leden/lidstaten, gekozen door de Algemene Vergadering van de VN, waarvan 13 voor Afrika, 13 voor Azië en de Pacific, 8 voor Latijns-Amerika en de Caraïben, 7 voor

West-Europa, Noord-Amerika, Australië en Nieuw-Zeeland, 6 voor Oost-Europa. De Raad ziet toe op de naleving door staten van verdragen en conventies die verband houden met de mensenrechten en telt drie reguliere zittingen (minstens tien weken, in Genève) per jaar. Op vraag van een derde van zijn leden kan de Raad een bijzondere zitting samenroepen. Leden van de Raad worden gekozen voor een mandaat van drie, maximaal zes jaar. De zes West-Europese raadsleden voor 2014 waren Duitsland, Engeland, Frankrijk, Ierland, Italië en Oostenrijk.

Verdragsgebonden mensenrechtencomités worden opgevolgd door een beperkte groep van onafhankelijke deskundigen (vaak 18), voor elk verdrag in kwestie gekozen of aangesteld door de betrokken partijen/lidstaten. Zo zijn er het Mensenrechtencomité voor de burgerlijke en politieke rechten (CCPR), het Comité voor de economische, sociale en culturele rechten (CESCR) en comités aansluitend bij de conventies of verdragen met betrekking tot rassendiscriminatie (CERD), vrouwendiscriminatie (CEDAW), martelingen (CAT), kinderrechten (CRC), gastarbeiders (CMW), personen met een beperking (CRPD) en gedwongen verdwijningen (CED). Het is de taak van de mensenrechtencomités om de reguliere verslagen van de lidstaten te beoordelen en te bevragen. Ook kunnen de comités aanbevelingen voor de lidstaten formuleren die ze op hun beurt dan weer opvolgen. Niet elke lidstaat van de VN is partij (ondertekend en bekrachtigd) bij al deze conventies, maar 80 procent van de lidstaten is partij bij minstens vier van deze internationale mensenrechtenverdragen. Bovendien tellen de belangrijkste mensenrechtenconventies minstens 150 partijen, goed voor driekwart van de Algemene Vergadering van de VN.

Om het mensenrechtenwerk van de VN te coördineren, is er sinds 1993 een Hoge VN-Commissaris voor de Mensenrechten, met zetel in Genève. Sinds 2014 is dat de Jordaanse diplomaat Zeid Ra'ad al-Hoessein, de opvolger van de Zuid-Afrikaanse juriste Navi Pillay. Daar huist ook het Hoge VN-Commissariaat voor de Vluchtelingen, sinds 2005 geleid door de Portugese ex-premier Antonio Guterres. Een voorganger van het Hoge Commissariaat voor de Mensenrechten was het Centrum voor Mensenrechten in Genève, maar dat centrum werd door de wereldconferentie over de mensenrechten in 1993 te zwak bevonden om het mensenrechtenluik van de VN in te vullen, op te volgen en voor te gaan. Door het Centrum voor Mensenrechten te upgraden tot een Hoog Commissariaat, direct verbonden met de secretaris-generaal van de VN in New York (in 2014 de Zuid-Koreaanse diplomaat Ban Ki-moon), is die institutionele invulling er wel en kreeg het mensenrechtenwerk van de VN ook een naam en een gezicht.

Stapstenen van een internationale rechtsorde

Al in het Handvest van de VN van 1945 werd meteen voorzien in de oprichting van een Internationaal Gerechtshof, *International Court of Justice* (ICJ), om geschillen tussen staten voortaan op vreedzame wijze te regelen. Dat Internationaal Gerechtshof was zelfs niet nieuw. Het had al een gelijkgezinde voorganger ten tijde van de Volkenbond, het Permanent Hof van Justitie, opgericht in 1922. Ook de zetel van het Internationaal Gerechtshof bleef dezelfde, gevestigd in het Vredespaleis van Den Haag. Het Hof telt 15 rechters, door de Algemene Vergadering van de VN en de Veiligheidsraad gekozen, rekening houdend met een billijke spreiding van de rechters over diverse regio's en subcontinenten. Ook telt één lidstaat hooguit één rechter in het ICJ, gekozen of aangesteld voor een termijn van negen jaar. De meest recente Nederlandstalige rechter in het ICJ was de Nederlandse rechter Pieter Kooijmans.

De vestiging van het ICJ in Den Haag was geen toeval. Dat was al de plaats van de Haagse vredesconferenties van 1899 en 1907, in belangrijke mate gewijd aan de eerste pogingen om het oorlogsgeweld – in de zin van het humanitair recht – aan banden te leggen. Daar opende de Nederlandse koningin Wilhelmina in 1913 ook het Vredespaleis in Den Haag, de zetel van het latere ICJ. De bouw van het Vredespaleis werd mogelijk gemaakt door een miljoenengift van de vredesgezinde Amerikaanse staalmagnaat Andrew Carnegie, overeenkomstig een besluit van de eerste Haagse vredesconferentie van 1899. Gehoopt werd op een nieuwe Haagse vredesconferentie die in 1915 'alle openstaande kwesties' tussen de volkeren zou oplossen, maar die hoop werd door het uitbreken van de Eerste Wereldoorlog de grond in geboord.

Het Internationaal Gerechtshof behandelt uitsluitend geschillen tussen staten en alleen staten kunnen een zaak bij het ICJ indienen. Vaak gaat het om grensgeschillen, om de verdeling van maritieme rechten tussen diverse lidstaten of om geïsoleerde gebiedsdelen (zoals Bolivië in Zuid-Amerika) die hopen op een uitweg naar zee (een uitweg die Bolivië ooit had, voordat die door Chili werd afgesloten). Ook loopt nog een klacht bij het ICJ van Congo-Kinshasa wegens gewapende activiteiten op zijn territorium door Uganda. De wapens van het Internationaal Gerechtshof blijven die van de Haagse vredesconferenties: bemiddeling, arbitrage, beperkingen op het gebruik van geweld, rechten en plichten van neutrale mogendheden. Het hof kan niet uit eigen beweging een zaak opstarten. Die uitgangspunten hebben voor gevolg dat het ICJ weinig impact heeft op oorlogvoerende partijen wier soevereiniteit niet door het Hof in vraag gesteld wordt.

Een belangrijke stap om ook oorlogvoerende partijen voor de rechter te brengen, werd na 1945 nochtans al vlug gezet, op de oorlogstribunalen van Nürnberg en Tokio. Op het Internationaal Militair Tribunaal in Nürnberg, voorgezeten door geallieerde rechters, werden op 1 oktober 1946 21 nazikopstukken die de oorlog overleefden tot de dood door ophanging of tot lange gevangenisstraffen veroordeeld. Drie andere hoofdverdachten werden vrijgesproken. Op een gelijkaardig oorlogstribunaal in Tokio, de International Military Tribunal for the Far East, werden op 12 november 1948 28 militaire en politieke leiders door geallieerde rechters in staat van beschuldiging gesteld, van wie er zeven ter dood veroordeeld en terechtgesteld werden.

Nieuw was de belangrijkste reden van de veroordeling van kopstukken van nazi-Duitsland en nationalistisch Japan. In de eerste plaats ging het om oorlogsmisdaden, misdrijven tegen het humanitair volkenrecht ten aanzien van de burgerbevolking, oorlogsgevangenen, schipbreukelingen of gedetineerden. Maar de gruwel van de Tweede Wereldoorlog werd als zo bedreigend ervaren dat de klassieke oorlogsmisdaad niet volstond om de ernst ervan te omschrijven. Derhalve was voor het eerst sprake van 'misdaden tegen de menselijkheid' – *crimes against humanity* – of misdaden tegen de mensheid als zodanig. Bedoeld werden genocides, grootschalige deportaties, etnische zuiveringen en ondraaglijke vormen van dwangarbeid.

Misdaden tegen de menselijkheid zijn nooit meer uit het juridische jargon verdwenen. Toch maakte de Koude Oorlog in de jaren 1947-1989 de vervolging van deze categorie van misdrijven – die uiteraard ook bedreven werden door Stalin en Mao Zedong en hun satrapen, maar zelfs door de geallieerde overwinnaars in hun massale bombardementen van weerloze steden, inclusief de nucleaire vernietiging van Hiroshima en Nagasaki – vrijwel onmogelijk. Dat verhinderden vijf mogelijke veto's in de VN-Veiligheidsraad, uitgaand van de vijf toenmalige kernmachten.

Misdaden tegen de menselijkheid konden pas na de Koude Oorlog opnieuw op de voorgrond treden. Dat gebeurde al in 1993 met betrekking tot de oorlogen in ex-Joegoslavië, een jaar later ook na de Rwandese genocide. In beide gevallen was het de VN-Veiligheidsraad die unaniem besliste tot oprichting van een tribunaal voor oorlogsmisdaden, wat ex-Joegoslavië betreft in mei 1993, wat Rwanda betreft in november 1994. Het Joegoslavië-tribunaal vond onderdak in Den Haag, reeds zetel van het Internationaal Gerechtshof, het Rwanda-tribunaal in de Tanzaniaanse stad Arusha. In beide gevallen werden vonnissen geveld op basis van oorlogsmisdaden, misdaden tegen de menselijkheid en volkenmoord.

De rechters – in beide gevallen 11 in getal – werden gekozen door de Algemene Vergadering van de VN uit een lijst van personen op voorstel van de lidstaten opgesteld door de Veiligheidsraad. De procureur werd door de Veiligheidsraad benoemd op voorstel van de VN-secretaris-generaal. Beide tribunalen slepen zich twintig jaar later nog altijd voort. Toch kreeg het Joegoslavië-tribunaal in die jaren 160 van de 161 hoofdverdachten achter Haagse tralies, inclusief de Servische president Milosevic (in 2006 in hechtenis overleden) en de oorlogsleiders van de Servische Bosniërs Radovan Karadzic (aan Den Haag uitgeleverd in 2008) en Ratko Mladic (opgepakt en uitgeleverd in 2011). Een Kroatische hoofdverdachte, oud-generaal Ante Gotovina, werd in 2011 voor oorlogsmisdaden in de Krajina in Den Haag tot 24 jaar cel veroordeeld maar werd een jaar later in hoger beroep vrijgesproken.

Een zwak punt van het Rwanda-tribunaal in Arusha, in 1994 opgericht om de verantwoordelijken voor de genocide in Rwanda 'te vervolgen, te berechten en te veroordelen', was zijn beperkte scope. Om de Rwandese president Kagame te paaien, een graag geziene figuur in Amerikaanse en Britse kringen, geldt de competentie van het tribunaal uitsluitend voor de periode 'van 1 januari tot 31 december 1994'. Die scope sluit de prelude van de genocide uit, nadat het Patriottisch Front van Kagame al in het najaar van 1990 met grof geweld vanuit Uganda Rwanda binnenviel, maar ook de lange nasleep ervan in het Congolese oosten, waar beide partijen in de Rwandese burgeroorlog elkaar nog vele jaren bleven bestrijden. Op 2 september 1998 velde het Rwanda-tribunaal een eerste vonnis. Sindsdien werden in Arusha 38 verdachten schuldig bevonden en 14 vrijgesproken. Veroordeelden zitten hun straf uit in een of andere Afrikaanse gevangenis die bereid bleek hen op te vangen.

Joegoslavië en Rwanda bleven adhoc-tribunalen, geval per geval opgericht om lokale conflicten te beslechten. Overigens kwamen er de voorbije twaalf jaar soortgelijke tribunalen in Sierra Leone en Cambodja. Het Sierra Leone-tribunaal, ingezet in 2002 in Freetown om er het Taylor-regime op de rooster te leggen, werd een speciaal tribunaal genoemd. Alle rechters waren Sierra Leoners. Wel genoot het tribunaal de steun van de internationale gemeenschap. Het was de bedoeling Charles Taylor te berechten voor 17 aanklachten van oorlogsmisdaden en misdaden tegen de menselijkheid. Helaas is de man op 29 juli 2003 na een beroerte in een ziekenhuis in Freetown overleden, nog voor hij kon berecht worden. 'Zijn dood bracht hem het vreedzame einde dat hij zoveel tegenstanders had ontzegd', verzuchtte de procureur van het SR-tribunaal.

In 2006 kwam er een *Cambodian War Crimes Tribunal* met 17 Cambodjaanse en 13 internationale rechters om er de Rode Khmer-leiders uit de jaren

1970 alsnog te vonnissen. Voor de politieke leider van de Rode Khmer, Pol Pot, kwam het tribunaal veel te laat – hij overleed al in 1998. De militaire leider van de Rode Khmer Ta Mok, verantwoordelijk gesteld voor 2 miljoen doden op 4 jaar tijd, overleed in 2006. Oud-buitenlandminister Ieng Sary overleed in 2013. Alleen partij-ideoloog Nuon Chea en het Cambodjaanse ex-staatshoofd Khieu Samphan konden in 2014 nog veroordeeld worden. Ze kregen levenslang.

Al die adhoc-tribunalen lagen in de gouden jaren 90, tussen de val van de Berlijnse Muur en 11 september 2001, aan de basis van het Internationaal Strafhof ICC (voor *International Criminal Court*). In dit geval gaat het om een permanent en universeel strafhof, alweer met zetel in Den Haag, gericht op de bestraffing van oorlogsmisdaden en misdaden tegen de menselijkheid. Opgericht op basis van het Statuut/Verdrag van Rome van 17 juli 1998, van kracht sinds 1 juli 2002 (door de vereiste 60 landen geratificeerd, in 2014 waren er dat 122, andere landen hebben het verdrag wel ondertekend maar niet geratificeerd), zetelt het ICC sinds 11 maart 2003. Het Internationaal Strafhof telt 18 rechters, onder wie de Antwerpse strafrechter Christine Van Den Wyngaert. Procureurs/hoofdaanklagers waren tot nog toe Luis Moreno-Ocampo (Argentijn, 2003-2012) en Fatou Bensouda (Gambia, 2012-). Nooit eerder was er een strafhof met universele competenties, al heeft het hof nauwelijks middelen of mogelijkheden om verdachten waar dan ook aan te houden en naar Den Haag over te vliegen.

Een zwak punt van het ICC is dat tot nu toe strafrechtelijke onderzoeken werden ingesteld naar misdrijven in acht gebieden, alle in Afrika (Uganda, Congo-Kinshasa, CAR, Darfur/Sudan, Kenia, Libië, Ivoorkust, Mali). In 2003 was Uganda het eerste land dat een zaak naar het ICC verwees (misdrijven gepleegd door het Verzetsleger van de Heer, het *Lord's Resistance Army*, in 2005 werden arrestatiebevelen uitgevaardigd tegen Joseph Kony en vier kompanen). In 2006 werd voor het eerst een aangeklaagde aan het ICC overgedragen, de Congolese rebellenleider Thomas Lubanga (in Ituri), later ook Germain Katanga (eveneens in Ituri), Bosco Ntaganda (2008, Congolese Tutsi-rebellenleider) en Jean-Pierre Bemba (2008), nog later volgde Laurent Gbagbo (2011, Ivoorkust). Het ICC kwam tot z'n eerste vonnis op 14 maart 2012, waarbij Lubanga medeplichtig bevonden werd aan het werven en inzetten van kindsoldaten. Lubanga kreeg uiteindelijk 14 jaar gevangenis.

Procureur Fatou Bensouda had ook de Keniaanse president Uhuru Kenyatta op het oog, die ze wou vervolgen voor misdaden tegen de mensheid (voor feiten die zich afspeelden voor zijn ambtstermijn, toen in 2008 na verkiezingen in Kenia duizend mensen omkwamen bij etnisch geweld), maar van die vervolging moest het ICC afzien. Ook de Sudanese president al-Bashir staat al jaren op de lijst van geviseerde ICC-verdachten. Nog in 2013 onderzocht het Strafhof acht zaken met een Afrikaanse achtergrond, al zouden ook Afghanistan, Honduras en Georgië op de lijst staan van landen die door het ICC 'aandachtig gevolgd worden'. Die Afrikaanse obsessie is dodelijk voor een Strafhof met universele ambities, alsof er elders in de wereld geen oorlogsmisdaden en misdaden tegen de menselijkheid te vervolgen zijn.

6

Verzwegen oorlogen

Nog altijd sterven meer mensen als gevolg van honger dan als gevolg van alle oorlogen samen.
JEAN ZIEGLER

Van oudsher zijn er oorlogen die elke dag in het nieuws komen en verzwegen oorlogen, oorlogen die om een of andere reden liefst het daglicht schuwen. Oorlogen worden verzwegen als het de betrokken staten zo uitkomt. Omdat het vuile oorlogen zijn, oorlogen waarvoor de betrokken staten zich schamen. Omdat ze niet beantwoorden aan de internationale criteria die de oorlogsvoering aan banden leggen. Omdat ze niet passen in het gangbare patroon van oorlogvoerende partijen. Omdat directe gewelddaden eerder schaars zijn, ten voordele van een chronisch geweldpatroon gespreid over vele jaren, decennia, soms eeuwen. Omdat criminele geweldenaars per definitie het daglicht schuwen en ze niet gezien willen worden. Of omdat staten hun eigen oorlogsvoering het liefst verbergen, om de tegenpartij van excessief geweld te kunnen beschuldigen.

Verzwegen oorlogen verdragen geen verslaggevers. Ze zijn het werk van inlichtingendiensten en andere geheime actoren. Elders zijn verzwegen oorlogen eerder het werk van structurele sociale en maatschappelijke verhoudingen dan van identificeerbare geweldenaars. Gestolde vormen van maatschappelijk geweld zijn minder zichtbaar dan acute vormen van geweld. Vaak blijven ze onder de radar van verslaggevers en journalisten. Ze zoeken de duisternis, niet het licht. Ze nestelen zich in de schaduw van de internationale betrekkingen, ver van de schijnwerpers van de media. Verzwegen oorlogen willen verzwegen worden. De ultieme nederlaag is de nederlaag die nooit in het nieuws komt. Een verzwegen overwinning siert iedereen.

Wellicht woeden er meer verzwegen dan erkende oorlogen. Mensen en volkeren tooien zich graag als vredelievend, zelfs als ze manifest de oorlogstrom roeren. Het eerste is wat ze hun volgelingen voorhouden, het tweede wat ze hun tegenstanders aandoen. Nog de meest erkenbare slachtoffers van verzwegen oorlogen zijn etnische of religieuze minderheden die vaak al eeuwenlang aan de verkeerde kant van de geschiedenis staan. Omdat ze hun levenswijze, hun sociale identiteit en hun mens- en levensbeschouwing tegen hun dominante omgeving afschermen. Omdat ze zich koesteren in het isolement dat hen ook door buitenwereld wordt opgedrongen. Of omdat ze voor de westerse globalisering van de voorbije eeuwen nog de hoogste prijs betalen en ze zich blijven verzetten tegen een overweldiger die hun sporen in deze wereld wil uitwissen.

Ook de slachtoffers van criminele geweldenaars krijgen veelal een anoniem graf in een anonieme omgeving. Soms opererend op een schaal die open oorlogen evenaart, heeft de georganiseerde criminaliteit geen belang bij openheid van zaken. Om andere redenen dan het structurele geweld dat etnische of religieuze minderheden platwalst, verschuilen criminele organisaties zich in een sociaal en politiek maquis dat geen overheidsoog verdraagt. De georganiseerde misdaad is het absolute tegendeel van de politieke statenorde, maar een natuurlijke bondgenoot van de mislukte staat. Pas waar staten mislukken of manifest falen, krijgt de georganiseerde misdaad een droomkans die ze niet laat liggen. Waar staten weer het heft in handen krijgen, vormt de georganiseerde misdaad dan weer hun eerste doelwit. De twee zijn onverenigbare tegenstanders die zelfs geen compromis verdragen. De oorlog die staten met georganiseerde misdaadkartels voeren is een totale oorlog. Er zijn uitsluitend overwinnaars en verliezers.

Een derde vorm van verzwegen oorlogen leveren de staten zelf. Het zijn geheime oorlogen, achter de schermen uitgevochten door geheime diensten, inlichtingendiensten, speciale troepen en veiligheidsdiensten van diverse pluimage waarvan vooral grootmachten zich bedienen om hun belangen op wereldschaal te beveiligen of kracht bij te zetten. Alweer achter de schermen, omdat de betrokken staten wel degelijk beseffen dat deze operaties vaak in strijd zijn met hun publieke uitgangspunten en dierbaarste overtuigingen en ze nauwelijks het daglicht verdragen.

Ter verdediging van vaak onverdedigbare operaties roepen ook democratische staten wel eens in dat het 'in deze smerige wereld' met zoveel 'schurkenstaten' en zoveel ondemocratische tegenstanders helaas niet anders kan en dat ook een politieke democratie 'minder democratische activiteiten' – inclusief martelpraktijken – moet ontplooien om erger te voorkomen. Die verdediging kon oprechte democraten nauwelijks overtuigen. Omdat deze geheime oorlogen zelden duurzame of aanvaardbare resultaten konden voorleggen en ze externe bedreigingen eerder vergroot dan verkleind hebben. Nog bedenkelijker is dat geheime operaties in het buitenland vaak ook het eigen regime besmeuren, of toch de principes waarop dat regime zich beroept om die geheime operaties te voeren.

Een vierde vorm van verzwegen geweld dat oorlogsvormen kan aannemen, treft vele staten van binnenuit. Dat geweld blijkt onder meer uit de beschikbaarheid van vuurwapens, uit de criminaliteitscijfers en uit de gevangenisregimes die de staten cultiveren. Boven op de georganiseerde misdaad onthullen de verspreiding van vuurwapens, de criminaliteitscijfers, het gevangenisregime en de frequentie van doodstraffen de geweldscultuur die een samenleving uitbouwt of tolereert. Ook dat is vaak gestold geweld. Zelfs als er geen bloed vloeit, getuigen die factoren van een geweldsniveau zonder voorgaande in de recente geschiedenis van staten en volkeren.

En op de vijfde plaats eisen ook aloude vormen van slavernij of horigheid nog in de 21ste eeuw hun plaats op in de sinistere galerij van verzwegen oorlogen. Nieuwe vormen van slavernij of horigheid, formeel door alle artikelen van het internationaal recht verboden en bestreden, nemen de oude vormen niet weg. Blijkbaar zijn mensen en volkeren op dit punt zo creatief dat vele vormen van huisarbeid en dienstbaarheid in gezinsverband nauwelijks verschillen van de meiden en knechten van het Europese ancien régime. Nog altijd zijn er schuldslaven, meer nog dan vijftig jaar geleden, mensen die hun leven lang een ondraaglijke schuld meedragen en daarvoor herendiensten verrichten en die aan hun kinderen doorgeven. Nog altijd worden mensen als koopwaar verkocht en verhandeld – met name in de seksindustrie, maar ook in de productie van arbeidsintensieve goederen. Op wereldschaal zijn het er honderden miljoenen. Dat zijn er meer dan in enig slaventijdperk in het verre verleden.

Inheemse volkeren in goede en kwade dagen

Geïsoleerde etnische en religieuze minderheden zijn moeilijk te catalogeren. Vaak worden ze 'inheemse volkeren' genoemd, volkeren die er van oudsher een manier van leven op nahouden die zich niet liet moderniseren. Aanvankelijk kregen ze van Europese kolonisten de naam 'inlanders' of 'inboorlingen', al gold die terminologie dan weer voor alle gekoloniseerde volkeren. Iets vriendelijker was de benaming 'natuurvolkeren', maar dat label was dan weer het equivalent van 'primitieve volkeren', de 19de-eeuwse benaming voor cultureel minderwaardige volkeren die het verdienden om door geavanceerde culturen gekoloniseerd te worden. Duitse auteurs hadden het zelfs over de 5000 oervolkeren van deze aarde, de *Urvölker der Erde*, wier bestaan de voorbije eeuwen nog het meest door de Europese gangmakers van de globalisering bedreigd werd.

Inheemse volkeren vielen al vroeg op omdat ze zich niet aan koloniale omstandigheden aanpasten, zich niet door de kolonisator lieten assimileren en hun eigen etnische of religieuze identiteit wilden vrijwaren. De term inheemse volkeren, in het Engels *indigenous peoples*, beantwoordt nog het best aan die omschrijving. Dat bleef ook de naam voor het *Permanent Forum on Indigenous Issues* van de VN, dat sinds 2002 circa 370 miljoen inheemse volkeren – 5 procent van de wereldbevolking – in circa 90 landen vertegenwoordigt. In 1994 introduceerde de Algemene Vergadering van de VN overigens een eerste internationaal decennium van 's werelds inheemse volkeren, in de jaren 1994-2005. In 2007, al in het tweede decennium van de inheemse volkeren, adopteerde de Algemene Vergadering een Verklaring van de rechten van inheemse volkeren. Dat die verklaring prioriteit gaf aan collectieve rechten was zonder precedent in termen van internationaal recht.

Sinds 1991 is er ook een niet-gouvernementele organisatie die 'niet-vertegenwoordigde naties en volkeren' een stem geeft, de *Unrepresented Nations and Peoples Organization* UNPO, met zetel in het Vredespaleis in Den Haag en een EU-bureau in Brussel. Ook de UNPO focust op inheemse volkeren, minderheden en niet-erkende of bezette territoria die opkomen voor hun menselijke en culturele rechten, voor het behoud van hun leefmilieu en voor geweldloze oplossingen als zich conflicten voordoen. Stichtende leden waren onder meer Armeniërs, Australische Aboriginals, Iraakse Koerden, Krimtataren, Tibetanen, Turkestani en West-Papua's.

Toch is er iets te zeggen voor het Duitse equivalent bedreigde volkeren, *Bedrohte Völker*. Omdat alle inheemse volkeren in de maalstroom van de globalisering ook bedreigde volkeren zijn. Dat geldt ook voor een derde term, *geïsoleerde volkeren*. Om te overleven, sloten vele inheemse volkeren zich bewust op in een zelfgekozen isolement. Anderen werden met harde hand door hun dominante omgeving geïsoleerd. Het resultaat was hetzelfde, volkeren sloten zich op of werden opgesloten in een archipel van geïsoleerde entiteiten die hun wereldwijde weerstand tegen de globalisering nog meer verpulverde. Canadezen spraken ook van *First People*, de eerste mensen, in dit geval zij die het Amerikaanse continent het eerst bewoonden, voordat Europese kolonisten er de eerste mensen verdreven of marginaliseerden.

De bekendste inheemse volkeren bleven de Amerikaanse Indianen en Eskimo's (of Inuit), de Australische Aboriginals en de Nieuw-Zeelandse Maori, de Braziliaanse Yanomami, de Indiase Dravidiërs en Adivasi, de Noord-Afrikaanse Berbers en de Zuid-Afrikaanse Khoisan en Khoikhoi, de Pygmeeën in het Afrikaanse regenwoud, de Japanse Ainu, de Scandinavische Saami, de Oekraïense Krimtataren, de Chinese Tibetanen, de Spaanse en Franse Basken, de Indonesische Papua (Nieuw-Guinea) en Penan (Borneo) en tal van etnische minderheden in de Russische Federatie en op het Amerikaanse halfrond.

Tot in een recent verleden werden tal van inheemse volkeren effectief met uitsterven bedreigd. Soms werd letterlijk op hen gejaagd, alsof het wilde dieren waren die kolonisten straffeloos konden uitroeien. In andere gevallen werden ze door blanke boeren, door mijnbouwers of door industriële machthebbers telkens weer verdreven. Dat is geen verre geschiedenis. Volgens Alma De Walsche van het Vlaamse kwartaalblad *MO** is dat in Colombia – land met meer dan honderd inheemse volkeren – nog altijd het geval. Daar zitten inheemse volkeren al jaren gekneld tussen guerrillagroepen, paramilitairen en het Colombiaanse leger, vooral als ze gebiedsdelen bewonen met overvloedige bodemrijkdommen. De Colombia-specialiste noemt het terecht 'een onzichtbare oorlog' waarin jaarlijks nog altijd ontelbare doden vallen.

Toch hangt er op het Amerikaanse halfrond een andere omgang met Indianen en Eskimo's in de lucht. In 1900 telde Amerika hooguit nog 237.000 Indianen, het absolute dieptepunt. Vandaag zijn het er weer 3 miljoen, voor Amerika bijna evenveel – mogelijk 5 miljoen – als er waren vóór de komst van de bleekgezichten. Ze vormen weer soevereine naties, erkend door de Amerikaanse grondwet en de Amerikaanse overheid. Samen vormen ze het *National Congress of American Indians* NCAI. Aansluitend bij de *State of the Union* van de Amerikaanse president, hield op 30 januari 2014 ook de voorzitter van de NCAI voor de 12de keer vanuit Washington zijn jaarlijkse *State of Indian Nations*. Daarin lijstte Brian Cladoosby de uitdagingen op voor de Indiaanse naties vandaag. Tevens was hij vol lof over Obama's creatie van een hoge raad voor Indiaanse aangelegenheden, de *White House Council on Native American Affairs*, waarin blanken en indianen samen oplossingen zoeken voor hun geschillen.

De circa 30.000 Canadese Eskimo's of Inuit kregen in 1999 van de Canadese overheid zelfs 'hun land' terug, in dit geval geen petieterig reservaat maar circa 2 miljoen km^2. Dat reusachtige territorium, een vijfde deel van Canada, werd van de *Northwest Territories* afgescheiden om als Nunavut (hoofdstad Iqaluit, aan de Frobisher Bay) door de Eskimo's zelf beheerd te worden. Sindsdien telt Canada 10 provincies en drie territoria (Northwest Territories, Nunavut en Yukon Territory). Voor Canada gaat het om grootste hertekening van de politieke kaart sinds de vorming van de provincie Newfoundland en Labrador in 1949. Ofschoon Canadese territoria bestuurd worden door een door Ottawa benoemde premier, wordt die bijgestaan door een gekozen regionale raad waarin de regionale bevolking een directe stem heeft in het kapittel.

De meest bedreigde volkeren

Bijzonder bedreigend voor de Australische Aboriginals – die er al 40.000 jaar waren gevestigd toen in 1788 de eerste Europeaan verscheen die in Australië zou blijven – was een massale kinderroof. Die werd in de late 19de eeuw bedacht door een toenmalige onderminister in het Britse ministerie van Koloniën en hield in dat kinderen ouder dan drie van hun inheemse Australische ouders afgenomen werden. Vervolgens kwamen ze – onder een nieuwe naam en een nieuwe identiteit – in een weeshuis of opvoedingsgesticht van kerk of staat terecht, om er 'volwaardige mensen' van te maken. Dat vonden Britse koloniale ambtenaren blijkbaar zo'n goede vondst dat ze de praktijk ook in Canada introduceerden ten aanzien van kinderen van Indianen en Eskimo's. In Australië werd die systematische kinderroof, geraamd op 150.000 nog levende slachtoffers, pas in 1969 stopgezet.

Tegelijk bleek de Europese afkeer van deze verliezers van de menselijke ontwikkeling uit de spotnamen die blanke kolonisten in Zuidelijk Afrika bedachten voor de Khoisan (*bosjesmannen*, in de Kalahari) en de Khoikhoi (*hottentotten*). Voor Bantoe-volkeren had de Europese kolonisator van Afrika nog enig ontzag. Daar zag de kolonisator potentiële knechten of meiden, arbeidskrachten of soldaten in. Met inheemse volkeren zoals de Pygmeeën – niet groter dan 1m56 voor de mannen, 1m44 voor de vrouwen – weten zelfs de onafhankelijke

Afrikaanse staten geen blijf. Zelfs voor geoefende waarnemers blijven ze onzichtbaar en bij het afwegen van etnische verhoudingen tellen ze zelden mee.

In geen land wonen meer inheemse volkeren dan op het Indiase subcontinent, al is hun situatie er bijzonder complex. Taalkundig gaat het om 200 miljoen Dravidiërs, sprekers van een 25-tal Dravidische talen in het Indiase zuidoosten, in het 2de millennium v.C. door Indo-Europese Ariërs steeds verder naar het zuiden verdreven. *Adivasi* is dan weer een Indisch woord voor oude bewoners, bewoners van het Indische subcontinent van vóór de Arische invasies. Hun aantal wordt op tien procent van de Indiase bevolking geraamd, 120 miljoen. Tot de Adivasi behoren ook 220 tribale volkeren in India's noordoostelijke deelstaten Nagaland, Manipur, Assam en Arunachal Pradesh. Veel groter is de Indiase categorie van de kasteloze *Dalits* of Onaanraakbaren, een groep van circa 250 miljoen Indiërs buiten het kastenstelsel (stelsel ingevoerd door de Arische invallers om het verschil met hun voorgangers te maken). Dravidiërs, Adivasi en Dalits zijn geen Indiase synoniemen. Het blijven subtiele verschillen in een samenleving van meerderheden en minderheden die het Indiase subcontinent tegelijk verenigen en verdelen.

Toch blijft het meest bedreigde inheemse volk, ook qua omvang, het Tibetaanse volk. Gespreid over een plateau van 1,2 miljoen km^2, vier- tot vijfduizend meter boven de zeespiegel, is Tibet van oudsher een geïsoleerd boeddhistisch land met uitgesproken Tibetaanse kentrekken. Sinds de 16de eeuw onder de politieke en religieuze leiding van de dalai lama, een religieuze dynastie die via reïncarnatie werd doorgegeven, werd Tibet pas in de vroege 20ste eeuw door Chinese troepen geannexeerd. Dankzij de val van het Chinese keizerrijk (in 1911) was die eerste annexatie van korte duur, maar in 1950 was het menens. Net in het jaar dat de 14de dalai lama op de troon kwam, op dat moment 15 en nog te jong voor zijn politieke functies, viel de Chinese Revolutie van 1949 het Tibetaanse hoogland binnen.

Aanvankelijk voerde China in Tibet nog een vrij gematigde politiek, volgens Mao Zedong 'in overleg met de Tibetaanse regering' van de jonge dalai lama, Lhamo Dhöndrub (zijn geboortenaam) of Tenzin Gyatso (zijn kloosternaam). Die wittebroodsweken waren snel voorbij. Toen de Chinezen ook in Tibet verkondigden 'dat elke religie vergif is' en de Tibetanen opriepen het boeddhisme uit te roeien, brak al in 1956 in de Oost-Tibetaanse provincies een opstand uit. Drie jaar later namen alle Tibetanen de wapens op. In de hoofdstad Lhasa zelf kreeg het Chinese leger de opstand vrij snel onder controle door alle publieke gebouwen genadeloos te bombarderen. Elders in het land werd veel langer strijd geleverd. Al op 17 maart 1959, één week na het uitbreken van de opstand, vluchtte de dalai lama naar India. Daar kon hij met vele volgelingen in Dharamsala terecht, in de noordelijke Indiase deelstaat Himachal Pradesh, waar hij politiek asiel kreeg en hij de zetel van een Tibetaanse regering in ballingschap kon vestigen.

Volgens Tibetaanse cijfers leven er thans 6 miljoen etnische Tibetanen in Tibet en aangrenzende gebiedsdelen, al vielen er als gevolg van de Chinese bezetting minstens 1 miljoen Tibetaanse doden en werden er duizenden tempels en kloosters door de Chinezen vernield. Het meest vrezen de Tibetanen de *verchinezing* of *sinificatie* van Tibet. Dat is geen stijlfiguur, maar het gevolg van een groeiende aanwezigheid van Han-Chinezen in wat China de Autonome Regio Xizang noemt, naar verluidt ingevoerd a rato van 300.000 per jaar. Het aantal Han-Chinezen in Tibet werd in 2014 in Dharamsala geraamd op 3 tot 7 miljoen. Als dat laatste cijfer klopt, vormen Han-Chinezen er al de meerderheid van de bevolking.

De 14de dalai lama wordt dit jaar 80. Over de hele wereld gelauwerd om zijn vreedzaam en geweldloos profiel – hij kreeg in 1989 de Nobelprijs voor de Vrede, later ook de Amerikaanse Medal of Freedom – heeft hij al zijn politieke verzuchtingen van zich afgeschud. Een onafhankelijk Tibet behoort niet meer tot zijn doelstellingen of verwachtingen. Wel blijft hij hopen op Tibetaanse autonomie binnen de Chinese Volksrepubliek – volgens de dalai lama kan een land zijn onafhankelijkheid verliezen, maar niet zijn cultuur – maar zijn politiek-religieuze aureool blijft voor Beijing onverteerbaar. In december 2014 sloot de dalai lama in een interview met de Britse BBC niet uit dat 'de traditie van zijn functie met hem eindigt'. Omdat 'het instituut van de dalai lama door mensen gemaakt werd, kan het ook door mensen weer ongedaan gemaakt worden'.

Volkeren verplaatsen of deporteren is voor machthebbers een oude en immer actuele truc om een weerspannige bevolking te temmen. Sovjetleider Stalin was daar, in oorlogstijd, een grootmeester in. Maar ook de Indonesische leiders waren er de voorbije decennia niet vies van, onder meer in het Indonesische deel van Nieuw-Guinea, ten noorden van Australië. Het op één na grootste eiland ter wereld – 786.000 km^2 – werd in 1884 door een koloniale meridiaan in twee bijna gelijke stukken verdeeld. De westelijke helft van de 141ste meridiaan – 141° oosterlengte – werd een deel van Nederlands-Indië, de oostelijke helft werd door Duitsland en Engeland verdeeld. Het reusachtige eiland was in die jaren uiterst dun bevolkt door een paar honderdduizend Melanesische Papua's. Het waren Portugezen die de inheemse bevolking in de 16de eeuw het eerst Papua's noemden, een Melanesisch woord voor *kroezelkop*.

Bij de onafhankelijkheid van Indonesië in 1949 bleef Nederlands-Nieuw-

Guinea een twistappel tussen Indonesië en Nederland. Pas in 1963 droeg Den Haag West-Nieuw-Guinea aan Indonesië over, op voorwaarde dat de bevolking zich bij referendum over aansluiting bij Indonesië kon uitspreken. Na een omstreden want gemanipuleerd referendum, uitgevoerd in 1969, werd Irian Jaya een Indonesische provincie. Op dat moment vocht een Organisatie voor een Vrij Papua, *Organisasi Papua Merdeka* of OPM, al vier jaar voor de onafhankelijkheid van West-Papua. De onafhankelijkheid van de oostelijke helft van Nieuw-Guinea in 1975, onder de naam Papua-Nieuw-Guinea, blies de OPM nog wind in de zeilen. Maar onder Suharto, 33 jaar aan de macht in Jakarta, gaf Indonesië geen kik. Eigenlijk hielden Jakarta en de Nieuwe Orde er het deksel op de pot, want het Merdeka-verzet werd er bloedig vervolgd. Dat documenteerde ook Kees Lagerberg, als voormalige bestuursambtenaar en antropoloog in Nederlands-Nieuw-Guinea nog het best geplaatst om er de situatie op te volgen, in 2005 in zijn schrijnend boek *Schuldig zwijgen*. Schrijnend vond Lagerberg vooral dat zelfs Nederland het bittere lot van de West-Papua's verzweeg en hun zelfbeschikkingsrecht miskende.

Pas na Suharto's aftreden in 1998 kwam het Papua-verzet in Irian Jaya ook in het Westen weer op de radar. Een eerste Indonesische toegeving kwam er in 2001, toen Irian Jaya onder president Habibie weer Papua mocht heten. Maar de verwarring bleef troef. In 2003 verdeelde de Indonesische president Sukarnoputri het half-eiland dan weer in drie stukken: West-Irian Jaya, Midden-Irian Jaya en Papua. In 2007, onder president Yudhoyono, werden West- en Midden-Irian Jaya dan weer samengevoegd tot West-Papua, naast (Indonesisch) Papua welteverstaan. Verwarring alom op een eiland waar alles naar Papua verwijst maar waar de Indonesische factor het prekoloniale eiland blijft verdelen.

Die verdeling wordt bestendigd door miljoenen migranten die de voorbije decennia door Indonesië vanuit het overbevolkte Java en Sumatra naar het dunbevolkte West-Papua overgevaren werden, om daar de circa 2 miljoen Papua's als tweederangsburgers opzij te zetten. Het onafhankelijke Papua-Nieuw-Guinea, de oostelijke helft van het eiland, telt thans circa 6,5 miljoen inwoners, de Indonesische westelijke helft 4 tot 5 miljoen, al dreigen de Papua's in die westhelft gereduceerd te worden tot een minderheid.

Voor geheel Nieuw-Guinea geldt dan weer dat het een eiland is met overvloedige grondstoffen, en dan zijn grootmachten nooit ver uit de buurt. Zo is British Petroleum in West-Papua al jaren actief in een miljardenproject voor de winning van aardgas voor export naar China. Terwijl het Amerikaanse Freeport (New Orleans) en de Brits-Australische mijnbouwgroep Rio Tinto er de grootste koper- en goudmijn ter wereld exploiteren, te vinden in een concessie van 2,6 miljoen hectare.

Georganiseerd crimineel geweld

Georganiseerde criminaliteit is een kwestie van geld, veel geld. Volgens het *Drugs Control Programme* van de VN in de jaren 90 ging het alleen al in de drugshandel om een opbrengst van 400 miljard dollar per jaar. Dat was niet minder dan acht procent van de toenmalige internationale handel. Recentere cijfers ramen de omvang van de wereldwijde drugshandel op 600 tot 800 miljard dollar per jaar. Dat is het equivalent van het bruto binnenlands product van een relatief rijk land. De Italiaanse econome Loretta Napoleoni berekende in 2003 zelfs het *bruto crimineel product*, de omvang van alle onwettige financiële transacties. Ze kwam uit op een waarde tussen 600 en 1500 miljard dollar, 2 tot 5 procent van het wereldproduct. In combinatie met de illegale economie komt de Nieuwe Economie van de Terreur volgens Napoleoni neer op bijna 1500 miljard dollar, twee keer de prijs of de omzet van het rijke Engeland.

In 2008 waarschuwde de Italiaanse voor een schurkeneconomie, een variant op de schurkenstaten van de Amerikaanse president Bush, naarmate de politiek zijn macht over de legale economie verliest en die een gevaarlijk instrument wordt in de handen van corrupte ondernemers. Volgens Napoleoni gedijt een schurkeneconomie, een onontwarbare vermenging van legale en illegale economische activiteiten, het best bij 'de grootste inkomensongelijkheid sinds de middeleeuwen' – het grote stokpaardje van Thomas Piketty – die de voorbije dertig jaar 'de natiestaat heeft vervangen door een marktstaat' waarover de nationale staten steeds minder te zeggen hebben. De Italiaanse econome noemt het internet trouwens de succesvolste kolonie van de schurkeneconomie. Want 'dat is het terrein waar door de bandieten geïntroduceerde technologische innovaties zijn geperfectioneerd en toegepast in legitieme bedrijven'. Tegelijk is het 'een wetteloze omgeving waar de schurkenbesmetting snel om zich heen grijpt'.

In drugsoorlogen vallen ook de meeste doden. Alleen al in Mexico, draaischijf van het doorsluizen van Zuid-Amerikaanse cocaïne naar de Noord-Amerikaanse markten, vielen onder drugsbendes en in hun strijd tegen de Mexicaanse overheid de voorbije tien jaar minstens 100.000 doden. Toch blijft ook crimineel geweld onder de radar van polemologen en politicologen. Per definitie strijden criminelen niet met open vizier. Integendeel doen ze er alles aan om hun sporen uit te wissen en hun winst- en verliescijfers toe te dekken.

Wat cocaïne is voor Zuid-Amerika is cannabis (eindproducten hasj en marihuana) voor Noord-Afrika, opium (eindproducten heroïne en morfine) voor

Centraal-Azië. Andere winstgevende activiteiten voor de georganiseerde misdaad zijn de wapenhandel (vraag verzekerd), de mensenhandel (vooral vrouwen en kinderen voor de prostitutie of de huisarbeid, maar ook van migratiestromen kunnen mensensmokkelaars een graantje meepikken), de bouwsector (vooral openbare werken en nutsvoorzieningen), de energiesector (vooral olie en gas) en de afvalverwerking van de gevaarlijkste, meest milieuvervuilende en dus ook duurste producten. Maar er is geen enkele agrarische of industriële activiteit waarvoor de georganiseerde misdaad zijn neus optrekt.

Volgens de Zwitserse socioloog Jean Ziegler opereert de georganiseerde misdaad meestal in misdaadkartels. Die combineren drie organisatievormen die elkaar eigenlijk uitsluiten, doceert de socioloog. Vooreerst is een kartel een economische en financiële organisatie van het kapitalistische type, gericht op maximale winstcijfers en marktcontrole, op dit punt nauwelijks te onderscheiden van om het even welke multinationale onderneming. Tegelijk vertoont een misdaadkartel een militaire hiërarchie – onder een absolute potentaat of peetvader – en vormt direct en alomtegenwoordig extreem geweld het fundament en het zegel van elke criminele vereniging. En op de derde plaats steunt een crimineel kartel meestal op een etnische clan of op bredere verwantschapsstructuren. Dit derde punt deelt een misdaadkartel met de maffia, een Italiaanse naam voor een criminele familieclan.

Volgens Ziegler in 1998 vormt de Zuid-Italiaanse maffia nog altijd het rijkste misdaadkartel ter wereld, met een jaarlijks zakencijfer van 50 miljard dollar en een vastgoedpatrimonium van 100 miljard dollar. Historisch onderscheiden criminologen de Siciliaanse Cosa Nostra (180 clans, 5500 mannen van eer, 3500 soldaten), de Napolitaanse Camorra (145 clans, 7000 leden), de Calabrische N'Drangheta (150 clans, 5000 soldaten) en de Apulische Sacra Corona Unita (51 clans, 2000 leden). Maar de vier pijlers van de Zuid-Italiaanse georganiseerde misdaad zijn al jaren even actief in Noord-Italië, in West-Europa en in Amerika, waar meer Amerikanen met Italiaanse wortels wonen dan in Italië zelf. Zo wordt de N'Drangheta een grote rol toegeschreven, met een zware voet aan de grond in de West-Europese havens, in de Amerikaans-Europese cocaïnetrafiek. De Brusselse onderzoeksjournalist Alain Lallemand raamde het aantal echte leden van de Italiaanse maffia in 1996 op 20.000, naast enkele tienduizenden tussenpersonen. De Italiaanse Kamer van Koophandel raamde hun gezamenlijk investeringsbudget in 1994 op 'meer dan 500 miljard dollar'.

De Amerikaanse maffia – *The Mob* – draagt dezelfde naam als de Siciliaanse Cosa Nostra en zou steunen op 25 families, 1300 geïnitieerden – het lijkt wel een loge – en 15.000 tot 40.000 manschappen. Dezelfde naam is geen toeval, sinds de Siciliaanse Cosa Nostra het Amerikaanse leger in 1943 hand- en spandiensten verleende bij de bevrijding van Zuid-Italië en hiervoor ruimschoots vergoed werd. Later strooide de afkeer van het communisme bij de maffia zand in de ogen van politici die een en ander graag door de vingers zagen om de ultieme communistische demon te verslaan. Het jaarlijkse zakencijfer van de Amerikaanse Cosa Nostra werd in de jaren 90 op 30 tot 60 miljard dollar geraamd, de vrucht van fraude, woeker, afpersing, prostitutie, pornografie, drugshandel en kansspelen. Met als toetje voor de Amerikaanse maffia: de controle over sectoren van de syndicale wereld.

Chinese, Japanse, Russische en andere kartels

Berucht zijn de Chinese *triades* en de Japanse *yakuza*, ook actief op Amerika's westkust. Op de Amerikaanse oostkust zijn het Russische bendes die de Cosa Nostra concurrentie aandoen, elders doen Latijns-Amerikaanse kartels Amerika de das om. Naar verluidt controleerden Chinese triades jarenlang 'de gouden opiumdriehoek' in het grensgebied van Laos, Thailand en Birma. Tot die driehoek de voorbije twintig jaar naar Afghanistan, Pakistan en de Centraal-Aziatische erfgenamen van de USSR verschoof als 's werelds grootste opiumproducent. De term *triade* (Grieks voor een groep van drie, voor Chinezen een verwijzing naar de hemel, de aarde en de mens) is van Britse afkomst en staat voor het Chinese *sanhehui* (geheime vereniging). Amerikanen noemen hen *tongs*, Canadezen *Aziatische gangs*. Franse bronnen wijzen op zes grote en ontelbare kleinere triades. Zo gold Sun Yee On, met *zetel* in Hongkong, in de jaren 90 met 60.000 leden als het grootste misdaadkartel ter wereld. Volgens Lallemand telde 14K in die jaren 24.000 leden, de Federatie Wo circa 40.000, Verenigde Bamboe 20.000 en de Bende van de Vier Zeeën 5000. Aangenomen wordt dat ook de macht van de Chinese triades zich verspreidde via de Chinese diaspora.

De Japanse term *yakuza* is een acroniem van de Japanse cijfers acht (*ya*), negen (*ku*) en drie (*za*), en zou verwijzen naar 'de slechtste combinatie' in een Japans kaart- of gokspel. Volgens de Franse onderzoeksrechter Thierry Crétin vertegenwoordigen de yakuza '90.000 gangsters, verdeeld over 3400 clans'. Crétin wees in 1997 de Yamaguchi-bende met basis in Kobe – goed voor 750 clans, 23.000 leden – aan als Japans grootste criminele organisatie, actief in 80 procent van de Japanse prefecturen. De Japanse nummer twee was dat jaar de Sumiyoshi-federatie met machtsbasis in Tokio, goed voor 177 clans en 7000 leden.

Bijzonder alarmerend voor de Europese veiligheid was de opkomst of de terugkeer van de georganiseerde misdaad in het postcommunistische Rusland, toen Boris Jeltsin de wereld het schrikbeeld voorhield van een Russische 'mislukte staat'. Toch was juist Jeltsin de architect van een nooit geziene privatisering van wel 2000 overheidsbedrijven. Volgens Ziegler profiteerden alleen de Russische misdaadkartels van 'de grootste roof van de 20ste eeuw'. Nog onder Jeltsin telde Moskou meer casino's, het dubbele, dan Las Vegas, terwijl het Russische bbp 50 procent van zijn waarde verloor. Het was de grootste collectieve verarming van een groot land die ooit in vredestijd werd opgetekend.

Cijfers van het Russische ministerie van Binnenlandse Zaken hadden het in 1993 al over 5000 criminele groepen in Rusland, goed voor 100.000 actieve leden. Lallemand raamde het aantal Russische bendes in 1996 op 5700, 'waarvan 3500 van het maffiose type'. Ziegler noemde de Russische criminele organisaties in 1998 'de gevaarlijkste, machtigste en meest actieve' op aarde. Zo 'kunnen ze naar believen rekruteren onder de miljoenen gedemobiliseerde en misnoegde leden van het voormalige Rode Leger en de sovjet-veiligheidsdiensten en is er vrijwel geen staat die hen iets in de weg kan leggen'. Interpol was in 1997 van oordeel dat criminele kartels in de Russische Federatie 'de hand leggen op 40 procent van 's lands bruto binnenlands product'.

Ook de Russische maffia steunt naar verluidt op etnische groepen en clans – de Tsjetsjenen, de Georgiërs, de Azeris, de Daghestani. Volgens Lallemand vormden de Tsjetsjenen met 1500 leden, berucht om hun afpersingen en huurmoorden, onder Jeltsin de belangrijkste criminele groep in Moskou en Sint-Petersburg. De Moskouse drugshandel werd dan weer gecontroleerd door de Azeris. Andere groepen waren regionaal of lokaal gestructureerd, toegespitst op industriebekkens in de Oeral of op het verre Vladivostok, in de jaren 90 volgens Ziegler nog 'de meest gewelddadige stad' in de Russische Federatie (het meest gewelddadige *land* in vredestijd noemde Ziegler in die jaren Colombia). Russische maffiosi in het buitenland vielen op door hun persoonsgebonden structuur, al bleef dat een variant op clan- en verwantschapsstructuren. Lallemand noemde als voorbeelden van persoonsgebonden maffiosi de Brandwain/Nayfeld-groep in Antwerpen, de Taïwanchik-groep in Keulen, de Mazurska-groep in Polen en de Mogilevic-groep in Boedapest, met de *Organizatsiya* als de meest beruchte criminele organisatie in Rusland.

Ziegler en Lallemand hadden het vooral over het Rusland van de jaren 90. Vijftien jaar later deed de Brits-Amerikaanse Rusland-experte Karen Dawisha daar evenwel niets van af. Volgens Dawisha in 2014 steunde het Rusland van Poetin en Medvedev, om beurten president en premier van Rusland, nog meer op hand- en spandiensten van maffiagroepen dan hun voorgangers. Dat doen ze vooral in omstandigheden waarin ze het formeel optreden van Russische soldaten en veiligheidsdiensten liever vermijden, zo bijvoorbeeld bij verdoken operaties in Tsjetsjenië, Georgië of Oekraïne. Ook de in 2015 vermoorde Russische oppositieleider Boris Nemtsov noemde Rusland een maffiastaat. Volgens Dawisha is Poetin geen alleenheerser, wel een spin in het web van invloedrijke en machtige kringen van bestuurders, politici, zakenlui en ex-KGB'ers die de macht met hem delen. Ook deelt Poetin de macht met maffiagroepen, aldus Dawisha, die ook in 2014 nog functioneerden volgens de richtlijnen van het Kremlin.

De Turkse maffia is van oudsher het actiefst in de opiumhandel, niet alleen in Turkije maar ook in Bulgarije, Zwitserland, Duitsland, Spanje en Nederland. Turkse criminologen schatten hun effectieven op 25.000 gewapende mannen, onder peetvaders die in Turkije *baba's* of *buyuk-baba's* (grootvaders) genoemd worden. Typisch Turkse namen zijn de chequemaffia (voor het innen van schulden), de erfenismaffia (die conflicten beslecht bij het verdelen van een erfenis), de *gecekondu*-maffia (gespecialiseerd in het bouwen van huizen in één nacht), de paspoortmaffia (die zorgt voor paspoorten en verblijfsvergunningen). Maar ook die neutrale en bijna onschuldige terminologie wordt door de Turkse maffia versneden door afpersing, drugshandel, wapenhandel en mensenhandel. Overheden zijn overal dezelfde, criminele organisaties nemen de kleur aan van hun lokale of regionale omgeving.

Het Zuid-Amerikaanse Colombia blijft 's werelds grootste cocaïneproducent. Ondanks zware aanvallen, in de jaren 1986-1995 met omvangrijke Amerikaanse steun op de kartels van Medellin en Cali gericht, zouden de Colombiaanse kartels nog altijd 70 tot 80 procent van de coca-wereldmarkt controleren met een omzet van 8 miljard dollar per jaar. Hun belangrijkste klant blijft overigens het land dat hen het actiefst bestrijdt, Amerika. Minder bekende Colombiaanse drugskartels zijn die van Pereira en Barranquilla. Nieuw is dat de Colombiaanse drugskartels thans ook de papavercultuur ontdekten en ze eveneens opium produceren. Crétin raamt het aantal slachtoffers van de Colombiaanse coca-oorlog in de jaren 90 op 100.000 doden.

De voorbije tien jaar nam in Latijns-Amerika Mexico de drugsfakkel over, of alvast het geweld dat erbij hoort. Crétin telde in 1997 voor Mexico 19 drugskartels, waarvan vier grote: het Juarez-kartel van Amado Carrillo Fuentes, het Sonora- of Sinaloa-kartel van Miguel Caro Quintero, het Tijuana-kartel van Benjamin Arellano Felix en het Golf- of Matamoros-kartel van Juan Garcia Abrego. Ze leverden de Amerikaanse verbruikers jaarlijks 200 tot 400 ton cocaïne, 4000 ton marihuana en 6 ton heroïne. Dat is een markt van 49 miljard dollar, goed voor 9 miljoen verbruikers van cocaïne, 1 miljoen heroïnegebruikers en 20 miljoen rokers van marihuana.

Of de drugsoorlog die de Mexicaanse president Felipe Calderon in 2006 met 40.000 soldaten en politiemensen inluidde deze situatie kan keren, valt nog te bezien. In de zes jaren van Calderon – 2006-2012 – vielen in die oorlog, boven op de oorlogen die de kartels al vele jaren onder elkaar uitvechten, minstens 50.000 doden. Alleen al in 2010 waren het er 11.000 (bijna 40 per dag). Recentere cijfers hebben het, sinds 2006, over 100.000 Mexicaanse drugsdoden. Mexico staat in deze cijfers niet alleen. Opvallend genoeg is 95 procent van alle harddrugs – amfetamines, cocaïne, ecstasy, heroïne, LSD, opium – afkomstig uit conflictgebieden. Door conflicten heeft een wettige overheid geen controle meer over een gebied en dat is handig als je illegale activiteiten ontplooit. Bovendien vormen oorlogen een belangrijke voedingsbodem voor een verhoogde criminaliteit – geweld als een vorm van gewenning – en die criminaliteit werpt zich als vanzelf op de meest winstgevende vorm ervan, de drugshandel.

In oktober 2014 kwam de Mexicaanse drugsoorlog vooral in de stad Iguala, een historische stad ten zuiden van Mexico-Stad, weer in het nieuws. Daar ontdekten bewoners een massagraf met tientallen half verbrande lijken. Snel werd aangenomen dat het om de lichamen ging van 43 studenten die er op 26 september na een gewelddadige confrontatie met de politie spoorloos verdwenen. Betrokken politieagenten werden het eerst verdacht. Vermoed werd dat sommigen van hen lid waren van georganiseerde misdaadbendes. Zo bleek de vrouw van de burgemeester van Iguala, in de deelstaat Guerrero, de zus van drie drugshandelaars die banden hebben met het kartel van de *Guerreros Unidos*. Naderhand werden 74 daders en medeplichtigen aan het bloedbad gearresteerd, de burgemeester en zijn eega inbegrepen. Vermoed wordt dat de studenten een feestje wilden verstoren waar de vrouw van de burgemeester moest spreken. Daarop zou het koppel de politie de opdracht gegeven hebben de studenten te arresteren en 'het probleem op te lossen'. De nauwelijks betaalde Mexicaanse politie wordt massaal door de drugskartels omgekocht, onder het motto 'zilver of lood', een extraatje bij hun karige salaris of een kogel.

In gewelddelicten staan de staat en de georganiseerde misdaad lijnrecht tegenover elkaar. Waar de ene sterk staat, laat de andere het afweten, en vice versa. Zo worden mislukte staten zonder verpinken door de georganiseerde misdaad overgenomen. Toch is het grootste gevaar niet de mislukte staat of de narco-staat, wel de sluipende vermenging van legale en illegale economische en financiële activiteiten waarvoor Napoleoni al waarschuwde. Narco-staten geheel in de handen van drugskartels zijn er weinig, al kwamen Afghanistan, Colombia, Guinee-Bissau, Guyana, Honduras, Mexico en Tadzjikistan daar de voorbije jaren dicht bij. Veel erger is dat er vrijwel geen landen meer zijn waarover misdaadkartels niets te zeggen hebben.

Geheime oorlogen in 's lands belang

Niet te verwarren met de verzwegen oorlogen tegen minderheden en de oorlogen van criminele kartels zijn geheime oorlogen in 's lands belang. Het gaat om verdoken oorlogen op bevel van de allerhoogste politieke instanties, uitgevoerd of op gang getrokken door gespecialiseerde geheime diensten waarover elke grootmacht beschikt. De Amerikaanse computernerd Edward Snowden, jarenlang in dienst van de CIA en de NSA, was in 2013 de klokkenluider die vooral de ongebreidelde controle van Amerika's belangrijkste veiligheidsdiensten op vrijwel alle Amerikaanse internetgebruikers en passanten op de sociale media onthulde. Wat Snowden aan het licht bracht, werd nooit ontkend. Wel was hij in geen tijd Amerika's 'staatsvijand nummer 1' en vluchtte hij voor zijn eigen veiligheid naar Moskou, waar president Poetin hem tijdelijk asiel verleende.

Snowdens onthullingen waren vooral belastend voor Amerika's *National Security Agency* NSA, met 10.000 militairen, 25.000 burgers en een jaarbudget van 30 miljard dollar wellicht de grootste onderschepper van alle elektronische informatie wereldwijd. De NSA beschikt hiervoor over de allernieuwste supercomputers ter wereld en 54 satellieten. Van het NSA-hoofdkwartier in Fort Meade (Maryland) wordt gezegd dat de dienst onder het Amerikaanse ministerie van Defensie 'alles afluistert, alles decodeert, alles vertaalt en alles analyseert'. De Britse evenknie van de Amerikaanse NSA is het *Government Communications Headquarters* GCHQ, gevestigd te Cheltenham in de Cotswolds (Gloucestershire), de codebreker van de Britse inlichtingendienst. Aangenomen wordt dat NSA en GCHQ, Fort Meade en Cheltenham, op één lijn zitten.

Besmeurend voor Amerika's buitenlandse inlichtingendienst CIA was het rapport dat Democratische leden van de Amerikaanse Senaatscommissie voor de Inlichtingendiensten in december 2014 vrijgaven. Voor het eerst lichtte het rapport de sluier over het *Detention and Interrogation Program* van de CIA en kregen Amerikanen en bondgenoten inzage in de extreme ondervragingsmethodes die de Amerikaanse inlichtingendienst na de terreuraanslagen van 11 september 2001 gebruikte om verdachten 'aan de praat' te krijgen.

Uit dat rapport bleek dat door de CIA op grote schaal gemarteld werd – een primeur onder het Amerikaanse vrijheidsvaandel, verborgen onder een buitenlandse vlag – en gelogen over de informatie die de CIA zo verkreeg. Bovendien bleek uit het rapport dat liefst 47 Amerikaanse bondgenoten, onder wie België, foltering door de CIA faciliteerden, en dat 8 landen (voor de Europese Unie waren dat Polen, Litouwen en Roemenië) daartoe geheime gevangenissen ter beschikking stelden. Want Amerika en de CIA folterden niet op eigen bodem. Dat lag voor de Amerikaanse grondwet te moeilijk. Schijnheilig genoeg deden ze dat wel op Guantanamo (een Amerikaanse basis op Cuba) en in gevangenissen elders in de wereld.

Vooral grootmachten zijn vaak in hetzelfde bedje ziek. Om hun belangen in de wereld te beveiligen, beschikken ze alle over binnenlandse en buitenlandse veiligheidsdiensten. Voor Amerika zijn dat in eerste instantie de CIA en het FBI, voor Engeland MI5 en MI6 (met de MI van *Military Intelligence*), voor Frankrijk de algemene directie voor de externe veiligheid DGSE en de algemene directie voor de binnenlandse veiligheid DGSI. Voor de aloude USSR was dat het Comité voor de Staatsveiligheid KGB en het Volkscommissariaat voor Interne Zaken NKVD. Voor het huidige Rusland geldt de FSB als de opvolger van de KGB, al is die Federale Veiligheidsdienst eerder met binnenlandse dan met buitenlandse veiligheid begaan. Voor buitenlandse inlichtingen is er dan weer de minder bekende SVR, een Russisch acroniem voor de Dienst Buitenlandse Veiligheid van Rusland.

Het was de Koude Oorlog die de CIA en de KGB het grootst maakte. Volgens de Amerikaanse journalist Tim Weiner had de Amerikaanse CIA in september 1947 een 200-tal mensen in dienst, in 2001 17.000, vergelijkbaar met een complete legerdivisie, al waren het in eerste instantie kantoorbedienden. Wel kon de CIA voor concrete acties in het buitenland andere geledingen van de Amerikaanse defensiegemeenschap inschakelen. Volgens Weiners collega John Barron telde de Sovjet-KGB 90.000 stafofficieren en had 'het schild en het zwaard' van de communistische partij van de USSR een 400.000 mensen in dienst als kantoorpersoneel, bewakers van gebouwen, grenswachters en speciale troepen.

De rol die CIA en KGB in tal van oorlogen en conflicten speelden, wat hen betreft in de marge van de Koude Oorlog tussen Oost en West, is niet te overzien. Tot de dubbele doelstelling van de KGB – volgens Barron het status quo in de USSR in stand houden en pogingen ondernemen om die in andere landen omver te werpen – behoorden clandestiene operaties in het buitenland, het corrumperen van westerse diplomaten, de strijd tegen dissidente communisten, de bewaking van officiële gebouwen, surveillance, communicatie, moord en sabotage. De bekendste KGB-officier, retroactief gezien, was de latere Russische president Vladimir Poetin, nog in 1989 aan het werk in de toenmalige DDR (Oost-Duitsland).

De Amerikaanse CIA speelde dan weer een aanwijsbare rol in het omverwerpen van de toenmalige Iraanse premier Mossadegh in 1953, om er weer sjah Mohammed Pahlavi aan de macht te brengen. Nauwelijks een jaar later, in 1954, baande de CIA de weg voor de Guatemalaanse kolonel Castillo Armas om er de linkse regering van Arbenz Guzman ten val te brengen. In 1965 had de CIA een hand in de Indonesische staatsgreep tegen president Sukarno, om er de weg vrij te maken voor de pro-Amerikaanse generaal Suharto. Dat Suharto meteen een half miljoen Indonesische communisten liet afslachten, schrok Washington niet af. In Chili financierde de CIA in 1973 het verzet tegen de linkse president Allende, die in een bloedige staatsgreep moest wijken voor generaal Pinochet. En in 1979 was de CIA er als de kippen bij om via Pakistan islamitische vrijwilligers uit de hele wereld te werven om in Afghanistan de Russen te bestrijden. Die vrijwilligers legden er onder meer de basis voor al-Qaeda. Later ondersteunde de CIA het rekruteren, door het Pakistaanse leger, van jonge koranscholieren om die massaal naar Afghanistan te sturen. Dat werd de latere Taliban.

De KGB werd in 1991, het jaar dat de USSR uit elkaar viel, voor de Russische Federatie opgevolgd door de Federale Veiligheidsdienst FSB. De FSB vergelijken met de verdwenen KGB is even absurd als Rusland vergelijken met de USSR. Toch bracht Poetin het nog tot chef van de FSB, voordat Jeltsin hem in 1999 oppikte als premier. De Amerikaanse CIA heeft de Koude Oorlog dan weer glansrijk overleefd, om na 11 september 2001 – dag van de terreuraanslagen op de WTC-torens in New York – in een grondig gewijzigde veiligheidsomgeving nog een nieuw leven te beginnen.

In het Westen beschikken inlichtingendiensten niet over hun eigen troepen. Wel leveren ze hand- en spandiensten voor speciale troepen – veelal *Special Forces* genoemd – die vooral door grootmachten wereldwijd zonder al te veel binnenlandse beperkingen kunnen ingezet worden. Vooral Frankrijk blijft militair actief in tal van zijn voormalige kolonies. Toen president Hollande in 2013 weer Franse soldaten naar Mali stuurde, was het al 40ste keer sinds de onafhankelijkheid van Frans-Afrika in 1960 dat Franse troepen naar Afrika gingen. Toen Parijs later op het jaar weer Franse soldaten naar de Centraal-Afrikaanse Republiek overvloog, was dat al hun 7de keer sinds 1960 dat ze wakker werden in Bangui.

Special Forces roepen vaak romantische gevoelens op van durf en onoverwinnelijkheid. Dat blijkt niet uit de feiten. Voor Frankrijk was er al in de vroege 19de eeuw het Vreemdelingenlegioen, in 1831 opgericht om Algerije voor Frankrijk te veroveren. Het legioen, bedoeld om buitenlandse avonturiers te lokken en aantrekkelijk voor om het even welke outlaw, vocht in elke Franse koloniale oorlog in Afrika en Indochina, zonder het antikoloniale tij ooit te kunnen keren. Ofschoon het motto van het legioen wijst op hun vaderlandsliefde, *Legio patria nostra,* zijn alleen de officieren Fransen. Hun effectieven worden op circa 8000 geraamd, waarvan 5600 legionairs. Hun hoofdkwartier is Aubagne, bij Marseille. Sinds de Algerijnse onafhankelijkheid van 1962 werden ze vooral nog in Afrika ingezet (Congo, Somalië, Rwanda, Ivoorkust, Mali, de Centraal-Afrikaanse Republiek) maar ook in Afghanistan, Cambodja en Libanon.

Engeland bleef de bakermat van de *Special Air Services* SAS – *Who dares, wins* – in 1941 gevormd om de wereldwijde Britse belangen te verdedigen, maar in Noord-Ierland en ook elders in de wereld verstrikt in een web van intriges waarin zelfs elitetroepen verdwaalden. Na de Tweede Wereldoorlog speelden SAS-commando's in het Britse wereldrijk de rol van het Vreemdelingenlegioen in het Franse rijk. Dat deden ze met name in Maleisië en Palestina, op Borneo, in Aden en in Dhofar (thans Jemen), op de Falkland-eilanden en in de Golfoorlogen. De Britse SAS – ook omschreven als een acroniem voor *Speed, Aggression* en *Surprise* – had in 1980 als eerste een operationeel antiterreurteam, bij de bestorming van de Iraanse ambassade in Londen, gegijzeld door separatisten uit de olierijke Iraanse provincie Khuzistan.

Toch spreekt de *Secret Intelligence Service* SIS, een andere naam voor MI6, dankzij de verfilmde James Bond-boeken van Ian Fleming nog altijd het meest tot de verbeelding. Zo verwees Fleming het eerst naar de 00 sectie van MI6, de elite-agenten van het Britse Rijk die als enige het recht hebben te doden zonder daarvoor vervolging te riskeren (hun *licence to kill*) als ze dat voor hun werk noodzakelijk achten. Vandaar James Bond als SIS-agent 007 en de romantische illusie dat één man, uit het juiste hout gesneden, alle booswichten aankan. Op het Amerikaanse halfrond konden de spektakelfilms van Indiana Jones, een fictieve prof archeologie aan de universiteit van Chicago, en filmregisseur George Lucas, dat Bond-effect nog eens overdoen.

Het motto van de Nederlandse mariniers is dan weer *Qua patet orbis,* 'zo wijd de wereld strekt'. Alsof Piet Hein en de Zilvervloot nog altijd de wereld beheersen. In Amerika zijn er de Navy Seals, de speciale eenheden van land-, lucht- en zee-strijdkrachten die in 2011 dan toch, tien jaar na datum, in het Pakistaanse Abbottabad de lang gezochte Osama Bin Laden te pakken kregen. Minder bekend is dat vrijwel alle Navy Seals van Abbottabad korte tijd later in een helikoptercrash omkwamen. Een Russische elite-eenheid in communistische tijden vormden de Spetsnaz-brigades, ooit goed voor 30.000 soldaten en een eigen luchtvloot maar even impotent om in 1991 de Russische debacle te stoppen als het reusachtige sovjetleger. Alleen een vermagerde versie van de Spetsnaz-troepen heeft de desintegratie van de USSR overleefd.

Gevangenissen en kampen: opgesloten geweld

Volgens de Schotse maffiakenner John Dickie was het in de kerkers van de Bourbonkoningen in Napels en Palermo, waar de koningen geen cipiers wilden betalen en de gevangenen toelieten zichzelf te besturen, dat in de vroege 19de eeuw de latere maffia ontstond. Vanuit hun gevangenis heersten de eerste peetvaders over leven en dood onder de gedetineerden, later ook over de families van gedetineerden en hun directe omgeving in de stad of op het platteland. Daar leerden ze 'goud uit vlooien slaan' en bouwden ze een rijk uit op basis van bescherming en afpersing dat zich als een olievlek over een steeds grotere waterplas verspreidde. In de gevangenissen van de Napolitaanse Bourbons werden de criminele kaders gevormd van de georganiseerde misdaad en de kiemen gezaaid van steeds radicalere vormen van geweld.

Tweehonderd jaar later is er in duizenden gevangenissen wereldwijd niet zo veel veranderd. Nog altijd zijn er gevangenissen 'zonder cipiers' waarin gedetineerden zichzelf beredderen, of zijn er alleen cipiers die de buitendeuren, niet de binnendeuren, bewaken. De les van de maffiapeetvaders werd niet opgetekend. Vandaag zijn het islamitische kruimeldieven die in tientallen gevangenissen radicaliseren en die de gevangenis fanatieker verlaten dan ze er introkken. Maar het kunnen ook Afro-Amerikanen zijn in een land – Amerika – waarin in verhouding tot hun bevolkingsaandeel veel meer zwarten dan blanken opgesloten worden, of werkloze jongeren in 's werelds miljoenensteden die eerder toevallig bij een razzia opgepakt worden om in de gevangenis helemaal te ontsporen. Steevast blijken gevangenissen waar gedetineerden aan elkaar overgeleverd worden broedplaatsen van nog extremer geweld dan het geweld waarvoor ze opgesloten werden.

Het *International Centre for Prison Studies* ICPS in Londen telde in 2012 ruim 10 miljoen gevangenen wereldwijd, waarvan de helft in Amerika (2,24 miljoen), China (1,64 miljoen) en Rusland (680.000), hoewel de topdrie maar een kwart van de wereldbevolking omvat. Amerika had in 2012 ook de hoogste gevangenispopulatie rekening houdend met zijn bevolkingsgrootte: 716 per 100.000 burgers. Volgers waren de Seychellen (709) en opvallend veel eilanden in de Caraïben: St Kitts & Nevis (714), de Amerikaanse Maagdeneilanden (539), Barbados (521), Cuba (510), het Britse Anguilla (487), Belize (476), de Britse Maagdeneilanden (460) en het Nederlandse Sint-Maarten (458). Voor de Russische Federatie was dat 475, voor China 121, voor Japan 51. Mogelijk telt Noord-Korea nog de grootste groep gevangenen per 100.000 inwoners, geraamd op 600 tot 800, maar precieze cijfers zijn er niet.

Het wereldgemiddelde voor 2012 was 144 gevangenen per 100.000 inwoners. Met gemiddeld 202 gevangenen per 100.000 inwoners deed Zuid-Amerika het beter dan de Caraïben (376). Dat verschil viel ook op tussen West-Afrika (gemiddeld 46) en Zuidelijk Afrika (205) of tussen West-Europa (gemiddeld 98) en het Europese Oosten (225). Europese uitschieters waren de Baltische staten Estland (238), Letland (304) en Litouwen (329), Rusland (475), Wit-Rusland (335) en Oekraïne (305). De Beneluxlanden telden 108 gevangenen per 100.000 inwoners voor België, 82 voor Nederland, 122 voor Luxemburg. Voor Frankrijk was dat 98, voor Duitsland 79, voor Italië 106.

De voorbije 15 jaar is de globale gevangenispopulatie naar verluidt met een kwart toegenomen, maar dat komt overeen met de groei van de wereldbevolking en wijst niet meteen op een repressiever beleid. Wel zijn er enorme verschillen in gevangenisregimes, van de relatief liberale gevangenissen in de Scandinavische landen (waar de vrijheidsberoving geldt als de grootste straf, niet de bijkomende straffen die een gevangene opgelegd worden) tot de hallucinante kerkers elders in de wereld waar gedetineerden aan zichzelf overgelaten worden.

Het meest opvallende misdrijf dat mensen tot gevangenissenstraffen veroordeelt, is moord of doodslag. Het VN-bureau met betrekking tot drugs en misdaad, het UN *Office on Drugs & Crime* UNODC, telde in 2010 468.000 'individuele' moorden wereldwijd. Dat blijft de omvang van een behoorlijke veldslag. Met individuele moorden bedoelt het bureau dat doden als gevolg van oorlogen en gewelddadige conflicten, inclusief doden als gevolg van terreuraanslagen en anti-terreurcampagnes, niet in deze cijfers meegerekend worden.

Uitgedrukt in moorden per 100.000 inwoners vormden Honduras (86), El Salvador (71) en Venezuela (67) in 2010 de wereld-topdrie. Volgers waren Ivoorkust (57), Jamaïca (52), Belize (42), Guatemala (39) en Zambia (38). In regionale cijfers uitgedrukt werd in 2010 het meest gemoord in Zuidelijk Afrika (32), Centraal-Amerika (25), Oost-Afrika (23), Zuid-Amerika en de Caraïben (beiden 21), West- en Centraal-Afrika (19). Europa bleef ook qua moorden het meest veilige continent met 1,5 moord per 100.000 in Zuidoost-Europa, 1,2 in West- en Centraal-Europa maar toch een 7 voor Oost-Europa. Het wereldwijde gemiddelde was 6,9, het Europese gemiddelde 3,5. Voor België was dat 1,74, voor Nederland 0,93. Het UNODC ziet een verband tussen moordcijfers en inkomstenverschillen. In landen met grote inkomstenverschillen ligt het misdaadpercentage vier keer hoger dan elders. Tachtig procent van de vermoorde slachtoffers zijn mannen.

Er moet ook een verband zijn tussen gevangenisregimes, dodelijk geweld en de beschikbaarheid van vuurwapens. Toen een 20-jarige dolle schutter in december 2012 in Newtown (Connecticut) eerst zijn moeder doodschoot en daarna 27 slachtoffers maakte in een lagere school, onder wie 20 kinderen, bleek nog maar eens hoe gemakkelijk wapens te krijgen zijn in de VS. Die vond Adam Lanza gewoon thuis, waar zijn moeder legaal in het bezit was van jachtgeweren, twee halfautomatische pistolen en een machinegeweer. Het was ook zijn moeder die hem meenam naar schietclubs. De dolle schutter gebruikte vooral het machinegeweer, een Bushmaster waarmee hij met één haal aan de trekker een volledig magazijn van 30 kogels afvuurde.

Het land met de meeste gedetineerden – Amerika – is ook wereldrecordhouder voor de verspreiding van vuurwapens. In het jaar dat bij Adam Lanza de stoppen doorsloegen, telde Amerika naar schatting 270 miljoen vuurwapens voor 313 miljoen Amerikanen. Met hun 1,2, respectievelijk 1,3 miljard inwoners telde India maar 46 miljoen vuurwapens, China 40 miljoen. In Amerika is 'het houden en dragen van wapens' een grondwettelijk recht dat vrijwel geen controles verdraagt en een controversieel onderwerp dat *gun rights*-activisten nog altijd sterker maakt dan hun *gun control*-tegenstanders. Waarbij de machtige *National Rifle Association* met 4 miljoen leden als Amerika's meest invloedrijke lobbygroep zwaar genoeg weegt om elke beperking van het wapenbezit te blijven dwarsbomen.

Een handige bron voor de verspreiding van vuurwapens is de *Small Arms Survey* van het *Graduate Institute of International and Development Studies* in Genève. Die telt het aantal vuurwapens per 100 inwoners en bevestigde ook voor 2014 dat Amerika met 90 vuurwapens op 100 Amerikanen de absolute wereldtop blijft. Tweede voor 2014 was Servië (58), derde Jemen (55), vierde Zwitserland! (46), vijfde Cyprus (36). Tot de toptien behoorden ook Saudi-Arabië (35), Irak (34), Uruguay (32), Zweden (32) en Noorwegen (31). Rusland volgde pas op de 68ste plaats met 9 vuurwapens voor 100 Russen, China op de 102de plaats met een 5, India op de 110de plaats met een 4. Japan, op de 164ste plaats, haalde hooguit een half vuurwapen (een 0,6) op 100 Japanners. Een opvallend verschil bleek er tussen België (17) en Nederland (4). Voor de buurlanden lagen die cijfers veel hoger: een 31 voor Frankrijk, twee keer 30 voor Duitsland en Oostenrijk.

7

Nucleaire demonen

In de 21ste eeuw vormen massavernietigingswapens
die in verkeerde handen terechtkomen de grootste bedreiging
voor onze veiligheid, niet alleen in Amerika
maar ook in Europa en elders in de wereld.
JOSEPH NYE

Al 68 jaar volgt de Amerikaanse *Bulletin of the Atomic Scientists* de nucleaire dreiging die deze wereld sinds 1945 in zijn greep houdt. Medewerkers aan dit gezaghebbende nucleair maandblad zijn vooral atoomwetenschappers, natuurkundigen en scheikundigen, verbonden aan de universiteit van Chicago. De initiatiefnemers die het blad in 1945 lanceerden, werkten zelf mee aan de productie van de eerste kernwapens ooit, de atoombommen die in augustus 1945 boven de Japanse steden Hiroshima en Nagasaki afgeworpen werden.

De atoomwetenschappers van Chicago waren de eerste activisten die wezen op de onvoorstelbare gevaren van het atoomtijdperk. Als medewerkers aan het ultrageheime Manhattan-project dat in de jaren 1942-1945 Amerika de eerste kernwapens opleverde, wisten ze waarover ze het hadden. Tegelijk deelden ze de bezorgdheid van de grootste atoomfysicus onder hen, Albert Einstein. Die vreesde als eerste dat 'de ontketende kracht van het atoom alles heeft veranderd, behalve onze manier van denken'.

Om met een grafisch beeld te wijzen op de atoomdreiging ontwikkelden de atoomwetenschappers van Chicago in 1947 hun eerste *Doomsday Clock*, een kwart van een wijzerplaat waarvan de wijzers in minuten weergeven hoe dicht de wereld tot armageddon genaderd is, of zich ervan verwijderde. Armageddon was de Bijbelse naam voor de totale vernietiging van deze wereld. In 1947 was het in de ogen van de atoomwetenschappers 7 minuten vóór 12. Sindsdien volgen ze met argusogen hoe het de wereld vergaat en of we nog dichter bij 12 komen, ter plaatse trappelen of erin slagen de klok enkele minuten terug te draaien. Een van de initiatiefnemers van de doemdagklok, de Russisch-Amerikaanse natuurkundige Eugene Rabinovitsj, was de eerste hoofdredacteur van het *Bulletin of the Atomic Scientists* en bleef dat zijn overlijden in 1973.

Volgens de atoomklok was het in 1949 3 minuten voor 12. 1949 was het jaar dat ook de Sovjet-Unie een eerste kernwapen testte, *Pervaya molniya* gedoopt (eerste bliksem), en de Koude Oorlog reeds in alle hevigheid woedde. Nooit stond de klok dichter bij 12 dan in 1953, 2 minuten. In 1952 ontwikkelde ook Engeland zijn eerste kernwapen. In 1953 produceerden zowel Amerika als de USSR, met een verschil van negen maanden, hun eerste waterstofbom, nog duizend keer sterker dan de atoombommen van 1945. Bovendien woedde in de jaren 1950-1953 de Koreaanse oorlog, in dit geval geen koude maar een warme oorlog tussen Oost en West.

Ondanks de Russische Spoetnik van 1957 – een eerste kunstmaan in een baan rond de aarde – en Frankrijks toetreding tot de selecte atoomclub ging de wereld in 1960 naar een eerste dooi, en verschoven de atoomwetenschappers hun klok naar 7 minuten voor 12. Ongeacht de Cubaanse rakettencrisis van 1962, uitgelokt door de opstelling van Russische raketten op Cuba, bracht een eerste Amerikaans-Russisch kernstopverdrag, gericht op een forse beperking van hun kernproeven, de klok in 1963 op 12 minuten voor 12. Naderhand ging de grote wijzer op de klok gestaag heen en weer, terug 7 minuten voor 12 in 1968 (na China's promotie als vijfde kernmacht, in 1964, en het escaleren van de oorlog in Vietnam), 10 minuten voor 12 in 1969 (dankzij het nonproliferatieverdrag dat de verdere verspreiding van kernwapens moest tegengaan), weer 12 minuten voor 12 in 1972 (dankzij nieuwe Amerikaans-Russische nucleaire verdragen). Een eerste Indiase kernproef in 1974 bracht de klok terug op 9 minuten voor 12.

De hervatting van de Koude Oorlog tussen Amerika (onder Reagan) en de USSR (onder Brezjnev) was ook op de atoomklok af te lezen: 7 minuten voor 12 in 1980 (na de Sovjet-invasie van Afghanistan), 4 minuten voor 12 in 1981 (in de hitte van de middellangeafstandsraketten in Europa). Met 3 minuten voor 12 in 1984 (beheerst door de droom van een Amerikaans rakettenschild, een Russische nachtmerrie) stond de wereld – volgens de atoomwetenschappers – sinds 1953 nooit dichter bij een nucleaire nachtmerrie.

In de tweede helft van de jaren 80 zetten de nieuwe Sovjet-partijleider Michail Gorbatsjov en een mildere Reagan (in zijn tweede ambstermijn) een nieuwe dooi in, die de kansen op een Amerikaans-Russische kernoorlog drastisch reduceerde. De atoomklok stond in 1988 op 6 minuten voor 12. In 1990, na de val van de Berlijnse Muur, de bevrijding van Oost-Europa en de hereniging van Duitsland was dat 10 minuten voor 12. In 1991, net voor de val en desintegratie van de USSR, stond de klok op 17 minuten voor 12 – nooit stond ze verder.

Sindsdien ging het echter alleen maar bergaf. Al in 1995, gelet op de ineenstorting van de USSR, werd de klok op 14 minuten voor 12 gezet. In 1998 tekenden Pakistaanse kernproeven, 24 jaar na zijn Indiase aartsvijand, voor 9 minuten voor 12. De terreuraanslagen op New York en Washington van 11 september 2001 waren niet van die aard om de kerndreiging te relativeren. Zo strandde de doemdagklok in 2002 op 7 minuten voor 12. De nucleaire ambities van Iran en Noord-Korea staken er in 2007 nog een tandje bij, we gingen naar 5 minuten voor 12. In 2010 werd het even 6 minuten voor 12, toen weer vooruitgang geboekt werd in het afbouwen van kernarsenalen, om al in 2012 weer op 5 minuten voor 12 te belanden.

Nieuw in 2012 was dat de klimaatverandering als even bedreigend voor de mensheid gezien werd als een nucleaire vernietiging. Dat was ook het geval in januari 2015, toen de atoomwetenschappers de klok voor de eerste keer in tientallen jaren weer op 3 minuten voor 12 fixeerden, al speelden ook de oorlogen in Syrië en Oekraïne een rol, waardoor de Amerikaans-Russische betrekkingen kelderden.

Het was van 1984 geleden, onder de Amerikaanse president Reagan en Sovjet-president Brezjnev, dat de doemdagklok nog zo alarmerend dicht bij 12 kwam. 3 minuten voor 12 was ook de stand van de atoomklok in het Koude Oorlogsjaar 1949, bij uitstek het jaar van de oprichting van de NAVO. Natuurlijk is de wereld sinds 1949 en 1984 erg veranderd. Maar dezelfde stand van de atoomklok, op 3 minuten voor 12, wees er in januari 2015 wel op dat de atoomdreiging volgens de atoomwetenschappers aan de universiteit van Chicago even groot blijft. Wel kon die dreiging de voorbije 70 jaar heel verschillende vormen aannemen. Zo is de kans op een Amerikaans-Russische kernoorlog thans veel kleiner dan tijdens de Koude Oorlog. Maar de verdere verspreiding van kernwapens is allicht even bedreigend voor een nucleaire ontsporing, zeker als een nucleaire grootmacht er onrechtstreeks bij zou worden betrokken.

Het Amerikaans-Russische tweespan

Vijfenveertig jaar lang beheersten Amerika en de USSR het nucleaire strijdtoneel. Hun kernwapenwedloop lag aan de basis van de Koude Oorlog en vormde er ook het sluitstuk van. Alsof het strijdwagens in een arena betrof, een krachtmeting tussen de Amerikaanse nucleaire gangmaker en zijn Sovjetachtervolger, bracht de kernwapenwedloop steeds nieuwe kernkoppen voort en aangepaste wapensystemen te land, ter zee en in lucht om die ook op het gewenste doelwit te richten. Kleinere kernkoppen van het Hiroshima-type (een uraniumbom) of het Nagasaki-type (een plutoniumbom) werden bruikbaar geacht op het slagveld. Voor het grotere werk, het grootschalig gijzelen van ganse steden en volkeren, werd dan weer op waterstofbommen gerekend, gemiddeld duizend keer krachtiger dan hun atomaire voorgangers.

De eerste wapensystemen om desgevallend kernkoppen te droppen waren bombardementsvliegtuigen op de korte, middellange of lange afstand. De Amerikaanse B-29 die op 6 augustus 1945 de Hiroshima-bom dropte, was nog een middellangeafstands-bommenwerper, opgestegen op het Marianen-eiland Tinian. Dat was toch een 2400 kilometer daar vandaan. Snel volgden de eerste intercontinentale bommenwerpers: de B-36, de B-47 en vooral de B-52 voor de Amerikanen, de Tu-95 *Bear* en de Mya-4 *Bison* langs Russische kant. Met een verzamelde atoomlading tot 100 miljoen ton TNT, bijvoorbeeld in 4 waterstofbommen van 25 megaton, kon één Amerikaanse B-52 het equivalent van 6666 Hiroshima's vernielen. De Hiroshimabom – afgeworpen op 6 augustus 1945 – had *maar* de kracht van 15.000 ton TNT, al was dat dan weer de lading van duizend niet-nucleaire bommenwerpers. De Nagasakibom, drie dagen later, werd een kracht van 21.000 ton TNT toegeschreven.

Amerika beschikte in 1980 nog over 300 intercontinentale bommenwerpers. Daar kon Moskou qua bommenwerpers nooit echt tegenop, ook al omdat alleen Amerika in de jaren 50 en 60 over een wereldwijd netwerk van militaire basissen en steunpunten beschikte van waaruit ook bommenwerpers op de middellange afstand de USSR konden bereiken. Het Amerikaanse overwicht ter zee en in de lucht kon in die jaren door de USSR uitsluitend door intercontinentale landraketten gecounterd worden.

Naast de bommenwerpers kwamen de raketten die met een kernlading konden uitgerust worden, alweer op de korte, de middellange en de lange afstand. De raket bleek een wapen voor alle seizoenen, te land, ter zee en in de lucht. Er kwamen ballistische raketten die in een grote boog hun doelwit opzoeken, en kruisraketten die als een robotvliegtuig laag bij de grond en veelal onder de radar blijven. Omdat de eerste raketten niet verder reikten dan de korte of de middellange afstand, met een vluchtbereik tussen 500 en 5000 kilometer, installeerden de Amerikanen hun eerste nucleaire middellangeafstandsraketten in Europa of in Turkije. Toen de Russen de Amerikanen in 1962 lik op stuk gaven door soortgelijke raketten te installeren op Cuba, nauwelijks 600 km van het Amerikaanse Miami, kwam de wereld nooit dichter bij een kernoorlog. Na een ijzige krachtmeting tussen de Amerikaanse president Kennedy en Sovjet-leider Chroesjtsjov moesten de Russen hun raketten op Cuba weghalen, al deden de Amerikanen stiekem hetzelfde met hun raketten in Turkije.

Na de Cubacrisis maar nog in de jaren 60 volgden de eerste intercontinentale raketten. Die hadden algauw een vluchtbereik tot 8000 km en meer en konden vrijwel elke locatie raken, waar ook ter wereld. De eerste intercontinentale raketten waren zeeraketten, vanuit nucleaire onderzeeërs te lanceren. Gangmaker onder de zeeraketten was de Amerikaanse Polaris-raket, een eerste *Sea Launched Ballistic Missile* SLBM, aan boord van de gelijknamige Polaris-onderzeeër. Elke Polaris-onderzeeër had algauw 16 raketten aan boord met één tot drie waterstofbommen per raket. Langs Amerikaanse kant werd de Polaris-onderzeeër opgevolgd door de Poseidon- en de Trident-klasse. Ook een Poseidon-onderzeeër had 16 raketten aan boord, maar elk met tien waterstofbommen per raket. De Trident-onderzeeër kreeg 24 raketten aan boord, elk uitgerust met liefst 17 onafhankelijk richtbare kernkoppen.

Russische tegenhangers van de Polaris-raket waren onder meer de SS-N-5, de SS-N-6 en de SS-N-8, maar Moskou investeerde eerder in landraketten. In 1980 beschikte Amerika over 41 nucleaire onderzeeërs, goed voor 656 zeeraketten en 5440 waterstofbommen. Voor Moskou ging het om 64 nucleaire onderzeeërs, goed voor 979 SLBM-raketten maar slechts uitgerust met 1279 waterstofbommen, een kwart van het Amerikaanse onderzee-arsenaal.

In de jaren 70 volgden de intercontinentale landraketten, diep verscholen in stalen lanceertubes onder een meterdik betonnen schild, voor Amerika de ICBM's voor intercontinentale ballistische raketten. Langs Amerikaanse kant kwamen er 1054 stuks, verspreid over de noordelijke helft van de VS. Aanvankelijk uitgerust met één kernkop kreeg de nieuwste ICBM – voor Amerika de Minuteman III – snel meerdere kernkoppen, alle op hetzelfde doelwit gericht of met afzonderlijk richtbare kernkoppen. In 1980 waren Amerika's 1054 ICBM's goed voor 2154 waterstofbommen. Moskou beschikte dat jaar over 1398 ICBM's, de meerkoppige SS-17, SS-18 en SS-19 raketten, uitgerust met 4726 zware waterstofbommen.

Ook introduceerde Amerika het onderscheid tussen strategische en tactische kernwapens. Strategisch noemden ze die kernwapens waarmee Russen en Amerikanen elkaars steden, elkaars industrie en elkaars bevolking rechtstreeks konden treffen. Dat was het werk van de intercontinentale land- of zeeraketten. Tactisch noemden ze die kernwapens en de bijbehorende wapensystemen die ze bij een militaire confrontatie op het slagveld konden inzetten. Dat waren er niet minder dan hun strategische broers. Zo werd in 1980 aangenomen dat de Amerikanen en hun bondgenoten in Europa over een 7000 kernkoppen beschikten, voor de Russen en hun bondgenoten werd het aantal tactische kernkoppen op 3500 geraamd, op een totaal van 21.000 tactische kernkoppen voor Amerika wereldwijd, 15.000 voor de USSR.

Amerika's nucleaire arsenaal werd in 1980 door SIPRI (Stockholm) op 30.000 kernkoppen geraamd, dat van de Russen op 20.000 (ramingen van de *Federation of American Scientists* hadden het later over 42.000 Russische kernkoppen). De verzamelde nucleaire vernietigingskracht werd voor Moskou op 7 tot 10 miljard ton TNT geraamd, tegenover 5 tot 7 miljard ton TNT voor Washington. Die arsenalen, het equivalent van 1 miljoen Hiroshima's, werden groot genoeg geacht om de wereld liefst twaalf keer geheel te vernietigen. *Overkill*, heette dat in het strategisch jargon, het vermogen om een tegenstander niet één keer maar meerdere keren compleet uit te schakelen. Dat was ook het geval voor de 10.000 tactische kernkoppen in 1980 opgesteld aan weerskanten van het 7000 kilometer lange IJzeren Gordijn, bestemd voor 'een eerste confrontatie' op het Europese strijdtoneel. Als maar een fractie van die 10.000 effectief zou zijn ingezet, was er in Europa geen steen op de andere gebleven.

De wapenwedloop in kernwapens, voor het leven op aarde de gevaarlijkste wedloop ooit, had voor Amerika en Rusland één voordeel, dat een directe confrontatie tussen beide vrijwel ondenkbaar was. Zo vormde de stormram van de Koude Oorlog tegelijk het sluitstuk ervan. Vooral de kernwapens hadden voor gevolg dat het Oost-Westconflict 'een koud conflict' moest blijven. De prijs voor die Koude Oorlog betaalden de Hongaren in 1956, Tsjechen en Slowaken in 1968, de Polen om de zoveel jaar, maar ook de ontelbare slachtoffers van tal van warme oorlogen uitgevochten in de marges van de Koude Oorlog.

Maar de hoogste prijs voor dit *nucleair nihilisme* – nooit eerder gingen staten zo ondoordacht en zo lichtzinnig met hun eigen toekomst om – betaalden de niet-nucleaire toeschouwers. Omdat buiten de nucleaire schijnwerpers wel mocht gevochten worden, zelfs door Amerikaanse of Russische bondgenoten die van een directe confrontatie moesten afzien maar die ongehinderd elkaar mochten uitmoorden. Onder de atoomparaplu van dat nucleaire nihilisme werden in die jaren de etnische en religieuze activisten geboren die hun slachtoffers weer eigenhandig zouden doden, met het mes, de strop of in het vuur van de aloude brandstapel.

De nucleaire tandem dertig jaar later

Tijdens de Koude Oorlogsjaren was er van ontwapening geen sprake. Nucleaire wapenbeheersing was het stopwoord (*arms control*), geen ontwapening (*disarmament*). Gangmakers van de wapenbeheersing waren het Beperkt Kernstopverdrag van 1963 (een kwestie van kernproeven) en het Nonproliferatieverdrag van 1968 (een bevriezing van het aantal kernmachten), er allebei op gericht om de nucleaire voorsprong van Amerika en de USSR te behouden, niet die te kortwieken. Notoir was ook het ABM-verdrag van 1972, het eerste Amerikaans-Russische verdrag met betrekking tot hun strategische kernwapens, er niet gekomen om hun raketten maar om hun anti-raketsystemen te ontmantelen. Cynischer kon het niet. Niet het kernwapen was het probleem, wel de illusie zich daartegen te kunnen verdedigen.

Het eerste Amerikaans-Russische verdrag dat een hele categorie van kernwapens opdoekte, was het INF-verdrag van 1987, een late vrucht van de Europese rakettengekte in de jaren 80. Aan de basis van die rakettengekte lag de Sovjet-vervanging van de eenkoppige SS-4 en SS-5 door de driekoppige SS-20-raketten, raketten voor de middellange afstand, en het Amerikaans-Europese antwoord erop – in december 1979 – om ook in het Westen de middellangeafstandsraketten te moderniseren. Uiteindelijk ging het om een mix van 108 ballistische Pershing 2-raketten en 472 GLCM-kruisraketten, eenkoppige raketten van Amerikaanse makelij. De Pershing 2-raketten waren bestemd voor de Amerikaanse troepen in West-Duitsland, waar ze de oudere Pershing 1 vervingen. De 472 kruisraketten – *Ground Launched Cruise Missiles* – werden naderhand verdeeld over vliegbasissen in Engeland (160 stuks, Greenham Common en Molesworth), Italië (112, Comiso), West-Duitsland (96, Wüschheim), België (48, Florenne) en Nederland (48, Woensdrecht).

Ondanks een nooit geziene mobilisering van vredesactivisten om de nucleaire waanzin te doorbreken, met name in België en Nederland, klemden de bondgenoten de tanden op elkaar en stonden de nieuwe raketsystemen in 1985 op scherp. Ook het vervolg was nooit eerder vertoond. Al op 7 december 1987 sloten de nieuwe Sovjetleider Gorbatsjov en de Amerikaanse president Reagan het INF-verdrag – met betrekking tot hun middellangeafstandsraketten, hun *Intermediate-Range Nuclear Forces* – dat meteen voorzag in de wederzijdse terugtrekking en vernietiging van de omstreden raketsystemen. Vier jaar later, in de zomer van 1991, werden in aanwezigheid van inspectieteams 2692 middellangeafstandsraketten vernietigd, 1846 voor de USSR, 846 voor de Amerikanen. Voor de vernietiging van een volledig segment van de Amerikaans-Russische kernwapens was er geen precedent en kwam er nooit een opvolger.

Een moeilijker kluif bleken de strategische kernwapens. In 1991 ondertekenden de Amerikaanse president Bush en Sovjetleider Gorbatsjov in Moskou een beginselakkoord over de reductie van hun strategische kernwapens met een derde. Dat werd START 1, een eerste verdrag op de beperking van hun grootste kernwapens, waarbij START staat voor *Strategic Arms Reduction Treaty*, al mochten beide partijen elk 8000 tot 9000 strategische kernkoppen behouden. Twee jaar later ondertekenden de Amerikaanse president Bush en de nieuwe Russische president Jeltsin in Moskou een verdrag – START 2 – om hun beider strategische kernwapens niet met één maar met twee derden te ontmantelen, te spreiden over een termijn van zeven jaar, en hun wederzijdse arsenalen aan strategische kernkoppen tot 3000-3500 te reduceren.

Omdat ook andere erfgenamen van de USSR – naast Rusland ook Wit-Rusland, Oekraïne en Kazachstan – in die jaren over strategische kernkoppen beschikten, werden zij eveneens door Amerika en Rusland gevraagd om het START 1-verdrag te ratificeren en hun kernkoppen ter vernietiging aan Rusland over te dragen. Van deze drie ex-kernmachten ratificeerde het Oekraïense parlement het START 1-verdrag het laatst, in januari 1994, na Amerikaanse en Russische veiligheidsgaranties. Het Oekraïense kernarsenaal werd in 1994 op 1600 kernkoppen geraamd, alle daterend uit het Sovjet-tijdperk.

De vernietiging van hun gereduceerde kernarsenalen werd door beide partijen met argusogen gevolgd, onder een streng inspectie- en verificatieregime. Zo had Amerika er honderden miljoenen dollars voor over om te voorkomen dat Russische kernwapens alsnog in verkeerde handen zouden vallen. Toch werden op dit punt weinig klachten gemeld, zodat de Amerikaanse president Bush (junior) en de Russische president Poetin in 2002 in Moskou een nieuw verdrag tekenden – omgedoopt tot hun *Strategic Offensive Reductions Treaty*, SORT – om hun strategische kernarsenalen tot elk 1700 à 2200 kernkoppen te beperken. Die operatie mocht tien jaar duren.

Nog voor die jaren verstreken waren, ondertekenden de Amerikaanse president Obama en de Russische president Medvedev in juli 2009 in Moskou een principeakkoord voor de verdere beperking van hun strategische kernwapens tot elk 1500 à 1675 kernkoppen 'de komende zeven jaar'. Dat akkoord leidde een jaar later tot een nieuw verdrag ter vermindering van hun strategische nucleaire arsenalen – *New* START geheten – dat Obama en Medvedev in maart 2010 in Praag ondertekenden. Dat verdrag voorziet in een bijkomende reductie van het aantal strategische kernwapens van 2200 tot 1550 elk.

Wat de tactische kernwapens betreft, verklaarde Gorbatsjov in oktober 1989 dat alle tactische kernwapens in het noordwesten van de USSR 'elders' zouden gestationeerd worden. Twee jaar later was het de Amerikaanse president Bush (senior) die eenzijdig de terugtrekking en ontmanteling aankondigde van alle te land gestationeerde Amerikaanse tactische kernwapens (raketten en houwitsers) en de verwijdering en gedeeltelijke vernietiging van alle tactische kernwapens aan boord van schepen en onderzeeërs. In een reactie op de eenzijdige stappen van Bush beloofde ook Gorbatsjov in 1991 80 procent van zijn tactische kernwapens terug te trekken en die in belangrijke mate te ontmantelen.

Helaas trok Amerika niet al zijn tactische kernwapens uit Europa terug. Zo bleven er Amerikaanse tactische kernkoppen, onder Amerikaans bevel, in België (Kleine Brogel) en Nederland (Volkel), ter attentie van Belgische of Nederlandse gevechtsvliegtuigen die er desgevallend mee konden uitgerust worden. Die tactische kernkoppen kwamen er in de jaren 50, bevreesd voor een overweldigend Sovjet-overwicht in conventionele wapens, een overwicht dat alleen het NAVO-kernwapen geacht werd te kunnen pareren (een vreemde logica, alsof de USSR niet over kernwapens beschikte). De Amerikaanse kernkoppen op Belgische of Nederlandse bodem bleven een militair taboe. Hun aanwezigheid werd in Brussel en Den Haag nooit bevestigd noch ontkend.

Zelfs een pleidooi van twee Belgische ex-premiers, Dehaene en Verhofstadt, en twee Belgische ex-ministers van Buitenlandse Zaken, Willy Claes (tevens ex-secretaris-generaal van de NAVO) en Louis Michel voor een Europa zonder kernwapens, op 19 februari 2010 in *De Standaard*, kon de nucleaire omerta niet doorbreken. Dat kon evenmin een videocampagne van Dehaene, Verhofstadt en Claes in 2013 om Amerika ertoe aan te zetten zijn kernkoppen uit België weg te halen. Daar had ook de Amerikaanse president Obama geen oren naar.

Nochtans werd het aantal Amerikaanse kernkoppen bij zijn Europese bondgenoten in 2008 door de Amerikaanse wetenschapper Hans M. Kristensen – van de *Federation of American Scientists* – hooguit nog op 150 tot 200 geraamd (ooit waren het er duizenden). Kristensen raamde hun aantal op 10 tot 20 voor België (Kleine Brogel), Duitsland (Büchel) en Nederland

(Vonkel), 60 tot 80 voor Italië (Aviano en Ghedi Torre) en 60 tot 70 voor Turkije (Incirlik). Dat zijn hallucinante cijfers die eerder de irrelevantie dan de relevantie van de kernwapens illustreren, maar 'de duivel zit in het detail'. Zolang nucleaire discussies in de Lage Landen gereduceerd worden tot 'wat niet wordt bevestigd noch ontkend' zullen België en Nederland nooit 'de nucleaire exit' vinden.

Wereldwijd zag de wereld het aantal kernkoppen dalen van 68.000 in 1985 – de hoogste raming ooit – tot 20.530 in 2011, aldus de *Federation of American Scientists*, waarvan nog 11.000 kernkoppen voor Rusland (2427 in actieve dienst), 8500 voor Amerika (2150 in actieve dienst) en minder dan 1000 voor alle andere kernmachten samen. Na Amerika en Rusland volgden op grote afstand Frankrijk (goed voor 300 kernkoppen), China (240), Engeland (225), Pakistan (90-110) en India (80-100). De Amerikaanse wetenschappers schreven Israël – ook daar wordt het hebben van kernwapens niet bevestigd noch ontkend – in 2011 een 80-tal kernkoppen toe.

Kernmachten van tweede categorie

Vergeleken met Amerika en Rusland zijn alle andere kernmachten van tweede categorie. Dat geldt ook voor Engeland, Frankrijk en China, net als Amerika en Rusland sinds 1945 permanente leden van de VN-Veiligheidsraad. Dat die permanente leden ooit 's werelds eerste vijf nucleaire mogendheden zouden worden, was in 1945 niet te voorzien. Toch kan het lidmaatschap van deze selecte club – er *zijn* maar vijf permanente leden van de Veiligheidsraad, leden met vetorecht om elke beslissing van de Raad zo nodig te kunnen blokkeren – een rol gespeeld hebben om eveneens de nucleaire toer op te gaan. Zoals de USSR er in 1945 alles voor over had om het Amerikaanse atoommonopolie te breken, konden zeker Engeland, Frankrijk en China niet aan de verleiding weerstaan om zich op hun beurt een toegang tot de atoomclub te forceren.

Engeland bracht in oktober 1952 een eerste kerntuig tot ontploffing, de *Hurricane* gedoopt, op de Montebello-eilanden ten westen van Australië. Dat Engeland 's werelds derde kernmacht zou vormen, was geen verrassing. Engelse atoomwetenschappers werkten in het kader van het Manhattan-project nauw samen met hun Amerikaanse collega's en beschikten derhalve over de kennis om zelf kernwapens te produceren. Engeland was al vele jaren Amerika's trouwste bondgenoot vóór de Europese kust, zodat Amerika in Brits-nucleaire zaken minstens een oogje dichtkneep. Bovendien had Engeland in 1945 nog de tanende allures van een wereldmacht, tanend maar nog niet verbleekt. Het had nog de middelen en de motieven om de nucleaire weg op te gaan.

Aangenomen wordt dat Engeland over een voorraad van circa 225 waterstofbommen beschikt – *thermonuclear warheads* – waarvan 160 operationeel. Sinds 1998 is in Engeland in nucleaire zaken alleen het Trident-programma van de Royal Navy nog actief. Voorheen beschikte het land ook over tactische kernwapens die met landraketten konden afgevuurd worden of door bommenwerpers konden gedropt worden. Het Trident-programma steunt op vier Britse onderzeeërs van de Vanguard-klasse – de *Vanguard*, de *Victorious*, de *Vigilant* en de *Vengeance* – met basis in de West-Schotse Firth of Clyde, 40 kilometer ten westen van Glasgow. Elke Vanguard is uitgerust met 16 (Amerikaanse) Trident II-raketten, elk uitgerust met meerdere kernkoppen (maximaal acht) die elk een eigen doelwit kunnen treffen. Minstens één Vanguard is altijd paraat om de verdediging van het Britse vaderland op zich te nemen. Toch kan een Vanguard nauwelijks meer doen dan terugslaan, als Engeland aangevallen zou worden. Het blijft een kwestie van afschrikking – *deterrence* – niet van beveiliging.

In een wereld met Britse kernwapens kon Frankrijk niet ontbreken. Zeker voor de Franse president De Gaulle, een oorlogsbondgenoot van Engeland en Amerika en sinds 1958 weer aan de macht in Frankrijk, was een Frans kernwapen een absolute must om in militaire aangelegenheden nog mee te tellen. In februari 1960 testte Frankrijk in de Algerijnse Sahara een eerste plutoniumbom, *Gerboise Bleue* gedoopt, de naam van een Noord-Afrikaanse springmuis. In september 1968 testte Frankrijk ter hoogte van het eiland Mururoa, in de Stille Oceaan, een eerste waterstofbom. De vader van de Franse *dissuasion nucléaire* was generaal Pierre Gallois, zoals De Gaulle een fervente voorstander van een Frans kernwapen sinds hij in 1953 Frankrijk vertegenwoordigde op het hoofdkwartier van de geallieerde strijdkrachten (SHAPE) in Casteau, ten noorden van de Waalse stad Bergen/Mons. Sindsdien was het Gallois' levenswerk, pas overleden in 2010, om ook Frankrijk een kernwapen te bezorgen.

Daarin is Gallois behoorlijk geslaagd. Alleen ontwikkelde het Franse kernwapen – 's lands *Force de frappe* – zich tot een kopie van zijn Britse tegenhanger. Eerst was er de *Redoutable*, een eerste Franse onderzeeër met 16 M4-raketten, vergelijkbaar met de Amerikaanse Polaris-raket. Later volgden vier Franse onderzeeërs: *Le Triomphant, Le Téméraire, Le Vigilant* en *Le Terrible* (Frankrijks modernste nucleaire onderzeeër, pas in 2010 in dienst genomen). Die onderzeeërs werden uitgerust met een Franse versie, de M45-raket, van de meerkoppige Amerikaanse Trident-raket, waarvan elke onderzeeër er 16 aan boord heeft. Oudere Franse kerntaken, op basis van landraketten op diverse afstanden en bommenwerpers die kernkoppen konden droppen, werden afgebouwd. Zo werden 18 nucleaire raketsilo's op het Zuid-Franse plateau van Albion, drie decennia goed voor 18 Franse middellangeafstandsraketten, in de jaren 1996-1999 ontmanteld. Ook van het Franse onderzeekwartet wordt aangenomen dat één onderzeeër altijd paraat is om de verdediging van het moederland op zich te nemen.

Het Chinese kernwapen was een wees van China's Russische voorganger. Aanvankelijk hoopten de Chinezen, na hun communistische revolutie van 1949, op Russische steun voor een eigen kernwapen. Dat kwam in beeld in de Koreaanse Oorlog in de jaren 1950-1953, toen Amerikaanse generaals het eerst overwogen om tegen de Chinezen kernwapens in te zetten, maar die optie werd door de toenmalige Amerikaanse president, Eisenhower, afgewezen. Na een Chinese schending van de Sino-Sovjetgrens ter hoogte van Kirgizië trok Sovjet-partijleider Chroesjtsjov in 1959 een eerder gedaan aanbod in om Beijing te helpen bij de ontwikkeling van een Chinees kernwapen.

Vier jaar later bezegelde de ondertekening van het Beperkt Kernstopverdrag door de buitenlandministers van Amerika, Engeland en de USSR, op 6 augustus 1963 in Moskou, de Chinees-Russische breuk. Een laatste poging om de brokken te lijmen, bij Chinees-Russische onderhandelingen in juli 1963 in Moskou, werden zonder resultaten afgebroken. Beijing wees het Beperkt Kernstopverdrag af als 'een poging van de Grote Drie om hun nucleair monopolie voor eeuwig vast te leggen'. Meteen stond het in de sterren geschreven dat China snel een eigen kernwapen zou ontwikkelen. Dat gebeurde nog sneller dan verwacht. De Chinese Volksrepubliek testte in oktober 1964 in een ondiep zoutmeer (Lop Nor) in de woestijn van Xinjiang een eerste plutoniumbom, onder de codenaam 59-6. Voor insiders verwees die codenaam naar het jaar en de maand (1959, juni) dat Sovjetleider Chroesjtsjov weigerde China van een kernbom te voorzien. Al in juni 1967 testte China in recordtijd ook een eerste waterstofbom.

Met circa 250 kernkoppen – een raming van de *Federation of American Scientists* in 2012 – blijft ook China een kernmacht van tweede categorie, vergelijkbaar met Engeland en Frankrijk, al circuleren er Amerikaanse cijfers die dat aantal vertienvoudigen. Als kernmacht ontwikkelde ook China vliegtuigen en raketten te land, ter zee en in de lucht. Een congresrapport van het Amerikaanse ministerie van Defensie van 2013 raamde het Chinese nucleaire arsenaal op 50 tot 75 intercontinentale ballistische raketten, zowel te land als ter zee, en circa 1100 ballistische raketten voor de korte afstand. Wel beschikte China naar verluidt niet over voldoende kernkoppen om er al zijn raketten mee uit te rusten en verklaarden Chinese leiders herhaaldelijk dat China 'nooit als eerste' kernwapens zal inzetten.

In mei 1974 – onder Congrespremier Indira Ghandi – brachten Indiase technici een eerste ondergrondse kernbom tot ontploffing, de plutoniumbom *Smiling Buddha*. Daarmee was India de zesde staat die kernwapens kan produceren. Ofschoon India, net als Pakistan, geen partij was bij het Nonproliferatieverdrag van 1968 (dat de verspreiding van kernwapens aan banden legt) bracht India 24 jaar lang geen tweede kerntuig tot ontploffing en ontwikkelde het in die jaren allicht ook geen kernwapens.

India hervatte zijn kernproeven pas in april 1998 onder de hindoenationalistische BJP-regering van premier Atal Behari Vajpayee met vijf ondergrondse kernproeven in de woestijn van Rajastan, niet zó ver van de grens met Pakistan. Met de nieuwe proeven bevestigde de BJP-regering, die pas in maart 1998 in India de verkiezingen won, dat India 'de capaciteit heeft om op elk ogenblik een atoommacht te worden' en het land 'de nucleaire optie' derhalve wil openhouden. De Indiase kernproeven werden in India quasi unaniem bejubeld. De buitenwereld, en vooral Pakistan en China, reageerde eenstemmig negatief.

Deze keer ontwikkelde India wel vliegtuigen en raketten die met kernkoppen konden geladen worden. Schattingen van het Indiase kernwapenarsenaal hielden het in 2012 op 30 tot 90 kernkoppen. Een testvlucht van de eerste Indiase middellangeafstandsraket (de Agni I, 1500 km) in mei 1989 ging nog aan de hervatting van de kernproeven vooraf. In april 1999 testte New Delhi een tweede ballistische middellangeafstandsraket, de Agni II (2200 km). Onder het Integrated Guided Missile Development Programme, op gang getrokken onder Indira Gandhi, volgden ook raketten voor de korte afstand (de Prithvi en de Trishul) en een derde middellangeafstandsraket, de Akash.

In 1998 kon Pakistan niet achter blijven. Nauwelijks een maand na de Indiase hervatting van zijn kernproeven testte Pakistan in mei zijn eerste uraniumbom, de Chagai-I, een verwijzing naar het district van het testgebied. Naar eigen zeggen ging het Pakistan meteen om zes ondergrondse kernproeven. Mogelijk ontving Pakistan hiervoor verrijkt uranium uit China, al hield het Pakistan *Institute of Nuclear Science and Technology* in Rawalpindi de eer aan zichzelf. Het aantal Pakistaanse kernkoppen werd in 2012 op 24 tot 52 stuks geraamd.

Ook de Indiase en Pakistaanse rakettechnologie ging gelijk op. Nog in 1998 testte Rawalpindi zijn eerste Ghauri-raket, naar eigen zeggen met een reikwijdte van bijna 1500 kilometer, ver genoeg om de Indiase hoofdstad te bereiken. Al in april 1999 testte Pakistan de Ghauri-II-raket met een mogelijke reikwijdte van 2300 kilometer. In de jaren 2003-2005 introduceerde Pakistan twee nieuwe middellangeafstandsraketten, de Shaheen 1 en 2, ballistische raketten die zowel conventionele als nucleaire ladingen konden afvuren.

Israël en Zuid-Afrika

Het Israëlische kernwapen blijft een publiek geheim dat in dezelfde bewoordingen wordt toegedekt als de Amerikaanse tactische kernwapens in Europa: het bestaan ervan wordt door geen officiële instantie bevestigd noch ontkend. Het blijft het grootste nucleaire taboe, hoewel de *Federation of American Scientists* het aantal Israëlische kernkoppen in 2012 vastspijkerde op een cijfer tussen 60 en 400. Het meest geciteerde cijfer is 200. In voorkomend geval is Israël 's werelds achtste kernmacht.

Israëls nucleaire klokkenluider was fysicus Mordechai Vanunu, geboren in een Joodse familie in Marokko, in 1963 naar Israël geëmigreerd. Vanunu studeerde fysica aan de universiteit van Tel Aviv. In 1976 werd hij als technicus aangeworven bij het Israëlische nucleaire complex van Dimona, bij Beersheva in de Negev. In oktober 1985 werd hij in het kader van een herstructurering uit Dimona ontslagen. Via Athene en Bangkok kwam hij in Sydney terecht. Daar praatte hij met een onderzoeksjournalist van de *Sunday Times* over de nucleaire capaciteiten van Israël.

Dat was er voor Israël te veel aan. Op 30 september 1986 werd Vanunu door een vrouwelijke Mossad-agente vanuit Londen naar Rome gelokt, waar hij op de luchthaven Fiumicino door de Mossad werd ontvoerd, verdoofd en clandestien naar Israël werd teruggebracht. Op 5 december 1986 maakte de *Sunday Times* het bestaan van het Israëlische nucleaire arsenaal (circa 200 stuks) wereldkundig. Op 30 augustus 1987 werd Vanunu op een schijnproces achter gesloten deuren tot 18 jaar hechtenis veroordeeld. Die 18 jaar zat hij uit tot de laatste dag, van 30 september 1986 tot 21 april 2004, in de gevangenis van Asjkelon (waarvan 12 jaar in eenzame opsluiting, in een kleine cel zonder ramen). In juli 2007 werd hij opnieuw opgepakt, ondertussen tot het anglicaanse christendom bekeerd, omdat hij 'de hem opgelegde beperkingen al 14 keer had overschreden' (zo mag hij niet naar het buitenland reizen noch praten met buitenlandse media). Later werd hij herhaaldelijk vrijgelaten of weer opgepakt. Zo zat hij in 2010 alweer drie maanden in een gevangenis.

Volgens Vanunu waren het Franse en Israëlische technici die na de Suez-crisis van 1956 in Dimona een eerste Israëlische kernreactor bouwden, terwijl Engeland in 1958 voor 20 ton 'zwaar water' zorgde (dideuteriumoxyde D_2O, een stof gebruikt bij de productie van de waterstofbom). Amerikaanse inspecteurs die Dimona in de jaren 60 bezochten, zagen er niets verkeerds en rapporteerden geen 'wapengerelateerde activiteiten'. Toch wordt aangenomen dat Israël al tijdens de Zesdaagse Oorlog, in 1967, over zijn eerste kernkoppen beschikte. Als dat niet klopt, was dat zeker bij de Yom Kippur-oorlog van 1973 het geval. In beide gevallen, aldus Vanunu, kon Amerika Israëls nucleaire status toedekken door het land alvast onder de Amerikaanse atoomparaplu te beveiligen.

Steun voor de Vanunu-versie van de feiten kwam er van de Israëlische journalist Ari Shavit, columnist voor *Haaretz*, de meest invloedrijke krant van Israël. Shavits vader was een jonge chemicus aan het Israëlische Weizmann-Instituut en was in Dimona betrokken bij 'het Israëlische Manhattan-project' (de productie van een Israëlisch kernwapen). Shavit bevestigde dat Frankrijk Israël, nog onder David Ben-Goerion, van een eerste kernreactor voorzag en van een plutonium-opwerkingsfabriek met alles erop en eraan: ingenieurs, technici, knowhow en opleidingen. Gangmakers van het Israëlische kernwapen waren volgens Shavit premier Ben-Goerion, Israëls vader des vaderlands, en Shimon Peres, vele jaren Israëls minister van Buitenlandse Zaken en in de jaren 2007-2014 nog 's lands president.

Israël is desgevallend 's werelds enige kernmacht zonder kernproeven. Daar was Israël te klein voor, tenzij het land betrokken was bij mogelijke kernproeven in de Zuid-Indische Oceaan. Daarop wees een intense samenwerking tussen Israël en Zuid-Afrika ten tijde van het apartheidsregime. Gezegend met natuurlijke uraniumvoorraden was Zuid-Afrika een droompartner voor Israël en overigens ook voor Amerika, dat al in 1957 een bilaterale overeenkomst met Zuid-Afrika afsloot over nucleaire samenwerking.

De Israëlisch-Zuid-Afrikaanse kernproef kwam er mogelijk op 22 september 1979 ter hoogte van het onbewoonde Prins Edward-eiland tussen Zuid-Afrika en Antarctica. Die dag werd door een Amerikaanse Vela-satelliet tussen Zuid-Afrika en Antarctica een 'dubbele flash' waargenomen typisch voor een bovengrondse atoomexplosie. De Amerikaanse Vela-satellieten werden in de jaren 1963-1970 gelanceerd, na het Beperkt Kernstopverdrag van 1963, om precies (bovengrondse) atmosferische kernproeven te kunnen detecteren. Dat deden ze ook (41 keer) bij Franse en Chinese kernproeven in dat tijdsbestek. De Vela-satellieten waren dan ook perfect in staat om op 22 september 1979 in de Zuid-Indische Oceaan een kernproef te melden. Toch concludeerde de toenmalige Amerikaanse president, Jimmy Carter, naderhand dat er geen sprake was van een kernexplosie en dat de satelliet mogelijk geraakt werd door twee mini-planetoïden. De omstreden Israëlisch-Zuid-Afrikaanse kernproef werd naderhand wel vermeld door Israëls nucleaire klokkenluider, Vanunu.

Pas in 1993 moest Zuid-Afrika's laatste blanke president, Frederik-Willem de Klerk, in een toespraak tot het Zuid-Afrikaanse parlement toegeven dat Zuid-Afrika 'een beperkte voorraad (van zes) kernwapens had ontwikkeld' om een mogelijke Sovjet-aanval te kunnen afslaan, maar dat dit nucleaire programma in 1989 werd stopgezet en dat Zuid-Afrika al zijn nucleaire faciliteiten naderhand ontmantelde. In dat geval is Zuid-Afrika het enige land dat ooit kernwapens produceerde maar daar naderhand, geconfronteerd met een zwart-Afrikaanse meerderheid, vrijwillig van afzag. Van blanken en Israëliërs werd aangenomen dat ze met kernwapens konden omgaan. Dat vermogen werd Afrikaanse zwarten en Arabische of Iraanse moslims ontzegd.

Pas in 2010 ontdekte een Amerikaanse academica, Sasha Polakow-Suransky, topgeheime Zuid-Afrikaanse documenten, gelekt in de Britse *The Guardian*. Die documenten onthulden een Israëlisch aanbod uit 1975 om Zuid-Afrika Jericho-raketten *met* kernkoppen te leveren (in ruil voor Zuid-Afrikaans uranium?). Het aanbod werd bewezen door een akkoord ondertekend door Israëls toenmalige Defensieminister Shimon Peres en zijn Zuid-Afrikaanse ambtsgenoot Pik Botha. Het was ook het eerste bewijs dat Israël wel degelijk over kernwapens beschikt.

Een ander land dat ooit vrijwillig afzag van de mogelijke ontwikkeling van kernwapens was in 2003 Libië, nog wel onder de megalomane Kadhafi. Die nodigde de IAEA zelf uit om de vernietiging van al zijn nucleaire materialen en faciliteiten te superviseren. De IAEA concludeerde naderhand dat het Libische kernwapenprogramma veel verder ontwikkeld was dan door Amerikaanse en Britse inlichtingendiensten werd aangenomen.

De Koreaans-Siamese tweeling

Gangmaker voor een Noord-Koreaans kernwapen was de USSR, die in 1965 in het Noord-Koreaanse Yongbyon een eerste nucleaire onderzoeksreactor bouwde. Later volgden een eerste kernreactor en faciliteiten voor het verrijken van uranium. In 1991 ondertekenden de beide Korea's een gemeenschappelijke verklaring om wederzijds geen kernwapens te testen, te ontwikkelen, te produceren, te ontvangen, te bezitten, op te slaan, in te zetten of te gebruiken. Die verklaring werd door bilaterale inspecties gevolgd. Tot Noord-Korea de IAEA-inspecties, uitgaand van het Internationaal Bureau voor Atoomenergie, in 1993 afwees.

In 2003 trok Noord-Korea zich terug uit het Nonproliferatieverdrag, waarbij het zich in 1986 had aangesloten. Dat was mogelijk een reactie op de Amerikaanse president Bush junior, die de spanning op het Koreaanse schiereiland nog opdreef door Noord-Korea in januari 2002 publiekelijk op 'de as van het kwaad' vast te spijkeren, *the axis of evil*, naast Iran en Irak. Tegelijk gaf Noord-Korea voor het eerst aan over kernwapens te beschikken. Pyongyang noemde atoomwapens noodzakelijk omdat het regime hiermee kon besparen op zijn conventionele strijdkrachten en zo meer geld in zijn noodlijdende economie kon pompen. Nooit eerder sprak Pyongyang zich zo duidelijk uit over zijn nucleaire ambities.

Die melding riep in het buitenland veel twijfels op, maar bleek toch ernstig genoeg om in de zomer van 2005 met Noord- en Zuid-Korea, China, Japan, Rusland en Amerika een zeslandenoverleg te starten om, in ruil voor politieke en economische concessies, Noord-Korea's nucleaire arsenaal weer af te bouwen. In oktober 2006 trok Noord-Korea ook de twijfelaars over de streep door voor het eerst een ondergrondse kernproef uit te voeren, er geen rekening mee houdend dat die kernproef critici van het regime nog meer in de gordijnen zou jagen.

Die dubbelzinnigheid, een nucleair Tom en Jerry-verhaal, bleef het Noord-Koreaanse dossier achtervolgen. In het voorjaar van 2007 beloofde Noord-Korea zijn gesprekspartners om zijn nucleaire faciliteiten in twee stappen te ontmantelen. Zo begon Noord-Korea in de zomer van 2007 met het stilleggen, onder IAEA-controle, van zijn kernreactor in Yongbyon. Een jaar later blies het regime als blijk van goede wil ook de koeltoren bij de kernreactor op.

In 2007 leek de goede wil ook een eerste ontspanning tussen Noord- en Zuid-Korea in te luiden. Zo reden er in mei voor het eerst in meer dan vijftig jaar weer (twee) treinen tussen Noord en Zuid. In oktober volgde in Pyongyang een Noord-Zuid-Koreaanse top tussen de presidenten Roh Moo-hyun (Seoul) en Kim Jong-il, te Pyongyang. Het was zeven jaar geleden dat de leiders van Noord en Zuid, Kim Dae-jung en Kim Jong-il, een allereerste keer de koppen bij elkaar staken. In oktober 2007 sloten de Koreaanse leiders een vaag verzoeningspact waarin ze een vredesverdrag beloofden dat ooit de wapenstilstand van 1953 kan vervangen. Bovendien beloofden de Koreaanse leiders in een slotverklaring een waslijst van maatregelen die het wederzijdse vertrouwen moesten versterken.

In februari 2008 kon de Amerikaanse staatssecretaris Condoleezza Rice het zeslandenoverleg nieuw leven inblazen. De Amerikaanse president Bush versoepelde de handelsbeperkingen met Noord-Korea en zette de procedure in gang om Pyongyang in oktober van de lijst met terreursponsors of schurkenstaten te schrappen. Noord-Korea had zich volgens de Amerikaanse regering bereid verklaard tot een strikte controle van zijn kerninstallaties door IAEA-inspecteurs toegang te verlenen tot zijn installaties, 'het nemen van monsters, het inkijken van documenten en het voeren van gesprekken met Noord-Koreaanse atoomexperten'.

In april 2009 liep het weer helemaal verkeerd. Vooral het testen van een Noord-Koreaanse langeafstandsraket, de Taepodong-2, schoot Tokio in het verkeerde keelgat. Qua raketten beschikte Noord-Korea toen al over de Hwasong-5 (300 km), de Hwasong-6 (500 km), de Rodong (1300 km), de Musudan (2000 km) en de Taepodong 1 (2500 km), maar de Taepodong 2 – volgens Pyongyang bedoeld om een satelliet in een baan om de aarde te brengen – werd een bereik van 6700 km toegeschreven. Nadat Tokio een spoedzitting van de Veiligheidsraad eiste, die Pyongyang unaniem veroordeelde, noemde ook de Amerikaanse president Obama (vanuit Praag) de raketlancering een betreurenswaardige provocatie. Dat zette Pyongyang dan weer op het verkeerde been. Op 14 april stapte Noord-Korea weer uit het zeslandenoverleg, werd de samenwerking met het IAEA opgeschort en werden ontmantelde nucleaire faciliteiten opnieuw opgestart.

In mei 2009 voerde Noord-Korea een tweede ondergrondse kernproef uit. Na een snelle en unanieme veroordeling van de VN-Veiligheidsraad vuurde Pyongyang op 26 mei twee korte-afstandsraketten af en blies het regime zelfs de wapenstilstand van 1953 op, die een einde had gemaakt aan de Koreaanse oorlog. Die paukenslag is vooral Seoul en Washington niet ontgaan. Er bevonden zich nog altijd 28.500 Amerikaanse militairen (met kernwapens) in Zuid-Korea en circa 50.000 in Japan.

Een verrassend bezoek van de Amerikaanse ex-president Clinton aan

Pyongyang, waar hij op 4 augustus ontvangen werd door de Noord-Koreaanse leider Kim Jong-il, gaf de vredesduiven weer hoop. Clinton kon er de vrijlating bekomen – daarvoor was hij ook in Pyongyang – van twee Amerikaanse journalistes, Euna Lee en Laura Ling, die er in juni tot twaalf jaar dwangarbeid veroordeeld werden. Lee en Ling, mediamedewerkers van ex-vicepresident Al Gore, waren in maart vanuit China illegaal het land binnengedrongen. Ze mochten met Clinton meteen naar Amerika terugvliegen.

Wellicht waren het de Chinezen die de Noord-Koreaanse leider Kim Jong-il er in oktober 2009 van konden overtuigen weer over het Noord-Koreaanse kernwapenprogramma te praten. Wel stelde Kim zoveel voorwaarden voor een hervatting van het zeslandenoverleg dat het overleg een dode mus bleef. Zo moesten er eerst bilaterale Amerikaans-Noord-Koreaanse onderhandelingen gevoerd worden, en dat zagen Seoul en Washington niet zitten.

In 2010 tuimelden de onderhandelaars weer in een andere gracht, nadat een internationaal team van experts in mei tot het besluit kwam dat het Zuid-Koreaanse oorlogsschip – de Cheonan, een korvet van 1200 ton – dat op 26 maart in de Gele Zee verging, door Noord-Korea was getorpedeerd. 46 bemanningsleden verdronken. Wellicht werd de Cheonan gekelderd in het kader van een aanslepend geschil over 'de maritieme grenzen' tussen Noord en Zuid. Het Cheonan-incident stelde de inter-Koreaanse betrekkingen weer zwaar op de proef. Het Zuiden verbrak alle handelsbetrekkingen met het Noorden en eiste internationale sancties. Het Noorden bracht zijn strijdkrachten in 'de hoogste staat van paraatheid' en dreigde met 'een totale oorlog'.

In juli 2010 kondigden de Amerikaanse buitenlandminister Hillary Clinton en defensieminister Robert Gates vanuit Seoul nieuwe sancties aan tegen Noord-Korea. Bovendien lanceerden Zuid-Korea en Amerika later op de maand gezamenlijke militaire maneuvers in de regio, maneuvers die Noord-Korea nog meer voor schut zetten. Het kon nog erger. Eind november beschoot Noord-Korea met zware artillerie een Zuid-Koreaans eiland in de Gele Zee, Yeonpyeong. Twee Zuid-Koreaanse militairen kwamen om, 16 soldaten en drie burgers raakten gewond. De circa 600 Zuid-Koreaanse gezinnen op het eiland werden geëvacueerd. Ban Ki-moon, de Zuid-Koreaanse secretaris-generaal van de VN, noemde de aanval 'een van de zwaarste incidenten sinds de Koreaanse oorlog'.

Beloftes van de Noord-Koreaanse leider Kim Jong-il aan de Russische president Medvedev, dat Noord-Korea in de zomer van 2011 bereid bleek om zijn kernproeven te stoppen en zijn kernprogramma op te schorten, konden niet meer verzilverd worden. Medvedev en Kim Jong-il troffen elkaar in de zomer van 2011 op een militaire basis op de transsiberische spoorlijn op 5500 km van Moskou. Op 17 december 2011 werd de Noord-Koreaanse leider door een hartaanval geveld. Kim Jong-il was de zoon en opvolger van de vader des vaderlands Kim Il-sung. Kim Jong-il werd opgevolgd door z'n 27-jarige derde zoon Kim Jong-un, en die had tijd nodig om het nucleaire dossier onder de knie te krijgen.

Weliswaar meldde Amerika in februari 2012 dat Noord-Korea zijn uraniumverrijking opschortte en enkele kernproeven zou schrappen, in ruil voor Amerikaanse voedselhulp. Maar die opening werd snel door nieuwe Noord-Koreaanse raketproeven weer afgeblokt. In december 2012 bracht een Noord-Koreaanse langeafstandsraket een satelliet in een baan om de aarde, in februari 2013 gevolgd door een derde Noord-Koreaanse kernproef. Zelfs China reageerde gebelgd. In maart kondigde de VN-Veiligheidsraad strengere financiële en importsancties af. Daarop verbrak Pyongyang weer de wapenstilstand met Zuid-Korea en dreigde het regime zelfs met een nucleaire aanval op Amerika.

Toch zaten Noord- en Zuid-Korea in juni 2013 weer rond de tafel, nog wel in het grensdorp Panmunjom in de gedemilitariseerde zone tussen Noord en Zuid. In augustus stemde de Noord-Koreaanse leider Kim Jong-un in met de hereniging van families die in de jaren 1950-1953 door de Koreaanse oorlog gescheiden waren. In februari 2014 gingen in Panmunjom weer Noord-Zuid-onderhandelingen op hoog niveau van start, maar het zeslandenoverleg over Noord-Korea's kernwapens, stilgevallen in 2007, werd niet meer hervat. Uitgerekend die maand stelde een panel van VN-experts, in 2009 door de Veiligheidsraad aangesteld, in een eindverslag dat 'niets erop wijst dat Noord-Korea zijn kernwapenprogramma wil opgeven'. In een ander rapport, eveneens vrijgegeven in februari 2014, stelden experts van de VN-Mensenrechtenraad in Genève de Noord-Koreaanse dictator Kim Jong-un persoonlijk verantwoordelijk voor misdaden tegen de menselijkheid. De mensenrechtenexperts riepen de VN-Veiligheidsraad op het Internationale Strafhof in Den Haag de opdracht te geven om te onderzoeken of er een gerechtelijke procedure mogelijk is. Volgens de experts is Noord-Korea een totalitaire staat waarin systematisch 'mensen worden vermoord, tot slaaf gemaakt, gefolterd, seksueel misbruikt en aan honger blootgesteld'.

De Iraans-Israëlische controverse

Iran zette onder sjah Mohammed Pahlavi een eerste nucleaire stap bij de oprichting, in 1965, van het *Tehran Nuclear Research Center*. De sjah, erfgenaam van het oud-Perzische rijk, mikte hierbij op een netwerk van civiele kerncentrales. Om afstand te nemen van kernwapens sloot Iran zich in 1970 aan bij het Nonproliferatieverdrag. In 1973 begon Iran met de bouw van een kernreactor in Bushehr, aan de Perzische Golf. Als gevolg van de Iraanse Revolutie van 1979 werden alle nucleaire activiteiten opgeschort. De kernreactor in Bushehr werd tijdens de Eerste Golfoorlog door het Iraakse leger vernield, maar naderhand met Russische steun weer opgebouwd.

Het was de bouw van Iraanse uraniumverrijkingsfaciliteiten die het IAEA in 2003 alarmeerde, toen het agentschap in een Iraanse nucleaire faciliteit sporen van hoogverrijkt uranium vond. Natuurlijk uranium bestaat hoofdzakelijk uit uranium-238 en telt maar een minieme fractie van de uranium-235-isotoop. Voor een civiele kerncentrale volstaat de aanwezigheid van 3 tot 5 procent U-235. Alleen hoogverrijkt uranium, goed voor een aanwezigheid van meer dan 90 procent U-235, leent zich tot het maken van kernwapens. Iran hield jarenlang vol dat het uitsluitend uranium verrijkte voor civiele kerncentrales. Vooral Amerika en Israël, sinds 1979 's lands grootste vijanden, bleven het land ervan verdenken uranium te verrijken om er kernkoppen mee te produceren.

Omdat 'het nucleaire programma van dat land mogelijk niet uitsluitend vreedzame doeleinden dient' droeg het IAEA het Iran-dossier in februari 2006 over aan de VN-Veiligheidsraad. Dat beslisten 27 van de 35 bestuurders van het IAEA. Alleen Cuba, Syrië en Venezuela stemden tegen. Algerije, Indonesië, Libië, Wit-Rusland en Zuid-Afrika onthielden zich. In april goot de nieuwe Iraanse president Ahmadinejad, aan de macht van 2005 tot 2013, nog olie op het vuur met zijn melding 'dat Iran er voor het eerst in geslaagd was uranium te verrijken'. Daarmee was Iran 'lid geworden van de club van de landen die de nucleaire technologie bezitten', pochte de man die er naderhand geen geheim van maakte dat hij Israël zo mogelijk weer van de kaart wou vegen.

Steun voor zijn nucleaire plannen kreeg Ahmadinejad in oktober 2007 van de Russische president Poetin, de eerste Russische president die ooit Teheran bezocht. Alleen Stalin reisde in 1943 voor een geallieerde top naar Teheran, maar dat had niets met Iran te maken. Rusland bouwt er al jaren aan de eerste Iraanse kernreactor, in Bushehr. Een maand later sloten Iran en Rusland een akkoord voor het opstarten van de kerncentrale van Bushehr. Moskou leverde de nucleaire brandstof voor de centrale. Het werd niet uitgesloten dat er een Russisch-Iraanse onderneming zou opgericht worden voor de exploitatie van de site. Ook steunde Rusland de bouw van een tweede Iraanse kerncentrale, in het zuidwesten van het land. De bouw van die tweede kerncentrale ging in 2008 van start.

Ondertussen meldde een nieuw rapport van de Amerikaanse inlichtingendiensten in december 2007 dat Iran in het najaar van 2003 zijn programma voor de ontwikkeling van kernwapens onder diplomatieke internationale druk gestaakt heeft, zodat 'met gematigd vertrouwen' kan worden gezegd dat het sindsdien niet opnieuw werd opgestart. Iran gaat wel voort met de uraniumverrijking. Volgens waarnemers was met dit rapport 'de militaire optie' tegen Iran van tafel. Wel bleef Bush van oordeel dat 'Iran gevaarlijk was, gevaarlijk is en gevaarlijk zal blijven zolang het de kennis bezit voor de bouw van kernwapens'.

Onrustwekkend was dan weer dat Iran in de zomer van 2008 liefst negen raketten voor de lange en middellange afstand testte, waaronder de nieuwe Shahab 3, die naar verluidt doelwitten op 1350 kilometer kon treffen, de Shahab 4 (2000 km) en de Shahab 5 (3500 km). Aangenomen werd dat het Iraanse machtsvertoon een repliek was op een grootschalige Israëlische luchtoefening boven de Middellandse Zee, begin juni, door waarnemers beschouwd als een Israëlische oefening op een mogelijke luchtaanval op Irans nucleaire faciliteiten.

In die sfeer stuurde Washington in juli 2008 onderminister van Buitenlandse Zaken William Burns naar Genève voor 'nucleair overleg' met een hoge Iraanse vertegenwoordiger, EU-Hoge Vertegenwoordiger Xavier Solana en diplomaten uit Duitsland, Frankrijk, Engeland, China en Rusland. Het was de eerste keer dat Amerika in multilateraal verband met Iran wou praten zonder dat Teheran er voorafgaandelijk mee instemde zijn programma voor uraniumverrijking stil te leggen. Dat overleg was een opstapje voor het zeslandenoverleg – een kopie van zijn Koreaanse voorganger? – dat op 1 oktober 2009 in Genève van start ging tussen Iran en de 5+1 groep, gevormd door de vijf permanente leden van de Veiligheidsraad (Amerika, China, Engeland, Frankrijk, Rusland) plus Duitsland.

In augustus 2010 werd nabij de havenstad Bushehr, in aanwezigheid van de directeurs van de Iraanse en de Russische Atoomenergiecentrale, een eerste Iraanse kernreactor in gebruik genomen. Een vertegenwoordiger van de IAEA verbrak de zegels voor 82 ton nucleaire brandstof die eerder al geleverd werd en die nabij de reactor was opgeslagen. Een jaar later kon Iran zijn eerste kernreactor voor het eerst ook op het elektriciteitsnet aansluiten. De Russen, die de centrale bouwden, controleren de aanvoer van uranium.

In november 2011 verdacht een nieuw IAEA-rapport Iran ervan effectief een kernwapen te willen ontwikkelen. Het rapport was gebaseerd op informatie die de voorbije acht jaar door tien landen en door de IAEA-inspecteurs werd verzameld of door Iran zelf ter beschikking gesteld werd. Om Iran ertoe te bewegen z'n nucleair programma stop te zetten, stelden Europa en Amerika in december 2011 zware sancties tegen de Iraanse olie-industrie in het vooruitzicht, waarop Iran dan weer dreigde om in dat geval de Straat van Ormuz te blokkeren. Daar passeert dagelijks 20 procent van de wereldwijde olieproductie in de wereld.

In 2012 namen de antagonisten weer gas terug, na een driedaags inspectiebezoek van een IAEA-delegatie in januari. De delegatie stond onder leiding van een Belg, Herman Nackaerts, en bezocht de uraniumverrijkingsfabriek bij Qom. In april werd in Istanbul het zeslandenoverleg over het Iraanse nucleaire programma hervat. Naar verluidt stelde Iran zich constructief op. Een maand later werd in Bagdad verder gepraat. In september 2012 waarschuwde de Israëlische premier Netanyahu de internationale gemeenschap op de Algemene Vergadering van de VN in New York dan weer met 'een aanschouwelijke tekening' dat Iran 'volgende zomer' klaar kon zijn met z'n kernbom.

2013 was het jaar dat de sinistere Iraanse president Ahmadinejad bij verkiezingen in juni eindelijk de duimen moest leggen voor zijn meest gematigde en meest hervormingsgezinde uitdager, Hassan Rohani, zelf een Iraanse clericus. In augustus werd Rohani door Irans hoogste religieuze leider Ali Khamenei ingehuldigd als 's lands 7de Iraanse president. De nieuwe president liet meteen weten dat hij bereid was 'ernstig te onderhandelen' over het Iraanse atoomprogramma, waarvan de internationale gemeenschap vreest dat het tot een kernbom zal leiden.

Al in november 2013 bereikten de buitenlandministers van het Iraanse zeslandenoverleg in Genève, voorgezeten door EU-buitenlandminister Ashton, een interimakkoord (van zes maanden) over het Iraanse nucleaire programma. In dit akkoord zag Iran af van verrijkt uranium boven de 5 procent (verrijking vereist voor een civiele kerncentrale), in ruil voor een beperkte schorsing van internationale sancties. Nooit waren in Genève zoveel ministers te zien die elkaar in de armen vielen. IAEA-inspecteurs mogen in Iran de gang van zaken controleren. Gedurende die zes maanden wordt verder gepraat over een definitief akkoord over Irans nucleaire programma. Alleen een wrokkige Israëlische premier Netanyahu, een forse voorstander van een militaire actie tegen Iran, waarschuwde voor 'een historische vergissing'. Nauwelijks een maand later arriveerden IAEA-inspecteurs alweer in Teheran. Ze mochten er ook de geheimste nucleaire centrales bezoeken.

24 november 2014 was de einddatum van het tussentijdse akkoord dat in 2013 door Iran en zijn zes gesprekspartners afgesloten werd. Zelfs de Amerikanen waren het erover eens dat Iran de afspraken in het interim-akkoord was nagekomen. Alleen schoten de verdere gesprekken volgens Amerika niet genoeg op om de deal snel volledig af te ronden. Twistpunten bleven aan de ene kant de capaciteit van Iran om uranium te verrijken en aan de andere kant de afbouw van de economische sancties.

Uiteindelijk sloten Iran en de 5+1 op 2 april 2015 in Lausanne een nucleair kaderakkoord af. Dat akkoord moet voorkomen dat Iran op basis van zijn civiel nucleair onderzoek ook kernwapens ontwikkelt en houdt in dat Iran zijn verrijkt uranium grotendeels naar het buitenland verscheept (in casu Rusland) en zijn verrijkingsinstallaties en centrifuges – onder strenge IAEA-controles – drastisch beperkt. Als het akkoord deze zomer gefinaliseerd wordt, worden de economische sancties tegen Iran afgebouwd. De Amerikaanse president Obama sprak meteen over een historisch akkoord. In Iran zelf dansten de mensen op straat. Zij hoopten vooral dat het wegvallen van de economische sancties 's lands economie weer doet groeien en zijn internationaal isolement kan doorbreken.

Kans op een nucleaire ontsporing groter, niet kleiner

Samengevat hebben vooral Amerika en Rusland de voorbije 25 jaar fors in hun nucleaire arsenalen gesnoeid. Als gevolg van hun kernwapenwedloop hadden die arsenalen ook waanzinnige proporties aangenomen die geen redelijke geest kon goedpraten. Aangenomen wordt dat Amerika en Rusland sinds 1989 de helft van hun kernarsenalen en twee derden van hun kernkoppen afbouwden. Dan behielden ze nog genoeg kernwapens om al hun nucleaire rivalen honderd jaar in toom te houden. Ooit tekenden Amerika en Rusland voor 99 procent van alle kernwapens in de wereld. Vandaag is dat 95 procent. Er is niet zoveel veranderd.

Alleen zorgden de Koude Oorlog en de nucleaire wapenwedloop voor stabielere verhoudingen dan in de wereld anno 2015. Tijdens de Koude Oorlog, in de jaren 1947-1989, was het Amerikaans-Russisch nucleaire overwicht zo overdonderend dat zij de nucleaire spelregels bepaalden en de stabiliteit van hun condominium min of meer garandeerden. Met minstens tien kernmachten ziet de wereld er in 2015 erg anders uit. Er zitten nu zoveel onbekenden in het spel dat niemand nog het geheel overschouwt. Het bilateraal Amerikaans-Russische nucleaire overwicht blijft groot, maar minder groot dan voorheen. De kernmachten van tweede categorie wegen zwaarder dan ooit. En er liggen nucleaire kapers voor de kust. Enkelvoudige evenwichten verdwijnen als sneeuw voor de zon. Meervoudige onevenwichten zijn er des te meer.

Toch baren Amerikaans-Russische verschillen de grootste zorgen. Dat doen ze in eerste instantie in het Midden-Oosten, waar de Amerikaans-Israëlische link Arabische en islamitische reacties blijft uitlokken die niet zullen verdampen voordat Israël ook het Palestijnse bestaansrecht aanvaardt. Maar ook Europa, waar het lot van het grensland Oekraïne heel het continent in een nucleaire nachtmerrie kan meeslepen, is er niet meer gerust in. Van oudsher verdeeld tussen een pro-Russisch en een pro-Westers blok leek in het voorjaar van 2015 niets nog een confrontatie tussen Rusland en de NAVO in de weg te staan. Daarbij namen vooral Polen en de Baltische staten een zo anti-Russisch standpunt in dat weinigen nog leken te beseffen dat een oorlog tussen Rusland en de NAVO ipso facto een kernoorlog kan inluiden die weer alle Europese grenzen kan uitwissen.

Toch gaat de grootste nucleaire dreiging anno 2015 uit van een beperkt aantal kernkoppen die wel eens in handen van terreurnetwerken kunnen vallen of die een handige Harry onder de terroristen, als hij de nodige grondstoffen kan vinden, ook zelf kan bedenken. Over mogelijke doelwitten werden al vele thrillers geschreven: een luchthaven, een zeehaven, een metro, een militair sanctuarium, een kathedraal, een nucleaire site, een heilig graf, een historisch gebouw met een grote symboolwaarde.

De dreiging die uitgaat van het nucleaire terrorisme was de inzet van een internationale top over nucleaire veiligheid, een eerste *Nuclear Security Summit,* in april 2010 samengeroepen op uitnodiging van de Amerikaanse president Obama in Washington. Genodigden waren de staatshoofden of de regeringsleiders van 46 landen, de EU, de IAEA en de VN. Obama vreest vooral dat nucleair materiaal in handen van terroristen zou vallen en zoekt garanties voor een betere beveiliging van dat materiaal. Aangenomen wordt dat wereldwijd thans 1600 ton hoogverrijkt uranium en 500 ton plutonium beschikbaar is, genoeg om 120.000 atoombommen mee te vervaardigen.

Al in maart 2012 volgde een tweede *Nuclear Security Summit,* nog wel in de Zuid-Koreaanse hoofdstad Seoul, in maart 2014 gevolgd door een derde NSS, in Den Haag. Seoul omschreef nucleair terrorisme als 'een van de grootste bedreigingen van de internationale veiligheid'. Concrete afspraken om nucleair materiaal beter te beveiligen, werden niet vrijgegeven, maar de Amerikaanse president Obama noemde het Russische optreden op de Krim (2014) in Den Haag 'niet de voornaamste veiligheidsbedreiging voor Amerika', dat was 'een nucleaire aanval op Manhattan'.

Aansluitend bij de veiligheidsconferentie in Den Haag pleegde Obama in Brussel overleg met de voorzitters van de Europese Raad en de Europese Commissie. In het zesde jaar van zijn presidentiële ambtstermijn was het Obama's allereerste bezoek aan de Europese instellingen. Voor Obama was Europa nooit 'zijn prioriteit', tot de Syrische en de Oekraïense verwikkelingen hem ook op nucleair vlak weer met Europa confronteerden.

Alleen leek de Amerikaanse president ook in maart 2014 in Brussel niet te beseffen dat elke beveiliging van nucleair materiaal, ook vanuit Manhattan gezien, valt of staat met betere betrekkingen tussen 's werelds grootste kernmachten, Amerika en Rusland. De Russische president Poetin mag zijn wie hij wil, maar zonder Ruslands actieve medewerking – zeker en vast in dit dossier – mogen de Amerikaanse president en de vrije wereld een wereldwijde beveiliging van nucleair materiaal vergeten.

8

Oorlogen pro en contra

Natuurlijke verschillen tussen mensen zijn klein.
Weinig mensen zijn drie keer groter of slimmer
of sneller dan anderen.
FRANK FIELD

Oorlogen kennen veel pro's en contra's. Sinds mensenheugenis zijn er factoren die oorlogen bevorderen of die afremmen. Technologische innovaties horen daarbij, denken we maar aan de vuurwapens en de kernwapens, maar ook demografische curves, klimatologische variaties, etnische en religieuze verschillen, tegenstellingen tussen standen en klassen en ondraaglijke verschillen tussen rijk en arm. Welbeschouwd zijn er vele redenen om oorlog te voeren. Redenen om vrede te sluiten zijn er veel minder.

Onmiskenbaar worden meer oorlogen gevoerd in veranderende dan in onveranderbare tijden. In elk geval maken oorlogen in veranderende tijden meer slachtoffers. Onveranderbare tijden kennen geen ingrijpende vernieuwingen. Zolang mensen en volkeren in kleine groepen met uiterst eenvoudige werktuigen leefden van de pluk, de jacht en de visvangst, bleef geweld beheersbaar. Antropologen zijn zelfs geneigd om die tienduizenden jaren – goed voor 80 procent van het tijdsbestek van de moderne mens, de *homo sapiens sapiens,* voor Europa de cro-magnonmens, de eerste 40.000 van de voorbije 50.000 jaar – nog tot de meest vreedzame tijden ooit te rekenen.

Dat was alvast de visie van de Litouws-Amerikaanse antropologe Marija Gimbutas, die in de 20ste eeuw als geen ander 'de goden en godinnen' van het oude Europa op het spoor kwam. Gimbutas herontdekte en beschreef een wereld van nomadische jagers-verzamelaars en zelfs nog van sedentaire boeren – de eerste boeren waren boerinnen – die nauwelijks oorlog voerden, zich daar evenmin op voorbereidden en dan ook een weerloze prooi bleken voor hun mannelijke overweldigers. Centraal stond overigens een moedergodin, geen vadergod. Die garandeerde een harmonie 'tussen hemel en aarde' die latere millennia nooit meer terugvonden.

De vreedzame erfenis van de moedergodin

Zo werden op circa 3000 sites uit het neolithicum van de Europese Balkan tot het Siberische Baikalmeer liefst 30.000 sculpturen van de Godin opgegraven. Het waren steevast vrouwenfiguren, Venusbeeldjes genoemd, herkenbaar aan hun ronde buiken, hun vrouwelijke billen en hun duidelijke boezem. Op die sites werden zelden sporen gevonden van wapens, versterkte vestingen, veldslagen of rijk versierde graftombes waar in latere tijden mannelijke heersers begraven werden. Daar ontbreekt ook de symboliek van speren en zwaarden, donderslagen en bliksemschichten, meester en slaaf, om plaats te maken voor symbolen voor zon en water, vazen en vogels, slangen en vlinders. Volgens Gimbutas waren het tijden waarin mannen en vrouwen nog op gelijke voet stonden, samen voor hun kroost en voor hun levensonderhoud zorgden en nog de weelde deelden van een paradijselijke overvloed. Een echte 'tuin van Eden' omdat ze alleen aan hun natuurlijke omgeving ontleenden wat nog probleemloos kon worden vervangen.

De agrarische revolutie en de introductie van landbouwtechnieken, ingezet na de jongste ijstijd een 10.000 jaar v.C., heeft jagers, vissers en verzamelaars uit die tuin van Eden verdreven. Al zijn die verliezers van de agrarische revolutie nooit helemaal uit de geschiedenis verdwenen. Vele inheemse volkeren anno 2015 zijn nog altijd jagers, vissers en verzamelaars en blijven een levenswijze trouw met veel diepere wortels dan boeren en veehouders. Op grote hoogte, in uiterst geïsoleerde gebiedsdelen en in diepe regenwouden blijven ze een leven kopiëren alsof er de voorbije 12.000 jaar niets veranderde. De oudste levensvormen handhaven zich het langst.

Een belangrijke rol in de landbouwrevolutie, tot voor de industriële revolutie de meest ingrijpende revolutie ooit, speelde de domesticatie van dieren en planten. De Amerikaanse evolutiebioloog en fysioloog Jared Diamond onderstreepte het belang van de grote vijf onder de gedomesticeerde plantenetende zoogdieren, in gevangenschap gefokt om verbruikt te worden of om de boer of veehouder van dienst te zijn: het schaap, de geit, het rund, het varken en het paard. Daarnaast noemde Diamond acht basisgewassen, de *founder crops*, die de landbouwrevolutie veredelde: de granen emerkoren, eenkoren en gerst, de peulvruchten linzen, erwten, kikkererwten en wikke en het vezelgewas vlas, aangevuld met rijst, maïs, knollen en wortels.

Vanuit vijf (bewezen) kerngebieden waarin de voedselproductie volledig zelfstandig tot ontwikkeling kwam, verspreidden landbouw en veeteelt zich van het negende tot het vijfde millennium over de halve wereld: Zuidwest-Azië (de Vruchtbare Halve Maan, volgens Diamond de absolute topper van de agrarische revolutie), China (de Gele Rivier en de Yangzi), Midden-Amerika, de Andes en het oostelijke deel van Noord-Amerika. Vier niet-bewezen gebieden die mogelijk als bijkomende kernen van de agrarische revolutie in aanmerking komen, maar met minder impact op een grote verspreiding, waren de Sahel, tropisch West-Afrika, Ethiopië en Nieuw-Guinea. Mogelijk was de hond het eerst gedomesticeerde dier ter wereld, een 10.000 jaar v.C. In Zuidwest-Azië en China volgden in het 9de en 8ste millennium v.C. de geit, het schaap en het varken, maar ook de oudste voedselgewassen, de *founder crops* van Diamond, naast rijst en gierst. Europa deed er drieduizend jaar over om naderhand de agrarische revolutie over te nemen.

De moedergodin kon de agrarische revolutie nog vijf-zes millennia overleven maar moest uiteindelijk de duimen leggen voor de sedentaire boer, priester en krijger. Aan het lange tijdperk van de moedergodin, een veel vreedzamer en minder geweldadig tijdperk dan dat van haar directe opvolgers, werd pas op het einde van het tweede millennium v.C. een einde gesteld. Dat einde was het werk van patriarchale invallers, geleid door mannelijke goden voor het eerst uitgerust met ijzeren wapens, die in onweerstaanbare golven het Euro-Aziatische continent op de moedergodin veroverden. De namen van diverse invallers bleven bekend: Ariërs in India, Meden en Perzen in Iran, Koerganische volkeren in Europa, Hettieten in Klein-Azië, Doriërs in Griekenland, en misschien ook de Hebreeuwse veroveraars van het oude Kanaän.

In een overgangsfase, alvast in het Grieks-Romeinse Westen, tolereerden de patriarchale invallers nog een mix van goden en godinnen, evenveel mannen als vrouwen, zowel op de Griekse Olympus als in het Romeinse Pantheon. Die mix werd door de monotheïstische religies snel vervangen door uitsluitend mannelijke *goden*. Berucht bleef de heroïsche strijd tussen de vadergod van Abraham, Isaac en Jacob – Jahweh – en de priesteressen van Kanaän, maar ook het Bijbelse gebod (om die priesteressen te temmen) om alle Kanaänitische steden te vernietigen en er de hele bevolking, stad voor stad, af te slachten. Minder bekend is dat ook het jonge christendom een gelijkaardige strijd leverde tegen de Griekse en Romeinse godenwereld maar in eerste instantie tegen de meest gevreesde godinnen, vaak vruchtbaarheidsgodinnen die door christenen bijzonder gehaat werden. Berucht bleven Astarte, de Fenische en Kanaänitische voorganger van de Griekse godin van de liefde, Isjtar voor de Babyloniërs, Aphrodite voor de Grieken, Venus voor de Romeinen, naast Adonis, in Fenicië het model van mannelijke schoonheid.

In het jaar 401 bestormden en vernielden christenen onder Johannes Chrysostomus, patriarch van Constantinopel, de tempel van Artemis in de West-Aziatische havenstad Efeze (thans de Turkse stad Efes), het *Artemision*. De tempel van Artemis, met een dak van cederhout, dateerde uit de 6de eeuw v.C. Het Artemision werd gebouwd ter ere van de Griekse godin van fauna en flora, de maan en de jacht Artemis, in Efeze vereerd als een moedergodin (de Diana van de Romeinen). Tijdgenoten zagen het Artemision als het grootste tempelgebouw van de oudheid en een van de zeven wereldwonderen. Stenen van de tempel van Artemis, opgetrokken uit marmer over een oppervlakte van 115 op 55 meter, werden voor andere bouwwerken gebruikt. Acht van de 127 donkergroene marmeren pilaren, 18 meter hoog, zijn nog te zien in de Aya Sofia, in het aloude Constantinopel.

Het lot van het Artemision overkwam ook de tempels van Jupiter, Bacchus en Venus in de Fenicisch-Syrische stad Baalbek, de stad van de Fenicische zonnegod Baäl. Alleen de ruïnes van Baalbek staan er nog, in de Libanese Bekaavallei, thans een bolwerk van de sjiitische Hezbollah. De christelijke strijd tegen heidense godinnen en priesteressen is pas geluwd toen het christendom de Romeinse staatsgodsdienst werd en als enige erkende religie zijn eigen wil kon doordrijven, al bleef de laatmiddeleeuwse heksenwaan – eeuwenlang werden heksen ook in Europa op brandstapels gezet – een bizarre herinnering aan de aloude strijd tussen goden en godinnen.

Die mix van goden en godinnen bleef nazinderen in het hindoeïsme, hoewel de Arische invallers uit het tweede millennium v.C. op het Indische subcontinent een streng en dwingend kastenstelsel introduceerden om elke besmetting van hun Arische zuiverheid in de kiem te smoren. Het hindoeïsme bleef een veelgodenreligie, met de mannelijke goden Brahma, Shiva en Vishnu – de scheppers en behoeders van deze wereld, maar ook de garanten van orde en recht – als een Indiase drieëenheid. Toch kreeg die topdrie opvallend vrouwelijke tegenhangers – alweer drie – zoals de Indiase krijgsgodin Devi (tegelijk de goddelijke moeder en diens geliefde), de Zwarte Godin Kali (vooral in Bengalen vereerd, de vreeswekkende kant van Devi) en Lakshmi, de Indiase godin van geluk en schoonheid.

Eigen aan religieuze conflicten is dat ze nooit opgelost worden en dat ze nooit overgaan. Zo blijven echo's van de joodse, christelijke en islamitische strijd tussen goden en godinnen, priesters en priesteressen nazinderen in man-vrouwverhoudingen waarmee de monotheïstische religies nog altijd geen blijf weten. Ofschoon de God van joden en christenen volgens het eerste scheppingsverhaal in het Bijbelboek *Genesis* de mens schiep 'naar Zijn beeld en gelijkenis, man en vrouw schiep hij hen' konden weinig generaties de kracht van dat beeld – God als man *en* vrouw – verdragen. Al bood het Oude en het Nieuwe Testament talloze voorbeelden van een God die zich niet in man-vrouwverhoudingen liet opsluiten, toch ruilden generaties monotheïsten die aanzetten in voor een patriarchaal en uitsluitend mannelijk verhaal waarin geen vrouw de religieuze lakens uitdeelt.

De eerste beschavingsoorlog

De ingrijpende overgang van een wereld van plukkers, jagers en vissers naar een sedentaire en agrarische samenleving viel samen met de vervanging van de moedergodin door een vaderlijke god. Die overgang werd ingezet na de jongste ijstijd, die zich een tienduizend jaar v.C. terugtrok. De strijd tussen goden en godinnen leek in het tweede millennium v.C. beslecht, maar werd gevolgd door eindeloze conflicten tussen nomadische en sedentaire, zwervende en gevestigde, veehoudende en agrarische samenlevingen. Het Bijbelse conflict tussen Abel en Kaïn, de boer en de herder, was het prototype van een conflict dat alweer duizenden jaren de halve wereld verscheurde. De agrarische revolutie werd in zekere zin door twee tegenstanders verscheurd. Beiden waren kinderen van die revolutie: nomadische veehouders en sedentaire boeren.

Nadat uit steden de eerste staten ontstonden, gecentraliseerde en gevestigde samenlevingen met een gedifferentieerde beroepsbevolking, vormden steden en staten de meest gehate doelwitten van nomadische zwervers die deze sedentaire bolwerken bleven bestoken. Vooral de domesticatie van het paard, de uitvinding van het wiel en de eerste strijdwagens gaven deze zwervers vleugels. Van de Scythen, de Sarmaten en de Hunnen tot de Avaren, de Bulgaren, de Mongolen en de Tataren beheersten nomadische ruitervolkeren wel tweeduizend jaar lang grote vlakten van Centraal-Azië, met uitlopers van de Zwarte Zee tot de Japanse Zee. Tot in de 15de eeuw kreeg geen gevestigde staat er greep op, terwijl de ruitervolkeren om beurten de Chinese, de Noord-Indische en de

West-Aziatische steden teisterden. Ten noorden van de Kaukasus en de Kaspische Zee drongen ze herhaaldelijk Europa binnen, stromen van verslagen tegenstanders voor zich uit drijvend om ook hier steden en staten te verdelgen.

Wellicht waren het de eerste vuurwapens, in een combinatie met Europa's groeiende beheersing van de zeewegen, die in de 15de en 16de eeuw de gesel van de Centraal-Aziatische ruitervolkeren kon breken. Want de ruitervolkeren waren geboren landratten. In het immense Aziatische binnenland, tussen 40 en 50 graden noorderbreedte een front vormend van Oekraïne over Kazachstan tot in Mongolië, waren ze nauwelijks te verslaan. Handelswegen te land bleven hun meest kwetsbare prooi, maar tegen zeewegen waren ze niet opgewassen, zeker toen zeevarende mogendheden met hun eerste scheepskanonnen vanuit tal van havensteden ook hun greep op het binnenland versterkten. Timoer Lenk of Tamerlan, een nazaat van Mongolen en Turken ter hoogte van het latere Oezbekistan, was in de 15de eeuw met zijn ruiterbendes de laatste gesel van steden en volkeren 'van de Jordaan tot over de Indus'.

Met zijn afgang werden wellicht de bloedigste oorlogen ooit afgesloten, alvast in miljoenen doden. Wat de Mongoolse veroveraar Dzjengis Khan in de 13de eeuw vanuit Karakorum van de Japanse Zee tot de Middellandse Zee vernielde, deed Timoer Lenk anderhalve eeuw later vanuit Samarkand nog eens over. In steden die niet spontaan voor Dzjengis Khan of Timoer Lenk hun poorten openden, werden zelfs de honden en de katten afgeslacht. Mogelijk werd de toenmalige moslimwereld, het grootst tussen de Jordaan en de Indus, door Dzjengis Khan en Timoer Lenk twee keer gehalveerd. Het blijft een wonder dat er joden, christenen en moslims waren die deze dubbele slachting in West-Azië overleefden.

Europa's grote sprong voorwaarts, van de 15de tot de 20ste eeuw de meest opzienbarende sprong in de wereldgeschiedenis, luidde een even gewelddadige strijd in als de millenniumoude krachtmeting tussen nomadische en sedentaire samenlevingen. Maar het was geen strijd meer tussen goden en godinnen, nomaden en sedentairen, wel tussen Europa en de niet-Europese wereld. Eigenlijk werd Europa in die strijd geboren. Voor Grieken en Romeinen was Europa een willekeurig deel van een tricontinentale wereld. Doordat de islamitische wereld grote delen van die tricontinentale wereld inpalmde, het duidelijkst onder het Turks-Ottomaanse rijk met steunpunten op de Balkan, in Klein-Azië, het Midden-Oosten en Noord-Afrika, werd Europa op zichzelf teruggeworpen.

Christenen vergaten nooit hun Joodse, Griekse, Romeinse en oosterse roots. In het eerste millennium anno Domini leefde 80 procent van alle christenen in het Oosten, niet in het Westen. Die verhouding kwam overeen met vier christelijke patriarchaten in het Oosten (Jeruzalem, Antiochië, Alexandrië, Constantinopel) en één in het Westen (Rome). Pas in het tweede millennium n.C., na de opkomst van de islam, de val van de patriarchaten van Jeruzalem, Antiochië en Alexandrië en de clash tussen de twee overblijvers, Rome en Constantinopel, werd het Westen het aambeeld van de christelijke wereld en fuseerden Europa en de christenheid tot een ondeelbaar amalgaam. Dat amalgaam stond voor een visie op mens en wereld, agressief en dominant, die gaandeweg de halve wereld kon veroveren en evangeliseren.

Vooral hedendaagse christelijke auteurs zijn geneigd dat agressieve en dominante christendom van de voorbije vijf eeuwen – retroactief – snel weer te vergeten. Een mooi voorbeeld van die vergetelheid blijft de veelschrijvende Engelse godsdiensthistorica Karen Armstrong. Die blijft herhalen dat de drie monotheïstische religies wezenlijk en sinds mensenheugenis vreedzame en verdraagzame religies zijn, tenzij hun boodschap door etnische of politieke dwarsliggers *gekaapt* wordt. Nooit is het de religie die geweld baart, wel het misbruik ervan. Dat is eigenlijk ook de visie van de Duitse mensenrechtenprof Heiner Bielefeldt, al vijf jaar de Speciale VN-rapporteur voor de godsdienstvrijheid en even katholiek als Armstrong, nog op 1 april 2015 in het Vlaamse weekblad *Tertio* gebeiteld in de even onvoorstelbare als onbegrijpelijke quote dat 'geloofsovertuiging nooit actor en zelden factor is bij conflicten'.

Er zijn meningen die ook geoefende geesten nooit zullen begrijpen. Armstrong en Bielefeldt hebben een punt, dat er geen zuivere godsdienstoorlogen bestaan. Ook bij zogenaamd religieuze conflicten zijn er veelal andere elementen in het spel – vaak van etnische of politieke signatuur – die in conflicten de overhand nemen. Maar het andere uiterste, dat wil dat religies geen donkere achterkant hebben en principieel de vrede verkondigen, is even dwaas als onjuist. Het klopt dat religieuze en etnisch-politieke componenten in conflictgebieden nauwelijks kunnen gescheiden worden. Alleen neemt die mix van uiterst verschillende roots, typisch voor vele conflicten, de religieuze actor of factor niet weg. Zeker voor religieus gevoelige zielen, en dat zijn er nogal wat, pleegt die zwaarder te wegen dan andere actoren of factoren.

Geopolitieke verschillen

De ongelijke strijd tussen de nomadische ruitervolkeren en de sedentaire steden en staten wees al op het belang van geopolitieke verschillen. Geopolitiek is een mix van geografische en socio-politieke componenten en gaat ervan uit dat geografische elementen een enorme impact hebben op het politieke profiel van mensen en volkeren. Die leven niet in een gelijke wereld. Hun geografische profiel, dat hen situeert in een bergachtige omgeving of in de vlakte, in veelvuldig contact met hun buren of daarvan afgesneden, aan de kust of in het diepe binnenland, plaatst ze in erg verschillende werelden.

Zo viel het Grieken en Romeinen, Indiërs en Chinezen al op dat bergvolkeren, in de Kaukasus, de Alpen of de Himalaya, veel vaker met elkaar op de vuist gaan dan volkeren in rivierdelta's of kustgebieden. Dat is vandaag niet anders, met name in de Kaukasus en in de Himalaya. Al in de oudheid werd de Kaukasus 'de berg der talen' genoemd, omdat 'elke berg' er zijn eigen taal spreekt en elk volk er door een diep ravijn van een ander gescheiden wordt. Dat geldt ook voor de Himalaya, de hoogste bergketen ter wereld, waar Chinezen en Indiërs maar ook tal van andere volkeren – te beginnen met de Nepalezen en de Tibetanen – veelal met getrokken messen tegenover elkaar staan. Geen mens die twee bergketens kan overbruggen. Kusten en vlakten en zeeën zijn geneigd mensen en volkeren met elkaar te verbinden, bossen en bergen zullen ze scheiden. Dat weten ze ook in de Andes, de bergketen waarop de Spaanse kolonisator drie eeuwen lang zijn tanden stuk beet, en in de Rocky Mountains, de ruggengraat van het Noord-Amerikaanse continent.

Naast hoogteverschillen speelden afstanden eeuwenlang een belangrijke geopolitieke rol in oorlogen en conflicten. Op dit punt gaapt een bijna onoverbrugbare kloof tussen mensen die kustgebieden bewonen en zij die daar duizenden kilometers van verstoken blijven. Via zeewegen, die – bij gebrek aan luchtwegen – veel snellere verbindingen toelieten dan landwegen, kwamen bewoners van kustgebieden veel eerder en veel gemakkelijker met andere volkeren in contact dan hun geïsoleerde tijdgenoten in een immens binnenland. Vooral in Centraal-Azië, boven de 40 graden noorderbreedte, leven mensen op drie- tot vijfduizend kilometer van de meest nabije open zee. Maar ook Amerika en Afrika kennen vergelijkbare afstanden en geïsoleerde gemeenschappen die zich nauwelijks van een buitenwereld bewust zijn, zowel op de Noord-Amerikaanse prairies als in de Zuid-Amerikaanse en Afrikaanse regenwouden en in Afrika's reusachtige Sahara-woestijn.

Misschien bedenken de happy few van deze wereld, één op zeven aardbewoners, dat de moderne verkeersmiddelen en communicatiemedia – te land, ter zee en in de lucht – maken dat er op deze wereld geen geïsoleerde gebiedsdelen meer zijn. Dat aanvoelen geldt uitsluitend voor de happy few zelf, niet voor de lokale mensen en volkeren die op grote hoogte, in het diepe binnenland of de eindeloze regenwouden niet over de mogelijkheden beschikken om hun millenniumoude isolement op te heffen. *Zij* betalen de tol van een globalisering die uitsluitend de voorlopige winnaars met elkaar verbindt, niet de eeuwige verliezers die nog hetzelfde isolement ervaren als hun vijf eeuwen oudere voorgangers. Dat lot treft vooral inheemse volkeren die in deze gebiedsdelen standhouden tegen de westerse gelijkmaker, wel wetend dat *hun* bevrijding nauwelijks de verlichters kan bekoren.

Geen wonder dat vrijwel alle beschavingen – scheppers van de grootst mogelijke ruimte waarin mensen en volkeren vreedzaam samenleven – zich ontwikkelden in rivierdelta's of in kustgebieden. Dat gold alvast voor de Nijl (Egypte), voor de Tigris en de Eufraat (Mesopotamië), voor de Indusvallei (Indië), voor de Gele Rivier (China), voor de Niger (in West-Afrika) en voor de Zambezi (in Zuidelijk Afrika). Dat gold niet voor de machtige Congostroom, omdat die van Kinshasa tot Matadi (of omgekeerd, over een afstand van circa 300 kilometer) door grote hoogteverschillen en stroomversnellingen absoluut onbevaarbaar bleef. De uitzondering die de kustregel bevestigde, was de Zuid-Amerikaanse Inca-beschaving, niet met zwaartepunt aan zee maar in de Andes. Want ook op het Amerikaanse halfrond konden de Mississippivallei in het noorden en het Amazonebekken in het zuiden de grootste afstanden voor mensen en volkeren toch gedeeltelijk overbruggen.

Jared Diamond heeft er velen op gewezen dat dit laatste – grote afstanden overbruggen – tot in een recent verleden veel moeilijker was dan wordt aangenomen. Ook dat was een kwestie van geografie. Zo ontdekte de Amerikaanse fysioloog dat gedomesticeerde dieren en planten, van cruciaal belang voor de agrarische revolutie van de voorbije tienduizend jaar, zich vanuit Zuidwest- of Zuidoost-Azië uitsluitend op dezelfde breedtegraden konden verspreiden. Om klimatologische redenen ging die verspreiding steevast van Oost naar West of van West naar Oost, nooit van Noord naar Zuid of van Zuid naar Noord. Vandaar het geo-agrarische voordeel van het Euraziatische continent, een continent met een dominante oost-west-as, geen noord-zuid-as. Geen wonder dat daar, sinds mensenheugenis, 65 procent van alle aardbewoners leven, en dat Europeanen en Aziaten nog altijd hun tijd en hun wereld beheersen.

Amerika en Afrika moesten dat voordeel ontberen. Die continenten worden immers gekarakteriseerd door een noord-zuid-as. En die bood eeuwenlang zoveel klimatologische hindernissen dat gedomesticeerde dieren en planten er zich nauwelijks konden verspreiden. Voor Afrika begon het al met de Sahara, sinds duizenden jaren de grootste woestijn ter wereld die Afrikaanse noord-zuidverbindingen nog altijd dwarszit. In Zuidelijk Afrika zorgde de Kalahari-woestijn – ter hoogte van Namibië – voor een vergelijkbare hindernis. In Centraal-Afrika voorkwamen hoogteverschillen en stroomversnellingen dat veroveraars via de machtige Congostroom het zwarte continent konden betreden. De Portugezen verkenden de monding van de Congostroom al in de jaren 1480. Vier eeuwen later zaten ze daar nog, ter hoogte van het latere Angola, niet in staat om de niveauverschillen en de stroomversnellingen van de Congostroom te overwinnen.

Het is het Amerikaanse halfrond niet anders vergaan. Zonder een noemenswaardige zeemacht bleven contacten tussen Noord- en Zuid-Amerika in precolombiaanse tijden millennialang even sporadisch. Zo merkte Diamond onder meer op dat Midden-Amerika het wiel uitvond, Zuid-Amerika het gedomesticeerde lastdier – de lama – dat een kar met wielen had kunnen trekken. Maar het wiel en het lastdier konden elkaar op het Amerikaanse halfrond, tot noord-zuidverbindingen veroordeeld, nooit vinden. Derhalve stond het Amerikaanse continent in 1492 weerloos tegenover de Spaanse veroveraars, de *conquistadores,* die er weer paarden introduceerden, tienduizend jaar nadat de Amerikaanse voorouders van het paard er verdwenen.

Geopolitieke verschillen staan niet op zichzelf. Zelden dicteren ze het beleid dat gevolgd moet worden. Maar ze bepalen wel de grenzen van het haalbare. Hoogte, afstand en isolement tekenen niet de richting uit die een volk of een samenleving moet uitgaan, maar ze beperken wel de mogelijkheden. Eigen aan geografische uitgangspunten is dat je ze niet kan veranderen. Daar staat tegenover dat je met geografische uitgangspunten vele richtingen uit kan. Dwingend zijn ze nooit. Evenmin kan je ze negeren. Altijd zit de wijsheid in een combinatie van het mogelijke en het haalbare. Geen zeevaarder beheerst de winden die hem parten spelen. Wel kan hij die winden in zijn voordeel aanwenden, niet door er zich tegen te verzetten, maar door zijn vaan naar de wind te hangen.

Klimaatconflicten en natuurrampen

Klimaatverandering en meganatuurrampen zijn van alle tijden en volkeren. Memorabel bleef de catastrofale droogte die West-Azië in de 22ste eeuw v.C. te beurt viel. Mogelijk als gevolg van een reusachtige vulkaanuitbarsting op IJsland werd een aanhoudende droogte gekoppeld aan een extreme koude en een fors dalende zeespiegel alle beschavingen in de regio fataal. Volgens de Britse milieujournalist Fred Pearce trof de ramp alle gebiedsdelen tussen de Nijl en de Indus en luidde de kille droogte het simultane einde in van het oude Egyptische rijk van de eerste faraodynastieën, het Akkadische rijk van Sargon de Grote in Mesopotamië en de stedelijke centra van de Harappa-beschaving in de Indusvallei. Vele steden werden verlaten. Ze werden pas vijfhonderd jaar later weer opgebouwd.

Ondanks het einde van de jongste ijstijd, een 10.000 jaar v.C., bleven temperatuur en neerslag op wereldschaal nooit stabiel. Al vele jaren onderscheiden wetenschappers warmere en koudere, nattere en drogere tijden. Zo werd het laatste millennium v.C. op het noordelijke halfrond beheerst door een algemene temperatuurdaling, tot een gevoelige opwarming van de eerste eeuw v.C. tot de vierde eeuw n.C. Europa droger en het groeiseizoen langer maakte. Dat waren de vier eeuwen die de groei en bloei van het Romeinse rijk in de hand werkten, door klimatologen nog altijd omschreven als 'het Romeinse optimum'. Hoeveel dat Romeinse optimum, verbonden met het vreedzame karakter van de *Pax Romana,* aan klimatologische omstandigheden te danken had, bleek pas toen het klimaat in de vierde eeuw n.C. omsloeg. Zo viel Europa weer ten prooi aan de kille en natte eeuwen van het voorbije millennium. Allicht speelden catastrofale weersomstandigheden ook een rol in 'de grote volksverhuizingen' – vaak golven van geweld en oorlog – die Europa in de 4de en 5de eeuw n.C. overvielen en die het West-Romeinse rijk al in de vijfde eeuw onderuithaalden.

Van de vijfde tot de tiende eeuw ging Europa, extra geteisterd door een eerste doortocht van de Zwarte Dood in de 6de en 7de eeuw, door het diepste en donkerste dal sinds mensenheugenis. Die chronische ellende kon pas wijken toen een middeleeuwse warmteperiode van de 9de tot de 13de eeuw het noordelijk halfrond deed herleven. Volgens Pearce kende het noordelijk halfrond in die eeuwen een gemiddelde temperatuur die 1 tot 2 graden hoger lag dan voorheen, voor Noord-Europa zelfs 4 graden. Dat waren de eeuwen van de heropleving van de Europese steden en van de Europese kathedralenbouwers. Noord-Amerika werd dan weer door megadroogtes geteisterd die de

Midden-Amerikaanse Maya-steden al eeuwen voor de komst van de Spanjaarden fataal werden. Ook de steppengebieden in Centraal-Azië droogden weer op. Daar maakte een verzengende hitte de weg vrij voor de Mongolen van Dzjengis Khan.

Zelden kon één jaar aangewezen worden als een klimatologisch keerpunt. In 1315 sloeg in Europa 'zeven weken na Pasen' het weer om en bleken koude regens de voorbode van een aanhoudende verkilling die de gemiddelde temperaturen weer met één à twee graden deed dalen. Slechte weersomstandigheden en koude regens zorgden in 1315-1317 voor misoogsten, hogere prijzen en de terugkeer van een algehele hongersnood die het Westen sinds lange tijd niet meer op die schaal had gekend. Later bleek 1315 het begin van Europa's koudste eeuwen sinds de jongste ijstijd, daarom wel eens een Kleine IJstijd genoemd, met piek in de jaren 1595-1603 maar met uitlopers tot in het midden van de 19de eeuw. Om beurten vroren de Theems, de Rhône en zelfs de Zuid-Spaanse Guadalquivir in de winter dicht. Bij Marseille bevroor in 1595 zelfs de zee. En in 1347 bracht de winterkou de Zwarte Pest weer naar Europa, deze keer om er meer dan vier eeuwen te blijven en er de bevolking herhaaldelijk te decimeren.

Pas in het midden van de 19de eeuw leek de kleine ijstijd voorbij en ging de gemiddelde temperatuur wereldwijd weer in stijgende lijn. Sindsdien zou de gemiddelde temperatuur met 0,8 à 0,9 graden gestegen zijn. Dat bleek ook uit een eerste stijging van de zeespiegel in 5000 jaar, in de 20ste eeuw nog met een bescheiden twee millimeter per jaar (het voorbije decennium toch al vier millimeter per jaar). Het was een Zweedse chemicus, Svante Arrhenius, die in 1896 het eerst berekende dat een stijging van kooldioxide (CO_2) in de atmosfeer de wereldtemperatuur verhoogt. In dit verband introduceerde dezelfde Arrhenius als eerste de term broeikasgassen. In 1938 leverde een Britse amateur-meteoroloog, Guy Callander, de eerste *bewijzen* van een stijging van het CO_2-gehalte in de atmosfeer. Maar zowel Arrhenius als Callander werd genegeerd.

De realiteit en de risico's van een klimaatverandering werden pas in de jaren 70 onderkend. Dat waren ook de jaren dat een wereldwijde opwarming en de kwalijke gevolgen ervan voor mensen en volkeren nauwelijks nog genegeerd konden worden. Eerst was er het CFK-alarm, het gevolg van de productie van chloorfluorkoolwaterstoffen (onder meer gebruikt in spuitbussen) die de beschermende ozonlaag in de atmosfeer bedreigden. En nog in de jaren 70 volgden de eerste meldingen, in dit geval van de NASA, dat de Groenlandse ijskap begon te smelten. Later bleek dat ook het geval voor het ijs op Antarctica en voor de gletsjers, die ook op grote hoogte smelten als sneeuw voor de zon. In de jaren 90 was de situatie dreigend genoeg voor een eerste VN-klimaatconferentie in 1995 in Berlijn, twee jaar later gevolgd door de klimaatconferentie van Kyoto en een eerste protocol om de uitstoot van broeikasgassen minstens terug te dringen tot 'het niveau van 1990'.

De gevolgen van een klimaatverandering voor mensen en volkeren kunnen vele vormen aannemen: een dreigende droogte hier, meer watersnood elders, koudere winters, hetere zomers, meer orkanen, cyclonen en tyfoons. En over de hele lijn: extremere weersomstandigheden, grotere contrasten, een wereld van uitersten. Een extremer klimaat is een kwestie van superlatieven. Alles kan hoger of lager, groter of kleiner, sterker of zwakker. Minder gewone regens, meer stormweer, fellere regens, extremere sneeuwval. Minder irrigatie, meer woestijn. Minder voorspelbaarheid van wereldwijde kettingreacties.

Bijzonder bedreigend, voor kustbewoners, laagvlakten en bewoners van eilanden die nauwelijks boven de zeespiegel uitsteken, is een verdere stijging van de zeespiegel als gevolg van smeltende ijskappen en gletsjers. Een Polynesische eilandengroep als Tuvalu in de Stille Oceaan (26 km^2, 12.000 bewoners) kunnen weinig westerlingen situeren, maar een land als Bangladesh (144.000 km^2, 165 miljoen inwoners) is even kwetsbaar voor het stijgende zeewater. Als de zeespiegel ook maar één meter stijgt, en bij ongewijzigd beleid kan dat al eind deze eeuw gebeuren, verdwijnt 40 procent van het straatarme Bangladesh onder water. Nochtans ziet het er voor wereldsteden zoals Buenos Aires, Caïro, Calcutta, Karachi, Lagos, Los Angeles, Miami, New York, Shanghai of Tokio niet zoveel beter uit. Als het zeewater echt blijft stijgen, zit 40 procent van de wereldbevolking (die in kustgebieden woont) in dezelfde boot.

Even bedreigend is een versnelde temperatuurstijging. Sinds het einde van de Kleine IJstijd, omstreeks 1860, is de gemiddelde temperatuur met 0,85 graden gestegen (0,74 graden tussen 1906 en 2005). Volgens het wetenschapspanel van de VN is dat een snellere temperatuurstijging dan diegene die 10.000 jaar v.C. een einde maakte aan de ijstijd en moeten we een verdere stijging absoluut tot maximaal 2 graden beperken. Een hogere stijging kan catastrofale gevolgen hebben omdat dan abrupte en onomkeerbare mechanismen optreden – zoals een versneld smelten van het poolijs, het dooien van de permafrost (een permanent bevroren aardlaag nabij de poolcirkel) en een nog grotere concentratie van broeikasgassen in de atmosfeer – die een verdere temperatuurstijging nog aanwakkeren.

Klimatologische veranderingen speelden altijd al een rol in tal van oorlogen en conflicten, van de 22ste eeuw v.C. in West-Azië tot de klimaatverandering die in de vroege 21ste eeuw n.C. de geesten benevelt. De Duitse socioloog Harald Welzer noemde de Sudanese oorlog in Darfur in 2008 'de eerste klimaatoorlog'. Darfur is een West-Sudanese regio groter dan Frankrijk, aanleunend bij Tsjaad en de Centraal-Afrikaanse Republiek. Daar brak in 2003 een felle strijd uit tussen Zwart-Afrikaanse en Arabische bevolkingsgroepen, typisch voor het immer verdeelde Sudan, waarin de klimaatverandering een even grote rol speelt als de etnisch-religieuze verschillen. Darfur was eerder het slachtoffer van een verdroging van de regio, van oudsher verscheurd door Afrikaanse boeren en Arabische veehouders, dan van andere verschillen. Die scheur vergrootte nog het verschil tussen het Sudanees-islamitische noorden en het christelijk-Afrikaanse zuiden, niet te verwarren met de oorlog in het Sudanese zuiden, dat zich in 2011 als Zuid-Sudan van Sudan afscheurde.

Darfur een eerste klimaatoorlog noemen was overdreven. Zo was de verdroging van Darfur maar een onderdeel van een veel bredere verdroging of verwoestijning van de Sahel – de zuidrand van de Sahara – van Mauritanië tot Ethiopië. Droogte en hongersnood, en het onvermogen van de overheid om er iets aan te doen, speelden al een grote rol in de Ethiopische revolutie van 1975. Die revolutie werd gevolgd door de oorlogen in Eritrea, Tsjaad en Somalië, waar de verdroging gelijkaardige bevolkingsgroepen tegen elkaar opzette – vaak sedentaire boeren en nomadische veehouders – als in het latere Darfur. Dat geldt ook voor tal van klimaatvluchtelingen elders in de Sahel die niet op Darfur hebben gewacht om voor de oprukkende woestijn op de vlucht te slaan.

De grootste heraut van de klimaatoorlogen was het voorbije decennium de Canadese journalist Gwynne Dyer, in 2010 de auteur van *Climate Wars*. Daarin roept de gewezen marine-officier de meest apocalyptische consequenties op van mogelijke klimaatoorlogen in de toekomst, als de gemiddelde temperatuur met twee graden en meer de pan uitswingt en als de stijgende zeespiegel niet meer kan worden ingedijkt. In dat geval voorspelt Dyer of ontwikkelt hij enkele scenario's die zich de eerstkomende halve eeuw kunnen voordoen: de val van elk centraal gezag in Mexico, Zuid-Italië en Noord-Afrika, naast een burgeroorlog in China, een nog koudere oorlog tussen Rusland en de NAVO om de bodemschatten in of onder de (ijsvrije) Noordelijke IJszee en beperkte kernoorlogen tussen India en Pakistan en tussen Israël en Iran.

Los van de apocalyptische nachtmerries van Dyer wint de overtuiging veld dat klimaatverandering effectief tot oorlogen kan leiden of een katalysator kan zijn voor nieuwe conflicten. Dat beseffen alvast de NAVO en een Amerikaanse eliteraad van voormalige drie- en viersterrengeneraals en admiraals bezorgd om de nationale veiligheid van Amerika. Zo werkt de NAVO naar verluidt aan een nieuw strategisch concept dat klimaatverandering op één lijn zet met terrorisme, piraterij en energiebevoorrading als belangrijke veiligheidsuitdagingen voor de nabije toekomst. Voor de Amerikaanse generaals en admiraals-op-rust, in een lijvig rapport dat in 2014 verscheen, zijn dat zelfs uitdagingen voor Amerika's nationale veiligheid. Ook vrezen de generaals en admiraals een link tussen klimaatverandering en 'ontwrichtende omstandigheden die het terrorisme nog in de hand werken'.

Demografische trekkers en duwers

De Franse socioloog Gaston Bouthoul, de gangmaker van de polemologie of de wetenschap van de oorlog, was in 1935 een van de eersten die een verband zag tussen demografie en oorlog. Italianen en Duitsers hadden in die jaren gemiddeld zes kinderen, de Fransen maar drie. Frankrijk had gewoon geen kinderen genoeg meer om nog oorlogen te voeren. Vanuit het standpunt van de grote gezinnen bekeken, was Bouthoul vele jaren later ook de eerste die oorlogen omschreef als een uitgestelde kindermoord, een *infanticide différé*. Sociologisch gezien was het een manier om een kinderoverschot af en toe weer weg te werken.

Vooral de leeftijdspiramide speelt in oorlogskwesties een grote rol. Het ligt biologisch gesproken voor de hand dat mensen hun fysiek beste jaren maken tussen hun twintigste en hun dertigste. Dat geldt zowel in de sport als op het slagveld. Landen met een relatief jonge bevolking, Europa en Amerika in de 19de eeuw, vandaag Afrika en grote delen van Azië, leveren merkelijk meer rekruten dan landen met een verouderde bevolking. Zo is het verouderde Europa vandaag, maar dat geldt ook voor Japan, merkelijk minder paraat om nog oorlogen te voeren dan in de eerste helft van de 20ste eeuw. Ook blijkt een verouderende bevolking, zeker als een grote meerderheid in welvaart leeft of hooguit één of twee kinderen heeft, van nature vreedzamer dan de veel jongere naties die hun deel van de welvaart nog moeten veroveren.

De Duitse socioloog Gunnar Heinsohn nuanceert dat verband maar hamert toch op dezelfde nagel. Volgens Heinsohn zijn het niet armoede, onrecht en religieus fanatisme die opstanden of oorlogen uitlokken of die mensen tot terreuraanslagen inspireren. Veel belangrijker zijn 'de overtollige zonen' tussen hun 15de en hun 24ste jaar, overtollig omdat de gezinnen en de samenleving waarin ze leven wel in hun basisbehoeften kunnen voorzien, maar hen geen perspectief op een aantrekkelijke toekomst kunnen bieden. 'Nergens zijn het de hongerlijders die oorlog voeren, maar gefrustreerde zonen met een volle maag'.

Een cruciale drempel naar een gewelddadige wereld wordt volgens de socioloog overschreden als in een samenleving de 15-24-jarigen ten minste 20 procent van de bevolking uitmaken of als de bevolking minstens 30 procent kinderen jonger dan 15 telt. De auteur spreekt in dat geval van een jongerenbubbel – een *youth bulge* – die bijna zonder uitzonderingen uitmondt in geweld en oorlog. Een jongerenbubbel heeft ook voor gevolg 'dat er te weinig sociale posities vrijkomen voor het aantal jonge mannen dat zo'n positie begeert'. Vele armen schikken zich in hun lot, overtollige zonen niet. 'Voor brood wordt gebedeld, gedood wordt er voor status en macht.'

Wanneer voerden Europese staten hun meeste oorlogen? En hoe konden een beperkt aantal Europese staten ooit de halve wereld veroveren? Toen ze met een jongerenbubbel geconfronteerd werden waarmee ze geen blijf wisten en ze hun overtollige zonen naar het slagveld stuurden, hetzij in Europa hetzij elders in de wereld. In de jaren 1750-1850 was de Europese jongerenbubbel het grootst. In Europa groeide de bevolking van 50 miljoen in 1490 naar 460 miljoen in 1900. Daarmee leefde een kwart van de mensheid op een dertiende deel van het vaste aardoppervlak. In 1500 kwamen honderd van de duizend weerbare mannen in de wereld uit Europa. In 1914 waren er dat 350, in 2005 128, in 2020 nog 114.

Wat was het geheim van de napoleontische oorlogen in de jaren 1796-1815? Dat Frankrijk toen Europa's meest bevolkte natie vormde, goed voor 30 miljoen Europeanen en 900.000 baby's per jaar. Daarmee kon Napoleon, dankzij de dienstplicht, Europa's eerste miljoenenleger sinds mensenheugenis vormen. Honderd jaar later was Duitsland Europa's snelste groeier. Het eengemaakte Duitsland telde 41 miljoen Duitsers in 1871, 56 miljoen in 1900, 66 miljoen in 1914, 68 miljoen in 1938. Voor het verhakkelde Duitsland van weleer was dat geen probleem, voor een verenigd Duitsland des te meer.

De jongerenbubbel van Heinsohn spitst zich toe op de islamitische wereld, een wereld die in de 20ste eeuw in de loop van vijf generaties is aangegroeid van 150 miljoen tot 1,2 miljard moslims, een verachtvoudiging. China ging in de 20ste eeuw van 400 miljoen tot 1,2 miljard, maar een verdrievoudiging, India van 250 miljoen tot 1 miljard (x4), Latijns-Amerika van 70 tot 525 miljoen (x7). Brazilië kende in de 20ste eeuw een aanwas van 17 naar 170 miljoen Brazilianen (x10), Amerika ging in de jaren 1790-1890 van 4 naar 60 miljoen inwoners (x15), maar dat was in beide gevallen ook een gevolg van immigratie.

Tegengestelde demografische bewegingen, uitgaand van de geboortecijfers, hebben de mondiale machtsverhoudingen danig gewijzigd. In 1900 maakte Europa met 460 miljoen Europeanen een kwart van de wereldbevolking uit, geraamd op 1,8 miljard zielen. In 2003 telde een wereld van 6,3 miljard mensen hooguit nog 660 miljoen Europeanen, nauwelijks een tien procent van de wereldbevolking. Wat Europa en de islamitische wereld betreft, stond Europa in 1900 demografisch gesproken drie keer sterker dan de islamitische wereld, honderd jaar later twee keer zo zwak.

Toegespitst op de jongerenbubbel onder de -15-jarigen legde Heinsohn in 2003 de lat op 30 procent van de globale bevolking. Die lat houdt in dat een land in de problemen komt, of veel geweld mag verwachten, als meer dan 30 procent van de bevolking geen 15 jaar is. Een rist van 75 landen boven die 30-procentlat in 2003, de landen met de grootste babyboom op kop, leest als een lijst met de meest gewelddadige landen ter wereld. Tot de toptien, met 51 tot 47 procent van hun bevolking onder de 15, behoren Uganda, Niger, Congo Kinshasa, Mali, Tsjaad, Benin, Burkina Faso, Burundi, Ethiopië en Jemen. Met kindpercentages van 47 tot 41 procent volgen onder meer Mauritanië, Palestina, Madagascar, Ivoorkust, Sierra Leone, Somalië, Sudan, Angola, de Centraal-Afrikaanse Republiek, Eritrea, Liberia, Afghanistan, Guatemala, Honduras, Rwanda, Cambodja en Irak.

Brandhaarden zoals Haïti, Nepal, Syrië, El Salvador, Nicaragua, Libië volgden met kindpercentages tussen 40 en 35 procent, tussen 35 en 30 procent staan onder meer Peru, Algerije, Mexico, Colombia, Iran, Venezuela en Zuid-Afrika. Niet al deze landen stonden ooit tegelijk op voet van een klassieke oorlog. Evenmin was een klassieke oorlog ooit de enige vorm van geweld. Evengoed kan een te hoog geboortecijfer het drugsgeweld en de georganiseerde criminaliteit aanwakkeren en kunnen 'overtollige zonen' ook blijken uit de hoogste moord- en gevangeniscijfers (per 100.000 inwoners) ter wereld.

2003 was ook het jaar dat voor het eerst 30 procent van de wereldbevolking jonger was dan 15. Uitgaand van een wereldbevolking van 6,3 miljard mensen ging het om circa 2 miljard kinderen. Dat zijn de 15-24-jarigen van het jaar 2018. Voor het eerst stevent de hele wereld af op een jongerenbubbel? Het goede nieuws op het oorlogsfront is dan weer dat deze kinderpiek van voorbijgaande aard is en volgens alle demografische curves niet meer zal worden geëvenaard.

Omgekeerd kennen de meest welvarende en de meest vreedzame landen ter wereld kindpercentages van hooguit 21 tot 14 procent van de globale bevolking. Dat was in 2003 van hoger naar lager onder meer het geval voor Taiwan,

Amerika, Australië, Denemarken, Canada, Finland, Frankrijk, Zweden, Polen, België, Japan, Italië en Spanje. In de terminologie van Heinsohn zijn dit landen die zich geen oorlogen en zeker geen eigen oorlogsdoden (in *bodybags*) meer kunnen veroorloven. Als kinderen thuis niet echt nodig zijn en er ook geen baan en geen toekomst mogen verwachten, biedt het heldendom op het slagveld vaak nog de enige uitweg. Wie maar één zoon of dochter heeft, kan zich niet meer permitteren die te verliezen en heeft meer te winnen bij een vredige dan bij een oorlogvoerende wereld.

Ondraaglijke verschillen tussen rijk en arm

Het *Human Development Report* 1992 van het UN Development Programme merkte op dat de rijkste 20 procent van de wereldbevolking 82,7 procent van het wereldinkomen voor zijn rekening nam. Dat percentage hield in dat er voor 80 procent van de wereldbevolking hooguit 17,3 procent van alle inkomens overbleef. Voor de rijkste 40 procent van de wereldbevolking was dat 94,4 procent. Voor de armste 40 procent van de wereldbevolking bleef er 3,3 procent over, voor de armste 20 procent van de wereldbevolking een schamele 1,4 procent van het wereldinkomen. De gruwelijkheid van die cijfers is niet te bevatten.

Drieëntwintig jaar later is dat verschil niet kleiner geworden, maar groter, veel groter. Zo merkte een studie van Oxfam in januari 2015 op dat het vermogen van de rijkste 1 procent van de wereldbevolking voor het eerst het aandeel van de overige 99 procent benadert. Oxfam baseerde zich voor dit boude contrast op de *Forbes*-lijst van miljardairs en het *Global Wealth Databook* van Credit Suisse. Uit die gegevens bleek dat het aandeel in de globale rijkdom van de 1 procent allerrijksten is gestegen van 44 procent in 2009 tot 48 procent in 2014, en dat dit aandeel in 2016 voor het eerst de kaap van 50 procent zal ronden. Op dat moment zal 1 procent van de wereldbevolking even rijk zijn als de overige 99 procent. In 1992 beschikte 80 procent van de wereldbevolking nog over 17,3 procent van alle inkomens, in 2014 is dat aandeel geslonken tot een magere 5,5 procent, al had Oxfam het niet over de inkomens maar over de vermogens. Alle experts weten dat de vermogensverschillen, land voor land en op wereldschaal, nog veel groter zijn dan de inkomensverschillen, en dat de internationale gemeenschap er maar niet in slaagt om die verschillen te overbruggen.

In 2013 vond de Franse economist Thomas Piketty in zijn monumentale studie *Kapitaal in de 21ste eeuw* ook de onderbouwde verklaring voor deze verschillendynamiek. In de eerste plaats ontdekte Piketty in de economische geschiedenis van de 20ste eeuw dat de afname of toename van de ongelijkheid in de ontwikkelde landen geen kwestie is van spontane of toevallige ontwikkelingen of bokkensprongen, maar het gevolg is van het gevoerd politiek-economisch beleid. Zo vond de econoom een opvallend contrast tussen de afnemende ongelijkheid in de ontwikkelde landen in de jaren 1910-1960, dankzij het gevoerde beleid, en een fors toegenomen ongelijkheid sinds de jaren 1980, het gevolg van een bewuste politiek-economische ommekeer ten voordele van de happy few. Die ommekeer werd vrijwel gelijktijdig ingezet in Amerika (onder president Reagan) en Engeland (onder premier Thatcher).

Daarnaast ontdekte de Fransman de belangrijkste convergerende en divergerende krachten die de sociale ongelijkheid in de samenleving verkleinen of vergroten. Als de belangrijkste convergerende kracht van de eeuw wees hij op de democratisering van het onderwijs en op de algemene verspreiding van kennis en vaardigheden. De belangrijkste divergerende kracht vond Piketty in het rendement op kapitaal dat groter is dan de economische groei. Tenzij het gevoerde fiscale en monetaire beleid een andere richting uit wil, heeft die divergerende kracht voor gevolg dat overgeërfd vermogen sneller groeit dan inkomen en productie. In dat geval had Marx geen ongelijk. Dan blijkt effectief dat rijken alsmaar rijker worden, en armen alsmaar armer.

In een wereld waarin ieders basisbehoeften grosso modo bevredigd worden en die geen extreme armoede meer kent, zouden inkomens- en vermogensverschillen op objectiveerbare gronden aanvaardbaar zijn. Maar zolang 1 miljard mensen in extreme armoede leven en een tweede miljard nauwelijks kunnen overleven, zijn extreme inkomens- en vermogensverschillen onverdedigbaar, immoreel, obsceen en zelfs contraproductief. Dat Amerikaanse topmanagers in 2003 531 keer het gemiddelde werknemerssalaris verdienden – in België was die verhouding 1 op 19, in Nederland 1 op 36 – bleef onverteerbaar voor de 40 tot 50 miljoen Amerikanen, 15 à 20 procent van de bevolking, onder de armoedegrens. Voor Amerika waren dat nog de gemiddelde percentages, want de Amerikaanse armoede scoort nog veel hoger onder de Afro-Amerikanen, de Amer-Indianen en de Amerikaanse hispanics. Dat waren in 2010 overigens ook de armoedepercentages van de rijke West-Europese landen, 15,8 procent voor Duitsland, 14 procent voor Duitsland, 19,6 procent voor Italië, 16,2 procent voor Engeland, 15,3 procent voor België, 14 procent voor Zweden, 13 procent voor Denemarken, 11 procent voor Nederland.

Het staat buiten kijf dat extreme ongelijkheid veel open en verdoken geweld oproept, zoals sociale gelijkheid veel vreedzamer perspectieven opent. Dat blijkt onder meer uit de Gini-index, in 1912 bedacht door de Italiaanse statisticus, demograaf en socioloog Corrado Gini als maatstaf van inkomensongelijkheid in een samenleving. Die maatstaf, berekend in functie van de globale bevolking en de inkomensverdeling, was aanvankelijk een cijfer tussen 0 en 1, waarbij 0 stond voor een absolute gelijkheid van allen, 1 voor een absolute ongelijkheid, aangenomen dat één mens over alle goederen zou beschikken. Omdat de Gini-coëfficiënt weergegeven werd in een cijfer tussen 0 en 1, dus een 0 komma zoveel, werd dit cijfer naderhand met 100 vermenigvuldigd. Maar het blijft de boodschap dat de laagste cijfers de meest gelijke samenleving reflecteren, de hoogste cijfers de meest ongelijke variant.

Het aantrekkelijke van de Gini-index is dat je als waarnemer verbanden kan zien tussen de plaats die een land op de Gini-index inneemt en het heersende geweldsniveau dat kan opgemeten worden uit criminaliteits- en detentiecijfers. Zo vertoonden de meeste West-Europese landen in 2013, opgetekend door Eurostat, opmerkelijk lage cijfers op de Gini-index: 22,7 voor Noorwegen, 24,2 voor Slowakije, 24,4 voor Slovenië, 24,6 voor Tsjechië, 24,9 voor Zweden (idem voor Japan), 25,1 voor Nederland, 25,4 voor Finland, 25,9 voor België, 27 voor Oostenrijk, 27,5 voor Denemarken, 28 voor Hongarije, 29,7 voor Duitsland, 29,9 voor Ierland, 30,1 voor Frankrijk, maar toch 30,2 voor Engeland, 30,9 voor Kroatië, 32,5 voor Italië, 33,7 voor Spanje, 34,2 voor Portugal, 34,4 voor Griekenland, 35,2 voor Letland, 35,4 voor Bulgarije. Dat blijven dus 's werelds meest *gelijke* en tevens 's werelds meest vreedzame landen met de laagste cijfers voor moorden en gedetineerden.

Met een Gini-coëfficiënt van 41,1 op cijfers van de Wereldbank voor 2010 en 2011, nam Amerika nog een middenpositie in, met grotere inkomensverschillen dan Europa en dus ook gewelddadiger, maar minder extreem dan Latijns-Amerika en Zwart-Afrika, subcontinenten die op Gini-lijsten de sociale ongelijkheid aanvoeren. Het hoogst-gewelddadige Honduras spande in 2010 de kroon met een Gini-cijfer van 57,4, maar Nicaragua deed het met 55,1 niet veel beter, gevolgd door Colombia met 54,2, Brazilië met 53,1, Paraguay met 52,6, Guatemala met 52,4, Panama met 51,8, Chili met 50,8, Peru met 45,7. Voor de Wereldbank was Zuid-Afrika in 2010 het meest ongelijke land ter wereld, met een Gini-cijfer van 65, gevolgd door Namibië (61,3), Zambia (57,5), Swaziland (51,5), Malawi (46,2) en Nigeria (43).

De stelling dat sociale ongelijkheid geweld oproept en dat sociale gelijkheid mensen tot vreedzamer verhoudingen inspireert, kan op basis van deze cijfers nauwelijks betwist worden. Alleen is de Gini-index nooit en nergens de enige variabele. Altijd zijn er ook andere elementen in het spel, vaak van tribale, nationalistische of religieuze origine, die geweld aanwakkeren of blussen. Wel blijft de gelijkheids- of ongelijkheidsvariabele een meetbaar verschil dat nauwelijks genegeerd kan worden. Nationalistische of religieuze gevoelens kan je inschatten, nooit becijferen. Je kan ze beamen of ontkennen, wel wetend dat uitsluitend meetbare verschillen de doorslag geven.

Een opvallende heraut van sociale gelijkheid was de voorbije jaren de Engelse econoom Richard Wilkinson, prof sociale epidemiologie aan de universiteit van Nottingham. Die documenteerde in zijn standaardwerken in 2005 en 2009 zijn basisstelling dat niet het algemene welvaartsniveau maar wel sociale gelijkheid het welzijn van een samenleving bepaalt. Omgekeerd vormt sociale ongelijkheid de kern van vrijwel alle sociale kwalen (drugsgebruik, zelfmoorden, geweldscultuur, levensdelicten, gezondheidsproblemen, levensverwachting …) en kunnen die kwalen uitsluitend bestreden worden door de meest markante vormen van sociale ongelijkheid te bestrijden.

Volgens Wilkinson is het bijna een natuurwet. Zo constateerde de economist dat grote inkomensverschillen meer geweld oproepen, het sociale weefsel onder druk zetten, het drugsgebruik en andere verslavingen versterken en de sociale druk verhogen die nog meer conflicten oproept. Dat de meest gelijke samenlevingen de meest gelukkige samenlevingen vormen. En dat gelijkheid en ongelijkheid centrale hefbomen zijn om een samenleving te redden of die finaal te ontwrichten. 'In een samenleving waarin de inkomensongelijkheid toeneemt, gaat niet alleen de sociale samenhang erop achteruit, maar ook de gezondheid van mensen. Van armen en rijken. Iedereen is slechter af'.

Piketty noemde een te grote ongelijkheid in april 2014 dan weer 'onverzoenbaar met een goed werkende democratie'. 'Die vereist dat mensen min of meer op gelijke voet kunnen wegen op het publieke debat. Als een kleine groep van de bevolking het gros van de middelen controleert en zo het debat kan kapen, dan kun je niet langer spreken van een democratie'. Om die bedreiging te keren, pleit de Franse economist voor een wereldwijde progressieve vermogensbelasting en voor een nieuw evenwicht tussen vermogens en inkomens, aangezien vermogens in een kapitalistische omgeving veel sneller groeien dan inkomens.

De Amerikaanse econoom en Nobelprijswinnaar Joseph Stiglitz, een adviseur van de voormalige Amerikaanse president Clinton, wijst in zijn meest recente boek op dezelfde bedreiging. Ook hij betoogt dat 'te ongelijke samenlevingen' niet efficiënt kunnen functioneren en geen stabiele economie garanderen. Ook ziet de Nobelprijswinnaar 'Amerikaanse verbanden' tussen de belastingvoordelen voor de happy few, waardoor ondernemers nauwelijks nog belastingen betalen, en verminderingen in overheidsinvesteringen in infrastructuur, onderwijs en gezondheidszorg die op hun beurt de sociale ongelijkheid aanscherpen. Ook wijst Stiglitz erop dat een te grote inkomensongelijkheid 'een soort kanker' is die bijna elk aspect van ons sociale, politieke, economische en juridische regime infecteert. Een te hoge inkomensongelijkheid kan immers zoveel reële macht leggen bij een kleine elite dat die ook de wet- en regelgeving in haar voordeel kan beïnvloeden.

Critici van de fenomenale inkomensongelijkheid van het voorbije decennium, zowel binnen de staten als wereldwijd, wijzen graag op het 1%-fenomeen, waarbij één procent van de bevolking de helft van alle inkomsten opstrijkt en een nog groter deel van alle vermogens. Een land dat die cijfers mag optekenen – in eerste instantie Amerika – zit opnieuw in het ancien régime van voor de Franse Revolutie. In 1789 telde het toenmalige Frankrijk, in die jaren het rijkste land van Europa, circa 25 miljoen inwoners. Van die 25 miljoen behoorden er hooguit 250.000, 1 procent, tot de hogere standen (clerus en adel). Die hogere standen beschikten samen over drie kwart van alle Franse gronden en over alle denkbare voorrechten. 99 procent van alle Fransen behoorden tot de derde stand en hadden geen politieke rechten. Die rechten te grijpen en de voorrechten van de hogere standen te schrappen, was de inzet van de Franse Revolutie.

9

Arabisch en islamitisch geweld

De irrationaliteit van de motieven heeft geen invloed op de rationaliteit van het handelen.
HARALD WELZER

Op minstens twee manieren worstelen de Arabische en islamitische werelden met vormen van politiek-religieus geweld die vooral in Noordoost- en Noordwest-Afrika en West-Azië vele slachtoffers maken. Enerzijds is dit al jaren het meest oorlogvoerende deel van de wereld, al hebben ook niet-Arabische en niet-islamitische staten een groot aandeel in de strijd. Van Algerije tot Afghanistan en van Jemen en Somalië tot de Kaukasus lijkt er geen einde te komen aan de bloedigste conflicten anno 2015. Anderzijds zijn nergens ter wereld meer terroristische organisaties actief, zowel van sjiitische als van soennitische signatuur. Die samenhang is niet zo vreemd, omdat terreur een onkruid is dat het best op slagvelden gedijt, het kruid dat ook de zwakkere toelaat zijn gram te halen op vijanden die hij met open vizier nooit kan verslaan.

Elke vorm van terreur heeft dus zijn voorgeschiedenis en dat is vaak een geschiedenis van lang aanslepende oorlogen en conflicten. Wie terreur van die voorgeschiedenis isoleert, alsof jonge terroristen het geweld dat ze propageren zelf uitvonden, is eraan voor de moeite. Terreur in deze betekenis van het woord is een symptoom van een dieperliggende kwaal en kan alleen effectief bestreden worden als ook die dieperliggende kwaal minstens erkend en aangepakt wordt. Veelal is het een acute vorm van geweld die zich ent op veel oudere vormen van geweld of een schreeuw om verdoken of miskende oorlogen op het voorplan te krijgen. Die samenhang vergoelijkt niet wat terroristen vandaag bezielt, maar speelt wel een cruciale rol om hen effectief te kunnen bestrijden.

Zo woedt de strijd in Afghanistan al 36 jaar, sinds een massale Sovjet-invasie in 1979 er een eerste oorlog op gang trok. In 2001 dreef een Amerikaanse invasie, aansluitend bij de terreuraanslagen van 11 september 2001 op New York en Washington, gevolgd door een bonte internationale coalitie, er het geweld nog op. Beide invasies hebben Afghanistan volslagen ontredderd. In de zomer van 2011 telde een internationale ISAF-coalitie van 48 landen, aangevoerd door de NAVO, er nog 132.457 soldaten, de Afghaanse militairen en politiemensen niet meegerekend, naast circa 100.000 militairen die in omringende landen ondersteunende taken voor de coalitie uitvoerden. Sinds 2014 zijn de vreemde gevechtstroepen uit Afghanistan verdwenen, met uitzondering van 15.000 Amerikaanse soldaten (of NAVO-militairen) die nog drie jaar in Afghanistan blijven om er de Afghaanse troepen op te leiden of bij te staan. Toch zijn de Afghaanse Talibanstrijders ver van verslagen en is er geen mens die voor een vreedzaam Afghanistan de hand in het vuur steekt.

Het is Sudan en Zuid-Sudan, duizenden kilometers daarvandaan, niet anders vergaan. Daar stak een muiterij in het zuiden van Sudan in 1983 het vuur aan de lont van een tweede oorlog tussen het islamitische en Arabische noorden – Sudan is een lidstaat van de Arabische Liga – en het Zwart-Afrikaanse en verchristelijkte zuiden. Na een eerste oorlog tussen Noord en Zuid in de jaren 1962-1972 konden de Sudanese plooien nog gladgestreken worden. Maar de tweede oorlog duurde veel langer – van 1983 tot 2005 – en kon de Sudanese eenheid niet handhaven. Wel voorzag het vredesakkoord van 2005 in een reële machtsdeling tussen Noord en Zuid, maar ook in een zuiders referendum om zich zes jaar later over onafhankelijkheid te kunnen uitspreken. En zo geschiedde. In 2011 kreeg Zuid-Sudan zowel zijn referendum als zijn onafhankelijkheid. Lang heeft het onafhankelijkheidsfeest er niet geduurd. Al in 2013 brak tussen de grootste bevolkingsgroepen – de Dinka van president Kiir en de Nuer van vicepresident Machar – een burgeroorlog uit die ook in 2015 nog niet gestopt kon worden.

In Algerije woedde in de jaren 90 een ware burgeroorlog nadat 's lands eerste vrije verkiezingen (voor gemeenten en provincies) er in 1990 gewonnen werden door het fundamentalistische *Front Islamique du Salut,* dat al droomde van 'een kalifaat naar Iraans en Sudanees model' en van 'een staat met geen andere grondwet dan de Koran'. Ook in Algerije entte het geweld van die jaren zich op een bijzonder gewelddadige voorgeschiedenis, culminerend in de Algerijnse opstand tegen de Franse kolonisator in de jaren 1954-1962, een strijd die aan minstens een half miljoen Algerijnen maar ook 25.000 Franse soldaten het leven kostte. Het Nationaal Bevrijdingsfront FLN, dat die strijd won, hield er een militante en revolutionaire stijl aan over die het land dertig jaar in zijn greep had.

Nadat het FIS in december 1991 ook de eerste ronde van de parlementsverkiezingen won, werd de tweede ronde gewoon afgelast. In januari 1992 droeg een Hoge Veiligheidsraad de presidentiële macht over aan een vijfkoppig Staatscomité onder Mohamed Boudiaf. De verdoken staatsgreep, om het FIS te breken, leidde tot een tienjarige machtsstrijd tussen secularieren en islamisten die minstens 200.000 Algerijnen het leven kostte. Het ontbonden FIS werd snel door veel radicalere groepen opgevolgd, zoals de *Groupe Islamique Armé* GIA (1992) en de *Groupe Salafiste pour la Prédication et le Combat* GSPC (1998), vier jaar later gevolgd door al-Qaeda in de Islamitische Maghreb AQIM.

Dat in 2015 zoveel geweld woedt in de Arabische en islamitische wereld impliceert niet dat dit geweld uitsluitend Arabische of islamitische roots heeft. In de Arabische wereld zijn ook de inkomensverschillen en de verschillen tussen rijk en arm het grootst. Zo had het olierijke Qatar in 2008 een bruto binnenlands product van 90.149 dollar per inwoner (in koopkrachtpariteit), voor Somalië was dat 600 dollar. Het gemiddelde van de Arabische Liga was 7682 dollar, dat van de EU 30.521, het Japanse gemiddelde was 33.577, het Amerikaanse 45.845. Massieve armoede leidt niet noodzakelijk tot geweld, massale contrasten tussen rijk en arm doen dat wel.

Bovendien delen vrijwel alle conflicthaarden in de islamitische wereld een extreem jonge bevolking en de 'overtollige zonen' van Gunnar Heinsohn. Vergrijzende volkeren voeren geen oorlogen meer, extreem jonge volkeren des te meer. Met religieuze achtergronden heeft die explosieve verjonging weinig te maken, wel met westerse medisch-sociale innovaties om mensen langer in leven te houden en de kindersterftecijfers fors terug te dringen. Vooral gediplomeerde jonge werklozen, zonder uitzicht op een baan, een huis of een aanvaardbaar inkomen, of in een omgeving levend die hen negeert, discrimineert of afschrijft, hebben op het slagveld alles te winnen en niets te verliezen.

Misschien is de islam wel de religie van de verliezers. Vele moslims leven vandaag in extreem ongunstige geografische en geopolitieke omstandigheden, op nauwelijks toegankelijke bergflanken, in half-woestijnen, in een continentaal niemandsland, verstoken van elk contact met een vrije kust of een verlossende hoogvlakte. In de eerste eeuwen van de islam, van de 7de tot de 12de eeuw, was de islam de religie van de winnaars. Dat blijkt uit een bont amalgaam van islamitische wetenschappers, filosofen, theologen, artsen, wiskundigen, geografen, architecten, dichters en denkers die toen de toon aangaven, in een tijd dat het Westen nog in de diepste ellende verzonk. Geen wonder dat die wereld zogenaamde salafisten blijft aanspreken, moslims die terug willen naar 'het geloof van het begin'. Vele gelovigen vinden in hun geloof wat hen in *deze* wereld ontzegd wordt.

De sjiitische lont in het kruitvat

Eveneens van 1979 dateert de sjiitische revolutie in Iran, wellicht de meest ingrijpende politiek-religieuze omwenteling van de 20ste eeuw. Daar vestigden de hoogste religieuze leiders, de ayatollahs, op theocratische basis een eerste islamitische republiek die nog altijd standhoudt. De Iraanse revolutie maakte veel indruk op sjiitische minderheden en op soennitische meerderheden elders in het Midden-Oosten, het eerst in Irak, Syrië en Libanon, waar soennieten en sjiieten hun eeuwenoude tegenstellingen weer actualiseerden. Die tegenstellingen speelden een aanwijsbare rol in de Libanese burgeroorlog (1975-1989, ten voordele van de sjiitische Hezbollah-partij), in de Iraans-Iraakse oorlog (1980-1988, een eerste oorlog tussen sjiieten en soennieten in de 20ste eeuw), in de Iraakse oorlog die in 2003 ontbrandde en die nog altijd voortwoedt, in de Syrische burgeroorlog die president Assad, leider van een alawitisch-sjiitische minderheid aldaar, in 2011 ontketende en in de totale afgang van Libië en Jemen in de jaren 2014-2015.

Jemen was nooit een verenigd land voordat het royalistisch-republikeinse noorden (Sanaa) en het revolutionaire zuiden (Aden) er in de euforie van de jaren 1989-1991 één republiek van maakten, onder de Noord-Jeminitische president Ali Abdullah Saleh (1978-2011). Zolang Saleh zich kon handhaven, hij was één van de slachtoffers van de Arabische Lente, hield die het land min of meer bij elkaar. Wel bleef het altijd wringen tussen Noord en Zuid, werden er aanslagen gepleegd en werden er vaak westerlingen ontvoerd, terwijl de Amerikaanse president Obama er zijn eerste drones uittestte om terreurverdachten uit te schakelen. Ook in Jemen bleek de sjiitische factor de gevaarlijkste. Al in 2004 kwam een dissidente clericus, Hussein al-Houthi, chef van de sjiitische Zaidiyyah-sekte in het noorden van Jemen, in opstand tegen de Jemenitische regering.

Het lot van Jemen kwam in januari 2015 in een stroomversnelling toen sjiitische Houthi-rebellen in Sanaa, een stad die ze al vier maanden beheersten, ook het presidentiële paleis bestormden. Daar konden ze president Mansur al-Hadi, de Adense opvolger van de verdreven Saleh, tot aftreden dwingen, ten voordele van Mohammed Ali al-Houthi, een neef van Houthi-leider Abdul Malik. De kans dat de soennitische Al-Islah-partij in Jemen, verdacht van goede betrekkingen met Saudi-Arabië, een verenigd Jemen onder de Houthi's duldt, is bijzonder klein. Aangenomen wordt dat 45 procent van de Jemenieten Zaydi is. De sjiitische Zaydi's leverden tot 1961 de imam, afstammeling van de profeet en leider van het toenmalige Noord-Jemen. Tegelijk is er in Jemen een Zuidelijke Beweging actief, een verzamelnaam voor groeperingen in het zuiden die zich weer willen losmaken van het noorden.

Een soennitisch antwoord op de sjiitische machtsovername in Jemen kwam er al op 20 maart 2015. Bij vier simultane zelfmoordaanslagen in twee sjiitische moskeeën in Sanaa, tijdens het vrijdaggebed, vielen daar op één dag minstens 140 doden en 350 gewonden. De aanslagen werden opgeëist door 'de Jemenitische tak van het (soennitische) IS-kalifaat'. De Jemenitische chaos was na deze aanslagen zo groot dat zelfs Amerika zijn laatste *Special Forces*, ter plaatse om Amerikaanse drones naar een gezocht doelwit te leiden, veiligheidshalve uit Jemen terugtrok.

Daar bleef het niet bij. Toen Jemenitische Houthi-rebellen op 26 maart dreigden ook de zuidelijke havenstad Aden in te nemen, riep de afgezette president Hadi Saudische hulp in om de Houthi's te bestrijden. Prompt trok Saudi-Arabië 150.000 soldaten samen aan zijn grens met Jemen en vormden de Saudi's een coalitie van tien islamitische staten met een soennitische meerderheid – inclusief Egypte, Jordanië, Marokko, Pakistan en Sudan – die instemden met het inzetten van Saudische gevechtsvliegtuigen in Jemen. Sindsdien bombarderen Saudische gevechtsvliegtuigen Houthi-doelwitten in Jemen en kreeg het Jemenitische geweld een ongeziene internationale dimensie die vooral de spanningen tussen soennieten en sjiieten nog kan opdrijven.

Van Afghanistan en Algerije sloeg het vuur in 2003 over op Irak, waar een Amerikaans-Britse invasie Saddam Hoessein ten val bracht, maar er het machtsvacuüm niet kon vullen. Derhalve viel Irak, zoals voorspeld, in zijn drie onderdelen uiteen – sjiieten in het zuiden, soennieten in het centrum, Koerden in het noorden. Tot een ernstige machtsdeling konden Amerika en Iran, zelf al 26 jaar op ramkoers, hun Iraakse gesprekspartners niet inspireren. Wel kreeg Irak in 2005 een Koerdische president (Jalal Talabani) en een sjiitische premier (acht jaar lang de rampzalige Nouri al-Maliki), maar de soennieten (van de opgehangen president Saddam Hoessein) vielen buiten de prijzen en lanceerden een heuse stadsguerrilla tegen de sjiieten, voordat ze zich in 2014 door het IS-kalifaat lieten verleiden.

Bijna negen jaar na hun komst naar Irak verlieten de laatste Amerikaanse soldaten het land in december 2011. Volgens Amerikaanse cijfers noteerden ze er 4500 Amerikaanse doden en minstens 113.000 Iraakse slachtoffers. De Amerikaanse econoom Joseph Stiglitz raamde de Amerikaanse kostprijs voor de Irak-oorlog in 2008 op 3000 miljard dollar, *The Three Trillion Dollar War*. Als die cijfers kloppen, was het Amerika's duurste oorlog sinds de Tweede Wereldoorlog, volgens de Amerikaanse defensiespecialist Stephen Daggett goed voor een bedrag van 296 miljard toenmalige dollars, omgezet in dollars van 2011 toch geraamd op 4104 miljard. De prijs voor Amerika's oorlogen in Vietnam in de jaren 1965-1975 liep op tot een bedrag van 111 miljard dollar, een 738 miljard in dollars van 2011.

In het jaar 2011 dat Amerika Irak verliet, ging de Syrische president Bashar al-Assad de geschiedenis in als de meest rampzalige Arabische president ooit. Geconfronteerd met de Arabische Lente, in Tunesië op gang getrokken met bescheiden hervormingen om ook de Arabische wereld te democratiseren, sloeg Assad meteen tilt door in het voorjaar van 2011 vreedzame betogers met scherpschutters uiteen te schieten. Slechts de tweede in een alawitische dynastie van Syrische heersers, Syrische sjiieten zoals zijn vader Hafez al-Assad, ging Bashar, met Russische en Iraanse steun, vooral Syriës soennitische meerderheid te lijf door sindsdien een hele generatie van Syrische soennieten stad voor stad, wijk voor wijk, straat voor straat, terug naar het stenen tijdperk te bombarderen. Syrische steden als Homs en Aleppo waren in 2014 de meest vernielde steden sinds de Duitse steden in 1945. Een herhaling van die gruwel hield in 2014 niemand voor mogelijk.

Geen mens die Assad de voorbije jaren terugfloot. Integendeel waren het de Syriëstrijders, nog de felste tegenstanders van Assad, die in het Westen met alle zonden van Israël beladen werden. Omdat Assad geen terreuraanslagen in het Westen zal programmeren, de Syriëstrijders wel, in het besef dat oprechte moslims hun gruwelijkste vijanden op alle fronten moeten bestrijden, tegelijk in het oosten en in het westen. Niemand wil Syriëstrijders in huis. Toch zullen Syriëstrijders niet rusten voordat Assad door de knieën gaat of voor het Internationaal Strafhof in Den Haag terechtstaat.

De NAVO-operatie in Libië leek in 2011 een nooit gezien succes. Om de gehate Libische leider Kadhafi, al 40 jaar aan de macht, ervan te weerhouden het verzet in de oostelijke stad Benghazi te breken, dacht de NAVO de Afghaanse toverformule te kunnen herhalen. In Afghanistan beheersten de Amerikanen het luchtruim, hun Afghaanse kompanen het land. Alleen werkte die formule niet in Libië, omdat het Libische verzet tegen Kadhafi nooit unaniem of eenduidig was. Kadhafi verjagen was in 2011 voor de NAVO geen punt. Wat de NAVO ervoor in de plaats kreeg, was een ander paar mouwen. Omdat de NAVO verzuimde Kadhafi's militaire arsenalen te controleren, *incroyable mais vrai*, kon om het even wie zich de wapens toeëigenen. Toen de NAVO dat in 2014 besefte, was het te laat. Kadhafi's arsenalen vonden in geen tijd hun weg naar tal van Afrikaanse conflicthaarden.

Dat bleek al in 2012 in Mali. Daar veroverden zwaarbewapende Touaregrebellen onder de zwart-witte vlag van *Ansar Dine* of *Ansar al-Din* (Verdedigers van het geloof), rijkelijk van Libische wapens voorzien, in het voorjaar van 2012 de steden Kidal, Gao en Timboektoe. Daarmee veroverden de Touaregs van Iyad Ag Ghazy, als Beweging voor de Bevrijding van Azawad al twintig jaar in de regio actief maar gaandeweg geïslamiseerd en geradicaliseerd tot *Abu al-Fadl*, het hele Malinese noorden, door hen *Azawad* genoemd. Nog bedreigender was dat deze rebellen en activisten tegelijk oprukten naar de zuidelijke hoofdstad Bamako. Eerst werd, in december 2012, een West-Afrikaanse vredesmacht ingezet om Mali te redden. Toen die optie niet voldeed, trok Parijs in januari 2013 de Franse kaart door massaal Franse soldaten – aanvankelijk 550, later 4000 – naar Mali te sturen. De Franse interventiemacht in Mali, die snel het hele land heroverde, werd in 2013 vervangen door een uitgebreide VN-stabilisatiemacht.

Een geval apart in het noorden van Mali was de voorbije jaren de Algerijnse jihadi Mokhtar Belmokhtar, vaak omschreven als 'een freelance jihadi' omdat hij achtereenvolgens opdook bij de Algerijnse *Groupe Islamique Armé* GIA, bij al-Qaeda in de Islamitische Mahgreb (AQIM, opererend vanuit Mali), bij de *al-Mulathameen* (de brigade van de gemaskerde mannen) en bij de *al-Murabitun*, een verre verwijzing naar de middeleeuwse *Almoraviden*, radicale Berbers die vanuit Noord-Afrika het islamitische Spanje te hulp snelde. Belmokhtar werd in januari 2013 verantwoordelijk gesteld voor het gijzelen van 800 werknemers op een gasveld in het zuidoosten van Algerije, waarbij 39 gijzelaars omkwamen. Mogelijk was Belmokhtar, de eenogige emir, in maart 2015 ook betrokken bij een eerste islamitische terreuraanslag in de Malinese hoofdstad Bamako.

Het eindeloze Iraakse conflict nam in maart 2015 nog een verrassende wending toen de Iraakse premier al-Abadi, zelf een sjiiet, een strijdmacht van 30.000 soldaten inzette om de soennitische IS-militanten uit de stad Tikrit te verdrijven. Volgens het Iraanse *Fars News* bestond die strijdmacht voor twee derde uit Iraakse sjiitische milities, even berucht als de soennitische IS-jihadi's, en werd de operatie geleid door generaal Soleimani, de beruchte chef van de Quds-brigade van de Iraanse Revolutionaire Garde. Met de Amerikaanse coalitie tegen het IS-kalifaat werd zelfs niet overlegd. Die sjiitische tegenaanval, zeker als die vanuit Tikrit ook naar Mosul oprukt, kan er de strijd tussen soennieten en sjiieten nog een nieuwe adem geven.

Soennitische terreurnetwerken

Het sjiitische kruitvat kan de indruk wekken, zo wil het alvast de Israëlische premier Netanyahu, dat islamitisch geweld sjiitische genen heeft en dat het de Iraanse ayatollahs zijn die aan de gevaarlijkste terreurtouwtjes trekken. Niets is minder waar voor wie zich al-Qaeda herinnert en voor wie beseft dat ook het IS-kalifaat steunt op een soennitisch en geen sjiitisch terreurnetwerk. Beide netwerken omvatten groepen en strijders uit vrijwel uitsluitend soennitische landen. Aangenomen wordt dat 90 procent van alle moslims soennieten zijn en dat de islam maar 10 procent sjiieten telt (toch 150 miljoen). Eeuwenlang waren soennieten minder streng in de leer en veel verdraagzamer dan sjiieten. Dat onderscheid heeft de 20ste eeuw niet overleefd.

Gangmakers van al-Qaeda (Arabisch voor 'de basis') waren radicale epigonen van de Egyptische Moslimbroeders, in 1928 opgericht door de Egyptische onderwijzer Hasan al-Banna. Banna was de meest succesrijke profeet van een islamitisch reveil na de opheffing van het kalifaat – als gevolg van de Turkse Revolutie – in 1924. Vele Moslimbroeders werden al door de Egyptische president Nasser vervolgd, maar zwermden uit over de hele soennitische wereld. Naar eigen zeggen zijn er thans Moslimbroeders in wel 70 landen. De link tussen de Moslimbroeders en al-Qaeda was de Egyptische Jamaat al-Jihad, in tegenstelling tot de Moslimbroeders ook bereid om geweld te gebruiken, van Ayman al-Zawahiri. Zawahiri was vele jaren de rechterhand van al-Qaeda-leider Osama Bin Laden. Bij de dood van Bin Laden, in 2011, nam Zawahiri de leiding over.

Als oprichter van al-Qaeda wordt het meest verwezen naar een Jordaanse Moslimbroeder van Palestijnse afkomst, Abdullah Yusuf Azzam, die op het einde van de Afghaans-Russische oorlog in 1989 moslims opriep 'om ook buiten Afghanistan de heilige oorlog voort te zetten'. Het was Azzam, zelf al in 1989 bij een bomaanslag in Peshawar omgekomen, die de jihad een universele verplichting noemde zolang 'één morzel islamitische grond' door vijanden bezet wordt. Bin Laden, in 1989 een veteraan van het islamitische verzet tegen de USSR in Afghanistan, keerde dat jaar terug naar Saudi-Arabië. De Golfoorlog van 1991 en vooral de komst van Amerikaanse troepen naar zijn Saudische vaderland verdiepten nog zijn anti-Amerikaanse gevoelens. In 1992 uit Saudi-Arabië verdreven, vestigde hij zich enkele jaren in Khartoum, Sudan. Volgens de Amerikaanse islamkenner Lawrence Wright was het daar dat hij al-Qaeda uitbouwde tot een 'dienstencentrum' van islamitische terreurgroepen en dat Bin Laden al zijn pijlen op Amerika en Israël richtte.

In 1998 vormden al-Qaeda en vier andere terreurgroepen samen het Islamitisch Internationaal Front 'voor de jihad tegen de Joden en de kruisvaarders'. Hun ultieme doelstelling: een wereldrijk te creëren voor de 1 miljard moslims, geregeerd door één enkele leider, 'alle moslims te verenigen en een regering te vestigen die de regels van de kaliefen naleeft'. 1998 was ook het jaar van twee simultane bomaanslagen op de Amerikaanse ambassades in Nairobi (216 doden, 4650 gewonden) en Dar-es-Salaam (11 doden, 72 gewonden). Het was de eerste grootschalige, meervoudige en simultane zelfmoordaanslag, die het handelsmerk van al-Qaeda zou worden. Op 11 september 2001 volgden de grootste terreuraanslagen ooit, de simultane aanvallen – met gekaapte burgervliegtuigen – op de WTC-torens in New York en op het Pentagon in Washington. In New York vielen bijna 3000 doden. Die aanslagen waren het werk van 19 al-Qaeda-kapers, onder wie 15 Saudi's, twee uit de Arabische Emiraten, een uit Egypte – het brein van de aanslagen, Mohammed Atta – en een uit Libanon, allen soennieten.

Omdat de kapers opgeleid werden in Afghanistan, in die jaren gecontroleerd door de radicale Taliban, was dat het eerste doelwit van een Amerikaans offensief – nog in de herfst van 2001 – om al-Qaeda te breken. Er de Taliban te verdrijven, leek aanvankelijk niet zo moeilijk, dankzij het Amerikaanse overwicht in de lucht en Afghaanse tegenstanders van de Taliban op de grond, maar Bin Laden bleef zijn belagers te snel af. Pas tien jaar later vonden Amerikaanse *Navy Seals* hem in een zwaar beveiligde villa in het Pakistaanse Abbottabad, 60 kilometer van Islamabad, waar ze hem standrechtelijk liquideerden.

De zwaarste terreuraanslagen van het decennium in Europa waren die van 11 maart 2004 in Madrid en van 7 juli 2005 in Londen. Bij een zware aanslag op het treinverkeer in Madrid vielen op 11 maart 2004 191 doden en meer dan 1500 gewonden. Er was sprake van 13 terroristen, elk met een rugzak vol explosieven. Volgens de Spaanse politie waren de bomaanslagen van 11 maart het werk van zes 'Spaanse' Marokkanen, leden van de *Groupe Islamique Combattant Maroccain* GICM, en van een Tunesiër en drie medestanders, losse schakels van al-Qaeda, die in de Madrileense voorstad Leganes zichzelf opbliezen toen ze dreigden gearresteerd te worden.

Bij drie bomaanslagen op de Londense metro en één op een Londense dubbeldekbus vielen op 7 juli 2005 56 doden en honderden gewonden. De aanslagen werden via het internet opgeëist door de 'Geheime organisatie van al-Qaeda in Europa'. De vermoedelijke daders van de Londense aanslagen waren drie Britten van Pakistaanse afkomst en één Brit van Jamaïcaanse origine die wellicht bij de aanslagen zijn omgekomen. Terroristen van al-Qaeda laten zelden hun naamkaartje achter en vertonen zich niet op YouTube.

Een goed geoliede en gecentraliseerde internationale organisatie was al-Qaeda nooit. In de geest van zijn ontwerpers bleef het een netwerk van relatief autonome cellen die nauwelijks een overkoepelend centrum verdroegen. Dat bleek ook uit al-Qaeda in de Islamitische Mahgreb AQIM, een Algerijns fenomeen, en uit al-Qaeda op het Arabisch schiereiland AQAP, vooral in Jemen actief en volgens Amerikaanse bronnen nog de meest gevaarlijke al-Qaeda-groep. Zo wordt aangenomen dat de twee Frans-Algerijnse broers, Said en Chérif Kouachi, die op 7 januari 2015 in Parijs de hele redactie van het satirische weekblad *Charlie-Hebdo* neermaaiden, optraden in naam van al-Qaeda in Jemen. De Frans-Malinese Amedy Coulibaly, die op 9 januari, mogelijk in overleg met de Kouachi's, in Parijs klanten van een Joodse supermarkt gijzelde en er vier neerschoot, werd dan weer verdacht van contacten met het IS-kalifaat.

Andere terreurgroepen die van banden met al-Qaeda verdacht worden, dragen klinkende namen als *Ansar al-Sharia* (Verdedigers van de sharia) in Jemen, Libië en Tunesië, *Ansar al-Din* (Verdedigers van het geloof) in Mali, *Al-Shabaab* (de jeugd of de jongeren) in Somalië, *Boko Haram* in Nigeria, *Abu Sayyaf* (de vader van het zwaard) op de Filipijnen, *Jemaah Islamiyah* (islamitische gemeenschap) in Zuidoost-Azië. Van *Ansar Beit al-Maqdis* (Verdedigers van het Heilig Huis), in 2014 bijzonder actief tegen Egyptische doelwitten in de Sinai maar ook in Caïro, wordt aangenomen dat deze ansari's eerder aanleunen bij IS.

De twee meest actieve terreurgroepen voor 2014 waren onmiskenbaar Boko Haram in Nigeria en al-Shabaab in Kenia/Somalië. Aanvankelijk het werk van een charismatische predikant in Maiduguri, Mohammed Yusuf, 'om weer de lessen van de profeet en van de jihad te propageren' ging Boko Haram in 2009 de gewelddadige toer op. De dood van Yusuf, door het Nigeriaanse leger terechtgesteld, gaf zijn opvolger Abubakar Shekau carte blanche om het geweld van Boko Haram vooral op westerse scholen te richten. Berucht voor 2014 waren Shekau's dubbele bomaanslagen, met een klein tijdsverschil om een maximaal effect te hebben, op 14 april 2014 in de Nigeriaanse hoofdstad

Abuja (71 doden), op 20 mei in de stad Jos (118 doden). Maar het meest tot de verbeelding sprak Shekau's ontvoering van een 200 christelijke kostschoolmeisjes in het noordoosten van Nigeria, meisjes die zich later tot de islam *bekeerden* en die hij naar eigen zeggen verkocht op de slavenmarkten van Tsjaad en Kameroen.

Sinds 2009 verantwoordelijk geacht voor minstens 10.000 doden, met 2014 als een triest record, trokken Boko Haram-aanvallen in Tsjaad en Kameroen ook de buurlanden over de streep. In februari 2015 beloofden Nigeria en vier buurstaten (Tsjaad, Kameroen, Niger en Benin) om samen 8750 militairen tegen Boko Haram in te zetten, waarvan elk 3500 militairen voor Nigeria en Tsjaad, elk 750 voor Kameroen en Niger en 250 voor Benin.

Ontstaan als jeugd- of jongerenorganisatie binnen de Unie van Islamitische Rechtbanken (shariarechtbanken die in Somalië rust en orde wilden herstellen) ging al-Shabaab in 2006 zijn eigen weg. De groep wil in Somalië een islamitische staat vestigen, gebaseerd op de Koran, en gaat ervan uit dat dit doel alle middelen heiligt. De voorbije jaren kwam al-Shabaab het meest in het nieuws door aanslagen in het nabije Kenia, omdat Kenia in 2011 troepen naar Somalië stuurde om er de wettige regering te steunen. In september 2013 gijzelden zestien zwaarbewapende al-Shabaab-terroristen (met een Somalische achtergrond) honderden bezoekers in een groot winkelcentrum – de luxueuze Westgate Mall – in Nairobi. Volgens Keniaanse regeringscijfers vielen er 72 doden, onder wie 61 burgers, 6 politieagenten en 5 terroristen, en meer dan 170 gewonden. Bij terreuraanslagen in Keniaanse kustplaatsen en onder arbeiders in een Keniaanse steengroeve vielen in 2014 minstens honderd doden.

En nog op 2 april 2015 bewees al-Shabaab, in Somalië zelf fel verzwakt, de aanslepende kwetsbaarheid van Kenia. In de vroege ochtend overvielen vier terroristen slapende studenten op de universiteitscampus van Garissa, in het droge oosten van Kenia. Met granaten en vuurwapens schoten ze er minstens 148 (christelijke) studenten dood (moslims werden gespaard). Al-Shabaab eiste de moordaanslag meteen op. Het was de zwaarste terreuraanslag in Kenia in twintig jaar tijd.

Abu Sayyaf, sinds de jaren 1990 berucht voor vele aanslagen op de Filipijnen, kwam in 2014 alleen nog in het nieuws met het ontvoeren van een Duits koppel, in april van hun jacht geplukt voor de kust van Palawan, Filipijnse eilandengroep tussen Luzon en Maleisië. Zes maanden later, op 17 oktober 2014, werden de twee (wellicht door Abu Sayyaf, gereduceerd tot piraten) uiteindelijk vrijgelaten in ruil voor een grote som geld. Enkele dagen voor hun vrijlating werd gedreigd dat het stel onthoofd zou worden indien er niet betaald werd. Ook moest de Duitse regering stoppen met zijn steun aan de strijd tegen ISIS. Deze laatste eis werd niet ingewilligd.

Het IS-kalifaat van al-Baghdadi

Het handelsmerk van al-Qaeda bleef zijn internationale vertakkingen, nooit territoriaal gebonden, gedragen door een wereldwijde coalitie van radicale moslims. Ook al-Qaeda ijverde voor een herstel van het kalifaat, maar onder een politiek-religieuze uitverkorene die alle moslims zou omvatten en die liefst ook de hele wereld zou beheersen. De terreurkoepel zag dan ook de hele wereld als zijn jachtterrein, een wereldwijde arena waarin gelovigen en ongelovigen in een breed front met elkaar op de vuist gingen. Dat was niet de wereld van het IS-kalifaat van Abu Bakr al-Baghdadi, die meteen opkwam voor een hersteld kalifaat in het hart van de Arabische wereld, te beginnen met Syrië en Irak. Eerst had de schimmige kalief het over een Islamitische Staat in Irak en Syrië (ISIS), later over een Islamitische Staat tout court, IS. Dan kon hij er meteen ook delen van Jordanië aan toevoegen, of van Saudi-Arabië, wie weet.

2014 was voor het IS-kalifaat wat 2001 was voor al-Qaeda. Gangmakers voor het IS-kalifaat waren de Amerikaans-Britse invasie van Irak in 2003 (om er het soennitische Saddam-regime af te zetten) en het Syrische Assad-regime, dat in 2011 en 2012 ontspoorde in een zelden geziene slachting van Syrische soennieten. In Irak installeerde Amerika een regime dat de sjiieten en de Koerden begunstigde, maar dat de verslagen Iraakse soennieten in de armen van al-Qaeda dreef. Al-Qaeda in Irak was een stichting van Abu Musab al-Zarqawi, een soennitische Jordaniër of Palestijn en een Afghanistan-veteraan die als eerste ijverde voor een soennitisch kalifaat 'van Syrië tot de Perzische Golf'. Zarqawi zelf is in 2006 omgekomen bij een gericht Amerikaans bombardement op een huis in Baquba.

In Syrië stond het Nusra-front van Abu Mohammed al-Golani – *Jabhat al-Nusra*, Arabisch voor steunfront – in 2012 het dichtst bij al-Qaeda in Irak. De Syrische oorsprong van het IS-kalifaat blijft obscuur, omdat al-Baghdadi zelf een zo schimmige figuur blijft. Door de meeste waarnemers wordt aangenomen dat het jonge ISIS, ijveraar voor een Islamitische Staat in Irak en Syrië, in Syrië in de clinch ging met al-Qaeda. In 2014 trok ook de hoogste al-Qaeda-leider, Zawahiri, zijn handen af van ISIS/IS. Enerzijds bleken de perspectieven van beide kemphanen onverenigbaar. Anderzijds vond zelfs al-Qaeda het optreden van ISIS ten aanzien van sjiieten, alawieten, christenen, Koerden, yezidi en andere *ongelovigen* – die vaak werden verdreven of afgeslacht – onverantwoord en zelfs contraproductief.

ISIS kwam pas in het nieuws toen haar militanten op 10 juni 2014 vanuit Syrië Mosul veroverden, Iraks tweede grootste stad – 2 miljoen inwoners – aan de Tigris. De zwakheid van het Iraakse verweer viel nog meer op dan de snelle opmars van de jihadi's. Twee Iraakse divisies gooiden hun uniformen af en sloegen voor de soennitische rebellen op de vlucht. Dat deed ook een kwart van de bevolking van Mosul, in de hoop de veiligheid van Iraaks Koerdistan te bereiken. ISIS controleerde meteen de West-Iraakse provincies Anbar en Nineveh, aansluitend bij hun gebiedsdelen in Oost-Syrië, samen goed voor een gebied ter grootte van Jordanië. Dan pas bleek dat ISIS al zes maanden de Iraakse steden Fallujah en Ramadi controleerde.

Zelden boekte een terreurorganisatie zoveel terreinwinst op zo korte tijd. Al op 11 juni stonden de jihadi's met hun snelle terreinwagens in de oliestad Baiji, 's lands grootste olieraffinaderij, en in de stad Tikrit, geboortestad van Saddam Hoessein op 140 km van Bagdad. Alleen de Iraakse Koerden leken hen nog te weerstaan. Op 12 juni werd de omstreden oliestad Kirkuk, een twistappel tussen soennieten en Koerden, veiligheidshalve door Koerden ingenomen. Op 22 juni veroverde ISIS drie grensposten met Syrië en Jordanië in het westen van Irak, waardoor het zijn bevrijde gebiedsdelen in Syrië en Irak kon verbinden.

Op 29 juni 2014 meldde een audioboodschap via het internet de oprichting van het lang beloofde kalifaat dat het noordoosten van Syrië en het westen van Irak omvatte. Isis droomde al van 'Mekka en Medina'. En op 4 juli 2014 verscheen al-Baghdadi voor het eerst zelf in een video, blijkbaar opgenomen in de grote moskee van Mosul (al werd de Oost-Syrische stad Raqqa beschouwd als het hoofdkwartier van IS). In een vrijdagsermoen van 21 minuten riep de circa 45-jarige – met zwart kleed, zwarte tulband en zwart-grijze baard – de hele Arabische wereld op hem te volgen en zich bij de Islamitische Staat IS (nieuwe naam voor ISIS) aan te sluiten. Zelf noemt hij zich 'de wali', de uitverkoren leider, maar ook kalief Ibrahim die alle soennieten zou voorgaan in hun heilige oorlog. Hij liet niet na Allah voor zijn overwinningen te danken.

Na berichten dat IS-jihadi's tal van Iraakse etnische minderheden dreigden uit te moorden en op het punt stonden door te dringen in Iraaks-Koerdistan voerden Amerikaanse gevechtsvliegtuigen begin augustus 2014 hun eerste luchtaanvallen uit op IS-doelwitten in Irak. Het was er het eerste Amerikaanse offensief sinds Obama er in 2011 alle Amerikaanse grondtroepen terugtrok. Prompt zette IS op 19 augustus 2014 een filmpje op het net waarop een gevangen Amerikaanse persfotograaf, James/Jim Foley (40), in real time door een zwartgemaskerde IS-strijder onthoofd werd.

Foley was de eerste westerling die 'ergens in de woestijn' in een oranje-outfit – de kleur van Guantanamo-gevangenen – voor de camera door een zwart-gemaskerde IS-beul bijna ritueel onthoofd werd. Op 2 september 2014 onderging de Amerikaanse journalist Steven Sotloff (31) hetzelfde lot, op 14 september de Britse hulpverlener David Haines (44), op 3 oktober de Britse hulpverlener Alan Henning (47), op 16 november de Amerikaanse Irakveteraan Peter Kassig (26), hulpverlener geworden, op 25 januari 2015 een Japanse avonturier, Haruna Yukawa (42), op 31 januari de Japanse oorlogsreporter Kenji Goto (47), die op zoek was gegaan naar Yukawa.

De identiteit van de gemaskerde IS-beul, op YouTube een man die Engels sprak met een Londens accent, werd een maand later door Britse veiligheidsdiensten onthuld, al had zijn moeder zijn stem meteen herkend. Het ging om de 27-jarige Mohammed Emwazi, in Koeweit geboren als zoon van een politieagent maar al op zijn zesde jaar met zijn ouders naar Engeland geëmigreerd, waar zijn vader taxichauffeur werd. Emwazi studeerde computerwetenschappen aan de universiteit van Westminster. Naderhand keerde hij terug naar Koeweit, als sterverkoper in een IT-bedrijf. In 2013 nam hij in Syrië de wapens op tegen Assad. Daar kwam hij in de greep van het IS-kalifaat.

Natuurlijk kreeg de IS-beul navolgers. Op 24 september 2014 onthoofdden 'Soldaten van het Kalifaat' (*Jund al-Khalifa*) in het Berberse oosten van Algerije de 55-jarige Fransman Hervé Gourdel. De berggids uit Nice werd op 21 september door de terreurgroep gegijzeld om van Frankrijk te eisen dat het zou stoppen met zijn gevechtshandelingen boven Irak. Ook de onthoofding van Gourdel werd op video opgenomen, 'een boodschap van bloed voor de Franse regering'. En op 15 februari 2015 bevestigde het IS-kalifaat zijn aanwezigheid in Libië door een video te verspreiden waaruit moest blijken dat de terreurorganisatie 21 Egyptisch-koptische christenen onthoofde. De 21 Egyptische werklui in Libië werden er een maand eerder ontvoerd. De video noemde hun onthoofding 'een wraakactie voor de moslimvrouwen die vervolgd worden door de koptische kruisvaarders in Egypte'.

Om IS te verslaan, vormde Amerika een nieuwe *coalition of the willing*. Zo engageerden zich op 11 september 2014 meteen tien Arabische landen – Saudi-Arabië, Bahrein, de VAE, Koeweit, Qatar, Oman, Egypte, Irak, Jordanië en Libanon – in de Saudische stad Jeddah om samen met de VS-coalitie IS te bestrijden. Die Arabische steun was cruciaal voor een Parijse top, op 15 september, waar de Franse president Hollande vertegenwoordigers van 30 landen ontving, onder wie de vijf permanente leden van de VN-Veiligheidsraad, om samen de IS-fanaten in Syrië en Irak te bestrijden. Op 23 september voerde Amerika zijn eerste luchtaanvallen uit op IS-doelwitten in Syrië, niet om er het Syrische Assad-regime te ontzetten, maar om het hele Midden-Oosten de IS-terreur te besparen.

De gruwelcampagne van IS stak op 3 februari 2015 nog een tandje bij door een video op het net te zetten waarin de gegijzelde Jordaanse piloot Moaz al-Kasasbeh, opgesloten in een kooi, met benzine overgoten en levend verbrand werd. De 26-jarige piloot van de internationale coalitie werd op 24 december 2014 nabij de stad Raqqa door jihadi's uit de lucht geschoten. De man kon zich redden, maar werd door IS ingerekend. Allicht werd hij al korte tijd later op een variant van een middeleeuwse brandstapel terechtgesteld.

Steunpunten van IS elders in het Midden-Oosten beloofden in 2014 en 2015 weinig goeds. Naast *Jund al-Khalifa* in Algerije baarde de desintegratie van Libië de internationale coalitie veel zorgen. IS bleek in Libië erg schimmig, maar wel steeds actiever. Minstens drie verschillende islamitische milities in Libië stelden in 2014-2015 dat ze trouw hadden gezworen aan IS-kalief al-Baghdadi. De meest actieve militie was de oostelijke groep (rond de stad Derna), maar de 21 onthoofde Egyptische kopten, op 15 februari 2015 op een video te zien, werden bij de havenstad Sirte gegijzeld. In de Sinai zwoeren delen van de *Ansar Beit al-Maqdis* in november 2014 trouw aan IS. De 'Sinaiprovincie van IS' claimde in februari 2015 de verantwoordelijkheid voor een reeks aanvallen op het Egyptische leger waarbij 24 soldaten, zes politieagenten en 14 burgers gedood werden.

Het islamitisch en Arabisch verdriet

Dat er een Arabisch en islamitisch terreurprobleem is, valt niet te ontkennen. Terecht of ten onrechte beroepen alle jihadi's zich op Arabische of islamitische tradities die de heilige oorlog (of de jihad) verdedigen, ook in de betekenis die *zij* eraan geven. Of dat klopt of niet klopt, kunnen uitsluitend moslims beoordelen. Misbruik van religieuze tradities kan uitsluitend door die tradities beoordeeld en bestreden worden, niet door buitenstaanders. Alleen de monotheïstische religies kunnen ontspoorde versies van het monotheïsme bestrijden. Alvast de hoogste vertegenwoordigers van de Arabische en islamitische wereld lieten daarover geen twijfel bestaan.

Al na de terechtstelling van de Amerikaanse fotograaf Foley door het IS-kalifaat, in augustus 2014, regende het fatwa's – religieuze veroordelingen – tegen IS, onder meer van ayatollah al-Sistani (de hoogste sjiitische geleerde in Irak), van de grootmoefti van Egypte, Shawqi Allam, van de Internationale Unie van Islamgeleerden en van de wereldtop van de Organisatie van Islamitische Samenwerking, die 57 landen en 1,4 miljard moslims vertegenwoordigt. Overigens zijn er ook in de Arabische en islamitische wereld geen precedenten voor zelfmoordaanslagen en willekeurige slachtingen van ongelovigen en staat er niets in de Koran dat de jihadi's in het gelijk stelt. Het Arabische en islamitische terrorisme zijn producten van de 20ste, niet van de 7de eeuw.

In een open brief aan IS-leider Abu Bakr al-Baghdadi veroordeelden 120 moslimgeleerden van over de hele wereld in september 2014 de 'Islamitisch Staat' en riepen ze op om die naam niet langer te gebruiken. 'De terreurgroep is geen staat en vertegenwoordigt geen godsdienst', klonk het. Zo merkten de moslimgeleerden op dat 'het in de islam verboden is om onschuldigen maar ook afgezanten, ambassadeurs en diplomaten te doden', 'om mensen onder dwang te bekeren', 'om vrouwen hun rechten te ontzeggen', 'om mensen onder dwang te bekeren', 'om mensen te folteren' en 'om gruweldaden toe te schrijven aan God'. Bij de ondertekenaars waren alweer de grootmoefti van Egypte en de moefti van Jeruzalem en de Palestijnen.

Een opvallende oproep kwam in februari 2015 uit Egypte. Daar riep de groot-imam van de aloude al-Azhar-universiteit, Ahmed al-Tayeb, op tot een hervorming van het religieuze onderwijs 'om foute interpretaties van de Koran en de traditie' tegen te gaan. Al-Azhar, een stichting uit de 10de eeuw, geldt als het meest prestigieuze soennitisch leerinstituut ter wereld. Bovendien lanceerde al-Tayeb zijn oproep op een contraterrorisme-conferentie in de heiligste stad van de islam, Mekka (Saudi-Arabië). Volgens al-Tayeb 'moeten moslims de eenheid herstellen door in hun scholen en universiteiten de tendens aan te pakken om andersdenkende moslims tot ongelovigen te verklaren', een courante invalshoek van radicale moslims.

Natuurlijk zit het Arabische en islamitische verdriet veel dieper. Dat verdriet teert niet alleen op actuele ontwikkelingen, maar ook op de Arabische en islamitische wereld van de voorbije 20ste eeuw. Nauwelijks honderd jaar geleden, in 1918, werd het grootste en meest duurzame islamitische rijk ooit – het Turks-Ottomaanse rijk – door westerse mogendheden ontmanteld. Vijf eeuwen lang heerste dat rijk over een wereld van de Balkan tot Klein-Azië, het Midden-Oosten en Noord-Afrika. Dat een sliert van geallieerde oorlogsbodems in november 1918 Britse, Franse en Italiaanse soldaten aan land zette in de Bosporus, was een waterscheiding. Zelfs Constantinopel werd vier jaar lang door de geallieerde mogendheden bezet. Het was die bezetting die Kemal Atatürk, de vader van het moderne Turkije, ertoe inspireerde om voor Turkije in het hart van Anatolië een nieuwe hoofdstad te vestigen, te Ankara.

Van het Ottomaanse rijk bleef uitsluitend de Turkse rompstaat over. Het hele Midden-Oosten werd in 1918 onder Fransen en Engelsen verdeeld. De Fransen zaten al in Algerije, Marokko en Tunesië en kregen er Syrië en Libanon bij, de Engelsen beheersten al de hele Nijlvallei en kregen een mandaat over Palestina, Transjordanië en Mesopotamië. De Italianen schreven in 1911 Libië op hun palmares, naast Eritrea, aan de Rode Zee. Het oude Perzië en het latere Iran, islamitisch maar niet-Arabisch, werden in de vroege 20ste eeuw in een Russische en een Britse invloedszone verdeeld, de Russen in het bergachtige noorden, de Engelsen in het olierijke zuiden van het land. Brits was ook het hele Indische subcontinent, het thuisland voor miljoenen Indiase moslims, thans verspreid over de islamitische landen Pakistan en Bangladesh, maar met nog een behoorlijke islamitische minderheid in India.

De val en desintegratie van het reusachtige Ottomaanse rijk, enigszins vergelijkbaar met de val en desintegratie van de Sovjet-Unie van 1991, maar in politiek-religieuze termen veel erger, was een islamitische catastrofe. De val van het sultanaat, in 1922 beklonken door Atatürk ten voordele van een republiek, was voor alle onderdelen van het voormalige wereldrijk al een blikopener. Vier eeuwen lang, in de jaren 1517-1918, heerste de sultan vanuit Constantinopel over het overgrote deel van de hele Arabische wereld. Dat Atatürk in 1924 ook het kalifaat afschafte, maakte er een zaak van voor de hele islam. Doordat geen Arabische of islamitische mogendheid in 1924 de kalifaatstitel kon overnemen, ook al omdat de kanshebbers het daar nooit over eens werden, was de pan-islamitische ontreddering op dit punt het grootst.

Aan de tijd van de kalifaten in Damascus en Bagdad was al in 1258 een einde gekomen na de volledige vernieling van Bagdad door de Mongolen. Dat was tevens het einde van de vijf Arabische eeuwen van de islam, de enige wereldreligie die met een renaissance en een verlichting *begon* en daar geen vijftien eeuwen moest op wachten. Toch bleef de kalifaatstitel bestaan als een vrome verwijzing naar de hoogste religieuze gezagsdrager in de soennitische wereld, het zegel van de politiek-religieuze eenheid van de hele moslimgemeenschap. Aanvankelijk bleef die titel in Caïro hangen, tot de Turkse sultan in 1517 ook

Egypte veroverde en de kalifaatstitel meenam naar Constantinopel. Daar was de Ottomaanse sultan, een seculier equivalent voor een konings- of keizerstitel, tegelijk de kalief van alle soennieten. In de gloriejaren van het Ottomaanse rijk kon geen moslim de sultan zijn kaliefstitel betwisten. Dat met de Ottomaanse sultan ook de kalief verdween, luidde een islamitisch keerpunt in zonder voorgaande sinds de val van Bagdad in 1258.

De Arabische wereld is 1258 nooit te boven gekomen. Toen verschoof ook het islamitische zwaartepunt van de Arabische wereld – al bleven Mekka en Medina natuurlijk islamitische ijkpunten – naar de wereld waarin Turken en Perzen het voor het zeggen hadden. Zeker in de Ottomaanse jaren 1517-1918 leek de Arabische wereld helemaal uitgeteld. Pas in de 19de eeuw, na Napoleons passage in Egypte en Palestina, kwam daar verandering in, alvast in Egypte en op het Arabische schiereiland. Maar het was de Eerste Wereldoorlog die het verschil maakte, omdat in deze oorlog het Ottomaanse rijk aan de kant van Duitsland en Oostenrijk stond, tegen zijn Britse, Franse en Amerikaanse belagers.

Het was Engeland, in 1914 al heer en meester in Egypte en Brits-Indië, dat tijdens de Eerste Wereldoorlog vanuit Caïro de Arabische wereld opriep tegen de Turkse Ottomanen in opstand te komen. De verleider van dienst was de Engelse archeoloog en kolonel T.E. Lawrence, beter bekend als *Lawrence of Arabia*, die emir Hoessein van Mekka in 1916 bij een geslaagde opstand tegen de Turken een federatie van Arabische staten in het vooruitzicht stelde en Arabische zielen al droomden van één Arabische natie 'van de Sinaï tot de grens met Perzië en van het Turkse Taurusgebergte tot de Indische Oceaan'. Zelden werden opstandelingen zo manifest bedrogen, toen naderhand bleek dat Engelsen en Fransen de hele regio al in 1916 in een geheim verdrag onder elkaar verdeeld hadden.

Die verdeling viel samen met de eerste olievondsten in de regio. Perzië (Iran) was een voorloper. Daar werd in 1908 de eerste olie opgepompt. In 1927 volgde Irak, in 1932 Bahrein, in 1934 Koeweit, in 1935 Qatar, in 1936 Dubai, in 1938 Saudi-Arabië. In de meeste gevallen konden de westerse oliebedrijven die er de aardolie het eerst ontgonnen hun belangen in de regio naderhand beveiligen. Dat was ook in Iran het geval, dat in 1925 onder de eerste Pahlavi-sjah zijn soevereiniteit terugwon maar dat de Britse oliebelangen nog vele jaren zou ontzien. De Saudische koning sloot in 1945 dan weer een akkoord af met Amerika om in ruil voor politieke en militaire steun 's werelds grootste verbruiker van olie rijkelijk van brandstof te voorzien. Dat akkoord werd in februari 1945 nog door de Amerikaanse president Roosevelt himself beklonken, na zijn ontmoeting met Stalin en Churchill op Jalta, aan boord van een Amerikaanse kruiser in het Suezkanaal.

Als tegenzet voor het pro-westerse beleid van de Arabische oliestaten, die de Arabische belangen bleven verkwanselen, droomden Arabische nationalisten van een nationaalsocialistisch alternatief dat in de Koude Oorlog op veel Russische belangstelling kon rekenen. Koplopers van die seculiere optie waren de Egyptische president Nasser, de Syrische en Irakese Baath-partijen, het Nationaal Bevrijdingsfront van Ben Bella in Algerije en zelfs de immer wispelturige Kadhafi in Libië. Zelfs in de sfeer van de Koude Oorlog kwam het Arabische socialisme nooit echt van de grond. Verdeeld tussen de nationale brokstukken van de Arabische wereld, het pan-Arabische socialisme van Nasser en de ontelbare fusiepogingen van Kadhafi waren het voor de USSR zelden betrouwbare bondgenoten.

Toch was het einde van de Koude Oorlog en de val en desintegratie van de USSR in de jaren 1989-1991 ook voor de Arabische wereld het einde van een tijdperk. Van het Arabische socialisme bleef er snel niets meer over. Dat bleek het pijnlijkst in de Baath-landen Irak en Syrië, *idealiter* een kwestie van eenheid, vrijheid en socialisme, de drie pijlers van de Partij van de Arabische Wederopstanding. In 1944 opgericht in Damascus door een Grieks-orthodoxe christen en een soennitische moslim, Michel Aflaq en Salah al-Din al-Bitar, bracht de seculiere Baath-partij nog de gruwelijkste dictators voort: de Assads in Syrië, Saddam Hoessein in Irak.

Door Oost en West bedrogen, de obsceen rijke oliesjeiks en het ontluisterende socialistische alternatief, vonden de Arabische wereld en tal van islamitische staten alleen nog hoop in hun religieuze roots. De Iraanse ayatollahs en de Egyptische Moslimbroeders wezen de weg. Al in de jaren 80 vonden seculiere partijen in de Arabische wereld nauwelijks nog steun en namen religieuze partijen en bevlogen religieuze leiders weer het roer over. Aanvankelijk was dat een sjiitisch verhaal, aanleunend bij de Iraanse Revolutie van 1979. Na de overwinning van de Afghaanse jihadi's op de Russen in 1989 en het verdwijnen van de USSR in 1991 kreeg die kering ook een soennitische tegenhanger. Sindsdien gaan ze gelijk op, al kan die opgang soennieten en sjiieten, de islamitische aartsvijanden, nog zuur opbreken.

De Israëlisch-Palestijnse zweer

De Frans-Britse voogdij over het Midden-Oosten, het interbellum tussen de Eerste en de Tweede Wereldoorlog, was kort maar beslissend. Die voogdij was lang genoeg om voor de rest van de eeuw het aanschijn van het Midden-Oosten te bepalen. Fransen en Engelsen hebben er de kaarten verdeeld die de Arabische, de Perzische en de Turkse werelden nog altijd bepalen. Dat Frankrijk en Engeland zelf de Tweede Wereldoorlog nauwelijks overleefden en ze al gauw hun koloniale imperia moesten opbreken, veegde de sporen niet uit die zij er trokken.

Ook was de Britse voogdij over Palestina, Jordanië en Irak lang genoeg om er, 18 eeuwen na de teloorgang van het oude Judea, weer een Joods Thuisland te vestigen. Toen Napoleon in 1798-1799 vanuit Egypte ook Palestina betrad, woonden er circa 300.000 mensen, onder wie 250.000 moslims, 25.000 christenen en 10.000 joden. In Romeinse en apostolische tijden woonden er 2 tot 3 miljoen joden, al woonden er toen al meer joden in de diaspora (elders in de regio) dan in het toenmalige Israël.

In 1880, het jaar dat vanuit Europa de joodse *terugkeer* naar Palestina op gang kwam, in 1799 al door Napoleon bepleit, telde het land naar verluidt 400.000 moslims en christenen en hooguit 24.000 joden. Pas in 1914 telde het land weer een behoorlijke joodse minderheid, 85.000 zielen, in een zee van 600.000 moslims en christenen. Joodse zionisten, ijveraars voor de vestiging van een Joodse staat in Sion/Israël, hebben de Britse mandaathouder tijdens het interbellum vurig bestreden. Zo konden zionisten het niet verkroppen dat Londen er ook de rechten van moslims en christenen verdedigde en er, beducht voor de Palestijnse of Arabische meerderheid, de Joodse immigratie nog aan banden legde. Nochtans was Israël er zonder die Britse mandaathouder nooit gekomen.

Het was de Shoah, de nazi-Holocaust op 6 miljoen Europese Joden, die ook Engeland over de streep trok om meer Joodse overlevenden van de naziterreur toe te laten zich in Palestina te vestigen. Toch bleef het islamitische, Arabische of Palestijnse overwicht in het mandaatgebied tot 1946 overweldigend. VN-cijfers hebben het voor 1946 over 600.000 tot 700.000 Joden en 1,3 miljoen moslims en christenen. Israëls onafhankelijkheidsoorlog van 1948, onvermijdelijk geworden op basis van een afgewezen VN-plan om het mandaatgebied onder Joden en niet-Joden te verdelen, heeft die cijfers meteen op hun kop gezet.

Enerzijds verdreef Israël in de oorlog van 1948 circa 700.000 Palestijnen, ook door Israëlische historici omschreven als gepland en doelbewust, uit het Israëlische deel van het mandaatgebied. Anderzijds zette het de deur wagenwijd open voor Joden die tegelijk uit Arabische of islamitische landen verdreven werden. Zo telde Israël in 1948 binnen zijn toenmalige grenzen hooguit nog 156.000 Palestijnen (door Israël steevast Arabieren genoemd, alsof er nooit Palestijnen waren), tegenover 700.000 à 800.000 Joden. De verdreven Joden uit de Arabische wereld maakten dat Israël al in 1952 bijna 1,5 miljoen Joden telde, tegenover een 180.000 Palestijnen (in dat deel van Palestina dat door Israel beheerst werd). Het was gebeurd. Voor de eerste keer in 18 eeuwen hadden Joden weer een staat met een overweldigende Joodse meerderheid. In 2010 telde Israël, de 5 tot 7 miljoen Palestijnen in de bezette gebieden of in de buurlanden niet inbegrepen, circa 5,7 miljoen Joden tegenover 1,7 miljoen Palestijnen.

Om die verhouding ook voor de toekomst te verankeren, gericht op een staat met een absolute Joodse meerderheid, voerde Israël sinds 1948 minstens vier Arabisch-Israëlische oorlogen (1948, 1956, 1967 en 1973), vier Israëlisch-Libanese oorlogen (in 1978 en 1982 tegen de PLO, in 1996 en 2006 tegen Hezbollah), twee Palestijnse opstanden of intifada's tegen de Israëlische bezetter (in 1987 en 2000) en drie oorlogen tegen de Gazastrook, volgens Israël beheerst door 's lands grootste vijand, Hamas (in 2008, 2010 en 2014). De Palestijnen lieten dezelfde verschuiving zien als die in de Arabische wereld. Vele jaren waren de seculiere Palestijnse Bevrijdingsorganisatie PLO en Yasser Arafat Israëls grootste vijanden. In de jaren 90 werd dat de islamitische verzetsbeweging Hamas, aanleunend bij de Moslimbroeders. Dat Hamas in 2006 de Palestijnse verkiezingen won in Gaza was de directe aanleiding tot Israëls Gaza-oorlogen.

De Israëlische blokkering van Gaza tart elke verbeelding. Al jaren zitten daar bijna 2 miljoen Palestijnen geblokkeerd in een strook die ze niet kunnen verlaten, maar waarin ze, als ze ook maar één raket op Israël afvuren, genadeloos door Israël kunnen worden gebombardeerd. Syriërs in Homs en Aleppo kunnen nog voor Bachar al-Assad op de vlucht slaan, Palestijnen in Gaza niet. Zij worden, met huid en haar, aan het verpletterend Israëlisch militair overwicht overgeleverd. Nog in de zomer van 2014 vielen in een vijftigdaagse oorlog in de Gazastrook 2130 Palestijnse doden en 11.000 gewonden, terwijl Israël 64 soldaten verloor en 4 burgerslachtoffers betreurde. Volgens waarnemers is het grootste deel van de extreem dichtbevolkte Palestijnse enclave – 360 km^2, circa 2 miljoen inwoners – door Israël weer naar het stenen tijdperk gebombardeerd.

Israëlisch-Palestijnse perspectieven zagen er nooit beter uit dan in 1993, het jaar dat de Oslo-akkoorden tussen beide partijen – in het grootste geheim in Oslo besproken – de weg effenden voor een onderhandelde oplossing waarin zowel Joden als Palestijnen zich konden vinden. Op 13 september 1993 door de Israëlische premier Rabin en PLO-leider Arafat op het Witte Huis in Washington ondertekend, onder het welwillende oog van de Amerikaanse president Clinton, steunde die oplossing op een voortschrijdend proces van Palestijnse bestuursautonomie over Gaza en de Westoever (samen goed voor 2 miljoen Palestijnen in 1993, meer dan 4 miljoen in 2010). Op 1 juli 1994 was Arafat na een afwezigheid van 27 jaar weer in Palestina. Op 10 december 1994 ontvingen de Israëlische premier Rabin, buitenlandminister Peres en Yasser Arafat in Oslo de Nobelprijs voor de Vrede.

De hardste noot om te kraken bleek al in 1995 de Westoever. Daar zaten toen al circa 140.000 Joodse kolonisten, verspreid over 124 nederzettingen op Palestijnse bodem – dat moest zelfs Israël erkennen – die van de Palestijnse bestuursautonomie een zo ingewikkeld kluwen maakten dat geen kat er haar jongen in terugvond. Derhalve liep het vredesproces snel vast, ook al omdat rabiate tegenstanders van een Israëlisch-Palestijnse vrede de zaak langs beide kanten torpedeerden. Dat deed Hamas met zelfmoordaanslagen, op 19 oktober 1994 nog in het centrum van Tel Aviv. Maar het was een Israëlische religieuze fanaticus, de 27-jarige Yigal Amir, die op 4 november 1995 eveneens in Tel Aviv de hoofdvogel afschoot, de Israëlische premier Yitzhak Rabin.

Labourleider en premier Rabin werd in 1995 nog opgevolgd door zijn buitenlandminister, Shimon Peres. Maar in mei 1996, na een golf van nieuwe zelfmoordaanslagen op Israëlische doelwitten, was het Likoedleider Benjamin Netanyahu die de Israëlische verkiezingen won. In juni vormde Netanyahu de meest rechts-religieuze regering die Israël ooit had, nog versterkt door superhavik Ariel Sharon, Netanyahu's minister van Nationale Infrastructuur (bijzonder nuttig om de Israëlische nederzettingen op de Westoever met elkaar en met Israël te verbinden). Onder Netanyahu, een eerste keer premier in de jaren 1996-1999, en Sharon, premier in de jaren 2001-2006, bleef er van het vredesproces niets meer over. Wel ontruimde Sharon in 2005 de Israëlische nederzettingen in de Gazastrook, goed voor 8000 Joodse kolonisten in een veel te kwetsbare omgeving, maar versterkte hij nog de Joodse nederzettingen op de Westoever, goed voor 500.000 kolonisten in 2010.

1996, het eerste jaar van Netanyahu, was het jongste keerpunt. Aanvankelijk werd er, onder zware Amerikaanse druk, door Israëliërs en Palestijnen nog gepraat. Maar op de Joodse nederzettingen in Palestijnse gebiedsdelen en op de bouw van Israëlische huizen en appartementen in het Arabische Oost-Jeruzalem beet elke onderhandelaar zich de tanden stuk. Vooral de Amerikaanse president Clinton, aan de macht in de jaren 1993-2001, gaf het nooit op om beide partijen in het Israëlisch-Palestijnse dossier tot een vergelijk aan te sporen. Zonder succes. Onder zijn opvolger George Bush junior, in het jaar 2001 samen met Sharon aan de macht gekomen, viel ook die druk weg en ging het Israëlisch-Palestijnse vredesproces een gitzwarte nacht in.

Op de valreep van zijn presidentschap, op 4 januari 2001, aanvaardden de Palestijnse leider Arafat en de Israëlische premier Ehud Barak, in de jaren 1999-2001 Israëls laatste Labourpremier, grosso modo of 'met enkele kanttekeningen' nog het recentste vredesvoorstel van de Amerikaanse president Clinton. Daterend van 23 december 2000 voorzag het plan in de overdracht van 94 tot 96 procent van de Westoever aan de Palestijnse staat, in een Israëlische terugtrekking gespreid over 36 maanden en in Israëls erkenning van 'het morele en materiële lijden dat het Palestijnse volk door de oorlog van 1948 is aangedaan'. Clintons vredesvoorstel 'van de laatste kans' – hij werd op 20 januari 2001 opgevolgd door George W. Bush – werd evenwel door beide 'kampen' afgewezen.

In de sfeer van de machtswissel in Washington werden Israëlische premierverkiezingen op 6 februari 2001 met 62,5 procent van de stemmen gewonnen door Likoedleider en oorlogsheld Ariel Sharon. Voor de Arbeiderspartij, afgegaan onder premier Barak, was het de grootste nederlaag ooit. De 59-jarige Barak hield het politiek voor gezien. Hij dook het bedrijfsleven in en gaf zelfs zijn zetel in de Knesset op, al kwam hij in 2007 nog terug als minister van Defensie. Vijf jaar onder premier Sharon (2001-2006) en zes jaar onder Netanyahu (teruggekeerd in 2009) zat het vredesproces muurvast en werd er geen meter vooruitgang meer geboekt.

Muurvast was wel de juiste term voor een 700 kilometer lange acht meter hoge muur waarmee Israël in 2002 van start ging, beducht om Palestijnse zelfmoordaanslagen, om de grillige grenzen tussen Israël en de Palestijnse Westoever hermetisch af te sluiten. Het afgrendelen van de smalle Gazastrook was toen al een feit, al werd die scheiding pas voltooid na de terugtrekking van Israëls kolonisten uit de Gazastrook in 2005 en na de machtsovername van Hamas in 2006. Israël wil de muur die de hele Westoever omsluit, waarvan 440 km voltooid in 2012, geen muur noemen, het wil geen variant op de Chinese of de Berlijnse Muur, wel een veiligheidshek – een *security fence* – dat Israël naar believen kan afsluiten of weer openstellen. Voor de Palestijnen maakt dat alvast geen verschil uit en is een hek even hinderlijk als een muur. Het blijft Israëls pijnlijkste metafoor voor het vastgelopen vredesproces.

Ook in 2015 bleef de Israëlisch-Palestijnse tegenstelling het oudste nog actieve conflict ter wereld, 67 jaar voor wie de herstichting van Israël (in 1948) als uitgangspunt neemt, bijna honderd jaar voor wie teruggaat tot de start van het Britse mandaat over Palestina in 1920. De Britse mandaathouder, die 'het Joodse volk' al in 1917 in Palestina 'een nationaal tehuis' beloofde – de fameuze Balfour-verklaring van de gelijknamige Britse buitenlandminister – werd in Palestina snel geconfronteerd met het eerste Arabische verzet tegen een versnelde immigratie van Joden. Dat Balfour daar in dezelfde verklaring aan toevoegde dat rekening moest worden gehouden met 'de burgerlijke en godsdienstige rechten van de bestaande niet-Joodse gemeenschap in Palestina' werd zeker door Joodse immigranten snel vergeten.

Het is een conflict dat zeker in die 67 jaar het Midden-Oosten en zelfs de halve wereld, gelet op de Amerikaans-Israëlische as en op de erfgenamen van de Koude Oorlog, ten diepste verdeelt. Dat een volk naar Palestina terugkeerde waar het 18 eeuwen eerder verdreven werd, in Palestina zelf het volk verdrijvend dat er 18 eeuwen woonde, was voor alle Arabieren en voor vele moslims al erg genoeg. Dat de Israëlische premier Netanyahu ook in 2014 Europese Joden actief bleef oproepen om alsnog naar Israël terug te keren en hen meteen het Israëlische staatsburgerschap aan te bieden, tart elke verbeelding. Omdat dezelfde Netanyahu in Israël en in de bezette gebieden evenveel Palestijnen als er Israëlische Joden zijn hun meest elementaire rechten als mens en als volk en als moslim of christen blijft miskennen.

Dat deed Netanyahu nog het duidelijkst naar aanleiding van de vervroegde Israëlische parlementsverkiezingen van 17 maart 2015, toen hij voor het eerst met open vizier verkondigde dat er onder een Likoedregering geen Palestijnse staat komt en de Israëlische kiezers hem daarin steunden. Voor de Palestijnen was het een Israëlische oorlogsverklaring die des te harder aankwam omdat die verklaring onrechtstreeks door de Israëlische kiezer gestuurd werd.

Natuurlijk kan Israël niet verantwoordelijk gesteld worden voor alle conflicten in het Midden-Oosten. *Criminal minds* zijn er helaas van alle strekkingen en overtuigingen. Wel verhindert een aanvaardbare oplossing van het Israëlisch-Palestijnse basisconflict een actieve en hoopgevende aanpak van andere conflicten in de regio, te beginnen met de veel grotere contrasten tussen de soennitische en de sjiitische islam en met de rol die deze contrasten ook in 2015 op oorlogsschaal spelen. Omgekeerd kan een doorbraak op het Israëlisch-Palestijnse front ook andere conflicten ontdooien, omdat zeker Jeruzalem de navel blijft van de drie monotheïstische religies, met alle consequenties van dien als joden, christenen en moslims er de weg naar de vrede terugvinden.

10

Grootmachten tussen oorlog en vrede

Bommen als kalmeringsmiddel hebben nooit hun deugdelijkheid bewezen.
GYÖRGY KONRAD

Volgens de Brits-Amerikaanse historicus Paul Kennedy stond de wereldproductie of het bruto wereldproduct in 1750, aan de vooravond van de industriële revolutie, voor 32,8 procent op naam van China, met 24,5 procent gevolgd door Indië. Dat waren van oudsher ook de meest bevolkte gebiedsdelen ter wereld. In de nog pre-industriële wereld stonden landbouw en veeteelt centraal, en dat was een kwestie van beschikbaarheid van vruchtbare gronden, van landbouwtechnieken, van sociale organisatie en van mensenaantallen om die gronden te bewerken. Op vrijwel al deze punten scoorden China en het Indiase subcontinent het hoogst. In 1750 volgde Europa slechts met 23,2 procent van de wereldproductie, het latere Amerika – of de toenmalige Britse kolonies op de Noord-Amerikaanse kust – met 0,1 procent.

Honderdvijftig jaar later, in het jaar 1900, waren de gevolgen van de industriële revolutie al niet meer te overzien en tekende Europa voor 62 procent van de globale wereldproductie, gevolgd door Amerika met 23,6 procent, samen 85 procent. Het Chinese aandeel in de wereldproductie was gedaald tot 6,2 procent, het Indische tot een schamele 1,7 procent. Het Amerikaanse aandeel was het grootst in 1953, met bijna 45 procent van de wereldproductie, het Europese aandeel heeft zijn top van het jaar 1900 nooit meer gehaald.

Toch stonden de Europese Unie en haar 27 lidstaten, volgens cijfers van het IMF en de Wereldbank, in 2010 met een gezamenlijk aandeel van 25,88 procent aan de top van de wereldproductie van goederen en diensten, gevolgd door Amerika met 23,30 procent. Samen was dat 49,18 procent, bijna 52 procent als we er Canada bijtellen. Het snel groeiende China volgde met 9,34 procent, Brazilië, India en Rusland *samen* met 8,29 procent. Het wereldglas leek halfvol of halfleeg. Enerzijds bleven Amerika en Europa met bijna de helft van de wereldproductie de machtsverhoudingen in deze wereld bepalen. Anderzijds was de andere – niet Euro-Amerikaanse – wereld bijna even productief.

Volgens het IMF kantelde de wereld in 2013, toen het aandeel van het Euro-Amerikaanse duo in de wereldproductie voor het eerst – sinds de hoogdagen van de industriële revolutie – onder de 50 procent dook, ten voordele van 'de groei- en ontwikkelingslanden', die samen bijna 51 procent haalden. Voor het eerst hadden niet-westerse landen een groter aandeel in de wereldeconomie dan het westerse blok (dat ook Australië en Nieuw-Zeeland omvat). Prognoses voor de 21ste eeuw wijzen erop dat het Amerikaanse en Europese aandeel in het wereldproduct nog geruime tijd zal afnemen ten voordele van de niet-Euro-Amerikaanse wereld. Die prognoses sluiten niet uit dat de Chinese en Indiase productiecijfers op weg zijn om weer hun percentages van 1750 te halen.

Deze economische en financiële machtsverhoudingen bepalen de opkomst en afgang van grootmachten, hun wapenproductie en hun militaire vermogen om oorlogen te voeren of die te voorkomen. Zonder de industriële revolutie had Europa in de 19de eeuw, en pas dan, nooit de hele wereld beheerst, tot 85 procent van het wereldlandoppervlak. Zonder zijn gigantische aandeel in de wereldproductie en zijn nooit geziene militaire overwicht had Amerika nooit twee wereldoorlogen en ook nog eens die koude derde wereldoorlog kunnen winnen. Op regionale schaal geldt dat ook voor Israël en zijn Arabische buurstaten, voor China's vermogen om het Verre Oosten te beheersen, voor Braziliës optreden in Zuid-Amerika en voor de manier waarop Rusland zijn problemen met zijn bange buurstaten aanpakt.

Als vanzelf hebben sociaal-economische en financiële machtsverhoudingen ook militaire consequenties die oorlogskansen vergroten of verkleinen. Die machtsverhoudingen delen de kaarten, globaal en regionaal, voor de oudere of nieuwere grootmachten en voor hun onderlinge betrekkingen, die hen op hetzelfde spoor kunnen zetten maar die ook altijd kunnen ontsporen. Stabiele machtsverhoudingen garanderen niet noodzakelijk vreedzame tijden. Het behoud van het status quo kan even gewelddadige vormen aannemen als pogingen om het status quo te doorbreken. Maar snel veranderende tijden en eroderende machtsverhoudingen zijn per definitie onrustige en onzekere tijden waarin geen mens een vreedzame uitkomst kan garanderen.

Zo leefde de halve mensheid in de jaren 1945-1989 bijna een halve eeuw in een bipolaire wereld waarin Amerika en Rusland, de NAVO en het Warschaupact, de vrije wereld en zijn communistische tegendeel de hele wereld gijzelden. Die bipolaire wereld was in vele opzichten stabieler dan de wereld van vandaag, omdat vooral Amerika en de USSR elkaar in een wurggreep hadden en ze zich geen scheve schaats konden permitteren. Maar die stabiliteit was per definitie en zelfs in koelen bloede uiterst explosief want gestoeld op een bipolaire wedloop in kernwapens die bij een fatale ontsporing op elk moment in één klap de hele wereld kon verwoesten.

Die bipolaire wereld is in 1989 als een kaartenhuisje ingestort, gevolgd door een verrassend snelle val en desintegratie van de toenmalige USSR. Twaalf jaar lang leefde Amerika, door Franse auteurs snel een hypermacht genoemd, in de illusie van een monopolaire wereld. Amerika's militaire overwicht was in die jaren effectief zo groot, groter dan al zijn reële of vermeende tegenstanders samen, dat niets en niemand de Amerikaanse moloch nog kon uitdagen. Tot 19 Arabische kapers, uitsluitend gewapend met stanleymessen, op 11 september 2001 vier Amerikaanse burgervliegtuigen kaapten en de Amerikaanse almacht alweer onderuit haalden.

Het ambivalente karakter van elke wereldmacht

Een wereldmacht is een staat die over de economische, financiële en militaire middelen beschikt om een veel groter gebied te beheersen dan het zijne. Vaak gaat het om een regionale of subcontinentale macht die nooit stabiel is, omdat het een relatieve macht blijft die ook gedefinieerd wordt door de macht of onmacht van rivale wereldmachten. Toch kan een wereldmacht zich vaak honderden jaren handhaven. Zo heerste het Turks-Ottomaanse rijk vier eeuwen lang (1517-1918) over de Balkan, Klein-Azië, het Midden-Oosten en een groot deel van Noord-Afrika. Het Spaanse wereldrijk, ingeluid door zijn verovering van het Aztekenrijk in 1521, verslagen in 1824, heerste ruim drie eeuwen over de wateren. Het Britse rijk beheerste de hele 19de eeuw, op zijn hoogtepunt goed voor een kwart van de wereldbevolking, maar ook nog de eerste helft van de 20ste eeuw.

Eigen aan elke wereldmacht is zijn ambivalente karakter in zaken van oorlog en vrede. Een macht die een deel van de wereld beheerst, kon die macht niet opbouwen noch behouden, zonder hiervoor het nodige geweld in te zetten. Elke wereldmacht steunt op een mix van diplomatieke, economische en militaire middelen en op de bereidheid die op tijd en stond ook in te zetten. Zelfs het christendom had zich nooit in zijn historische omvang over Europa kunnen verspreiden als het zwaard van Romeinen en Germanen de christelijke missionarissen niet tegen hun nog heidense vijanden had verdedigd. Tegelijk, en daarin zit de ambivalentie, kan een wereldmacht zijn deel van de wereld ook de vrede opleggen en beschikt het over de middelen om die vrede te handhaven.

Beroemd bleef de *Pax Romana*, de vrede die de Romeinse legioenen voor het eerst vestigden in een tricontinentale wereld die alle kustgebieden van de Middellandse Zee omvatte en die Rome vijf eeuwen kon waarborgen. Nooit eerder leefden mensen en volkeren in deze sleutelregio zo lang en zo vreedzaam samen, al kregen opstandige Carthagers en Joodse zeloten op tijd en stond alle Romeinse legioenen over zich heen. Later kon ook het Turks-Ottomaanse rijk, in die gebiedsdelen waarin niet meer gevochten werd, een Ottomaanse vrede vestigen die grote delen van het rijk sinds de teloorgang van de *Pax Romana* niet meer gekend hadden. Nog later kon het Britse rijk wijzen op de weldaden van de *Pax Brittannica*, door ook in de meest afgelegen gebiedsdelen mensen en volkeren 'met de wapens' een vreedzaam bestaan te garanderen.

Opkomst en verval van wereldmachten – *the rise and fall* – fascineren mensen al eeuwen. Er is geen universeel recept dat hun opkomst bepaalt, maar dat geldt ook voor hun verval. Een belangrijke rol in beide spelen wapentechnologische ontwikkelingen, maar die ontwikkelingen steunen dan weer op wetenschappelijke doorbraken en ook op een politieke, culturele en zelfs religieuze omgeving die vernieuwing aanstuurt of dwarsboomt. Zo was het Chinese keizerrijk, al tweeduizend jaar een wereldmacht toen het in 1911 krakend ineenstortte, 15 eeuwen lang de universele koploper van uitvindingen en ontdekkingen. Tot de Chinese keizers uitgerekend in de 15de eeuw, de eeuw dat Europa de wereldzeeën ging bevaren, zich terugtrokken achter hun Chinese Muur om tot in de 19de eeuw elke vernieuwing af te wijzen.

In het grootste deel van de 20ste eeuw waren Engeland, Frankrijk en Duitsland de oude wereldmachten die in de wereldoorlogen de duimen moesten leggen voor hun Amerikaanse en Sovjet-Russische opvolgers. De wereldmachten van de 19de eeuw waren de koplopers en de meest begunstigden van de industriële revolutie die een halve eeuw eerder in Engeland op gang werd gebracht. Die revolutie gaf hen een voorsprong en de middelen om hun wereldmacht te vestigen. Door de wereldoorlogen verslagen, ook al voelden Frankrijk en Engeland zich winnaars, moesten de wereldmachten van de 19de eeuw in 1945 het vaandel doorgeven aan Amerika en Rusland. Die ontwikkelden het eerst de gloednieuwe kernwapens, bommenwerpers, gevechtsvliegtuigen, raketten en oorlogsbodems, gedragen door hun industriële ontwikkeling, die hen in de Koude Oorlog toelieten de absolute wereldmacht te delen en over hun deel van de wereld respectievelijk de *Pax Americana* en de *Pax Sovietica* te garanderen.

Vandaag behoren China en India tot de nieuwe wereldmachten, al zijn Amerika, Duitsland, Engeland, Frankrijk en Rusland nog lang niet uitgeteld. China en India zijn bizarre nieuwkomers, omdat het tegelijk oude wereldmachten zijn. Dat is eigenlijk niet zo vreemd. Wereldmachten worden in belangrijke mate door geografische en klimatologische omstandigheden bepaald en die blijven ook in politiek troebele tijden dezelfde. Zo steunt de Amerikaanse wereldmacht op zijn natuurlijke beheersing van het Noord-Amerikaanse continent van de Stille tot de Atlantische Oceaan. Beter verdedigbare grenzen – twee oceanen – bestonden er niet voordat lange-afstandswapens ook die grenzen verlegden. De Russische wereldmacht steunt op de grootste maar dunst bevolkte landmassa ter wereld, het reusachtige Siberië, dat een brug legt van het Balticum over de Oeral tot de Zee van Ochotsk. India neigt als vanzelf naar de beheersing van het hele Indische schiereiland ten zuiden van 's werelds hoogste bergmassief, de Himalaya. En China vormt van oudsher een landmassa in het stroomgebied van Aziës grootste rivieren, de Gele Rivier (of Huanghe) en de Blauwe Rivier (de Yangzi), tussen de Himalaya en de wereldzeeën.

Voor de wereldvrede zijn het de verhoudingen tussen de wereldmachten die tellen. Omdat geen wereldmacht effectief de hele wereld beheerst, zelfs Amerika niet in de jaren 1989-2001, zijn het hun verhoudingen die het verschil maken. Zo is de wereldvrede natuurlijkerwijs het best gebaat bij een harmonische samenwerking tussen de wereldmachten. Op die samenwerking steunt ook het vetorecht van de permanente leden van de VN-Veiligheidsraad. Alleen als de wereldmachten het met elkaar eens zijn, kunnen ze de wereld 'hun mening' of 'hun oplossing' opleggen. De jaren 1989-2001 kwamen daar het dichtste bij. Het einde van de Koude Oorlog impliceerde tegelijk de hereniging van Duitsland, de bevrijding van Oost-Europa, de terugtrekking van de Russen uit Afghanistan, het einde van het apartheidsregime in Zuid-Afrika, de onafhankelijkheid van Namibië, het einde van het Congolese Mobuturegime en dat van Mengistu in Ethiopië. De militaire regimes in Latijns-Amerika zagen de bui hangen en trokken zich al eerder in hun kazernes terug.

Onenigheid tussen de wereldmachten leidt integendeel tot de grootste internationale onmacht. Het grootste slachtoffer van die onenigheid in 2015 blijft Syrië, waar de alawitische president Assad zijn soennitische meerderheid blijft uitroeien omdat Rusland en Iran hem de hand boven het hoofd houden, terwijl andere wereldmachten zich meer zorgen maken over het explosieve en luidruchtige IS-kalifaat dan over die moordende sfinx in Damascus. De Syrische bevolking is ook het grootste slachtoffer van de Amerikaans-Russische onenigheid, die in 2013 nog het hoogst opliep toen de Amerikaanse president Obama een voorziene top met de Russische president Poetin schrapte. Dat was nog een jaar voordat de Oekraïense bom barstte.

Achteraf gezien liepen de Amerikaans-Russische betrekkingen al zware averij op na de Russische invasie van Georgië in 2008, waar president Saakasjvili veel Amerikaanse sympathie genoot. In 2011 was het de Russische steun voor het Assad-regime in de Syrische burgeroorlog die Amerika alarmeerde. Een andere bron van onenigheid vormden de voorbije jaren de westerse sancties tegen Iran, ervan verdacht, mogelijk op basis van Russische nucleaire technologie, een kernwapen te willen ontwikkelen. Rusland had het altijd al moeilijk met de gestage uitbreiding van de NAVO in delen van Europa die tot 1989 onder Sovjet-voogdij stonden. Al in 1993 werd de NAVO uitgebreid met Tsjechië, Polen en Hongarije, in 2004 met Estland, Letland en Litouwen (voormalige Sovjet-republieken), maar ook met Slowakije, Slovenië, Roemenië en Bulgarije, in 2009 gevolgd door Kroatië en Albanië. Maar het was de Oekraïense splijtzwam, Ruslands gevoeligste buurland, die de Amerikaans-Russische betrekkingen in 2014 en 2015 het meest verzuurde.

Het zijn dezelfde conflicthaarden die voor de Amerikaans-Russische onenigheid nog de hoogste prijs betalen. Omdat zeker de Georgische, de Syrische en de Oekraïense conflicten uitsluitend in Amerikaans-Russisch overleg kunnen aangepakt worden. Bij ontstentenis van dit overleg namen de Duitse kanselier Merkel en de Franse president Hollande in het voorjaar van 2015 in de Oekraïense kwestie die 'Amerikaanse' rol over. Alleen beschikken Berlijn en Parijs niet meer over de middelen en de mogelijkheden waarmee Washington in Moskou het verschil kan maken.

Ook Congo-Kinshasa blijft eerder het slachtoffer van internationale onmacht dan van internationale eensgezindheid. Weliswaar herbergt Congo al vele jaren 's werelds grootste VN-vredesmacht, circa 20.000 manschappen. Maar ook die vredesmacht is geen partij voor internationale machthebbers die de Rwandese sterke man Kagame in Congo de vrije hand geven om 'nog erger' te voorkomen.

Frankrijk is in Afrika nog de meest actieve wereldmacht. Sinds de onafhankelijkheid van Frans-Afrika in 1960 blijft Parijs er de kampioen van de militaire interventies om bevriende regimes te redden of vijandige regimes te breken. In het voorjaar van 2014 telde Frankrijk er 8000 soldaten (een Europees record), waarvan 2800 in Mali, 1900 in Djibouti (een permanente Franse basis in Afrika), 950 in Tsjaad, 900 in Gabon (voor operaties in Centraal-Afrika), 450 in Ivoorkust, 403 in de Centraal-Afrikaanse Republiek. Vele interventies blijven ambivalent. Is het Frankrijk dat zijn Afrikaanse bondgenoten met de zoveelste interventie te hulp schiet om er de vrede te handhaven of te herstellen? Of blijft ook Frankrijk in Afrika in eerste instantie zijn eigen belangen verdedigen? Oorlog en vrede lagen in Afrika, ook in 2014, dicht bij elkaar.

De Europese boot gemist

Sinds 2001 leven we weer in de multipolaire wereld van vóór de wereldoorlogen, toen een beperkt aantal Europese grootmachten Europa en de halve wereld onder elkaar verdeelden. Met dit verschil dat het wereldmachten zijn die vandaag de dienst uitmaken, en daar is geen Europese grootmacht meer bij. Dan staan Amerika, Rusland, Brazilië, China, India en Japan op de eerste rij. Daar zou ook de Europese Unie staan als ze als een federale eenheid zou optreden, als Verhofstadt meer steun had gevonden voor zijn Verenigde Staten van Europa, maar die kans heeft Europa de voorbije jaren – wellicht voorgoed – verkeken. Met voorzitters van de Europese Raad als Herman Van Rompuy en Donald Tusk en Europese buitenlandministers als Catherine Ashton en Federica Mogherini, door de Europese staatshoofden en regeringsleiders eerder aangesteld om hun zwakke dan om hun sterke profielen, heeft deze wereld van Europa als een versterkt geheel in zaken van oorlog en vrede nog weinig te verwachten noch te vrezen.

Sinds de Europese verkiezingen van 2014 de eurosceptici en de eurohaters in het Europees Parlement nog meer wind in de zeilen bliezen, is het in Europa alle hens aan dek om de verworvenheden van de Europese samenwerking te behouden. Maar een versterkte Europese integratie staat niet meer op de agenda. Dat verhinderde ook een te snelle uitbreiding van de Unie, 12 lidstaten in 1986, 15 in 1995, 25 in 2004, 28 in 2013. In 1991, na de val van de Berlijnse Muur, de bevrijding van Oost-Europa en de val en desintegratie van de USSR, stonden de Twaalf voor een verscheurende keuze, een verdiepte integratie of een versnelde uitbreiding. Het was een illusie die twee te kunnen combineren. Door voor de uitbreiding te kiezen, vooral ten voordele van het bevrijde Oost-Europa, moest een verdiepte integratie op een zijspoor gezet worden. Niet de federale Europese Instellingen – de Europese Commissie noch het Europees Parlement – stonden in die uitbreiding centraal maar de confederale Europese Raad van Staatshoofden en Regeringsleiders.

De Europese Unie belooft dus een institutionele mix te blijven van federale en confederale onderdelen. Dat is op zich nog geen ramp. Ook in die mix blijft de Unie het meest intensieve en het meest vreedzame samenwerkingsverband van soevereine staten ter wereld. Omdat de Unie staten verenigt die elkaar duizend jaar bestreden hebben – wie nog denkt 'dat Europeanen van Venus komen, Amerikanen van Mars', wil Europa's bloedige voorgeschiedenis niet kennen – heeft ze haar Nobelprijs voor de Vrede in 2012 meer dan verdiend. Duizend jaar lang, tot 1945, heeft geen continent of subcontinent meer oorlogen gevoerd dan het christelijke Europa. Dat de Europese Unie die trend ten voordele van een vreedzaam en redelijk rechtvaardig Europa kon keren, blijft zelfs op wereldschaal een prestatie zonder voorgaande.

Het blijft een les om nooit te vergeten. Al wie Europa ooit met de wapens wou verenigen – van Julius Caesar via Karel de Grote en keizer Karel v tot Napoleon, Hitler en Stalin – heeft gefaald. Het contrast blijft hallucinant. Bij de stichting en voortdurende uitbreiding van de Europese Unie werd er geen schot gelost. Geen lidstaat werd ooit tot toetreding gedwongen. Toch ging de uitbreiding van de Unie als vanzelf. Sinds Europa afzag van dwang en straf moest de Unie kandidaat-lidstaten weigeren in plaats van die nog te moeten overtuigen. En die kering was des te opvallender omdat de Europese Unie en haar voorgangers zich niet beperkten tot een losse statenbond, maar wel degelijk een hoger Europees gezag instelden, boven het niveau van de lidstaten verheven, dat bij toetreding door de lidstaten erkend wordt. Het zijn 'de Europese verdragen' die bepalen welke bevoegdheden door de lidstaten aan de Europese overheden overgedragen worden. Er is geen vergelijkbare vereniging van staten in de wereld die dat ooit kon bewerken.

Wel liggen er kapers voor de kust die ook Europa weer oorlog en geweld willen bijbrengen. Eens te meer impliceert de afwezigheid van oorlog geen garantie dat een land of een continent ooit vrij is van oorlogsgevaren. Het is de bittere les van de Balkanoorlogen in de jaren 90, eerst in Kroatië, later in Bosnië, nog later in Kosovo, en van de Russische oorlogen in Tsjetsjenië (ingezet in 1994 en 2000), Georgië (2008) en Oekraïne (2014) dat ook Europa vatbaar blijft voor interne en externe geweldenaars die alsnog het tij kunnen keren. Voor de Europese instellingen vormen die geweldenaars een uitdaging die ze het best niet negeren. Er al te naïef van uitgaan dat ons geen oorlog meer kan treffen, heeft al menige pacifist verrast.

Op één punt heeft Verhofstadt gelijk. Dat de Europese Unie tussen twee stoelen zit. De Unie kan niet terug naar de natiestaten van voor de wereldoorlogen. Tot die dwaasheid laat niemand zich verleiden. Alle problemen waarmee Europa worstelt – van haar energievoorziening, haar financiële problemen en haar jongerenwerkloosheid over de klimaatverandering, de migratiestromen en de strijd tegen de georganiseerde misdaad tot het Europese veiligheidsbeleid en onze omgang met kernenergie en kernwapens – kunnen nog uitsluitend in hun Europese samenhang aangepakt worden. Ervan uitgaan dat enig Europees land zich nog achter zijn nationale grenzen kan terugtrekken, in de vage hoop dat de storm wel overwaait, is een slaapmiddel, geen remedie.

Maar Europa wil evenmin een sprong vooruit, gericht op een sterker Europa. Derhalve klampt Europa zich vast aan een tussenpositie, *ni ange, ni bête,* alsof Europa tussen diverse scenario's kan kiezen. Die keuze is een modernistische illusie. De Europese moderniteit suggereert dat mensen in cruciale zaken kunnen kiezen tussen het meerdere en het mindere kwaad. Die keuze is ook Europeanen zelden gegeven. Als mensen al kunnen kiezen, blijft dat een keuze op een veel kleinere schaal. De echte keuzes worden mensen opgelegd, niet voorgesteld.

Wat Europa te doen staat, is de vruchten van de eenmakers te plukken maar er niet bij te gaan zitten. Vraag is niet of we de Europese integratie nog kunnen versterken, maar of we daarvoor nog op tijd komen. De steile oorlogsdreiging die vanuit Centraal-Europa, het Midden-Oosten en Noord-Afrika op Europa afkomt, vereist een sterker, geen zwakker Europa. Alleen spreekt het niet vanzelf of die versterking militaire dan wel politieke vleugels heeft. Voor alle duidelijkheid *mag* die versterking militaire vleugels hebben, maar het zijn de politieke vleugels die het verschil maken. Die bepalen wat de lidstaten nog zelf doen en wat ze aan een hoger Europees niveau overdragen.

De Euro-Amerikaanse verhoudingen

Sinds de Amerikaanse Revolutie van 1776 zijn er in de Euro-Amerikaanse verhoudingen minstens drie periodes te onderscheiden. In een lange eerste periode, van 1776 tot 1917, keerde het jonge Amerika zich van het Avondland af. In eerste instantie herbevolkt door Europese immigranten die het Avondland om politieke, religieuze of economische redenen verlaten hadden om op het Amerikaanse halfrond een nieuwe wereld op te bouwen, keerde het jonge Amerika zich af van zijn Europese roots, de rug naar Europa gekeerd, de blik op het Verre Westen gericht.

Dat deed Amerika ook omdat de jonge republiek niet meer in Europese oorlogen wilde verstrikt raken, *no entangling alliances*, na de vele oorlogen die Engeland en Frankrijk ook in de 18de eeuw nog in Noord-Amerika uitvochten. Bovendien wierp het jonge Amerika zich op als vaandeldrager voor alle Amerikaanse vrijheidsstrijders op het Amerikaanse halfrond, blanke vrijheidsstrijders welteverstaan, onder wie de bevrijders van Spaans-Amerika die tijdens de napoleontische oorlogen in Europa het Spaanse juk van zich af konden schudden. Het was de belangrijkste doelstelling van de Amerikaanse Monroedoctrine in de jaren 1820 om een herovering van Spaans-Amerika door de Spaanse kolonisator te willen bestrijden en ook andere Europese mogendheden interventies op Amerikaanse bodem te ontraden.

Maar vooral voelde Amerika zich in de 19de eeuw 's werelds enige democratie (op basis van de federale grondwet van 1787) en 's werelds absolute roerganger van de mensenrechten (dankzij de Amerikaanse *Bill of Rights* van 1791). Daar werden de geesten het eerst beneveld door een nieuw begin der tijden, *Novus ordo seclorum*, en door een verlichting die op termijn ook de duisterste hoeken van de samenleving zou verlichten. In de Franse Revolutie van 1789 leek dat nieuwe begin der tijden eveneens aan te breken met de eerste grondwetten, de eerste verkiezingen en een Franse verklaring voor de rechten van de mens en van de burger. Maar in Frankrijk ging de revolutie, in Amerikaanse ogen, snel de verkeerde kant op, en de rest van Europa deed er na de napoleontische oorlogen alles aan om de democratie en de mensenrechten weer stevig aan banden te leggen.

Amerika's afkeer van het oude Europa, gelijkgesteld met autoritaire regimes, onverlichte geesten en ongeneeslijke geweldenaars, ging zo ver dat Amerika in beide wereldoorlogen maar uiterst moeizaam de kant van de geallieerden koos en ook zelf soldaten naar Europa stuurde. President Wilson deed dat pas in het voorjaar van 1917, na bewijzen dat het Duitse rijk toenadering zocht tot Mexico om van daaruit Amerika te bestrijden, wel wetend dat Amerika minstens een jaar nodig had om voldoende soldaten te rekruteren, op te leiden, van de nodige wapens te voorzien en naar Europa over te varen. Want Amerika beschikte in 1917 nog niet over een parate strijdmacht die meteen waar ook ter wereld kon ingezet worden. Toen in 1861 de Amerikaanse Burgeroorlog uitbrak, had het land hooguit 15.000 soldaten onder de wapens, in april 1917 toch al 130.000. Een jaar later telde het Amerikaanse leger 4 miljoen soldaten, waarvan er 2 miljoen nog naar Europa overgevaren werden.

Toen in 1939 in Europa de Tweede Wereldoorlog uitbrak, moest de Amerikaanse president Roosevelt dezelfde krachttoer nog eens overdoen. Weer in de greep van 's lands natuurlijk isolationisme – het land was groot genoeg om Europa te vergeten – telde het Amerikaanse leger in 1939 hooguit 200.000 soldaten. Dat was de omvang van het gemobiliseerde Belgisch leger. Ondanks de verbluffende successen van het Duitse naziregime in de jaren 1939-1941 had Amerika er nog minder zin in om z'n soldaten een tweede keer naar Europa te sturen. Daarvoor vond Roosevelt in het congres pas voldoende steun na de massale Japanse verrassingsaanval op Amerika's Zevende Vloot, die op 7 december 1941 voor anker lag op Pearl Harbor (Hawaï), 6200 km van Tokio, 3600 km van San Francisco. Er vielen 2500 Amerikaanse doden. Het grootste deel van Amerika's Zevende Vloot werd er door de Japanse agressor gekelderd. In de loop van de Tweede Wereldoorlog riep Roosevelt 15 miljoen Amerikanen onder de wapens.

Roosevelt was Amerika's president – met een uitzonderlijk lange ambtstermijn, 1933-1945 – die Amerika met Europa verzoende. Dat kon omdat de wereldoorlogen zowel Amerika als Europa veranderden. Enerzijds overtuigden de wereldoorlogen Amerika ervan, gepaard gaand met 's lands nooit geziene militaire machtsopbouw en de nakende Koude Oorlog met de communistische wereld, dat het een wereldmacht was geworden die zich niet meer in zijn eigen schulp kon terugtrekken. Anderzijds hadden de wereldoorlogen Europa's taaiste vijanden van de politieke democratie en de mensenrechten verslagen, al begreep de USSR dat pas in 1989. Al na de Eerste Wereldoorlog kwamen in Europa de eerste democratische partijen aan de macht, nog niet beseffend dat hun zwaarste beproeving nog moest komen (bij de opkomst van het fascisme, het nazisme en het communisme). Pas in 1945 verzoende het vrije deel van Europa zich met de democratie en de mensenrechten.

Daarmee stonden Amerika en West-Europa na 1945 in fundamentele kwesties voor de eerste keer op dezelfde lijn. Het was de aanzet voor de vijfendertig beste jaren van de Euro-Amerikaanse samenwerking. Al die jaren stonden de

Amerikaanse opvolgers van Roosevelt bovendien voor sociale en democratische hervormingen – de *New Deal* van Roosevelt, de *Fair Deal* van Truman, de *Great Society* van Johnson, die voor het eerst ook de Afro-Amerikaanse bevolkingsgroep burgerrechten toekende – die nog het dichtst bij de Europese accenten van de welvaartsstaat kwamen. Dat waren ook de jaren dat Amerika en West-Europa de NAVO uitbouwden, die de Noord-Atlantische staten in veiligheidszaken, geconfronteerd met de USSR, nooit dichter bij elkaar bracht.

Deze tweede periode in de Amerikaans-Europese betrekkingen vertoonde de eerste barsten toen het conservatieve Amerika in 1980 een eerste president koos, Republikein Ronald Reagan, die het liberale Amerika van zijn Democratische voorgangers van zich vervreemdde. Dat waren de jaren dat een conservatieve morele meerderheid, de *moral majority*, brandhout maakte van een al te liberale interpretatie van de Amerikaanse grondwet. Dat deden ook de kiezers in het Amerikaanse zuiden die de gelijke zwarte burgerrechten van 1965 nooit pruimden. Tot dan was het Amerikaanse zuiden, ook de wereld van president Johnson, een bolwerk van de conservatieve Democraten. Twintig jaar later liep het hele zuiden over naar de Republikeinen van de presidenten Bush senior en Bush junior, nieuwe zuiderlingen die Amerika vanuit Texas een andere richting uitstuurden.

Van de *moral majority* in de jaren 80 was het een kleine stap naar de fundamentalistische en zelfs apocalyptische *religious right*, religieus-rechts, en de *christian coalition* in de jaren 90, bezield door predikanten die nooit hoog opliepen met de uitgangspunten van de Amerikaanse Revolutie van 1776. Daarmee kreeg religieus-rechts een steeds grotere greep op de Amerikaanse Republikeinen. Maar de klap op de vuurpijl, als afscheid van het liberale Amerika, geeft de antiregeringsgezinde, antisociale en antifiscale Tea Party, die in haar verzet tegen de federale overheid ook de Amerikaanse grondwet voor schut zet.

Op gang getrokken in de maand dat een eerste Afro-Amerikaanse president, Barack Obama, in januari 2009 zijn ambtstermijn aanvatte, kon de beweging niet meteen de nationale agenda bepalen. Toch kregen de lokaal verankerde *Tea Parties*, een verwijzing naar de *Boston Tea Party* die in de jaren 1770 weigerde nog belastingen te betalen aan de koloniale overheid, al tijdens Obama's eerste ambtstermijn een steeds grotere greep op de Republikeinse Partij, vooral in diens verzet tegen Obama's universele ziekteverzekering en andere voorstellen om Amerika's goorste armoede te bestrijden.

Dat Obama ook in 2012 de presidentsverkiezingen won, heeft de nieuw-Republikeinse dwarsliggers nog verhard. Al in 2010 veroverden de Republikeinen – bij tussentijdse verkiezingen – de meerderheid in het Huis van Afgevaardigden, in 2014 ook in de Senaat. Het was in 2014 niet de eerste keer dat de Republikeinen beide Kamers van het Congres beheersten. Dat was al bij tussentijdse verkiezingen in 1994 het geval, onder de Democratische president Clinton en het Republikeinse boegbeeld Newt Gingrinch. Maar de Republikeinen van 2014, opgezweept door de *Tea Parties*, waren veel radicaler dan die van 1994. Al in 2010 gunden ze Obama geen enkele overwinning meer en haalden ze alles uit de kast, en dat kan een meerderheid in het Huis en de Senaat, om het liberale Amerika te dwarsbomen. Eigenlijk hebben de *Tea Parties* en Amerika's Republikeinse Partij het land al vijf jaar in twee onverzoenbare blokken verdeeld.

In Amerika's meest liberale jaren, 1933-1980, stonden Democraten en Republikeinen relatief dicht bij elkaar en weken zelfs Eisenhower en Nixon – Republikeinse presidenten – nauwelijks af van de Democratische grondstroom en van de overheersende politieke consensus. Omdat Democraten en Republikeinen in die jaren 's lands fundamentele uitgangspunten deelden, zowel in hun binnenlandse als in hun buitenlandse beleid. In de jaren 1945-1980 waren dat, op basis van hun democratische grondwetten, ook de West-Europese uitgangspunten. Sinds 2010 staan de Amerikaanse Democraten en Republeinen lijnrecht tegenover elkaar en is er vrijwel niets meer dat hen nog bindt, zelfs de Amerikaanse grondwet niet.

Als twee even grote politieke blokken zo onverzoenlijk tegenover elkaar staan, dreigen het land en het rijk onbestuurbaar te worden. Dat voorkomen de alchimie en de *checks and balances* van het Amerikaanse grondwettelijke regime, dat de politieke machten zo evenwichtig gespreid heeft dat president en congres bij een onverzoenlijke tegenstelling nooit hun eigen wil kunnen doordrijven maar tot elkaar veroordeeld zijn. Omdat de president het congres kan dwarsbomen en het congres de president. Een comfortabele positie is dat niet, dat beseft de Amerikaanse president Obama als geen ander. Toch biedt die regeling meer perspectieven dan een zuiver presidentieel of parlementair regime. Amerika kan er maar op vooruitgaan als president en congres samenwerken, niet zolang ze elkaar de duivel aandoen.

Een bijkomend probleem voor de Euro-Amerikaanse verhoudingen blijft de Europese Unie. Omdat de Europese Unie wezenlijk een confederale Unie blijft, tegenover een federaal Amerika, weet een Amerikaanse president nooit wie hij in Europa kan bellen. Formeel is dat de voorzitter van de Europese Raad van Regeringsleiders en Staatshoofden, in de jaren 2009-2014 de Belgische ex-premier Herman Van Rompuy, sinds 2014 de Poolse ex-premier Donald Tusk.

Maar Washington weet beter dan wie ook dat in de Europese constructie de voorzitter van de Europese Raad hooguit de secretaris of de go-between is van de Europese Staatshoofden en Regeringsleiders, en dat in de Europese Unie in feite de Franse president, de Duitse kanselier en de Britse premier het hoge woord voeren. Tot een volwaardig Euro-Amerikaans condominium kan die begripsverwarring nooit leiden.

Dat Washington zich over Europa geen illusies maakt, bleek nog het duidelijkst uit het wereldpolitieke parcours van president Obama. Amerika's president geworden in januari 2009 bezocht hij in april 2009 Londen (voor de G20), Straatsburg en Baden-Baden (60 jaar NAVO), Praag (voor zijn eerste EU-VS-top), Ankara en Istanbul (voor het forum van de *Alliance of Civilizations*). Maar dan duurde het vijf jaar voordat Obama in maart 2014 voor het eerst weer Europa bezocht, een G8-top in de zomer van 2013 in het Noord-Ierse Enniskillen, gevolgd door een korte tussenstop van de Obama's in Berlijn, niet inbegrepen. In 2014 woonde hij eerst in Den Haag een derde top over nucleaire veiligheid bij voordat hij in Brussel overleg pleegde met de voorzitters van de Europese Raad en de Europese Commissie, Van Rompuy en Barroso.

In het vijfde jaar van zijn presidentschap was het Obama's allereerste bezoek aan de Europese instellingen. Een duidelijker illustratie van het wankele belang van de Europese Unie als grootmacht, de nachtmerrie van Verhofstadt, kon in 2014 geen mens verzinnen. Als het er echt op aankomt, belt Obama wel met Merkel in Berlijn, met Hollande in Frankrijk of met Cameron in Engeland. Omwegen via Madrid of Rome, laat staan via Brussel, kan Amerika zich in de meeste gevallen besparen.

Alsof hij het zelf ook wel begreep of omdat hij iets goed te maken had, was Obama begin juni 2014 dan weer in Warschau, om er de Polen een hart onder de riem te steken bij de 25ste verjaardag van hun eerste vrije verkiezingen in 1989. In Frankrijk herdacht hij op 6 juni 2014 de 70ste verjaardag van de geallieerde landing in Normandië in 1944. En in september 2014 was Obama op een cruciale NAVO-top in Wales, beheerst door de Oekraïens-Russische krachtmeting en door de opkomst van het IS-kalifaat in Syrië en Irak.

Alles bij elkaar bleef Obama voor Europa nog de meest *gelijkgezinde* Amerikaanse president. Met zijn Republikeinse voorganger George Bush junior had de Europese Unie een veel troebelere relatie. Met Amerika's Republikeinse partij in haar huidige verstarring, de onverzoenlijkste tegenstander van alle liberalen en democraten, heeft Europa het nog veel moeilijker. Zo vinden de libertaire *Tea Parties* zelfs bij de Europese conservatieven geen genade en is er geen Europees equivalent voor deze breuk met de metapolitieke consensus in

Europa en Amerika. De partij die het Amerikaanse politieke spectrum ten diepste verdeelt, bedreigt ook de Amerikaans-Europese betrekkingen. Een Amerikaanse machtswissel ten voordele van de Republikeinse oppositie in haar huidig profiel, in de gegeven omstandigheden de grootste ramp die het Westen kan overkomen, zou ook de Amerikaans-Europese betrekkingen zuur opbreken.

Het Russische ressentiment

Nooit eerder kende een wereldrijk een zo steile opgang en ging het naderhand zo snel ter ziele als het Russische Sovjetrijk. Dat Sovjetrijk bestond hooguit 74 jaar, van 1917 tot 1991. Uiteraard was er een Russisch rijk dat eraan voorafging (het tsarenrijk) en een Russisch rijk dat erop volgde (het rijk van Poetin). Maar de USSR was vele jaren een zo sterke constructie, in Europa omringd door een gordel van communistische satellietstaten, wereldwijd gesteund door honderden communistische partijen, dat geen mens zich het einde ervan kon voorstellen. Dat de Sovjet-Unie militair gesproken 45 jaar lang met Amerika kon wedijveren, op basis van vergelijkbare wapensystemen, defensie-uitgaven, legers en bondgenoten, was misschien gezichtsbedrog. Omdat Oost en West er in de Koude Oorlog allebei belang bij hadden om de tegenstander sterker voor te stellen dan hij in werkelijkheid was. Toch kon niemand voorspellen, zelfs niet in het voorjaar van 1989, dat het Sovjetrijk een reus op lemen voeten was en zo snel door de knieën zou gaan.

Voor het Westen waren 1989, 1990 en 1991 wonderjaren, zeker toen bleek dat een wereldmacht van die omvang vrijwel geweldloos in elkaar klapte. De val van de Berlijnse Muur, de bevrijding van Oost-Europa, de hereniging van Duitsland en de val en desintegratie van de USSR volgden elkaar zo snel op – terecht hoorde de Belgische ex-premier Mark Eyskens 'het hijgen van de geschiedenis' – dat geen westerling de andere kant van het verhaal zag. Die andere kant wil dat een machtsvacuüm op die schaal of van die omvang, ook destructieve krachten aantrekt en dat het nieuwe Rusland dat in 1992 oprees veiligheid en vrede in Europa, maar ook in de Kaukasus of in Centraal-Azië, even ernstig kan bedreigen als de communistische USSR die eraan voorafging.

Een ooggetuige van de val van de Berlijnse Muur en van het einde van de toenmalige DDR was een jonge KGB-officier in de Elbe-stad Dresden, Vladimir Poetin, die er vier jaar woonde met zijn vrouw Ljudmila. De latere Russische president had nog andere herinneringen aan Duitsland. Zijn ouders overleefden de duizend dagen (2,5 jaar) van het langdurige nazibeleg van Leningrad, het oude en het huidige Sint-Petersburg. Een oudere broer van hem is in de Tweede Wereldoorlog omgekomen. In december 1989 verbrandden de Poetins en andere KGB-ers in hun villa in Dresden alles wat niet in handen van de Duitsers mocht vallen en keerden ze vanuit hun luxueuze jaren aan de Elbe terug naar het verarmde Sint-Petersburg. Poetin verliet de actieve dienst met de rang van kolonel en kreeg een baantje als ambtenaar aan de universiteit van Sint-Petersburg. Later herinnerde Jeltsin, de eerste president van het nieuwe Rusland, zich zijn KGB-verleden en stelde hem aan als chef van de FBS, de opvolger van de KGB. In 1999 pikte Jeltsin hem op als premier. Een jaar later was hij Jeltsins opvolger als president.

Voor Poetin was 1989-1991 het ergste wat Rusland ooit is overkomen en 's lands grootste ramp sinds de vorming van het tsarenrijk, dat al even groot was als de latere USSR. Eerst moest Rusland het verlies van zijn satellietstaten in Oost-Europa slikken, dan de hereniging van Duitsland, vervolgens de val en desintegratie van het Sovjetrijk dat in zijn 15 deelrepublieken uiteenviel. Zelfs Oekraïne en Wit-Rusland, nog het meest met Rusland verwant, werden onafhankelijke republieken. Ook het verlies van zijn Baltische republieken Estland, Letland en Litouwen – sinds 1991 onafhankelijke staten, later opgenomen in de Europese Unie en in de NAVO – brak de Russen zuur op. In 1992 bleef van het grootste rijk in de Euro-Aziatische wereld uitsluitend de Russische Federatie over, al blijft die Federatie met zijn 17 miljoen km² (voorheen 22,5 miljoen) veruit het grootste land ter wereld. China telt maar 9,5 miljoen km², Amerika 9,4 miljoen, Brazilië 8,5 miljoen, India 3 miljoen.

Voor de Russische Federatie, sindsdien weer Rusland genoemd, waren de jaren 1990 absolute rampjaren. Onder Jeltsin, in de zomer van 1991 al tot president van Rusland gekozen terwijl de USSR van Gorbatsjov het nog zes maanden uithield, leidde de grootschalige privatisering van overheidsbedrijven in eerste instantie tot een zelden geziene verarming van het grootste deel van de bevolking. In de jaren 1991-1995 daalde het Russische bbp nagenoeg met de helft, een van de scherpste dalingen in vredestijd ooit. Pas in 1999, het laatste jaar onder Jeltsin, ging het Russische bbp weer groeien en leek economisch gesproken het ergste voorbij.

Bovendien rommelde het sinds 1994 in Tsjetsjenië, een autonome republiek (binnen de Russische Federatie) in de noordelijke Kaukasus die in 1991 zijn onafhankelijkheid uitriep, en in de onafhankelijke staten Armenië en Georgië, tot 1991 Sovjet-republieken, in de zuidelijke Kaukasus. Ook dat geweld, een directe bedreiging voor de Russische Federatie, kreeg Jeltsin niet onder controle. In de winter van 1994 kwam het tot een eerste Tsjetsjeens-Russische oorlog, met een forse Russische invasie, die evenwel al in de zomer van 1996, 80.000 doden later, weer door Jeltsin werd afgeblazen. Een echte oplossing voor de Tsjetsjeense kwestie vonden de oorlogvoerende partijen niet, zodat hooguit sprake was van een bestand en van een terugtrekking van de Russische troepen.

Dat was het land dat Poetin in 1999 in handen kreeg, eerst als premier, sinds het jaar 2000 als president en Ruslands nieuwe sterke man. Gedragen door het Russische ressentiment om wat Rusland in de jaren 90 is overkomen, dat explosieve mengsel van nostalgie en wrok, zag Poetin het als zijn opdracht om het zwaar getroffen land en het Russische volk weer in hun oude glorie te herstellen. Dat impliceerde geen herstel van de oude USSR, zo naïef is Poetin nu ook weer niet, wel een heropstanding van Rusland binnen de ruime grenzen van de Russische Federatie en een verdediging van de Russische belangen in buurstaten met een betekenisvolle Russische minderheid.

Het kon voor Poetin niet snel genoeg gaan. Eerst hervatte hij, reeds als premier in de herfst van 1999, de Russisch-Tsjetsjeense oorlog. Veel gewelddadiger dan de Tsjetsjeense oorlog in de jaren 1994-1996 kon Poetin in 1999 niet voorzien dat de tweede Tsjetsjeense oorlog tien jaar zou aanslepen. Pas op 16 april 2009 kondigde Rusland het einde aan van zijn 'antiterroristische operatie' in Tsjetsjenië en kon Poetin er het roer doorgeven aan een krijgsheer van eigen makelij, waarnemend president Ramzan Kadirov, zoon van een islamitische moefti, Achmed Kadirov, die de kant van de Russen koos. De Amerikaanse schrijver Anthony Marra schreef in 2013 een bloedstollende roman over de Tsjetsjeense oorlogen, met alle gruwelen van dien, die helaas – en ten onrechte – de indruk wekt dat het maar een roman is.

Tsjetsjenië was Poetins eerste zet op het Russische schaakbord. Zijn tweede zet mikte op Ruslands voormalige deelrepubliek Georgië. Daar kreeg het onafhankelijke Georgië, onder zijn pro-westerse president Saakasjvili (2008-2013), in 2008 het Russische deksel op zijn neus. Russische pijnpunten, sinds de onafhankelijkheid van Georgië in 1991, waren Abchazië en Zuid-Ossetië, pro-Russische gebiedsdelen die zich nooit met een onafhankelijk Georgië verzoenden. Onhandige pogingen van Saakasjvili, op 8 augustus 2008, om Zuid-Ossetië met geweld op de Russen te heroveren, werden snel door Rusland afgeblokt. Al een dag later lanceerden Russische troepen vanuit Noord-Ossetië een tegenaanval. Twee dagen later rukte een Russische pantsercolonne vanuit Abchazië op richting Georgië.

Al op 15 augustus ging Saakasjvili door de knieën en moest die een vredesakkoord slikken dat de Russische voogdij over Abchazië en Zuid-Ossetië erkende. De NAVO blafte maar beet niet. Op vraag van het Russische parlement erkende de Russische president Medvedev, tijdelijke stroman van premier Poetin (de twee wisselen elkaar af als president en premier), in augustus 2008 'de onafhankelijkheid van Abchazië en Zuid-Ossetië'. Saakasjvili bleef nog vijf jaar president van Georgië. Maar met de Russen in Georgië kwam het nooit meer goed.

Poetins derde zet kon Oekraïne niet ontwijken. Geen Rus vergeet ooit dat in Kiev, niet in Moskou, in de 9de eeuw de wieg stond van een eerste Russisch rijk. In de 10de eeuw vanuit Constantinopel tot het christendom bekeerd, hield dat eerste Russische rijk het zelfs drie eeuwen vol, tot de Mongolenstorm het rijk en overigens ook de Noord-Russische vorstendommen in 1240 fataal werd. Daarmee verdwenen alle Russische vorstendommen twee eeuwen lang onder het juk van de Mongoolse of Tataarse kanaten. De Krimtataren – nog door Stalin verdreven – zijn daar de laatste nazaten van. In de 14de en 15de eeuw konden Polen en Litouwen grote delen van dat eerste Russische rijk, thans de Oekraïne, op de Tataren veroveren. Andere delen van dat eerste Russische rijk kwamen in handen van de Kozakken, vrije boeren van Slavische afkomst in grensgebieden van het tweede Russische rijk, dat in de 14de eeuw vanuit het Moskouse vorstendom de strijd aanbond met de Tataarse kanaten.

Een bloedige Kozakkenopstand tegen de Poolse voogdij over het Oekraïense westen leidde al in de 17de eeuw tot een feitelijke verdeling van het latere Oekraïne tussen Polen en Rusland. Die verdeling werd in de late 18de eeuw door de Russische Catharina de Grote bevestigd, met dit verschil dat de Russische tsarina de kozakken en het Oekraïense oosten als Nieuw-Rusland – *Novorossiya* – in het Russische rijk integreerde. Het was ook Catharina die de Krim 'eens en voorgoed' bij Rusland voegde. Van de 26 miljoen Oekraïners in het jaar 1900 woonden er volgens de Nederlandse historicus Marc Jansen 22 miljoen in het Russische rijk en 4 miljoen in Oostenrijk-Hongarije (de erfgenaam van het Poolse deel van het land).

Een onafhankelijk Oekraïne kwam er pas in de 20ste eeuw, formeel in 1917, toen een Oekraïense Nationale Raad de onafhankelijkheid uitriep. Dat was makkelijker gezegd dan gedaan. In 1919 werd in het 'tsaristische' deel van Oekraïne, in Charkov, een Socialistische Sovjetrepubliek uitgeroepen. Poolse legers heroverden evenwel de westelijke Oekraïne, een regio die pas met het Hitler-Stalinpact van 1939 door de USSR werd aangehecht. Tot 1991 was Oekraïne een van de vijftien Sovjetrepublieken, een integraal deel van het rijk. Vele Russen hadden Oekraïense roots, en *vice versa*. Zo was Gorbatsjovs moeder een Oekraïense, zoals ook zijn eega, Raïssa. Onder de 45 miljoen Oekraïners in 2012 waren er volgens Oekraïense cijfers 11 miljoen Russen, 17 procent van de bevolking. Geen ander land buiten Rusland telt meer 'etnische Russen' dan Oekraïne.

Het Oekraïense geweld dat in 2014 uit zijn voegen barstte, was geen Russisch maneuver. Het was de onvoorstelbare blunder van de Europese Unie om Oekraïne een pro-Europees associatieverdrag aan te praten, zonder rekening te houden met de mening van de 11 miljoen Oekraïense Russen die eerder op Moskou dan op Brussel vertrouwen, die de kat de bel aanbond. Die blunder was groot genoeg om de Europese Unie van Herman Van Rompuy haar Nobelprijs van 2012 weer te betwisten, al kon ook Verhofstadt het niet laten om op 21 februari 2014 namens de Europese liberalen in Kiev te blunderen. Omdat een kind begrijpt dat een grensland als Oekraïne alleen in vrede kan leven als beide bevolkingsgroepen, kinderen van de voorbije duizend jaar, het gemengde profiel van het land aanvaarden.

Door het hele land in 2014 aan de Europese Unie te willen vastklinken, heeft de Unie zelf een Russische reactie ter verdediging van de Oekraïense Russen uitgelokt die uitsluitend kan eindigen waar het begon, bij het samenleven van een pro-Europees en een pro-Russisch Oekraïne. Geen mens doorvorst wat de Europese Unie in het Oekraïense dossier bezielde. Nooit heeft de Unie, daarin was ze zo aantrekkelijk, een lidstaat tot toetreding gedwongen. Evenmin nam ze ooit standpunten in die een verdeelde kandidaat-lidstaat nog meer verdeelden. Ongelooflijk maar waar, in het Oekraïense dossier deed de Unie dat wel. Door het Oekraïense laken uitsluitend naar Europa toe te trekken en ook de Oekraïense Russen een associatieverdrag met de Europese Unie op te dringen, kreeg Europa als vanzelf een Russische weerbots. Het weerzinwekkende profiel van Poetin heeft Europa zelf geschapen.

De comeback van China en India

China en India waren de wereldmachten van het pre-industriële tijdperk, alvast in Azië, tot de industriële revolutie hen inhaalde en de westerse wereldmachten hen ook met het nodige geweld onttroonden. Indië, nog in de 16de eeuw het rijk van Akbar de Grote dat Dirk Collier zo treffend kon omschrijven, viel naderhand uiteen in honderden radja's en maharadja's die het Britse rijk één voor één kon inpikken als evenveel parels aan de Britse kroon. Akbar was een Mogol, een geïslamiseerde afstammeling van Turkse en Mongoolse invallers die zich een generatie eerder vanuit Kabul (Afghanistan) een Indisch rijk bevochten. Dat ze dat deden in een tijd dat de Britse Oost-Indische Compagnie in het jaar 1600 in Surat, ten noorden van het latere Bombay, het anker liet vallen, was in het voordeel van Engeland, niet van Akbar. Wel nam de Britse Oost-Indische Compagnie er haar tijd voor. Engeland deed er twee eeuwen over om het versnipperde India te veroveren. Engelsman Warren Hastings was in 1774 de eerste gouverneur-generaal van Indië. De Britse verovering van het subcontinent werd er voltooid door de annexatie van de Punjab in 1849.

In 1858 waren ook de dagen van de Britse Oost-Indische Compagnie geteld en werd India een kroonkolonie onder een Britse onderkoning. In 1877 werd het zelfs een keizerrijk, onder de Britse koningin Victoria als keizerin van India. Mogelijk was het een verdienste van het keizerrijk dat die constructie de vele Indiase vorstendommen dichter bij elkaar bracht. Toch moest de laatste onderkoning van Brits-India, Lord Mountbatten, in 1947 voor de onafhankelijkheid van India en Pakistan de akkoorden verzamelen van de nagenoeg 500 aparte vorstendommen van het rijk, ook omdat elk vorstendom kon kiezen tussen aansluiting bij India of Pakistan. Het nieuwe India telde in 1947 naar verluidt 227 miljoen inwoners, Pakistan (inclusief het latere Bangladesh) 69 miljoen. In 2014 telde India 1,24 miljard inwoners, Pakistan 196 miljoen, Bangladesh 166 miljoen.

Het sinds lang verenigde China openbreken was een hardere klus. Ook hier baande Engeland de weg door de Chinezen in de 19de eeuw te dwingen opium in te voeren, geteeld in Brits-Bengalen, zodat Engeland er Chinese producten kon uitvoeren. Het punt was dat er in de 19de eeuw geen westers product was dat China geneigd was in te voeren, tot Engeland bedacht dat opium ook op Chinezen een onweerstaanbaar effect kon hebben. Omdat de Chinese overheid de ingevoerde opium in Guangzhou (Kanton) liet confisqueren en opstoken, ontketende Engeland in 1840 een eerste opiumoorlog, in 1857 een tweede, om de Chinese markten botweg met kanonnen open te schieten.

Voor het oud-Chinese keizerrijk luidde de 19de eeuw het begin van het einde in. Nadat het rijk voor de westerse grootmachten eerst vijf, later vijftien, verdragshavens moest openen (waarover China zelf nauwelijks nog iets te zeggen had) en ook de Russische tsaren de Chinese grenzen belaagden, braken Chinese opstanden uit die ook de keizer viseerden. Na de val van het keizerrijk in 1911 wachtte China nog een lange burgeroorlog, in de jaren 1931-1945 nog versterkt door Japanse invasies van het Chinese vasteland, tot de communisten van Mao Zedong in 1949 de Chinese knoop doorhakten en ze het herstel van het rijk afdwongen. Bij een eerste volkstelling in 1953 telde het rijk 588 miljoen Chinezen, in 2014 circa 1,35 miljard.

Voor de Chinese comeback als grootmacht was het wachten op het einde van Mao Zedong, in 1976. De communistische vader des vaderlands sloot zich op in zijn communistische dogma's die het rijk weer hermetisch van de buitenwereld dreigden af te sluiten. De toverformule om China uit zijn isolement en uit zijn armoede te tillen, wordt toegeschreven aan China's toenmalige vicepremier Deng Xiaoping. Die bedacht een combinatie van een communistisch politiek regime met een kapitalistische economie die alvast in China meteen aansloeg. In de jaren 1965-1980 groeide de Chinese economie met een gemiddelde van 4,1 procent per jaar. In de jaren 80 was dat jaargemiddelde 9,7 procent, in de jaren 90 zelfs 10,7 procent. Groeicijfers van die orde hadden voor gevolg dat het Chinese bbp per capita sinds 1978 is verviervoudigd. Met een bbp van 5700 miljard dollar, gemeten in koopkrachtpariteit, was China al in 2002 's werelds tweede grootste economie, na de Amerikaanse koploper. Als handelsmacht nam China in 2004 de derde plaats in, na Amerika en Duitsland.

India was nooit een communistisch land en ontwikkelde een gemengde economie, aanvankelijk met veel aandacht voor de overheidssector, later met meer oog voor het privé-initiatief. De Indiase economie groeide de voorbije twintig jaar minder snel dan de Chinese koploper. Toch is in de jaren 2000-2010 ook het Indiase bbp per capita verdubbeld, na de liberalisering van India's economie in 1996, met jaarlijkse groeicijfers tussen de 7 en de 8 procent. Volgens cijfers van de Wereldbank leven nog een 400 miljoen Indiërs in de goorste armoede, maar tien procent van de bevolking – toch 120 miljoen Indiërs – kan zich een westerse levensstijl permitteren. Zo heeft India een hoogontwikkelde industriële sector, van de klassieke textielsector tot de nucleaire en ruimtevaarttechnologie, de moderne wapenproductie en de telecommunicatie.

Aan de economische groei van Azië's grootste reuzen beantwoordt ook een militaire machtsopbouw. Naast hun nucleaire arsenalen, voor India nog relatief bescheiden, investeerden China en India de voorbije decennia in de productie of aankoop van geavanceerde wapensystemen als vliegtuigen, oorlogsbodems, helikopers, raketten, tanks en ander geschut. China tekende in 2013 voor 11 procent van de wereldmilitaire uitgaven, een slordige 188 miljard dollar, en was meteen 's werelds tweede grootste, vele lengtes na Amerika. Met militaire uitgaven voor een bedrag van 47 miljard dollar – 2,7 procent van de wereldmilitaire uitgaven – stond India dat jaar op de 9de plaats in de wereld, letterlijk 'tussen Japan en Zuid-Korea'. Ook is China's militaire budget sinds 2004 het snelst gestegen, met liefst 170 procent. Voor India was dat maar een stijging met 45 procent.

Tot de elementen die de grootmachtstatus van China en India bepalen, behoren hun enorme bevolkingsaantallen (het blijven 's werelds enige staten met meer dan 1 miljard inwoners), hun economische groeicijfers, hun geopolitieke ligging aan de voeten van de Himalaya, de stroomgebieden van de Indus, de Ganges, de Brahmaputra, de Huanghe en de Yangzi maar ook hun lange zeekusten en hun beheersing van de wereldzeeën. Een even belangrijke rol speelt een millenniumoude voorgeschiedenis die vooral de Chinese kustgebieden en het Indische subcontinent er altijd al toe aanzette zich tot een groter geheel te verenigen en een subcontinentale rol te spelen om hun belangen op die van hun buurstaten af te stemmen.

Tot die voorgeschiedenis behoort ook de overweging dat China en India zelden een expansief beleid buiten hun 'natuurlijke' grenzen voerden, hoewel ze zelf herhaaldelijk en soms langdurig door vreemde machthebbers overvallen of bezet werden. Vooral westerse machthebbers, er sinds de 16de eeuw op gebrand de hele wereld te willen beheersen, kunnen zich nauwelijks voorstellen dat andere grootmachten niet noodzakelijk aan hun beeld en gelijkenis beantwoorden. Een eerste verklaring voor het niet-expansieve karakter van de historische Chinese en Indiase grootmachten lag in hun eigen wereld. Die was in beide gevallen groot en complex genoeg om zich daartoe te beperken. Tegelijk beschouwde zeker China zich eeuwenlang als het stabiele en beschaafde centrum van de bewoonde wereld, het rijk van het Midden, en kon het rijk zich geen beschaving voorstellen buiten zijn grenzen.

Een sterk voorbeeld van dat Chinese uitgangspunt, alvast in de 15de eeuw, blijft de herinnering aan de Chinese Vloot van admiraal Zheng He, het eerst opgefrist door de Amerikaanse historicus Daniel Boorstin. In de eeuw dat Christoffel Columbus in Spanje met veel moeite drie scheepjes met een honderdtal opvarenden kon bemannen waarmee hij Amerika ontdekte, leidde de Chinese admiraal in de jaren 1405-1433 onder de Ming-keizers Yongle en Xuande zeven overzeese 'expedities', waarbij een omvangrijke Chinese vloot de hele Indische oceaan doorkruiste van Borneo tot Zanzibar. De vloot die Zheng He in 1432-1433 aanvoerde, was veruit de grootste ter wereld en telde 27.550 officieren en zeelieden, verspreid over 317 zeeschepen die overigens vanuit China ook de Stille Oceaan verkenden.

Alleen kwam die Chinese Vloot van Zheng He uit een heel andere wereld dan die van de Europese *conquistadores*. Volgens Boorstin was het niet de bedoeling van de expedities van Zheng He om schatten te verzamelen, handel te drijven, heidenen te bekeren, landen en volkeren te veroveren of wetenschappelijke gegevens te verzamelen, wel om over de hele wereld 'te getuigen van de pracht en praal van de nieuwe Ming-dynastie'. Wel werden 'onderweg' diplomatieke betrekkingen aangeknoopt met een twintigtal rijken en sultanaten, maar zelfs handelsbetrekkingen stonden niet meteen op het programma. 'Omdat niets de indruk mocht wekken dat er iets was dat China zelf niet had of dat China iets van een ander land nodig had', vond Boorstin. Als de Chinese Vloot op zijn wereldreizen al eens iets meenam, was het een giraf of een papegaai voor de keizer.

Na 1433 is die Chinese Vloot even snel weer verdwenen als ze was opgekomen, nadat een 'anti-scheepvaartpartij' aan het Chinese Hof de macht in handen kreeg. In 1474 was de hoofdvloot van 400 Chinese zeeschepen – met jonken tot 120 meter lang, zeven keer groter dan het vlaggenschip van Columbus, de Santa Maria – al geslonken tot 140. Zeelieden werden ontslagen en scheepswerven werden opgedoekt. Eind van de 15de eeuw, toen Columbus en de zijnen de Europese grenzen verlegden, werd het Chinezen zelfs verboden nog jonken te bouwen met meer dan twee masten. Later werd het Chinezen gewoon verboden hun land nog te verlaten. Het Chinese Middenrijk sloeg de deur weer dicht, niet omdat ze geen zeeschepen meer *konden* maken maar omdat de keizers het nut ervan niet meer inzagen.

De vloot van Zheng He garandeert niet dat China zich tegenover zijn buurstaten altijd zo vreedzaam gedragen heeft. Zo kende China vooral in de 18de eeuw wel degelijk een gevoelige expansie, vooral op de Tibetaanse hoogvlakte (voor Chinezen Xizang), waar China in 1751 een protectoraat vestigde en in het islamitische Oost-Turkestan of Xinjiang (ook Sinkiang), dat in 1760 door China werd geannexeerd. Pogingen van de Chinese keizers om hun invloed ook in Indochina te doen gelden, onder meer in Annam en Cochinchina (Vietnam) maar ook in Siam (Thailand), kenden dan weer geen succes. Indochina lag altijd al aan de rand van de Chinese periferie, zonder ooit deel uit te maken van het rijk.

Evenmin impliceert China's militaire versterking van de voorbije decennia dat de nieuwe grootmacht vandaag wel een expansief beleid wil voeren, laat staan dat het daarvoor bereid is oorlog te voeren. Weliswaar voert Beijing een expansief handelsbeleid en wil het zijn bevoorrading in grondstoffen garanderen, maar ook die prioriteiten laten zich niet met militaire middelen afdwingen. De mate waarin grootmachten bereid zijn oorlogen te voeren, leid je af uit hun militaire palmares en niet uit intenties die hen door derden toegeschreven worden. Dan komen China en India, gelegd op de militaire stafkaarten van de voorbije halve eeuw, er nog behoorlijk vreedzaam van af. Even agressief als de Europese en Noord-Atlantische grootmachten op de slagvelden van de 20ste eeuw zijn China en India zelden geweest.

EPILOOG

Wat moeten we vrezen? Wat mogen we hopen?

Gevestigde democratieën zijn relatief veilige plaatsen. Het is een vrij onbekend feit dat de meeste terroristische groepen falen en dat ze allemaal verdwijnen.
STEVEN PINKER

Als het over oorlog en vrede gaat, wereldwijd, namen twee Amerikaanse auteurs de voorbije jaren diametraal tegenover gestelde standpunten in. Van de Canadees-Amerikaanse taalkundige en evolutiepsycholoog Steven Pinker verscheen in 2011, tegelijk in het Engels en het Nederlands, *Ons betere ik. Waarom de mens steeds minder geweld gebruikt*. Volgens Pinker valt de afname van het geweld in alle gevestigde samenlevingen niet te ontkennen en 'heeft het historische beschavingsproces het geweld niet geëlimineerd, maar naar de sociaaleconomische marge verdrongen'. Die boodschap staat in schril contract met die van de Brits-Amerikaanse historicus en archeoloog Ian Morris, sinds vele jaren weer de eerste auteur die nog in 2014 onverbloemd de oorlog rechtvaardigt als 'de belangrijkste kracht in onze geschiedenis' en die geweld 'nu eenmaal een manier' noemt 'waarop mensen hun problemen oplossen'.

Pinker heeft zijn basisstelling uitvoerig becijferd. Zo wijst hij erop dat jagers en verzamelaars in de oertijd één kans op twee hadden, 50 procent, om gewelddadig aan hun einde te komen. Dat leidde hij af uit de studie van skeletten afkomstig van archeologische vindplaatsen in Azië, Afrika, Europa en Amerika.

Vrijwel over de hele wereld bleken staatloze samenlevingen veel gewelddadiger dan samenlevingen met staat en zette de georganiseerde staatsvorm een eerste rem op ongebreideld geweld. Voor de hele 20ste eeuw, de wereldoorlogen inbegrepen, hadden mensen wereldwijd 1 kans op 100 om een gewelddadige dood te sterven, al was dat voor de eerste helft van de 20ste eeuw 3 op 100. Wereldwijd stierven er in de 20ste eeuw circa 6 miljard mensen, van wie maar 40 miljoen op slagvelden, 180 miljoen als gevolg van menselijke oorzaken.

Dat de wereld steeds vreedzamer wordt, blijkt ook uit de moordcijfers, voor de stad Londen in de 14de eeuw 55 moorden op 100.000 inwoners, voor Oxford was dat 110. In de jaren 1950 telde Londen nog 1 moord op 100.000 inwoners, sinds de 14de eeuw een daling met 95 procent. Moordcijfers voor heel Engeland voor de jaren 1200-1500, op basis van lijkschouwingen, rechtszaken en lokale gegevens, wijzen op een daling van 4 tot 100 moorden per 100.000 mensen in de middeleeuwen naar zo'n 0,8 per 100.000 in de jaren 50. Cijfers voor andere West-Europese landen zijn vergelijkbaar. In ieder West-Europees land is het jaarlijkse moordcijfer in de 20ste eeuw gedaald tot circa 1 op 100.000, een dertigvoudige afname van moord en doodslag sinds de middeleeuwen, met een kleine opleving in de laatste 30 jaar van de 20ste eeuw.

Wereldwijde moordcijfers, verzameld door de Wereldgezondheidsorganisatie WHO en het VN-bureau voor Drugs en Misdaad UNODC wezen in 2004 op een gemiddeld nationaal cijfer van 6 moorden per 100.000 inwoners. De minst gewelddadige gebiedsdelen waren West- en Midden-Europa en de erflaters van het Britse rijk (Australië, Nieuw-Zeeland, Fiji, Canada, de Malediven, Bermuda, met Amerika als grootste uitzondering), plus Japan, Singapore, Hongkong, China (2,2 per 100.000). Landen met de hoogste moordcijfers bleven Amerika (6,5 per 100.000 in 1900, 9 in 1930, 5 in 1940-1960, laagtepunt van 4 in 1957, opnieuw 10,2 in 1980, weer 5,7 in 1999), Mexico (11,1 per 100.000), Rusland (29,7), Jamaica (33,7), Colombia (52,7) en Zuid-Afrika (69).

Een sleutel tot het begrip van de hoge Amerikaanse moordcijfers vond Pinker in zijn bedenking dat Amerika oorspronkelijk uit meerdere landen bestond. 'Als het over geweld gaat, is Amerika niet één land, maar zijn het drie landen.' Zo wijken New England en een gordel van noordelijke staten van oost naar west niet *zo* ver af van de Europese cijfers (minder dan 3 moorden per 100.000). Dan volgt een boog van steeds moorddadiger staten van noord naar zuid. In de zuidelijke staten liggen de moordcijfers het hoogst: 7,4 per 100.000 in Arizona, 8,9 voor Alabama, 14,2 voor Louisiana. Een raciaal verschil kon Pinker niet overtuigen. Weliswaar was het gemiddelde moordcijfer tussen 1976 en 2005 voor blanke Amerikanen 4,8 per 100.000, voor zwarte Amerikanen 36,9, maar ook zuidelijke blanken zijn gewelddadiger dan noordelijke en noordelijke zwarten minder gewelddadig dan zuidelijke.

Fundamenteler lijkt Pinker dat 'de Amerikanen, en vooral die in het zuiden en het westen, nooit volledig instemden met een sociaal contract dat de overheid een monopolie gaf op het rechtmatig gebruik van geweld'. Daar overheerste de grenswet – de *Frontier Law* – die elke blanke toeliet zichzelf te verdedigen en daartoe over de nodige wapens te mogen beschikken. De gevolgen van deze grenswet voor doodslag en moord bleken nog duidelijker in het Amerikaanse Wilde Westen dan in het Amerikaanse Zwarte Zuiden. In het Wilde Westen lag het jaarlijkse moordcijfer in de tweede helft van de 19de eeuw vijftig tot honderden keren hoger dan in de steden in het oosten en de landbouwgebieden in het midwesten: 50 per 100.000 in Abilene (Texas), 83 in California, 100 in Dodge City (Kansas), 229 in Fort Griffin (Texas), zelfs 1500 in Wichita (Kansas).

Als verklaring voor een wereldwijde afname van geweld stelt Pinker dat mensen altijd heen en weer geslingerd worden tussen 'vijf innerlijke demonen' en 'vier goede engelen' en dat het erop aankomt het goede te versterken en het kwade in te tomen. Zijn vijf innerlijke demonen zijn roofzuchtig of instrumenteel geweld, dominantie, wraak, sadisme en 'een ideologie die onbeperkt geweld rechtvaardigt om het onbeperkte goede te kunnen bereiken' (ideologische verblinding). Zijn vier goede engelen zijn empathie (een altruïstische bekommernis om anderen), zelfbeheersing, ons moreel besef en 'het verlichtingsperspectief van de rede en de redelijkheid'. Als historische krachten die het goede versterken en het kwade intomen, ziet Pinker het meest in het geweldsmonopolie van de rechtsstaat – de Leviathan van Hobbes – en in de wederzijdse handel, die in ieders belang betere vruchten afwerpt dan een plundertocht, 'omdat empathie en zelfbeheersing meer opbrengen dan geweld en haat'.

Pinker staat in zijn vooruitgangsoptimisme niet alleen. Zo verkende de Amerikaanse neuropsychiater James Fallon in 2013 de gruwelijkste paden van de psychopathie. Toch kwam ook Fallon tot het besluit dat 'moderne mensen veel minder gewelddadig zijn dan onze voorouders', in termen van aantallen moorden per hoofd van de bevolking. Volgens Fallon was de Australopithecus, drie tot vier miljoen jaar geleden de verre voorganger van de moderne mens, de effectiefste moordenaar. 'Naarmate de tijd verstreek, is de mens zich steeds minder gaan bezondigen aan verminking en doodslag tot aan het begin van de 21ste eeuw ten slotte de minst dodelijke beschaving aller tijden tot stand kwam'. Dat was kort door de bocht, hoewel ook de jonge Nederlandse historicus Rutger Bregman 'het begin van de 21ste eeuw' in 2013 'zonder enige twijfel het veiligste moment in de geschiedenis van de mens' noemde.

Een heel andere toon inzake oorlog en vrede werd in 2014 aangeheven door de Brits-Amerikaanse historicus en archeoloog Ian Morris. Deze late verdediger van de westerse dominantie doorheen de geschiedenis liet zich in 2010 het eerst opmerken met een historische analyse van het westerse overwicht in de wereldpolitiek onder de uitdagende titel *De val van het Westen*, gevolgd door een retorische vraag, *Hoe lang houdt de westerse dominantie nog stand?* Dat bleef een retorische vraag, omdat uit weinig gegevens blijkt dat de auteur het Westen nu al afschrijft. Dat leidde hij onder meer af uit 'de ongekende militaire macht van het Westen', die hij nog altijd twintig keer groter acht dan de militaire macht van 'het Oosten'. En die kloof werd zeker door de informatietechnologie niet verkleind, noch door de asymmetrische bewapening van een relatief bescheiden aantal terreurgroepen die met een handvol wapens maximale effecten najagen.

Toch kwam Morris pas echt op dreef in zijn boek uit 2014, *Verwoesting en vooruitgang – Hoe oorlog de menselijke beschaving heeft gevormd*. Volgens de jongste apologeet van alle militaire machthebbers 'maken oorlogen onze samenlevingen groter, veiliger en rijker' en 'heeft oorlog op lange termijn van onze wereld een veiliger en welvarender plek gemaakt'. Morris beweert dat hij de menselijke geschiedenis over een periode van 20.000 jaar nauwgezet onderzocht heeft en niet anders kan dan 'de ongewilde positieve effecten van oorlog' registreren. 'Doorheen de geschiedenis is overal ter wereld hetzelfde patroon herkenbaar: eerst is er een periode van verovering met gruwel en massamoord. De verovering wordt altijd gevolgd door revolte tegen de nieuwe heersers, waarbij opnieuw veel mensen sterven. Maar een paar honderd jaar later is de grotere maatschappij geëvolueerd tot een veel vreedzamer plek dan voor de start van de grote oorlog.'

Weliswaar onderscheidt de Amerikaan productieve en contraproductieve oorlogen, maar hij herhaalt graag dat 'grote, rijke, welvarende gemeenschappen tot hiertoe altijd op basis van oorlogen opgebouwd werden'. Eerlijkheidshalve geeft hij toe dat de Europese Unie, opgebouwd zonder ook maar een schot te lossen, op deze regel de enige uitzondering vormt. Maar ook die Europese uitzondering doet hem geen moment twijfelen aan zijn hoofdstelling, die hij ook op wereldschaal bevestigd ziet.

'Een van de belangrijkste oorlogen die de wereld veiliger en rijker maakte, was de enorme oorlog die Europa tussen 1400 en 1900 voerde tegen de rest van de wereld, toen de Europeanen zowel 85 procent van de planeet veroverden. Het eindresultaat van die eeuwenlange koloniale oorlog was een vermindering van het geweld en een toename van de welvaart in Europa.' Alleen die laatste halve zin kan kloppen, maar gaat met Amerikaanse flair voorbij aan de impact van de Europese veroveraars, van de Spaanse *conquistadores* tot de Noord-Amerikaanse wereldmacht, op de niet-Europese volkeren in Amerika, Afrika, Azië en Oceanië, niet alleen van de 15de tot de 20ste eeuw, maar nog tergend dramatisch te zien in de wereld van vandaag.

'We moeten vrede nastreven,' sust Morris in strijd met al het voorgaande, 'maar we mogen nooit uit het oog verliezen dat geweld deel uitmaakt van onze natuur'. Hij noemt zichzelf overigens 'optimistisch van aard' maar blijft de ene contradictie op de andere plaatsen. 'De geschiedenis leert ons dat het ons nooit gelukt is om oorlog weg te wensen: of je het nu wilt of niet, oorlog is onlosmakelijk verbonden met de mensheid.' Toch voegt hij daar meteen aan toe dat 'we ons tegelijk erg goed aan veranderende omstandigheden aanpassen. Zodra we doorhebben dat geweld niet meer rendeert, zijn we geneigd er minder snel naar terug te grijpen'. Wat is het nu? Is oorlog nu een zegen of een vloek? Is geweld de baarmoeder van een nieuwe wereld of de grafkelder van deze wereld? De auteur verdwaalt wel eens in zijn eigen tegenspraak.

Zijn afsluiter is nog de mooiste, dat 'de volgende veertig jaar de gevaarlijkste jaren ooit worden', tegelijk een oproep en een waarschuwing die de Brusselse VUB-prof Jonathan Holslag graag overneemt. Mogelijk haalt hij die veertig jaar uit een gewilde analogie met de jaren 1870-1914, in zijn terminologie 'de onstabiele jaren tussen de Duitse eenwording en de wereldoorlogen'. Of is het de Bijbelse traditie, in Amerika nooit ver weg, die hem parten speelt, er al 3000 jaar van uitgaand dat 40 altijd al de maat van de beproeving was. In de tijd van Noach, de enige aardbewoner die met de zijnen de zondvloed overleefde, regende het 'veertig dagen en veertig nachten'. Na de exodus uit Egypte zwierf het Joodse volk 40 jaar door de woestijn, voordat Jozua zijn volk het Beloofde Land mocht binnenleiden. Het christendom nam het getal veertig over als de maat van de veertigdaagse vastentijd en de veertig dagen tussen Zijn Verrijzenis (Pasen) en Zijn Hemelvaart.

Verwijzend naar Hobbes' Leviathan, alweer de naam van een Bijbels monster, is Morris wel van oordeel 'dat oorlog de staat maakt, en de staat de vrede' (garandeert). Wel vereist een universele vrede een universele machthebber, in zijn terminologie een *globocop* of wereld-sheriff. In de 19de eeuw was dat Engeland, sinds 1989 is dat Amerika, ervan uitgaand dat er in de jaren 1914-1989 geen enkelvoudige wereldheerser was maar des te meer oorlog. Derhalve denkt en hoopt de man dat de Amerikaanse *globocop* het nog 40 jaar uithoudt, in zijn ogen *the last best hope of earth*, vrij vertaald 'nog het beste dat deze wereld kan overkomen'. Voor zijn lezers vormt die hoop het beste bewijs dat de westerse werelddominantie die hij in 2010 bedreigd zag er nog twintig jaar mag bijdoen.

Pinker en Morris blijven Amerikaanse uitersten op de schaal van oorlog en vrede. Tussen hen in staan onder meer veelgelezen publicisten als Robert Kaplan en Robert Kagan, al staan die dichter bij Morris dan bij Pinker. Kaplan is de globetrotter die al twintig jaar 'de einden der aarde' verkent maar die zich naderhand helemaal liet inpakken door de Amerikaanse strijdkrachten – hij was vele jaren de meest *embedded* journalist van zijn kaliber – in Afghanistan en Irak om nog geloofwaardig over te komen. Zijn meest verfrissende bijdrage tot oorlog en vrede in de wereld van vandaag dateert al van 1997 en beschrijft een lange reis van West-Afrika over het Midden-Oosten en Centraal-Azië – Holslags 'wig van ontberingen' – tot Zuidoost-Azië. Het blijft ook zijn meest profetische boek, alsof hij in een glazen bol al een blik op de toekomst mocht werpen.

Kaplan merkte er als eerste op hoezeer in dit armste deel van de wereld staatsgrenzen vervagen, om vervangen te worden door een aantal organisch, cultureel of religieus verbonden topografische gebieden en door een groeiend aantal megasteden die al van een even grote verscheidenheid getuigen. In die wereld getuigt Kaplan van 'de nomaden van de 21ste eeuw' die weer 'net als hun voorouders' over de aarde trekken of die in megasteden een nieuwe toekomst verkennen, alleen gewapend met het kompas van hun cultuur of de troost van hun religie, maar ook getuigend van overlappende sedimenten van uiteenlopende groepsidentiteiten.

De journalist heeft het graag over nomaden omdat 'die niet van grenzen houden' en derhalve ook niet van staten. Hij noemt hen 'de hoeders van een ver verleden' en 'de voorboden van de toekomst'. Nomaden leiden geen luxeleven maar ze steken wel de handen uit de mouwen. Geconfronteerd met oude en nieuwe vormen van criminaliteit, met klimaatrampen en vluchtelingenstromen, gaan ze er niet bij zitten. 'Nomaden maken geschiedenis, vluchtelingen zijn slachtoffers ervan.'

Nomaden getuigen van een veranderende wereld waarin ze zelf centraal staan. 'Van nu af aan zal de kaart van de wereld nooit meer statisch zijn. De toekomstige kaart zal een voortdurend veranderende uitdrukking zijn van cartografische chaos, in sommige gebieden heilzaam of zelfs productief, in andere gewelddadig. Op zo'n kaart zullen de regels volgens welke diplomaten en andere beleidsmakers de afgelopen paar honderd jaar de wereld geordend hebben, steeds minder van toepassing zijn. Oplossingen moeten in de regel komen van de betrokken culturen zelf.' Vreedzaam ziet de wereld van Kaplan er bepaald niet uit. Wie grenzen en staten ziet verdwijnen, wordt daar niet vrolijk van. Toch omschrijft de auteur zichzelf eerder als een waarnemer dan als een politieke analist.

Robert Kagan, in Amerika een neoconservatieve publicist, ging wel de politieke weg op en spitste zich toe op de betrekkingen tussen Amerika en Europa. Inzake oorlog en vrede houden Europeanen en Amerikanen er niet meer hetzelfde wereldbeeld op na, betreurt Kagan. Op het punt van het allesoverheersende vraagstuk van de macht, hebben hun wegen zich gescheiden. Europa heeft een posthistorisch tijdperk betreden, 'de eeuwige vrede' van Immanuel Kant. Amerika blijft vastzitten in de geschiedenis en oefent macht uit in een anarchistische wereld à la Hobbes. Samengevat in Kagans meest geciteerde oneliner: 'Europeanen komen van Venus, Amerikanen van Mars.'

'In de 18de en 19de eeuw waren het de Europese mogendheden die niet voortdurend aan banden wensten te worden gelegd. Twee eeuwen later zijn de Amerikanen en de Europeanen van positie gewisseld en ook van gezichtspunt. Dit is gedeeltelijk toe te schrijven aan het feit dat de machtsverhoudingen de laatste tweehonderd jaar, maar vooral de afgelopen decennia, drastisch verschoven zijn.' Zolang Amerika zwak stond, beleed het de strategie van indirecte beïnvloeding, de strategie van de zwakkere. Nu Amerika machtig is, gedraagt het zich zoals elke machtige natie. De conservatieve les is duidelijk. Elke natie gedraagt zich op basis van haar mogelijkheden. De sterke ziet een andere wereld dan de zwakke, en vice versa. 'Toen de grote Europese mogendheden sterk stonden, geloofden ze in kracht en in het heldendom van oorlog. Nu zien ze de wereld door de ogen van een zwakkere mogendheid.'

Terecht wijst Kagan erop dat Europa en Amerika ondanks deze verschillen op elkaar aangewezen blijven. Want Europa's afwijzing van de machtsfactor in de internationale politiek steunt niet zozeer op eigen kunnen dan wel op de Amerikaanse veiligheidsgaranties. Een halve eeuw lang konden Amerika's Europese bondgenoten zich geen veiligheid voorstellen zonder de aanwezigheid van Amerikaanse troepen in Europa, onder de Amerikaanse atoomparaplu. Waarbij de Amerikaan ook zijn eigen ego streelt. Want 'Amerikanen zijn altijd internationalisten en idealisten geweest. In sommige aangelegenheden zijn ze mogelijk nog idealistischer dan Europeanen. Maar ze hebben niet de ervaring dat idealen met succes verbreid kunnen worden zonder macht. En ze hebben zeker geen positieve ervaringen met supranationaal bestuur, hoe graag ze dat ook zouden willen.'

Toch waarschuwde Kagan de Amerikanen in 2003 om 'het belangrijkste punt niet uit het oog te verliezen', dat 'het nieuwe Europa waarlijk een gezegend wonder is en iets om ons enorm over te verheugen – aan weerszijden van de Atlantische Oceaan. Het is vrijwel ondenkbaar dat er tussen de belangrijkste Europese mogendheden nog een oorlog uitbreekt. Na eeuwen van ellende, niet alleen voor de Europeanen, maar voor iedereen die in hun oorlogen verwikkeld raakte, is het nieuwe Europa werkelijk tevoorschijn gekomen als een paradijs. Dat is iets wat moet worden gekoesterd en beschermd, niet in de laatste plaats door de Amerikanen die op Europese bodem bloed vergoten hebben en er nog meer bloed zullen vergieten wanneer het nieuwe Europa ooit mocht falen.'

De analyse van Kagan, zoals Kaplan een fervente verdediger van Israëls machtspositie in het Midden-Oosten, vertoont treffende overeenkomsten met die van de Britse topdiplomaat Robert Cooper, vele jaren adviseur van de Britse premier Tony Blair. In een opgemerkt boek uit 2004, *Oorlog en vrede in de 21ste eeuw*, onderscheidde Cooper 'een premoderne wereld' van pre-staten in een post-imperiale chaos (Somalië, Afghanistan, Liberia, brokstukken van de koloniale imperia van weleer), de moderne wereld waarin staten het geweldsmonopolie behouden, maar onder elkaar bereid blijven oorlog te voeren, en 'het postmoderne Europa' dat in zijn internationale verhoudingen afziet van geweld – *cedant arma togae* – en dat voluit gaat voor democratie en mensenrechten.

Helaas entte Cooper op dit schema een dubbele moraal, in zijn woorden *double standards*. Onder ons, beschaafde naties ondereen, houden we rekening met wetten en rechten en verzekeren we onze collectieve veiligheid. Maar in de jungle van de premoderne wereld gelden uitsluitend de wetten van de jungle. Cooper pleitte zelfs voor een nieuw liberaal imperialisme, een verre echo van de oproep van Rudyard Kipling, *To Take Up the White Man's Burden*, om de nationale soevereiniteit van (premoderne) staten weer aan banden te leggen. Allicht onbewust kwam Cooper hierbij huiverig dicht bij het eeuwenoude islamitische onderscheid tussen het vreedzame *Dar al-Islam*, het Huis van de Islam waar iedereen in vrede leeft, en het *Dar al-Harb*, het Huis van de Oorlog, kenmerkend voor moslims in een vijandige omgeving.

Vragen of mensen en volkeren vandaag meer of minder oorlogen voeren dan gisteren en we voor de toekomst meer of minder oorlogen mogen verwachten, blijven moeilijk te beantwoorden. Het hangt ervan af waar je woont, welke kant je uitkijkt of welke bril je opzet. De Europese prestatie van de voorbije zeventig jaar valt alle waarnemers op. Geen deel van de wereld voerde de voorbije duizend jaar meer oorlogen dan Europa, zowel de Europese mogendheden onder elkaar als in de niet-Europese wereld. Toch is datzelfde Europa sinds 1945 het meest vreedzame deel van de wereld. Die vreedzaamheid dankt Europa aan minstens twee factoren, de Europese integratie die leidde tot de Europese Unie van 28 lidstaten in 2014 en de Amerikaanse veiligheidsgarantie die Europa, zeker in de donkerste jaren van de Koude Oorlog, de beschermende hand boven het hoofd hield. De Noord-Atlantische banden die in die jaren gesmeed werden, waren ook in Amerika's belang. Maar voor Europa, door twee wereldoorlogen verslagen, was het een kwestie van leven of dood.

Voor de Europese integratie anno 2015 is er geen precedent en zijn er evenmin navolgers in deze wereld. Nooit en nergens droegen staten vrijwillig en zonder enige dwang belangrijke onderdelen van hun nationale soevereiniteit over aan een hogere instantie die voor de hele unie of voor een deel ervan – dat bepalen de Europese verdragen – het Europese beleid bepaalt. Van dat beleid vormen vreedzame betrekkingen tussen de lidstaten tegelijk de inzet en de grondslag. In schril contrast met Europa's eigen verleden en in nog groter contrast met de oorlogszones die in dit boek aangestipt werden, vormt Europa een eenzame hoogvlakte waar oorlogsslachtoffers 'aller landen' zo hoopvol naar opkijken.

Europa creëerde ook de historische voorwaarden die het meest tot haar recente vreedzaamheid bijdroegen. Zo bewees Europa het eerst dat een democratischer wereld – een kwestie van vrijheid, gelijkheid en verbondenheid – een vreedzamere wereld is dan een wereld die nog door autoritaire of totalitaire regimes beheerst wordt. Hier erkenden mensen en volkeren het eerst de godsdienstvrijheid en de gewetensvrijheid, onmisbare uitgangspunten om religieus geïnspireerd geweld – de kanker van de islamitische wereld in 2014 – aan banden te leggen. Dat geldt ook voor de scheiding van kerk en staat, politiek en religie, voor de scheiding van de machten, voor de volkssoevereiniteit en voor de rechtsstaat. Voor deze fundamentele uitgangspunten zijn er ook islamitische precedenten. Europa moest niet alles alleen uitvinden. Alleen kregen deze uitgangspunten, na een lange en bittere strijd, in Europa de bovenhand, terwijl ze elders in de wereld weer verloren gingen.

Tegelijk schiep Europa de sociale en economische voorwaarden om welvaart en welzijn op steeds bredere schaal te verspreiden, om inkomens en vermogens telkens weer te herverdelen, om onderwijs en ziekenzorg voor allen te garanderen en om verbondenheid en samenhorigheid ook Europese vleugels te geven. Zo gaf Europa het wilde kapitalisme en de markten nooit zonder beperkingen de vrije hand, maar introduceerde het Avondland een sociale markteconomie op basis van een sociale zekerheid die werknemers toelaat de grootste levensrisico's – ziekte, werkloosheid, ouderdom – te dragen. Dit sociale gezicht van de Europese welvaartsstaat, gegarandeerd door een actieve overheid, tekent Europa even trefzeker als zijn civiele en politieke rechten en vrijheden.

Dat alles maakt van Europa nog lang geen paradijs. Maar we weten nu, op basis van eigen ervaring, welke elementen oorlogen en conflicten in de hand werken en welke factoren de vredeskansen versterken. Zo speelden staten een historisch aanwijsbare rol om interne vormen van geweld te beheersen, maar ook het interstatelijke geweld komt minder vaak voor dan wel eens wordt aangenomen. In elk geval bleek een wereld zonder staten een veel gewelddadiger wereld dan zijn tegendeel en kunnen staten hun onderlinge betrekkingen wel degelijk een vreedzame richting uitsturen. Dat bewijzen alle dagen driekwart van alle – 194 – staten in de wereld. Helaas getuigen daarvan ook alle mislukte staten die als vanzelf de deur openzetten voor de grofste vormen van geweld. Ook onder staten is vreedzame samenwerking de regel, oorlog de (grote) uitzondering.

De grootste bedreiging van de staat en van de statenorde gaat uit van volksnationale autonomisten of separatisten. Een synoniem maakt geen verschil. Staten zijn als steden. Ondanks de schijn van het tegendeel delen staten sinds mensenheugenis een territoriale basis die geen onderscheid maakt tussen culturen en talen, religies en levensbeschouwingen. Op hun territorium verenigen staten al wie er wonen onder dezelfde grondwet, hen dezelfde rechten garanderend zonder enige vorm van discriminatie. Voor etnische nationalisten, die zweren bij wat mensen van elkaar onderscheidt, blind voor datgene dat hen verbindt, vormt de staat hun meest nabije vijand. Waar ze met die staat de strijd aanbinden, breken conflicten uit die een hele generatie met zich meesleuren. Waar etnische nationalisten de staat kunnen verslaan, wenkt voor overwinnaar en overwonnene een wereld met nog meer geweld, niet minder.

Rusland blijft Europa's grootste onbekende. Die onzekerheid heeft alles te maken met de onpeilbare eigenheid van het Russische nationalisme. In vele staten staan etnisch-nationalistische groepen voor minderheden, in Rusland gaat het om de overgrote meerderheid van de bevolking, naast etnische Russen verspreid over Ruslands buurlanden. Toch telt de Russische federatie, goed voor 80 procent etnische Russen, naar verluidt 140 talen en culturen, verspreid over 89 administratieve onderdelen. In Rusland draagt het nationalisme nog de genen en memen van het Russische tsarenrijk en vertoont het mengvormen van etnische en religieuze verbanden, vergelijkbaar met het Israëlische nationalisme. Die mengvormen zijn nog veel explosiever dan etnische of religieuze conflicten in een meer homogene context.

Over de hele wereld vormen zware schendingen van de rechten van mensen en volkeren broedhaarden van geweld. Dat geldt nog meer voor volkeren die in hun bestaan of in hun bestaansmogelijkheden bedreigd worden. Omgekeerd vormen rechtsregels, een rechtsorde en het respect voor de mensenrechten machtige hefbomen voor een vreedzamere wereld. Helaas is de internationale rechtsorde, in hoofdzaak gedragen door de Verenigde Naties, nog zwak. Dat verklaart ook het VN-onvermogen om zijn lidstaten rechtsregels op te leggen of om in conflictgebieden een elementaire rechtsorde op te bouwen. Nochtans zijn vrede en rechtvaardigheid geen synoniemen. Ze kijken zelden in dezelfde richting. Soms staan ze lijnrecht tegenover elkaar. Wie in een conflictgebied de vrede wil herstellen, moet de mensenrechten wel eens op een lager pitje zetten. Wie daartoe niet bereid is, nooit en nergens, mag in vele gevallen de vrede vergeten. Idealiter vormen vrede en rechtvaardigheid een tweespan, maar dat ideaal is niet altijd van deze wereld.

Grote inkomens- en vermogensverschillen kunnen conflicten nog aanwakkeren en vormen een voor de hand liggende bron van geweld, zeker waar arm en rijk fysiek naast elkaar leven of waar ze direct met elkaars levenswijze geconfronteerd worden. Extreme rijkdom en extreme armoede, vaak gekoppeld aan uitzichtloze werkloosheid, een lage scholing en een kwakkelende gezondheid, vormen een explosief mengsel dat niet eens een lont nodig heeft om te ontploffen. Omgekeerd voorkomen een billijke spreiding van inkomens en vermogens en een elementaire sociale zekerheid tegenstellingen die altijd tot een conflict kunnen verharden. Wereldwijd vormen die tegenstellingen de grootste bedreiging voor de wereldvrede. Extreme rijkdom en extreme armoede kunnen niet in vrede samenleven. Dat het rijkste deel van de wereld over de meeste wapens beschikt maar het de armste landen zijn die het meest oorlog voeren, is daar een illustratie van.

Klimaatoorlogen werken die martiale tegenstelling tussen rijk en arm nog in de hand. Rijkere landen kunnen de gevolgen van een klimaatverandering nog enigszins opvangen, armere landen kunnen dat hoegenaamd niet. Vooral een stijgende zeespiegel houdt immense gevaren in voor alle lager gelegen gebiedsdelen in de wereld, maar dat geldt ook voor smeltende gletsjers die de zoetwatervoorziening bedreigen en voor extreme weersomstandigheden die tegelijk tot watersnood en tot een verwoestijning van grote gebiedsdelen kan leiden. Klimaatvluchtelingen die vandaag al veiliger oorden hopen te bereiken, zijn als kanaries in een mijnschacht. Zij waarschuwen de rijkere wereld voor nog groter onheil als de opwarming van de aarde niet gekeerd wordt.

De islamitische vredesdreiging blijkt vooral een demografische uitdaging. Als de helft van de bevolking hooguit 25 jaar is maar geen toekomst heeft – wel een school, geen job, geen perspectieven – verdubbelen de kansen op oorlog en geweld. Een deelverklaring van de westerse vreedzaamheid is zijn verouderde bevolking. Met een leger van senioren win je geen veldslagen meer. Voor die tegenstelling is er op korte termijn maar één duurzame oplossing, een versnelde migratie van niet-Europese jongeren naar het verouderende Westen, dat de gepensioneerde babyboomers van de jaren 1940 niet meer met eigen effectieven kan vervangen. Maar die oplossing verhindert de westerse obsessie met 'geradicaliseerde islamitische jongeren' die wel eens 'een Europees kalifaat' kunnen oprichten, en dan slaan in Europese veiligheidskringen alle stoppen los.

Om religieuze heethoofden op afstand te houden, beschikt Europa nochtans over een Europese troef die het Avondland onvoldoende benut, de pausen. Vele islamitische bezwaren tegen het seculiere Europa zijn ook die van de pausen. Nooit hebben de bisschoppen van Rome, vaandeldragers van het katholieke Europa en de katholieke wereld, het gedachtengoed van de verlichting, de Franse Revolutie en het Europese modernisme van harte aanvaard. Alleen leerden ze ermee leven, in scha en schande, na een worsteling die minstens anderhalve eeuw duurde, van Napoleon tot Hitler. De pausen zijn dus het best geplaatst om tegelijk het moderne Westen en zijn islamitische antagonisten te paaien. Misschien is dat voor de Vaticaanse diplomaten, om historische redenen op wereldschaal de enige religieuze leiders met een diplomatiek paspoort, een kluif voor de eerstvolgende jaren. Van alle religieuze leiders is de paus de enige die voor de drie monotheïstische tradities – van joden, christenen en moslims – kan spreken. Wij luisteren.

LECTUUR

Karen ARMSTRONG, *In naam van God. Religie en geweld*, Antwerpen, De Bezige Bij, 2014, 548 blz.

Benjamin BARBER, *Jihad vs. McWorld. How globalism and tribalism are reshaping the world*, New York, Ballantine Books, 1996, 390 blz.

Benjamin BARBER, *Het rijk van de angst. Oorlog, terrorisme en democratie*, Amsterdam/Antwerpen, Ambo/Manteau, 2003, 256 blz.

John BARRON, KGB. *Werkwijze, Werkwijze, organisatie en machtsbereik van de Russische Geheime Dienst*, Uitgeverij Amsterdam Boek, 1975, 432 blz.

Michael R. BESCHLOSS & Strobe TALBOTT, *Op het hoogste niveau. Bush, Gorbatsjov en het einde van de Koude Oorlog*, Haarlem, Becht, 1993, 560 blz.

William BLUM, *Killing Hope: US Military and CIA Interventions Since World War II*, Londen, Zed Books, 2003, 469 blz.

William BLUM, *Schurkenstaat. De buitenlandse politiek van de enige supermacht ter wereld*, Rotterdam, Lemniscaat, 2003 (2001), 378 blz.

Daniel BOORSTIN, *De Ontdekkers. De zoektocht van de mens naar zichzelf en zijn wereld*, Amsterdam/Brussel, Elsevier, 1987 (1983), 798 blz.

Rutger BREGMAN, *De geschiedenis van de vooruitgang*, Amsterdam, De Bezige Bij, 2013, 410 blz.

Bill BRYSON, *Een kleine geschiedenis van bijna alles*, Amsterdam/Antwerpen, Atlas, 2004, 512 blz.

Frans BUELENS, *Congo, 1885-1960. Een financieel-economische geschiedenis*, Antwerpen, EPO, 2007, 671 blz.

Dirk COLLIER, *Afscheid van de keizer. Historische roman*, Tielt, Lannoo, 2011, 719 blz.

Paul COLLIER, *Eén miljard achterblijvers. Waarom de armste landen steeds verder achterop raken en wat wij daaraan kunnen doen*, Houten, Spectrum, 2009, 254 blz.

Robert COOPER, *Oorlog en vrede in de 21ste eeuw. Europa en de nieuwe wereldorde*, Amsterdam, Meulenhoff, 2004 (2003), 223 blz.

Thierry CRÉTIN, *Mafias du monde. Organisations criminelles transnationales*, Paris, PUF, 1997, 201 blz.
Raf CUSTERS, *Grondstoffenjagers*, Antwerpen, EPO, 2013, 262 blz.
Luc DE VOS, *De Koude Vrede. Koude Oorlog en Dekolonisatie, 1945-1963*, Tielt, Lannoo, 1988, 391 blz.
Karen DAWISHA, *Putin's Kleptocracy: Who Owns Russia?*, New York, Simon & Schuster, 2014, 445 blz.
Jared DIAMOND, *Zwaarden, paarden & ziektekiemen. Waarom Europeanen en Aziaten de wereld domineren*, Utrecht, Het Spectrum, 1999 (1997), 465 blz.
Jared DIAMOND, *Ondergang. Waarom zijn sommige beschavingen verdwenen en hoe kan de onze haar ondergang voorkomen?* Utrecht, Spectrum, 2005 (2004), 702 blz.
John DICKIE, *Bloedbroeders. De opkomst van de Italiaanse maffia's*, Amsterdam, Ambo, 2011, 358 blz.
Gwynne DYER, *Climate Wars. The fight for survival as the world overheats*, Toronto, Random House Canada, 2008, 272 blz.
Roger FALIGOT, *L'Empire invisible. Les mafias chinoises*, Arles, Eds Philippe Picquier, 1996, 205 blz.
James FALLON, *De psychopaat in mij. De persoonlijke reis van een neurowetenschapper door de donkere kant van het brein*, Amsterdam, Uitgeverij Nieuwezijds, 2014, 224 blz.
Andrew FEINSTEIN, *Handelaren des doods. De internationale wapenhandel*, Antwerpen, De Bezige Bij, 2011, 512 blz.
Niall FERGUSON, *De grote oorlogen. De honderdjarige oorlog en de ondergang van het Westen*, Amsterdam/Antwerpen, Contact, 2007 (2006), 888 blz.
Robert FISK, *De grote beschavingsoorlog. De verovering van het Midden-Oosten*, Amsterdam/Antwerpen, Anthos/Standaard Uitgeverij, 2005, 1437 blz.
Marija GIMBUTAS, *Goddesses and Gods of Old Europe*, London, Thames & Hudson, 1996, 304 blz.
Luc GOETEYN & Chris JACOBSON, *In het oog van de storm. Over mensen, geschiedenis en klimaatveranderingen*, Brussel, Academic and Scientific Publishers, 2012, 283 blz.
David GRAEBER, *Schuld. De eerste 5000 jaar*, Amsterdam/Antwerpen, Business Contact, 2012 (2011), 623 blz.
Glenn GREENWALD, *De afluisterstaat. Edward Snowden, de NSA en de Amerikaanse spionage- en afluisterdiensten*, Uitgeverij Lebowski, 2014, 333 blz.

Ian HANCOCK, *We Are the Romani People*, University of Hertfordshire Press, 2002, 208 blz.

Ronald HAVENAAR, *Van Koude Oorlog naar nieuwe chaos, 1939-1993*, Amsterdam, Van Oorschot, 1993, 488 blz.

Gunnar HEINSOHN, *Zonen grijpen de wereldmacht. Terrorisme demografisch verklaard*, Nieuw Amsterdam Uitgevers, 2008 (2003), 200 blz.

Jonathan HOLSLAG, *De kracht van het paradijs. Hoe Europa kan overleven in de Aziatische eeuw*, Antwerpen, De Bezige Bij, 2014, 606 blz.

Marc JANSEN, *Grensland. Een geschiedenis van Oekraïne*, Amsterdam, Van Oorschot, 2014, 269 blz.

Robert KAGAN, *Balans van de macht. De kloof tussen Amerika en Europa*, Amsterdam, De Bezige Bij, 2003, 127 blz.

Robert KAGAN, *De terugkeer van de geschiedenis. De liberale democratie en de opkomst van het nationalisme*, Amsterdam, De Bezige Bij, 2008, 132 blz.

Madeleine KALB, *The Congo cables. The Cold War in Africa – From Eisenhower to Kennedy*, New York, Macmillan, 1982.

Robert KAPLAN, *Reis naar de einden der aarde*, Utrecht, Het Spectrum, 1997 (1996), 478 blz.

Robert KAPLAN, *De wraak van de geografie. Wat de wereldkaart ons voorspelt over komende conflicten en het gevecht tegen het onvermijdelijke*, Antwerpen/Houten, Unieboek/Het Spectrum, 2012, 383 blz.

Paul KENNEDY, *De wisselkoers van de macht. De economische en militaire opkomst en neergang van de grote mogendheden tussen 1500 en 2000*, Antwerpen/Utrecht, Bruna, 1989 (1987), 703 blz.

Michael T. KLARE, *Resource Wars. The New Landscape of Global Conflict*, New York, Henry Holt and C°, 2001, 289 blz.

Naomi KLEIN, *No Time. Verander nu, voor het klimaat alles verandert*, Breda, De Geus, 2014, 512 blz.

Kees LAGERBERG, *Schuldig zwijgen. De Papua in zijn bestaan bedreigd*, Uitgeverij IJzer, 2005, 301 blz.

Alain LALLEMAND, *De Organizatsiya. De Russische mafia van Antwerpen tot Brooklyn*, Antwerpen, EPO, 1996, 308 blz.

David Saul LANDES, *Arm & Rijk. Waarom werd het Westen rijk en bleven andere landen arm?* Utrecht, Spectrum, 1998, 703 blz.

Walter LIPPMANN, *The Cold War: A Study in U.S. Foreign Policy*, New York & London, Harper & Brothers Publishers, 1947, 62 blz.

Mark LYNAS, *Het nieuwe weer. De gevolgen van klimaatverandering*, Amsterdam/Antwerpen, De Arbeiderspers, 2005 (2004), 295 blz.

Anthony MARRA, *Een stelsel van elementaire levensvoorwaarden*, Antwerpen, De Bezige Bij, 2013, 382 blz.
Mark MAZOWER, *Wereldheerschappij. De geschiedenis van een idee*, Amsterdam, Atlas Contact, 2013, 576 blz.
Martin MEREDITH, *De schatten van Afrika. Vijfduizend jaar rijkdom, hebzucht en ambitie*, Amsterdam, De Bezige Bij, 2014, 744 blz.
John MICKLETHWAIT & Adrian WOOLDRIDGE, *De vierde revolutie. Op zoek naar de overheid van morgen*, Antwerpen, De Bezige Bij, 2014, 315 blz.
Ian MORRIS, *De val van het Westen – Hoelang houdt de westerse dominantie nog stand?*, Antwerpen/Houten, Unieboek/Het Spectrum, 2011 (2010), 879 blz.
Ian MORRIS, *Verwoesting en vooruitgang. Hoe oorlog de menselijke beschaving heeft gevormd*, Het Spectrum (Unieboek), 2014, 672 blz.
Loretta NAPOLEONI, *NV Terreur. De nieuwe economie van de terreur*, Amsterdam/Antwerpen, De Arbeiderspers, 2004 (2003), 416 blz.
Loretta NAPOLEONI, *Schurkeneconomie. De duistere kanten van een nieuwe wereldorde*, Nieuw Amsterdam, 2008, 334 blz.
Geert NOELS, *Econoshock. Hoe zes economische schokken uw leven fundamenteel zullen veranderen*, Antwerpen/Amsterdam, Houtekiet/Business Contact, 2008, 380 blz.
Jürgen OSTERHAMMEL, *Die Verwandlung der Welt. Eine Geschichte des 19. Jahrhunderts*, München, Verlag C.H. Beck, 2009, 1568 blz.
Fred PEARCE, *De laatste generatie. Hoe de natuur wraak neemt voor het broeikaseffect*, Utrecht, Van Arkel, 2007, 359 blz.
Steven PINKER, *Ons betere ik. Waarom de mens steeds minder geweld gebruikt*, Amsterdam/Antwerpen, Contact, 2011, 1113 blz.
Thomas PIKETTY, *Kapitaal in de 21ste eeuw*, Amsterdam, De Bezige Bij, 2014, 812 blz.
Gordon THOMAS, *Geheime oorlogen. Een onthullend beeld van honderd jaar Britse geheime dienst*, Utrecht, Spectrum, 2011 (2009), 494 blz.
Mark MAZOWER, *Duister continent. Europa in de twintigste eeuw*, Amsterdam/Antwerpen, Contact, 2001, 527 blz.
Peter SCHOLL-LATOUR, *Onbegrensde oorlog. De strijd tegen het terrorisme – een strijd tegen de islam?*, Amsterdam/Antwerpen, De Arbeiderspers, 2003 (2002), 468 blz.
SIPRI *Yearbook 2014. Armaments, Disarmament and International Security*, Stockholm International Peace Research Institute/Oxford University Press, 2014, 608 blz.

Joseph STIGLITZ, *The Price of Inequality: How Today's Divided Society Endangers Our Future*, W.W. Norton & Company, 2012, 414 blz.

Joseph STIGLITZ & Linda BILMES, *The Three Trillion Dollar War: The True Cost of the Iraq Conflict*, W.W. Norton & Company, 2008, 311 blz.

Adam TOOZE, *De zondvloed. 1916-1931. Het ontstaan van een nieuwe wereldorde*, Antwerpen/Houten, Unieboek/Het Spectrum, 2014, 694 blz.

Yvan VANDEN BERGHE, *Het grote misverstand. Een geschiedenis van de Koude Oorlog (1917-1990)*, Leuven, Acco, 1991, 254 blz.

Mark VAN DEN WIJNGAERT & Herman DE PRINS, *Van Koude Oorlog tot Nieuwe Wereldorde*, Leuven, Garant, 1995, 244 blz.

Rudi VRANCKX, *De ontdekking van Congo*, Antwerpen, Meulenhoff/ Manteau, 2010, 363 blz.

Immanuel WALLERSTEIN, *The Decline of American Power. The US in a Chaotic World*, New York, The New Press, 2003, 324 blz.

Michael WALZER, *Rechtvaardige en onrechtvaardige oorlogen. Een ethische beschouwing met historische illustraties*, Amsterdam, Atlas, 2006, 510 blz.

Tim WEINER, *Een spoor van vernieling. De geschiedenis van de CIA*, Amsterdam, De Bezige Bij, 2007, 717 blz.

Harald WELZER, *De klimaatoorlogen. Waarom in de 21ste eeuw gevochten wordt*, Amsterdam, Ambo, 2009 (2008), 256 blz.

Richard WILKINSON, *The Impact of Inequality. How to Make Sick Societies Healthier*, New York, New Press, 2005, 355 blz.

Richard WILKINSON & Kate PICKETT, *The Spirit Level: Why More Equal Societies Almost Always Do Better*, Allen Lane, 2009, 347 blz.

Lawrence WRIGHT, *De toren van onheil. Al-Qaeda en de weg naar 11 september*, Amsterdam, Meulenhoff, 2007, 549 blz.

Jean ZIEGLER, *Heren van de misdaad*, Amsterdam, Meulenhoff, 1998, 264 blz.

Jean ZIEGLER, *Les nouveaux maîtres du monde et ceux qui leur résistent*, Paris, Fayard, 2002, 363 blz.

Jean ZIEGLER, *De haat tegen het Westen. Het verhaal van de economische oorlog tussen arme en rijke landen*, Amsterdam, Balans, 2010 (2008), 266 blz.

REGISTER

Haider al-ABADI (1952-), Iraakse premier 213
Isaias AFEWERKI (1946-), Eritrese leider 57, 58
Michel AFLAQ (1910-1989), Syrische christen 225
Mahmoud AHMADINEJAD (1956-), Iraanse president 179, 181
AKBAR de Grote (1543-1605), Indiase Mogol-keizer 249
Jimmy AKESSON (1979-), Zweedse politicus 63
Madeleine ALBRIGHT (1937-), Amerikaanse buitenlandminister 101
ALFONSO (1456?-1542), Congolese koning 95
Shawqi ALLAM (1961-), Egyptische grootmoefti 222
Salvador ALLENDE (1908-1973), Chileense president 152
Yigal AMIR (1970-), Israëlische terrorist 40, 228
Joeri ANDROPOV (1914-1984), Sovjet-partijleider 34
Kofi ANNAN (1938-), VN-secretaris-generaal 120
Corazon AQUINO (1933-2009), Filipijnse presidente 36
Yasser ARAFAT (1929-2004), Palestijnse leider 38-40, 227-229
Jacobo ARBENZ Guzman (1913-1971), Guatemalaanse president 152
Benjamin ARELLANO Felix (1952-), Mexicaanse drugsbaron 148
Jean-Bertrand ARISTIDE (1953-), Haïtiaanse president 119
Karen ARMSTRONG (1945-), Britse historica 191
Svante ARRHENIUS (1859-1927), Zweedse chemicus 196
ASHOKA (-304-232), Indiase heerser 93
Catherine ASHTON (1956-), EU-buitenlandminister 181, 237
Bashar al-ASSAD (1965-), Syrische president 10, 59, 122, 210, 212, 218, 220, 221, 227, 236
Hafez al-ASSAD (1930-2000), Syrische president 43, 59, 212
ATAHUALPA (1497-1533), Peruaanse Inca-vorst 66
Mustafa Kemal ATATÜRK (1881-1938), Turkse president 43, 59, 223
Mohammed ATTA (1968-2001), Egyptische jihadi 215
Heidar al-ATTAS (1939-), Zuid-Jemenitische president 104

Patricio AYLWIN (1918-), Chileense president 36
Abdullah Yusuf AZZAM (1941-1989), Palestijnse sjeik 214
Abu Bakr al-BAGHDADI (1971?-), Iraakse IS-kalief 60, 218, 219, 221, 222
Arthur BALFOUR (1848-1930), Britse buitenlandminister 230
BAN Ki-moon (1944-), VN-secretaris-generaal 128, 177
BANDAR bin-Sultan (1949-), Saudische prins 82
Hasan al-BANNA (1906-1949), Egyptische moslim 214
Ehud BARAK (1942-), Israëlische premier 229
Benjamin BARBER (1939-), Amerikaanse politicoloog 44
Mohammed Siad BARRE (1911-1995), Somalische president 37, 55, 56, 101
John BARRON (1930-2005), Amerikaanse journalist 151
José Manuel BARROSO (1956-), voorzitter EU-Commissie 244
Bernard BARUCH (1870-1965), Amerikaanse staatsman 25
Massoud BARZANI (1946-), Iraakse Koerdenleider 60
Omar al-BASHIR (1944-), Sudanese president 47, 58, 133
Fulgencio BATISTA y Zaldivar (1901-1973), Cubaanse dictator 34
Mohammed Ibn BATTUTA (1304-1377), Marokkaanse ontdekker 95, 96
Mokhtar BELMOKHTAR (1972-), Algerijnse jihadi 213
Jean-Pierre BEMBA (1962-), Congolese rebellenleider 110, 132
Ahmed BEN BELLA (1916-2012), Algerijnse president 225
Fatou BENSOUDA (1961-), Gambiaanse rechter 132
Nabih BERRI (1938-), Libanese sjiiet 43
Heiner BIELEFELDT (1958-), Duitse VN-rapporteur 191
Salah ad-Din al-BITAR (1912-1980), Syrische soenniet 225
Tony BLAIR (1953-), Britse premier 71, 262
Jean BODIN (1530-1596), Franse staatsdenker 97
Jan BOHETS (1944-), Vlaamse journalist 107
Napoleon BONAPARTE (1769-1821), Franse keizer 90, 200, 224, 226, 238, 240, 266
Daniel BOORSTIN (1914-2004), Amerikaanse historicus 252, 253
Juan Maria BORDABERRY (1928-2011), Uruguayese president 33
Umberto BOSSI (1941-), Noord-Italiaanse separatist 63
Pik BOTHA (1932-), Zuid-Afrikaanse defensieminister 174
Mohamed BOUDIAF (1919-1992), Algerijns staatshoofd 209
Gaston BOUTHOUL (1896-1980), Franse socioloog 199
Boutros BOUTROS-GHALI (1922-), VN-secretaris-generaal 118, 119
François BOZIZÉ (1946-), Afrikaanse president 49
Rutger BREGMAN (1988-), Nederlandse historicus 257

Leonid BREZJNEV (1906-1982), Sovjet-partijleider 34, 160, 161
Bill BRYSON (1951-), Brits-Amerikaanse schrijver 77
Frans BUELENS, Antwerpse econoom 106
William BURNS (1956-), Amerikaanse diplomaat 180
George BUSH senior (1924-), Amerikaanse president 35, 37, 166, 167, 242
George BUSH junior (1946-), Amerikaanse president 71, 99, 144, 166, 175, 176, 180, 229, 242
Julius CAESAR (-100-44), Romeinse veldheer 238
Felipe CALDERON (1962-), Mexicaanse president 149
Guy CALLANDER (1898-1964), Britse meteoroloog 196
Michel CAMDESSUS (1933-), Franse IMF-directeur 65
David CAMERON (1966-), Britse premier 244
Diego CÃO (?-1486), Portugese ontdekker 95
Andrew CARNEGIE (1835-1919), Amerikaanse staalmagnaat 129
Miguel CARO Quintero (1963-), Mexicaanse drugsbaron 148
Amado CARRILLO Fuentes (1956-1997), Mexicaanse drugsbaron 148
Jimmy CARTER (1924-), Amerikaanse president 174
Carlos CASTILLO Armas (1914-1957), Guatemalaanse kolonel 152
Fidel CASTRO (1926-), Cubaanse president 33, 34
CATHARINA II de Grote (1729-1796), Russische tsarina 248
Venicio CEREZO Arévalo (1942-), Guatemalaanse president 36
Nuon CHEA (1926-), Cambodjaanse ideoloog 132
Floribert CHEBEYA (1963-2010), Congolese activist 57
CHEFREN of Chafra (-2572-2546), Egyptische farao 92
CHEOPS of Shufu (-2604-2581), Egyptische farao 92
Jacques CHIRAC (1932-), Franse president 122
Joaquim CHISSANO (1939-), Mozambicaanse president 31
Warren CHRISTOPHER (1925-2011), Amerikaanse buitenlandminister 109
Nikita CHROESJTSJOV (1894-1971), Sovjet-partijleider 163, 170
Johannes CHRYSOSTOMUS (345-407), patriarch van Constantinopel 188
CHUN Doo-hwan (1931-), Zuid-Koreaanse president 36
Winston CHURCHILL (1874-1965), Britse premier 21, 25, 225
Brian CLADOOSBY, Amerikaanse Indianenleider 139
Willy CLAES (1938-), NAVO-secretaris-generaal 167
Bill CLINTON (1946-), Amerikaanse president 38, 46, 176, 177, 205, 228, 229, 243
Hillary CLINTON (1947-), Amerikaanse buitenlandminister 177
Dirk COLLIER (1956-), Vlaamse cultuurfilosoof 249, 250

Paul COLLIER (1948-), Britse econoom 11
Christoffel COLUMBUS (1451?-1506), Spaanse ontdekker 252
Josiah CONDER (1789-1855), Britse abolitionist 67
Robert COOPER (1947-), Britse topdiplomaat 262
Amedy COULIBALY (1982-2015), Frans-Malinese jihadi 216
Thierry CRÉTIN (1952-), Franse procureur 146, 148
Raf CUSTERS (1954-), Vlaamse grondstoffenexpert 76, 81
Stephen DAGGETT (1949-2012), Amerikaanse defensie-expert 212
Bao DAI (1913-1997), Zuid-Vietnamese keizer 29
Karen DAWISHA (1949-), Brits-Amerikaanse Ruslandexperte 147, 148
Idriss DÉBY (1952-), Tsjaadse president 48
Charles DE GAULLE (1890-1970), Franse president 169
Jean-Luc DEHAENE (1940-2014), Belgische premier 167
Frederik-Willem DE KLERK (1936-), Zuid-Afrikaanse president 174
DENG Xiaoping (1904-1997), Chinese vicepremier 251
Alma DE WALSCHE (1955-), Vlaamse journaliste 139
Jared DIAMOND (1937-), Amerikaanse fysioloog 96, 186, 187, 193, 194
John DICKIE (1963-), Schotse hoogleraar 154
Michel DJOTODIA (1949?-), Afrikaanse president 49
Samuel Kanyon DOE (1951-1990), Liberiaanse president 52
José Eduardo DOS SANTOS (1942-), Angolese president 31
Jean-Claude DUVALIER (1951-2014), Haïtiaanse president 34, 36
Gwynne DYER (1943-), Canadese journalist 17, 198
Albert EINSTEIN (1879-1955), Duits-Amerikaanse atoomgeleerde 159
Dwight EISENHOWER (1890-1969), Amerikaanse president 170, 243
Mohammed EMWAZI (1988-), Brits-Koeweitse jihadi 220
Recep Tayyip ERDOGAN (1954-), Turkse president 60
Mark EYSKENS (1933-), Belgische premier 245
Mohammed FADLALLAH (1935-2010), Libanese sjiiet 43
James FALLON (1947-), Amerikaanse neuropsychiater 257
Nigel FARAGE (1964-), kopman van de UK Independence Party 62
Andrew FEINSTEIN (1964-), Zuid-Afrikaanse onderzoeksjournalist 13
Frank FIELD (1942-), Britse Labour-MP 185
Jim FOLEY (1974-2014), Amerikaanse persfotograaf 220, 222
Ian FLEMING (1908-1964), Britse creator van James Bond 153
Francisco FRANCO (1892-1975), Spaanse dictator 62, 98, 101
Tommy FRANKS (1945-), Amerikaanse generaal 71
Francis FUKUYAMA (1952-), Amerikaanse politicoloog 41

Eduardo GALEANO (1940-2015), Uruguyaanse schrijver 67
Pierre GALLOIS (1911-2010), Franse brigadegeneraal 169
Indira GANDHI (1917-1984), Indiase premier 171
John GARANG (1945-2005), Sudanese vicepresident 47, 58
Juan GARCIA Abrego (1944-), Mexicaanse drugsbaron 148
Timothy GARTON ASH (1955-), Britse historicus 113
Robert GATES (1943-), Amerikaanse Defensieminister 177
Laurent GBAGBO (1945-), Ivoriaanse president 48, 132
Iyad Ag GHAZY (1954?-), Malinese Touareg 213
Vo Nguyen GIAP (1911-2013), Vietnamese generaal 29
Dick GILL, Texaanse archeoloog 78
Marija GIMBUTAS (1921-1994), Litouws-Amerikaanse antropologe 185, 186
Newt GINGRINCH (1943-), Amerikaanse Republikein 243
Corrado GINI (1884-1965), Italiaanse statisticus 204
David ben GOERION (1886-1973), Israëlische premier 173
Mohammed al-GOLANI (?), Syrische emir van het Nusra-front 218
Mikhail GORBATSJOV (1931-), Sovjet-partijleider 34-36, 161, 165-167, 246
Kenji GOTO (1967-2015), Japanse oorlogsreporter 220
Ante GOTOVINA (1955-), Kroatische generaal 131
Hervé GOURDEL (1959-2014), Franse berggids 220
Yakubu GOWON (1934-), Nigeriaaanse president 50
Beppe GRILLO (1948-), Italiaanse komiek 62
Boris GROMOV (1943-), Sovjet-generaal 37
Antonio GUTERRES (1949-), Portugese premier 128
Tenzin GYATSO (1935-), Tibetaanse dalai lama 141, 142
Bacharuddin Jusuf HABIBIE (1936-), Indonesische president 143
Hissène HABRÉ (1942-), Tsjaadse president 48
Mansur al-HADI (1945-), Jemenitische president 211
Jörg HAIDER (1950-2008), Oostenrijkse politicus 63
David HAINES (1971-2014), Britse hulpverlener 220
Dag HAMMARSKJÖLD (1905-1961), VN-secretaris-generaal 119
HAMMURABI (-1795?-1750), Babylonische koning 92
HASSAN II (1929-1999), Marokkaanse koning 101
Warren HASTINGS (1732-1818), Britse gouverneur-generaal 250
Piet HEIN (1577-1629), Hollandse kaper 67, 153
Gunnar HEINSOHN (1943-), Duitse socioloog 17, 18, 199-202, 209
Alan HENNING (1967-2014), Britse hulpverlener 220
Adolf HITLER (1889-1945), Duits-Oostenrijkse nazi-führer 25, 98, 238, 248, 266

Thomas HOBBES (1588-1679), Engelse filosoof 97, 98, 257, 259, 261
HOESSEIN van Mekka (1853-1931), Arabische emir 224
Saddam HOESSEIN (1937-2006), Iraakse president 37, 59, 60, 70-72, 121, 211, 218, 219
Zeid al-HOESSEIN (1964-), Jordaanse diplomaat 128
François HOLLANDE (1954-), Franse president 72, 152, 221, 236, 244
Jonathan HOLSLAG (1981-), VUB-professor 9, 11, 259, 260
Félix HOUPHOUËT-BOIGNY (1905-1993), Ivoriaanse president 48
Hussein al-HOUTHI (1956-2004), Jemenitische rebellenleider 210
Mohammed Ali al-HOUTHI (1979-), Jemenitische president 211
Michael IGNATIEFF (1947-), Canadese hoogleraar 90
Alia IZETBEGOVIC (1925-2003), Bosnische president 46
Marc JANSEN (1946-), Nederlandse historicus 248
Boris JELTSIN (1931-2007), Russische president 147, 152, 166, 246, 247
JOHAN I (1450?-1509), Congolese koning
JOHANNES XXIII Roncalli (1881-1963), Roomse paus 46
JOHANNES-PAULUS II Wojtila (1920-2005), Poolse paus 35, 48
Lyndon B. JOHNSON (1908-1973), Amerikaanse president 29, 242
James KABAREBE (1959-), Rwandese defensieminister 109
Joseph KABILA (1971-), Congolese president 32, 57, 110
Laurent KABILA (1939-2001), Congolese president 32, 109, 110
Muammar al-KADHAFI (1942-2011), Libische leider 10, 31, 43, 53, 72, 102, 104, 122, 174, 212, 213, 225
Ramzan KADIROV (1976-), Tsjetsjeense president 247
Paul KAGAME (1957-), Rwandese president 54, 108, 109, 131, 236
Robert KAGAN (1958-), Amerikaanse publicist 260-262
Immanuel KANT (1724-1804), Pruisische filosoof 261
Robert KAPLAN (1952-), Amerikaanse publicist 15, 260, 262
Radovan KARADZIC (1945-), Bosnisch-Servische leider 131
KAREL de Grote (747-814), westerse keizer 238
KAREL V (1500-1558), Roomse keizer 238
Moaz al-KASASBEH (1988-2015), Jordaanse piloot 221
Peter KASSIG (1988-2014), Amerikaanse hulpverlener 220
Germain KATANGA (1978-), Congolese krijgsheer 132
John F. KENNEDY (1917-1963), Amerikaanse president 29, 163
Paul KENNEDY (1945-), Amerikaanse historicus 231
Jomo KENYATTA (1893-1978), Keniaanse president 50
Uhuru KENYATTA (1961-), Keniaanse president 50, 132

Ali KHAMENEI (1939-), Iraanse ayatollah 181
Dzjengis KHAN (1162-1227), Mongoolse krijgsheer 190, 196
Ruhollah KHOMEINI (1902-1989), Iraanse ayatollah 43
Salva KIIR Mayardit (1951-), Zuid-Sudanese president 47, 58, 208
KIM Dae-yung (1925-2009), Zuid-Koreaanse president 176
KIM Il-sung (1912-1994), Noord-Koreaanse leider 28, 178
KIM Jong-il (1942-2011), Noord-Koreaanse leider 176-178
KIM Jong-un (1983-), Noord-Koreaanse leider 178
Rudyard KIPLING (1865-1936), Engelse dichter 262
Henry KISSINGER (1923-), Amerikaanse buitenlandminister 30
Pia KJAERSGAARD (1947-), Deense politica 63
Michael KLARE (1942-), Amerikaanse grondstoffenexpert 72, 74, 76
Henri KONAN-BÉDIÉ (1934-), Ivoriaanse president 48
György KONRAD (1933-), Hongaarse schrijver 231
Joseph KONY (1961-), Ugandese rebel 132
Pieter KOOIJMANS (1933-2013), Nederlandse rechter 129
Janusz KORWIN-MIKKE (1942-), Poolse politicus 63
Said en Chérif KOUACHI, Frans-Algerijnse broers 216
Hans M. KRISTENSEN (1961-), Amerikaanse wetenschapper 167
Osama bin LADEN (1957-2011), Saudische jihadi 154, 214, 215
Kees LAGERBERG (1924-2014), Nederlandse antropoloog 143
Alain LALLEMAND (1962-), Luiks-Brusselse journalist 145-147
Adam LANZA (1992-), Amerikaanse dolle schutter 156
Thomas Edward LAWRENCE (1888-1935), Lawrence of Arabia 224
Timoer LENK (1336-1405), Turks-Mongoolse krijgsheer 190
LEOPOLD II (1835-1909), Belgische koning 68, 83, 95, 96
Marine LE PEN (1968-), Franse nationaliste 62
Walter LIPPMANN (1889-1974), Amerikaanse journalist 25, 125
Thomas LUBANGA (1960-), Congolese rebel 132
George LUCAS (1944-), Amerikaanse filmregisseur 153
Patrice LUMUMBA (1925-1961), Congolese premier 32, 56, 107
Riek MACHAR (1953-), Zuid-Sudanese vicepresident 58, 208
Samora MACHEL (1933-1986), Mozambikaanse president 31
Geert MAK (1946-), Nederlandse schrijver 85
Nouri al-MALIKI (1950-), Iraakse premier 211
Félix MALLOUM (1932-2009), Tsjaadse president 48
Nelson MANDELA (1918-2013), Zuid-Afrikaanse president 31, 37
MAO Zedong (1893-1976), Chinese partijleider 28, 130, 141, 250, 251

Ferdinand MARCOS (1917-1989), Filipijnse president 30
Anthony MARRA (1984-), Amerikaanse schrijver 247
Alfred MARSHALL (1842-1924), Engelse econoom 89
Farabundo MARTI (1893-1932), Salvadoraanse bevrijder 33
Mark MAZOWER (1958-), Britse historicus
Martin McGUINNESS (1950-), Noord-Ierse IRA-politicus 62
Dimitri MEDVEDEV (1966-), Russische president 147, 166, 167, 177, 178, 248
Rigoberta MENCHÚ (1959-), Guatemalaanse rechtenactiviste 33
MENGISTU Haile Mariam (1937-), Ethiopische president 31, 37, 57
Angela MERKEL (1954-), Duitse kanselier 99, 236, 244
Louis MICHEL (1947-), Belgische buitenlandminister 167
John MICKLETHWAIT (1962-), Britse historicus 99
Slobodan MILOSEVIC (1941-2006), Servische president 44, 46, 131
Ho Chi MINH (1890-1969), Vietnamese president 29
François MITTERRAND (1916-1996), Franse president
Ratko MLADIC (1942-), Bosnisch-Servische leider 131
JosephDésiré MOBUTU (1930-1997), Congolese president 32, 37, 48, 56, 57, 106-109
Federica MOGHERINI (1973-), EU-buitenlandminister 237
Ta MOK (1926?-2006), Cambodjaanse militair 132
James MONROE (1758-1831), Amerikaanse president 52
Laurent MONSENGWO (1939-), Congolese kardinaal 108
Luis MORENO-OCAMPO (1952-), procureur Strafhof 132
Ian MORRIS (1960-), Brits-Amerikaanse historicus 255, 258-260
Mohammad MOSSADEGH (1882-1967), Iraanse premier 152
Lord MOUNTBATTEN (1900-1979), Brits-Indiase onderkoning 250
MOZES, Bijbelse wetgever 92
Yoweri MUSEVENI (1944-), Ugandese president 54, 110
Benito MUSSOLINI (1883-1945), Italiaanse dictator 98
MYKERINOS of Menkaura (-2539-2511), Egyptische farao 92
Herman NACKAERTS (1950-), Belgische IAEA-ingenieur 181
Mohammed NAJIBULLAH (1947-1996), Afghaanse president 37
Loretta NAPOLEONI (1955-), Romeinse econome 144, 150
Gamal Abdel NASSER (1918-1970), Egyptische president 31, 43, 103, 214, 225
Boris NEMTSOV (1959-2015), Russische oppositieleider 148
Benjamin NETANYANU (1949-), Israëlische premier 40, 181, 214, 228, 230
Agostinho NETO (1922-1979), Angolese president 31
Richard NIXON (1913-1994), Amerikaanse president 30, 243

Laurent NKUNDA (1967-), Rwandees-Congolese krijgsheer 110
Bosco NTAGANDA (1972-), Rwandees-Congolese krijgsheer 110, 132
Sam NUJOMA (1929-), Namibische president 37
John NUMBI (1962-), Congolees-Katangese Luba 57
Gaafar al-NUMEIRY (1930-2009), Sudanese president 47
Joseph NYE (1937-), Amerikaanse politicoloog 159
Barack OBAMA (1961-), Amerikaanse president 104, 140, 166, 167, 176, 182-184, 210, 220, 236, 242-244
Abdullah ÖCALAN (1948-), Turks-Koerdische leider 59, 60
Odumegwu OJUKWU (1933-2011), Nigeriaanse staatsman 50
Mohammed OMAR (1959-), Afghaanse emir 122
Daniel ORTEGA (1945-), Nicaraguaanse president 33
George ORWELL (1905-1950), Engelse schrijver 25
Aden Abdullah OSMAN (1908-2007), Somalische president 55
Alassane OUATTARA (1942-), Ivoriaanse president 48
Goukouni OUEDDEI (1944-), Tsjaadse president 48
Ian PAISLEY (1926-2014), Noord-Ierse dominee 62
Rolandas PAKSAS (1957-), Litouwse president 63
Mohammed PAHLAVI (1919-1980), Iraanse sjah 43, 152, 179
Reza Khan PAHLAVI (1878-1944), Iraanse sjah 224
PARK Chung-hee (1917-1979), Zuid-Koreaanse president 30
Ante PAVELIC (1889-1959), Kroatische oorlogsleider 45
Fred PEARCE (1951-), Britse milieujournalist 195
Shimon PERES (1923-), Israëlische president 40, 173, 174, 228
Thomas PIKETTY (1971-), Franse econoom 11, 12, 144, 203, 205
Navi PILLAY (1941-), Zuid-Afrikaanse juriste 128
Steven PINKER (1954-), Canadees-Amerikaanse schrijver 19, 255- 257, 260
Augusto PINOCHET (1915-2006), Chileense dictator 33, 36, 152
Francisco PIZARRO (1476-1541), Spaanse veroveraar 66
Vladimir POETIN (1952-), Russische president 11, 54, 75, 147, 148, 150, 152, 166, 179, 184, 236, 245-249
Sasha POLAKOW-SURANSKY (1972-), Amerikaanse academica 174
Pol POT (1925-1998), Cambodjaanse partijleider 132
QIN Shi (-259-210), Chinese keizer 93
Yitzhak RABIN (1922-1995), Israëlische premier 38, 40, 228
Eugene RABINOVITSJ (1901-1973), Amerikaanse atoomgeleerde 160
Mahinda RAJAPAKSA (1945-), Srilankaanse president 51
Ronald REAGAN (1911-2004), Amerikaanse president 34-36, 99, 160, 161, 165, 203, 242

Syngman RHEE (1875-1965), Zuid-Koreaanse president 28
Condoleezza RICE (1954-), Amerikaanse buitenlandminister 176
Salem ROBAYA Ali (1934–1978), Zuid-Jemenitische president 104
ROH Moo-hyun (1946-), Zuid-Koreaanse president 176
Hassan ROHANI (1948-), Iraanse president 181
Franklin D. ROOSEVELT (1882-1945), Amerikaanse president 28, 225, 241, 242
Jean-Jacques ROUSSEAU (1712-1778), Franse filosoof
Mark RUTTE (1967-), Nederlandse premier 75
Micheil SAAKASJVILI (1967-), Georgische president 236, 247, 248
Saad al-SABAH (1930-), emir van Koeweit 70
Anwar al-SADAT (1918-1981), Egyptische president 80
Antonio SALAZAR (1889-1970), Portugese staatsman 98
Ali Abdullah SALEH (1942-), Jemenitische president 10, 104, 210, 211
Khieu SAMPHAN (1931-), Cambodjaanse president 132
Aung SAN (1915-1947), Birmaanse vrijheidsheld 51
Aung SAN Suu Kyi (1945-), Birmaanse oppositieleidster 51
Cesar Augusto SANDINO (1895-1934), Nicaraguaanse bevrijder 33
Foday SANKOH (1948-2003), Sierra Leonese politicus 53
SARGON van Akkad (-2334-2279), Sumerische koning 92, 195
Ieng SARY (1925-2013), Cambodjaanse buitenlandminister 132
Jonas SAVIMBI (1934-2002), Angolese rebellenleider 31
Gerhard SCHRÖDER (1944-), Duitse kanselier 122
Norman SCHWARZKOPF (), Amerikaanse generaal 70
Thein SEIN (1945-), Birmaanse generaal 51
Haile SELASSIE (1892-1975), Ethiopische keizer 31, 47
Ariel SHARON (1928-2014), Israëlische premier 228, 229
Ari SHAVIT (1957-), Israëlische journalist 173
Abubakar SHEKAU (1979?-), Nigeriaanse jihadi 216, 217
SHINZO Abe (1954-), Japanse premier 75
Ali al-SISTANI (1930-), Iraks-Iraanse ayatollah 222
Peter SLOTERDIJK (1947-), Duitse cultuurfilosoof 26
Edward SNOWDEN (1983-), Amerikaanse klokkenluider 150
Timo SOINI (1962-), Finse politicus 63
Xavier SOLANA (1942-), EU-buitenlandminister 180
Qasem SOLEIMANI (1955-), Iraanse generaal 214
Anastasio SOMOZA (1925-1980), Nicaraguaanse president 33
Steven SOTLOFF (1983-2014), Amerikaanse journalist 220

Jozef STALIN (1878-1953), Sovjet-partijleider 22, 24, 25, 28, 29, 98, 114, 130, 142, 179, 225, 238, 248
Henry Morton STANLEY (1841-1904), Welsh-Amerikaanse ontdekker 80, 81, 83
Siaka STEVENS (1905-1988), Sierra Leonese president 53
Joseph STIGLITZ (1943-), Amerikaanse econoom 71, 205, 206, 212
Valentine STRASSER (1967-), Sierre Leonese president 53
Alfredo STROESSNER (1912-2006), Paraguayaanse dictator 33, 36
Muhammad SUHARTO (1921-2008), Indonesische president 30, 143, 152
Ahmed SUKARNO (1901-1970), Indonesische president 30, 152
Megawati SUKARNOPUTRI (1947-), Indonesische president 143
Jalal TALABANI (1933-), Iraakse Koerdenleider 60, 211
Ahmed al-TAYEB (1946-), Egyptische groot-imam 222
Charles TAYLOR (1948-2003), Liberiaanse president 52, 53, 131
Margaret THATCHER (1925-2013), Britse premier 99, 203
Le Duc THO (1911-1990), Vietnamese diplomaat 30
Josip Broz TITO (1892-1980), Joegoslavische president 41, 44
William Richard TOLBERT (1913-1980), Liberiaanse president 52
François TOMBALBAYE (1918-1975), Tsjaadse president 48
Rafael TRUJILLO (1891-1961), Dominicaanse dictator 34
Harry TRUMAN (1884-1972), Amerikaanse president 25, 29, 118, 242
Etienne TSHISEKEDI (1932-), Congolese premier 108
Moïse TSHOMBE (1919-1969), Congolese premier 56, 57, 107
Konstantin TSJERNENKO (1911-1985), Sovjet-partijleider 34
Franjo TUDJMAN (1922-1999), Kroatische president 45, 46
Donald TUSK (1957-), Poolse premier 237, 243
Christine VAN DEN WYNGAERT (1952-), Antwerpse strafrechter 132
Herman VAN ROMPUY (1947-), Belgische premier 237, 243, 244, 249
Mordechai VANUNU (1954-), Israëlische klokkenluider 172-174
Mario VARGAS Llosa (1936-), Peruviaanse schrijver 34
Atal Behari VAJPAYEE (1924-), Indiase premier 171
Juan VELASCO Alvarado (1910-1977), Peruviaanse generaal 33
Guy VERHOFSTADT (1953-), Belgische premier 122, 167, 237, 239, 244, 249
Alfons VERPLAETSE (1930-), Belgische bankier 107
VICTORIA (1819-1901), Britse koningin 250
Gabor VONA (1978-), Hongaarse politicus 63
Rudi VRANCKX (1959-), Vlaamse tv-journalist 111
Immanuel WALLERSTEIN (1930-), Amerikaanse socioloog 9

Tim WEINER (1956-), Amerikaanse journalist 151
Harald WELZER (1958-), Duitse socioloog 17, 198, 207
Geert WILDERS (1963-), Nederlandse politicus 63
WILHELMINA (1880-1962), Nederlandse koningin 129
Richard WILKINSON (1943-), Britse econoom 205
Woodrow WILSON (1856-1924), Amerikaanse president 113, 240
Adrian WOOLDRIDGE (1960-), Britse econoom 99
Lawrence WRIGHT (1947-), Amerikaanse islamkenner 215
XI Yinping (1953-), Chinese president 75
XUANDE (1399-1435, ook Zhu Zhanji), Chinese Ming-keizer 252
YONGLE (1360-1424, ook Yung Lo), Chinese Ming-keizer 252
Susilo Bambang YUDHOYONO (1949-), Indonesische president 143
Haruna YUKAWA (1972-2015), Japanse avonturier 220
Mohammed YUSUF (1970-2009), Nigeriaanse predikant 216
Abu Musab ab-ZARQAWI (1966-2006), Jordaanse jihadi 218
Ayman al-ZAWAHIRI (1951-), Egyptische al-Qaeda-leider 214, 219
ZHENG He (1371?-1435?), Chinese admiraal 252, 253
Jean ZIEGLER (1934-), Zwitserse socioloog 135, 145, 147

VAN DEZELFDE AUTEUR
VERSCHENEN BIJ HOUTEKIET

De Waanzinnige Twintigste Eeuw.
Oorlog en vrede van 1914 tot 1994 (1995)
Het Verloren Millennium.
De vergeten wortels van het moderne Europa (1996)
Botsende Werelden.
De rooms-romeinse strijd om tijd en eeuwigheid (1997)
Afrika in de Vuurlijn.
Het Afrikaproject van krijgsheren
en grondstoffenkartels (1998)
Apocalyptische Tijden.
Vriend en vijand in de 21ste eeuw (1999)
Mij is alle macht gegeven.
Een politieke geschiedenis van de pausen (2000)
De twaalf zuilen van Israël.
Een politieke geschiedenis van de Joden (2001)
De Loge en het Opus Dei.
Een geschiedenis van de democratie (2002)
De ontdekking van Europa.
Een geschiedenis van de toekomst (2003)
Een republiek op keizersvoeten.
Geschiedenissen van Amerika (2004)
Oosterse dagen, Arabische nachten.
Politiek en religie in de geschiedenis van de islam (2005)
Beschavingen botsen niet.
In de tang tussen religie en cultuur (2006)
Religieus geweld
bij joden, christenen en moslims (2013)
Waterloo 1815-1914
De Europese erfenis van Napoleon (2014)